History of Greek Logic

그리스 논리사

저자 김귀룡

충북대학교 출판부

CONTENTS

들어가는 말: 논리란 무엇인가? 5

Ⅰ. 논리의 시작:
파르메니데스와 엘레아 학파의 동일성 논리 42

1. 파르메니데스의 논리와 존재론 42
2. 제논의 역설의 논리와 귀류법 논증 66

Ⅱ. 헤라클레이토스의 차이성 논리 73

Ⅲ. 소피스트의 세속(현실)논리 86

1. 고르기아스의 설득 논리 89
1) 비존재에 관한 논증 89
2) 헬렌에 대한 찬사 99
2. 프로타고라스의 상황논리 113
1) 대립공존의 논리 114
2) 파르메니데스적 논리: 있음의 길을 전제로 하는 논리 121

〈막간〉 소크라테스의 논박과 플라톤의 상향추론 127

1. 논박의 사례 132
2. 플라톤의 상향추론 152
1) 상기: 가설(분석)의 방법 154
2) 변증술 167

Ⅳ. 플라톤의 논리적 종합: 동일성과 차이성 논리의 결합 183
1. 이데아론의 논리적 문제점 184
2. 『파르메니데스』 편의 논증 구조 199
3. 『파르메니데스』 편의 연습논증 202
4. 논증 분석 222
5. 연습논증의 효과 234
6. 동일성과 차이성의 조화로서의 새로운 부정 239

Ⅴ. 아리스토텔레스의 정당화 논리: 삼단논증 249
1. 아리스토텔레스의 소피스트 비판 249
2. 아리스토텔레스의 플라톤 비판 259
3. 아리스토텔레스의 형식논리학 261
4. 아리스토텔레스의 부정 개념 269

Ⅵ. 맺음말 277

부록 1. 파르메니데스 단편에 등장하는 네 가지 사유 283
부록 2. 고르기아스의 "비존재 또는 자연에 관하여" 분석 309
부록 3. 고르기아스의 헬렌 찬사 329
부록 4. 플라톤 『파르메니데스』편 155e-157b에서 '때로는(pote)'의 기능과 역할 344

참고문헌 374

들어가는 말: 논리란 무엇인가?

논리사(History of Greek Logic)에서 논리란 무엇을 지칭하는가? 논리란 무엇인가? 논리는 한 생각이나 주장만으로는 성립하지 않는다. 둘 이상의 생각이 있어야 논리가 성립한다. 둘 이상의 생각이 서로 독립적으로 있어도 논리는 성립하지 않는다. 연관성을 갖는 둘 이상의 생각이 있어야 논리가 성립한다. 이런 조건을 충족시키는 가장 단순한 논리에 대한 정의는 한 생각(진술, 명제)[1](p)에서 다른 생각(진술, 명제)(q)으로의 이행(p → q)이다. 논리란 무엇인가? 한 생각(p)에서 다른 생각(q)으로의 이행(p → q)이다. 그렇다면 모든 생각의 이행은 논리인가? 그렇지는 않다. p가 되기 위한 조건에 따라서 논리의 함의가 달라지고, p와 q가 구분되어야 한다는 조건도 있고, →의 방향과 성질에 따라서 논리의 유형이 달라지기도 한다.

이런 조건에 관하여 논의하면서 논리가 갖는 함의가 점차로 명확해지겠지만 우선 논리의 특성이나 다루는 영역에 관한 간략한 언급으로부터 시작하는 것이 좋을 듯하다. 고대 그리스 철학에는 다양한 분야의 철학적 논의들이 전개된다. 존재론도 있고, 형이상

1) 진술(statement)은 언표된 명제(proposition)이며 명제는 언표된 진술의 의미로 이해하면 된다. 일반적으로 진술은 생각을 언어로 표현한 것이라고 할 수 있지만 20세기의 논리주의와 심리주의 논쟁의 결과로 생각은 (형식)논리학의 대상일 수 없다. 그러나 이 저서에서는 논리란 용어를 생각을 포함하는 포괄적인 의미로 사용하고자 한다. 이후의 논의에서 생각, 진술, 명제는 특별한 구분 없이 혼용하고자 한다.

학도 있으며, 윤리학적 논의도 있으며 기타 여러 가지 분야의 논의들이 있다. 이 중에서 논리의 영역은 사유방법과 연관된 논의에 국한된다. 자연철학, 사회철학, 정치철학, 존재론, 인식론, 윤리학 등은 논리와 직접적으로 연관을 갖는 건 아니다. 다만 아리스토텔레스가 논리학은 학문의 방법론이라고 말한 것처럼 논리는 사유를 통해서 전개되는 모든 논의의 기본 틀에 관한 것이므로 모든 철학적 논의들에 관한 메타적 논의의 성격을 갖는다.

다시 돌아와 논리를 사유방법과 연관하여 한 생각에서 다른 생각으로의 이행이라고 규정할 때, 이를 형식논리학과 비교하여 해명해보자.

■ 논리와 형식논리학

논리는 (형식)논리학이 아니다. 먼저 논리는 (형식)논리학을 포함하는 포괄적인 함의를 갖는다. 논리의 발전사에서 보면 (형식)논리학이 논리의 전부가 아니라는 건 명확하다. 이 책의 제목이 논리학사가 아니라 논리사인 것은 논리학을 기준으로 삼으면 고대 그리스에 등장하는 다양한 방법적 논의나 사유의 틀을 배제하거나 배제된 사유방식에 대해 편견을 가질 위험이 있기 때문이다. 익히 알려진 것처럼 현대의 형식논리학의 원조는 아리스토텔레스의 논리학이다. 논리학이나 논증적 사유를 학문을 위한 도구로 삼고 그 자체를 연구 대상으로 삼아 하나의 학문분야로 정착시킨 사람은 아리스토텔레스이다. 그를 (형식)논리학의 근간을 마련한 철학자로 평가하는 데는 별 이견이 없다. 이를 통해 우리는 학문방법론으로서의 서구 논리학의 뿌리가 아리스토텔레스에 있다고 평가할 수 있다.

아리스토텔레스 논리학은 전적으로 그 자신의 독창적인 산물은 아니며, 파르메니데스 이후에 등장하는 다양한 사유방식들의 귀결물이다. 인간 사유에 있음과 있지 않음의 두 가지 가능한 길이 놓여 있다는 걸 처음으로 밝히고 이 두 길이 '있거나 있지 않다'(is or is not)라는 원리로 배타적인 관계를 갖는다는 걸 천명한 파르메니데스, 운동이나 변화, 여럿의 불가능성을 입증하는 대립이나 모순이 세계 성립의 조건임을 주장함으로써 대립과 모순 공존의 논리를 제시한 헤라클레이토스, 있음의 길만이 아니라 있지 않음의 길도 고려의 대상에 넣는 논증을 제시한 고르기아스, 논리적 무모순성만을 주장할 것이 아니라 대립자의 공존 가능성도 염두에 두고 상황에 맞는 논리를 제시한 프로타고라스, 사람들이 사용하는 용어의 의미를 엄격하게 검토하는 방법을 제시하고 있는 프로디코스, 인간적 지혜를 검토함으로써 사람들의 삶의 방식을 검토하고 있는 소크라테스, 세속적인 현실세계를 벗어난 인식의 영역을 개척하고, 이전 철학자들의 논리적 원리들을 비판적으로 검토하여 새로운 부정의 개념을 산출함으로써 이질적인 사유방식들과의 갈등과 대립을 해결하는 플라톤이 없었다면 아리스토텔레스의 논리학은 탄생할 수 없었다. 아리스토텔레스의 논리학은 이와 같이 선행하는 논리적 사유나 사유의 틀을 토대로 삼고 그 중에서 하나의 방향을 선택하고 그 방향에 속하는 다양한 유형의 사유방식 중 한 유형을 선택함으로써 나타난 결과물이라고 말할 수 있다.

다양한 사유 방식 중에서 하나를 선택하기 위해서는 자신이 선택한 사유방식의 정당성을 주장하고 선택 안한 다른 사유방식을 배격하는 절차가 필수적이다. 그리고 이 과정에서 자체로는 의미가 있지만 특정 관점에서는 허용되지 않아서 배제되는 사유도 있게 마련이다. 아리스토텔레스는 고르기아스나 프로타고라스와 같은 소피스트들의 논리를 잘못된 사유(오류)로 배격하고 있으며, 소크라테스적 사유에서의 탈 세속적 논리도 오류로 치부하여 배제하고, 플라톤에서 전개된 여러 가지 논리적 사유의 가능성들을 다 채택한 것이 아니라 그 중에서 특정 방향의 특정 사유방식만을 선택하여 형식논리학으로 정착시킨다. 아리스토텔레스의 형식논리학은 이런 식으로 다양한 논리적 사유들을 배제하여 특정 영역으로 전문화, 특화된 방법론이라고 할 수 있다. 따라서 아리스토텔레스 (형식)논리학이라는 프리즘으로 고대 그리스 논리를 보게 되면 우물 안에서 하늘을 보면서 하늘을 원통형이라고 생각하는 우를 범할 수 있다.

(형식)논리학이라는 좁은 프리즘을 벗어나 고대 그리스에 등장하는 다양하고 풍부한 논리적 사유의 전개과정을 추적하기 위하여 논리학사가 아니고 논리사라는 제목을 선택하였다. 서양의 고대 논리적 사유 전개 과정은 점점 더 전문화되고 세분화된 방향으로 전개되어 아리스토텔레스 논리학으로 수렴되었다고 할 수 있다. (형식)논리학이 아니라 포괄적인 의미로서의 논리 개념 채택은 전문화, 세분화에 따르는 편협한 시각으로부터 벗어남을 암시하며, 동시에 아리스토텔레스의 형식논리학에 대한 비판이기도 한다.

논리와 (형식)논리학의 차이를 조금 더 자세히 알아보자.

(형식)논리학은 논증(argument)을 대상으로 하는 학문이다. 논증은 전제와 귀결(결론)로 구성된 진술들의 집합이다.[2] 전제와 귀

2) 전제(premiss)-결론(conclusion)의 관계냐 전제(presupposition)-귀결(consequence)의 관계냐에 따라서 논증의 성격이 달라진다. 전제-결론이 언어화 되어 형식화된 논증을 나타내고 있다면 전제-귀결은 인간 사유에서 우선하는 것(prior)과 나중에 오는 것(a posteriori) 사이의 관계라고 할 수 있다. 이 구분은 뒤에 나오는 정

결(결론)의 관계는 생각(진술)들의 관계일반에서 특수한(specified) 관계이다. 생각들의 포괄적인 관계에서 특정의 제한을 가해야만 나타날 수 있는 관계라는 말이다. 전제는 귀결을 뒷받침해준다. 곧 귀결을 정당화해주는 것이 전제이다. '나는 존재한다'는 주장(귀결)을 예로 들어 논증을 구성해보자. 논증을 구성한다는 건 주장을 받쳐주는 전제를 제시하여 전제-귀결의 관계를 설정한다는 것이며, 전제를 구성한다는 건 주어진 주장(나는 존재한다)을 무조건 받아들이지 않는다는 걸 의미한다. 곧 '나는 존재한다'는 주장에 대해서 '정말 그런가?'라는 의문을 가지고 있다는 걸 의미한다. 그리고 이런 의심을 해소하기 위해, 곧 현재 주장을 받쳐주는 전제를 제시하면 전제-귀결의 관계가 형성된다. '나는 존재한다'는 주장을 받쳐주는 전제로서의 신의 존재를 개입시켜 논증을 구성해보자.

신이 존재한다.
신은 선하다.
(따라서) 신은 자신과 다른 것이 존재하는 것을 시기하지 않는다.
(따라서) 신은 다른 존재로서의 나를 만들 수밖에 없다.
나는 (필연적으로) 존재한다.

이상의 논증으로 나는 존재한다는 주장은 근거가 확보된 정당화된 주장이 된다. {(신이 존재한다 ∧ 신은 선하다 ∧ 신은 자신과 다른 것이 존재하는 것을 시기하지 않는다.) → 신은 다른 존

당화의 맥락과 발견의 맥락을 구분할 때도 적용이 된다. 진술(statement)은 언표된 명제(proposition)이며 명제는 언표된 진술의 의미로 이해하면 된다. 앞에서 언급한 것처럼 사유 전개과정과 언표된 진술들의 전개과정을 구분하지 않는다. 일반적으로 논리학 교재에서는 전제와 결론이 어떤 관계를 맺고 있느냐에 따라서, 곧 논증의 성격에 따라서 연역논증과 귀납논증으로 구분한다. 아리스토텔레스에서는 연역논증만을 필증적 추론(논리학)에 포함시키고 있지만 전제와 귀결의 관계에서만 보면 귀납논증도 논리학에 포함된다.

재로서의 나를 만들 수밖에 없다.} → 나는 존재한다. 여기서 { } 는 하나의 단위가 되어 나는 존재한다'는 주장의 근거(전제) 역할을 한다.

이상에서 본 것처럼 형식논리학에서 주어진 주장을 뒷받침하는 전제, 그리고 그걸로 정당화되는 전제와 귀결의 관계가 성립하려면 첫째, 주어진 주장(나는 존재한다)에 대해 '과연 그런가?'라는 의문(의심)을 가져야 하며, 둘째, 그런 의심을 제거하고 '그걸 확실한 것으로 만들어주는 뭔가가 있을까?'라는 의문을 가지고 그에 대한 답(신의 존재)을 찾아야 하는데, 이는 주어진 주장을 믿고 싶은 태도를 반영한다. 셋째는 마음속에서 그걸 받쳐주는 생각(진술)을 찾는 과정이 있어야 한다.

1. 주어진 주장을 의심스럽다고 생각한다: 주어진 주장을 맹목적으로 받아들이지 않는다는 점에서 전제와 귀결의 관계 구성은 주어진 주장을 맹목적으로 수용하는 무비판적인 태도와 다르다. 곧 형식논리학은 바탕에 비판정신을 깔고 있다.

2. 주어진 주장을 정당화하고자 한다. 주어진 주장을 맹목적으로 수용하지는 않지만 그걸 확증하고자 하는 태도가 전제되어 있다. 곧 주어진 주장을 뒷받침하는 방향으로 생각을 전개한다. 곧 그렇지 않은 방향으로 생각하지 않는다.[3]

3. 주어진 주장을 어떻게 뒷받침할 것인가? 주어진 주장을 정당화하기로 결정했다고 하더라도 그 방식은 다양하다. 반드시 한 가지로만 국한되지 않는다는 말이다.

주어진 주장을 의심하기는 하지만 그것이 정당하다는 걸 보여야 하며, 그걸 정당화하기 위한 전제를 찾는 과정이 있어야 형식

3) 베이컨이나 포퍼는 이와는 전혀 다른 방식으로 생각한다.

논리학에서의 전제-귀결의 관계가 성립된다. 세 과정 각각에 대해서는 각기 다른 방향으로 생각을 전개할 수 있다.

첫째, 주어진 주장에 대해 의심하는 과정은 다른 방식으로 진행될 수 있다. '나는 존재한다'는 주장에 대해 '과연 그런가?'라는 의문은 '내가 있지 않을 수도 있잖아?'라는 의문을 담고 있다. 이에 대해 두 가지 방식의 답변이 가능하다. 그 하나는 의심스럽다 하더라도 내가 있다는 것이 입증될 수 있다고 생각하는 방향이고, 다른 하나는 의심스러운 만큼 나의 실재적 존재성을 인정할 수 없다고 생각하는 방향이다. 앞의 방향을 선택하면 우리가 위에서 살펴본 전제-귀결을 통한 정당화의 과정에 접어들게 된다. 후자의 방향으로 가는 건 여러 가지 철학-형이상학-종교적 사변의 길로 접어들게 된다. 곧 형식논리학으로 해명될 수 없는 지평이 열린다.[4] 여기서 한 가지 확실하게 말할 수 있는 건 한 주장이 '과연 그런가?'라는 의문을 제기하게 되면 이후에 전개되는 사유는 한 방향만 열려 있지 않다는 것이다. 의심스럽지만 확증할 수 있는 방향으로 나갈 수도 있고 의문을 기정사실화하여 그것이 성립할 수 없는 방향으로 나갈 수도 있다. 이런 점에서 전제-귀결의 (형식)논리적 관계는 가능한 선택지 중에서 하나(확증하는 방향)를 선택함으로써 성립하는 관계라고 할 수 있으며, 이런 점에서 이는 한 방향, 하나의 방식으로 특정화된(specified) 논리적 관계이다. 다르게 전개될 수도 있는데, 그에 특정의 제한(restriction)을 가함으로써 발생하는 것이 형식논리학에서의 전제-귀결의 관계이다.

주어진 주장에 대한 정당화와는 정반대로 전개되는 사유도 있다. 예를 들어 소크라테스의 경우 내 존재의 무조건적인 정당성을

---

4) 이런 방향이 논리에 포함될 수 있느냐는 심각하게 고민을 해봐야 할 문제다.

믿지 않는다. 오히려 그보다는 내가 세상에 그저 존재한다는 것의 무가치성에 대한 비판적 시각에서 스스로의 삶을 검토하고 사람들과의 대화에 임한다. 그는 현재 주어진 주장을 정당화하고자 하지 않는다.[5] 사실 플라톤의 텍스트를 면밀히 검토하면 주어진 주장을 정당화하기보다 이를 논박하기 위해 전개되는 소크라테스의 논박이 논리적으로 더 정교하고 엄밀하다.

둘째, 논리적 전제-귀결의 관계를 도출하는 건 주어진 주장을 정당화하고자 하는 시도에서 비롯된다. '과연 내가 있는 걸까?'라고 물었을 때, '아닐 수도 있는데 어떤 연유로 나는 존재하는 걸까?'를 물어야 전제-귀결의 관계가 도출된다. '나는 존재하지 않을 수도 있는데 어떤 필연성으로 있는 걸까?' 곧 하필(何必) 질문이다. 의심스럽지만 나의 존재를 필연적으로 가능하게 하는 건 무엇일까? 곧 내 존재의 정당성을 확보하고자 하는 의도가 있어야 '내가 있는 걸까?'라는 의문에서 '어떤 연유에서 나는 있는 걸까?'라는 질문으로 넘어갈 수 있다. 앞의 사례에 비춰보면 이에 대한 궁극적 답은 '신에 의해서 나는 존재한다'이다. '나'로부터 '나의 존재'가 따라 나오지 않기 때문에 의문을 제기한 것이며 이에 대해 나보다 상위의 존재라고 할 수 있는 신의 존재를 상정함으로써 나의 존재를 입증한 것이다.

---

5) 데카르트는 자신의 존재에 대한 믿음을 무조건적으로 갖지 않는다. 나는 나 밖의 대상이 존재한다는 걸 확신한다. 그러나 꿈에서도 우리는 나 밖의 대상이 있다는 걸 확신하지만 깨어보면 그렇지 않다는 걸 알게 된다. 그렇다고 하더라도 꿈속에서나 깨어 있을 때 그걸 경험하는 나는 있는 것 아닌가라고 할 수 있지만 어떤 악령이 개입하여 나의 존재를 없게 만들 가능성이 부정되는 건 아니다. 곧 선신은 타의 존재를 시기하지 않기 때문에 있게 할 수 있지만 악령은 타의 존재를 시기하기 때문에 나를 존재하지 않게 할 수도 있다. 그리고 나의 존재를 믿는 걸 악령이 조작해낸 믿음이라고 할 수도 있다. 이런 사유전개방식은 정당화하는 방향으로 가는 것이 아니다.

이에 대해서는 내 존재의 정당성을 전제하고 이를 입증하기 위한 전제를 찾아갈 수도 있고, '나의 존재를 정당화할 수 있을까?' 라는 의문을 갖고 내 존재의 정당성 확보가 불가능한 경우를 찾아보는 경우도 있을 수 있다.[6] 다시 말해 모든 생각(진술)을 정당화(검증, verify)할 수도 있지만 모든 생각에 대해 반증(falsify)하는 경우도 생각해볼 수 있다. 내가 존재한다는 주장에 대해 이를 어떻게 입증할까를 고민하면 거기서 찾아낸 답(주장, 진술, 생각)은 나의 존재를 확증해주는 역할을 한다. 곧 현재 주어진 주장(결론)을 뒷받침해주는 전제의 역할을 한다.

내가 존재한다는 주장에 대해 이런 주장에 맞지 않는 사례나 주장은 없을까를 고민하면 거기서 찾아낸 답(생각)은 현재 주어진 주장(결론)을 성립할 수 없게 만드는 역할을 한다. 이런 반증의 과정에서는 전제-귀결의 관계가 성립하지 않는다. 전제-귀결의 관계는 귀결에 근거를 제공하여 귀결을 필연적 참으로 만드는 역할을 하지만 귀결을 반증하기 위해 머릿속에서 찾아낸 사례(주장)와

6) 첫째에서 내 존재의 실재성에 대한 의문을 갖는 것과 둘째에서 내가 존재한다는 주장을 반증하는 건 전혀 다른 문제이다. 곧 나의 존재에 대해 첫 번째에서 제기하는 문제와 두 번째에서 제기하는 문제에 대해서 사유의 진행방향은 전혀 다른 방향으로 간다. 두 번째는 내가 존재한다는 주장에 대한 반론이고 첫 번째는 내가 존재한다는 주장에 대해 '나?'라는 의문을 갖고 그의 성립가능성에 대해 문제를 제기한다. 마찬가지로 '존재?'라는 의문을 갖고 '왜 존재해야 한다고 생각하지?', '세상에 태어나 있게 된다는 것이 뭘 의미하지?'와 나와 존재의 관계 등과 같은 원초적인 문제의식에서 출발한다. 곧 내가 존재한다라는 주장이 성립하기 위한 근본 배경에 대해 문제를 제기하는 것이 첫 번째이다. 이에 비해 두 번째는 '내가 존재한다는 주장이 입증될 수 있을까?', '내가 존재한다는 주장을 가능하게 하지 않는 주장이나 사례는 없을까?'라는 질문으로부터 시작한다. 두 번째는 '내가 존재한다'는 주장이 제기되고 나서 그를 반증하기 위해서 진행하는 사유이다. 이에 비해 첫 번째의 문제의식은 그 주장이 성립하기 이전의 사태를 묻는다. 첫 번째가 사전적(pre-)이라면 두 번째는 사후적(post-)이라고 할 수 있다. 두 번째는 정당화에 비해 반증의 논리라고 말할 수 있지만 첫 번째의 문제의식을 논리적이라고 말할 수 있을 지는 의문이다.

귀결은 전제-귀결의 관계를 맺지 못한다. 반증의 절차는 전제-귀결과 같은 (형식) 논리적 관계는 아니지만 처음 진술(결론, 나는 존재한다)을 반증할 수 있는 주장이나 진술을 찾아가는 과정도 논리적이다. 어떤 면에서 정당화하는 과정보다도 훨씬 엄밀한 논리적 사유라고 말할 수 있다.[7] 내가 존재한다는 진술을 입증해주는 진술이나 주장, 사례를 찾는 것은 내가 존재해야 한다는 당위나 믿음을 갖고 있지만 내가 존재하지 않을 수도 있다는 것을 찾는 과정은 미신적 사유를 벗어나야 가능하다.[8]

고대철학사에서 반증 과정의 사례가 가장 풍부한 저술은 플라톤

---

7) 흄은 나의 존재를 입증하는 절차를 확실하게 제한하고 이에 합당하면 인정하지만 그렇지 않은 경우는 받아들이지 않겠다는 엄밀한 원칙을 토대로 나의 존재를 입증할 수 없다는 걸 밝히고자 한다. 흄은 경험적으로 확인이 되거나 논리적으로 증명이 되면 수용하겠지만 그렇지 않으면 받아들일 수 없다고 말한다. 나의 존재, 곧 나의 실체성을 경험적으로 확증할 수 있을까? 알다시피 나는 볼 수도 들을 수도, 만질 수도 느낄 수도 없는 존재다. 따라서 경험적으로 나는 나의 존재를 확인할 수 없다. 그럼 논리(학)적으로 증명할 수 있을까? 논리(학)적으로 증명하기 위해서는, 현재 주어진 주장(나는 존재한다)을 결론으로 하는 전제를 찾아 그로부터 결론을 끄집어내야 한다. 그렇지만 이는 가능하지 않다. 전제로부터 결론을 끄집어내기 위해서는, 곧 증명하기 위해서는 전제가 갖고 있는 정보 안에 결론의 정보내용이 포함되어야 한다. 그러나 나의 존재를 포섭하고 있는 전제를 찾는 건 가능하지 않다. 일단 '나'와 '존재'라는 개념은 서로 다르며 서로 집합적인 연관관계를 찾을 수 없다. 나를 아무리 분석해도 그로부터 존재가 나오지 않는다.(나 = 존재, 나 ⊃ 존재가 아니기 때문이다.) 신의 존재를 상정하여 나의 존재를 끌어낸다고 하더라도, 신의 존재를 아무리 분석해도 나의 존재는 나올 수 없다. 곧 신의 존재가 나의 존재를 포함할 수 없기 때문에 그것이 논리적으로 증명된 관계일 수는 없다. 이런 방식으로 '나는 존재한다'라는 주장(p)에 대해서 '내가 존재한다는 건 확증할 수 없다', '내가 존재하는지 모르겠다'라는 주장(q)으로 나아가는 과정은 나의 존재를 입증하는 과정도 아니고 앞의 주장으로부터 뒤의 주장이 당연히 따라 나오는 것도 아니다. 그렇기 때문에 이는 전제-귀결의 관계라고 볼 수 없다. 그렇지만 나의 존재를 확증하는 입장을 반증하는 사유과정은 치밀하고 훨씬 논리적이라고 말할 수 있다.

8) 베이컨은 십자가를 매단 뗏목으로 표류하다가 구조된 사람들을 보고 '봐라, 신을 믿으면 사지에서도 살아날 수 있다'고 주장하는 사람들보다 '신을 믿었지만 난파선에서 빠져죽은 사람은 어떻게 해명할 것인가?'라고 묻는 사람들이 훨씬 과학적이고 논리적이라고 말한다.

의 전기 대화편이며 이는 주로 소크라테스의 사상을 전해주고 있다고 평가받는다. 소크라테스는 인간 사유를 깊이 있게 파고 들어감으로써 논리를 입체화한 인물로도 평가 받는다. 또한 논리적 대화를 통해 사람의 말이 아니라 삶을 검토한 인물이기도 하다. 그는 대화를 통한 삶의 검토를 통해 세속적인 성공보다는 영혼을 돌보는 과업에 충실하다. 이런 점에서 소크라테스는 탈세속적 논리의 창시자이자 대가라고 할 수 있다. 또한 그는 철학사상 가장 비판적인 인물이기도 하다. 초기대화편의 대화에서는 어떤 주장도 그 정당성을 입증 받지 못하는 방향으로 흘러간다. 이는 그가 어떤 주장을 입증하기보다는 반증하는데 치중하고 있다는 걸 알려준다. 그는 서양 철학사에서 반증 논리의 원조라고 할 만하며 이후의 모든 비판철학자들은 소크라테스를 자신의 원조라고 평가한다.

아닐 수도 있는데 '어떻게 있게 되는 걸까?'를 묻는 것(justify)하고 아닐 수도 있을 때 정말 아니게 될 수 있는 경우를 찾는(falsify) 경우는 명확히 다른 사유방식이다. 검증(verification)절차를 거친다는 건 정당화하는 것이기 때문에 찾아진 주장(p)과 원래의 주장(q)이 전제와 귀결의 관계를 맺을 수 있다. 반증(falsification)으로 찾아낸 주장이나 사례(p)는 원래의 주장(q)을 정당화하지 않는다. 오히려 p라고 하면 q가 안 되는 경우라고 할 수 있다. 전제와 귀결의 형식논리 관계는 가능한 두 사유 방식 중 입증이나 검증의 관계를 선택해야 성립한다. 곧 보다 개방적인 일반 관계에서 가능한 길 중 어느 하나를 차단함으로써 성립하는 제한된(축소된) 관계라고 할 수 있다. (형식)논리학은 반증의 절차를 배제하지만 논리는 검증과 반증을 모두 논리의 영역에 포함한다.

셋째, 정당화하기로 결정했을 때, 어떤 방식으로 정당화할 것인가? 고대 철학사에서 이에 대한 최초의 문제의식은 『파에돈』 편에서 찾아볼 수 있다. 『파에돈』 편에서 이런 의문과 연관해서 생겨난 분야가 원인·이유론(原因·理由論)(aitiology)이다. 플라톤은 모든 것들의 원인을 찾는 여정을 거치면서 어떤 방식은 위험하고 어떤 방식은 유물론적이고, 어떤 방식은 모순적인 원인을 제시하기 때문에 혼란스럽다고 하면서 가장 안전한 방식으로 자신의 이데아를 세상에 대한 근거로 제시한다. 곧 이 세상에 있는 여러 가지 사태가 자체로 보면 믿을 만하지 않지만 이데아에 기초함으로써 어느 정도의 안정성(stability)을 확보할 수 있다고 하여 이데아론 수용을 공식화한다.

이 같은 플라톤의 원인·이유론을 이어받아 아리스토텔레스는 학문적 지식은 원인·이유에 관한 탐구로부터 얻어진다고 주장한다. 곧 확실한 지식은 원인을 통해서 아는 지식이라고 하면서 네 가지 원인[9]을 제시하고 그 중에서 가장 핵심적인 원인으로서 형상(인)을 제시한다. 아리스토텔레스의 형상은 보편자이며 이 보편자들 사이에 성립하는 위계관계가 특정 주장을 뒷받침하는 근거가 된다. 곧 전제에 등장하는 개념들의 외연적 포함관계를 통해서 결론에 등장하는 개념들의 포함관계를 정당화하는 것이 아리스토텔레스의 삼단논증이다. 이렇게 보면 형식논리학에서의 전제-귀결의 관계는 플라톤 아리스토텔레스로 이어지는 특정 전통을 이어받아 성립하는 특수한 관계라는 걸 알 수 있다.

주어진 주장을 정당화하는 방식은 다양하다. 멀리 갈 필요 없이 플라톤 아리스토텔레스를 비교해 봐도 정당화하는 방식은 하나가

9) 형상인(formal cause), 질료인(material cause), 목적인(final cause), 작용인(efficient cause)

아니다. 플라톤에게 주어진 대상을 정당화해주는 전제(원리) 역할을 하는 건 이데아이다. 이데아는 세상에 존재하지 않는다. 세상에 존재하는 건 너무 혼란스러워서 주어진 대상을 입증해주는 확실성이나 실재성을 담보하지 못한다. 현실세계를 떠나 있다는 점에서 플라톤의 원인·이유(aitia)는 초월적이다. 이에 비해 아리스토텔레스의 전제 역할을 하는 원인·이유는 개체에 내재해 있다. 곧 개체 내에 있는 형상이 현재 있는 것들의 정당성과 현실성을 담보해준다. 이렇듯 플라톤과 아리스토텔레스의 정당화 방식은 다르다. 그에 따라서 세상의 질서를 해명하는 방법이 다르다. 플라톤이 수학적 방법을 채택하고 있다면 아리스토텔레스의 방법은 형식논리이다. 아리스토텔레스의 (형식)논리학은 플라톤의 수학을 논리의 영역에서 배제한다. 포괄적인 의미의 논리는 플라톤의 수학적 방법, 곧 가설의 방법이나 상기의 방법도 포괄한다.

더 나아가 프로타고라스는 주어진 주장에 대해 대립적인 술어를 매기거나 논증을 전개하는 것이 가능하다고 말한다. 곧 프로타고라스의 경우에는 주어진 주장이나 의견에 대해 단일 원인·이유를 제시하는 건 가능하지 않다는 생각을 하고 있는 것이다. 고르기아스의 경우에는 말이 사람의 생각을 바꿔놓을 수 있다고 말한다. 곧 주어진 주장의 불변성을 전제하지 않는다. 사람의 주장을 뒷받침해주는 건 정신적인 특성을 갖는 이데아나 형상 같은 것이 아니라 물리적 폭력이나 약물, 정신을 흐리는 유혹, 기만, 오류 같은 것이라고 말하기도 한다.

이상의 논의에 따르면 형식논리학은 비판정신을 담고 있으며, 주어진 대상을 정당화하고자 하며, 특정의 전제를 통해 결론을 정당화하고자 한다. 형식논리학이 갖고 있는 제한적 비판 정신, 정당화에 국한, 특정의 전제-귀결의 관계에 한정되어 있다는 점에서 제한적이며(restricted) 특수한(specified) 논리적 사유라고 할 수 있다. 이에 비해 여기서의 논리는 주어진 주장(생각, 진술)에 대한 무제한적 비판의식을 전제로 하며, 정당화뿐만 아니라 반박(elenchus)과 반증(falsify)의 과정도 아우르며, 그리스 철학사에 등장하는 다양한 정당화의 방식에도 관심을 기울인다는 점에서 보다 포괄적이며 일반적이다.

이상에서 살펴본 것처럼 논리는 (형식)논리학보다 포괄적인 함의를 갖는다. 논리는 전제와 귀결들의 집합인 논증만을 대상으로 하지 않는다. 논리는 한 생각(p)에서 다른 생각(q)으로의 이행(p → q)이다. 앞에서 언급한 것처럼 p가 되기 위한 조건을 어떻게 정하느냐에 따라서 논리의 함의가 달라지고, p와 q가 구분되어야 한다는 조건도 있고, →의 방향과 성질에 따라서 논리의 유형이 달라지기도 한다. →의 방향과 성질에 따라서 나타나는 논리적 사유의 유형을 먼저 살펴보기로 하자.

포괄적인 논리 규정에 따르면 어떤 유형의 사유방식들이 논리에 포함되는 것일까?

■ 논리에 포함되는 네 가지 유형의 사유방식

한 생각(진술, 명제)에서 다른 생각(진술)으로의 이행과정은 논리적 사유의 핵심이다. 곧 이는 'p → q'에서의 →의 의미에 대한 탐색이 논리 해명에서 핵심이라고 할 수 있다. 인간 생각 중에서 논리적이라고 말할 수 있는 전개 과정에서 고려할 것은 첫째, 이행방향이며 둘째는 이행의 성격이다. 이행방향과 연관해서는 상향추론(upward path), 하향추론(downward path)으로, 이행의 질적 특성을 고려하면 긍정(positive, construct), 부정(negative, destruct)으로 구분할 수 있다. 두 가지 요인에 의한 구분을 결합하면 1) 하향추론-긍정, 2) 상향추론-긍정, 3) 하향추론-부정, 4) 상향추론-부정의 네 가지 가능한 추론의 방식이 도출된다.

이 네 가지는 완전히 서로 독립적으로 작동하는 건 아니다. 문제를 풀거나 사건을 해결하면서 여러 가지 방식이 복합적으로 얽혀서 생각이 진행되는 경우가 많다. 주어진 주장에 대한 부정 → 상향추론-긍정 → 하향추론-긍정이 결합되어야 생각의 한 사이클이 완성되는 경우가 태반이다. (형식)논리적 사유에서도 주어진 주장에 대한 의심(부정)-현재 주어진 주장을 가능하게 하는(긍정) 주장 찾기(상향)-전제로부터 귀결로 내려오는 증명(하향)이 포함된다. 이는 수학적 방법에서도 마찬가지다.

이 네 가지는 완전히 서로 독립적으로 작동하는 건 아니지만 논의를 명확하게 하기 위해 유형별 사유전개과정을 살펴보기로 하자.

1) 하향-긍정 추론

하향 긍정 추론은 p와 q가 주어졌을 때, p가 전제되어 결론 q의 근거가 되는 추론이다. 예를 들어 '모든 동물은 죽는다. 사람은 동물이다.'가 전제로 주어지고 전제가 결론을 뒷받침해주는 경우, '이등변 삼각형 ABC에서 선분 AB와 AC가 같다(p)면, 각B와 각C는 같다(q).'가 이에 해당된다. 이 때 화살표가 전제로부터 결론의 방향으로 내려가기 때문에 하향추론이며, 전제가 결론을 정당화시켜주기(가능하게 하기) 때문에 긍정 추론이다. 이 경우, '→'의 의미는 연역이다. p와 →가 주어진다면 q는 p에서 연역할 수 있는 모든 지식, 진술, 주장, 생각이 될 수 있다. 예를 들어 '철수는 총각이다'에서 도출될 수 있는 결론은 철수는 남성이다, 철수는 결혼을 하지 않았다, 철수는 미혼이다 등이다.

하향-긍정 추론은 다른 것(the other, difference)을 수용하지 않는다. 곧 타자 배제의 논리라는 점에서, 곧 차이를 근간으로 하지 않고 오히려 이를 추방하고 있다는 점에서 이는 동일성 논리라고 명명할 수 있다. 파르메니데스의 귀류법, 제논의 역설적 논증이 이에 속하며 프로타고라스, 고르기아스, 플라톤의 경우도 이 같은 귀류법적 논증을 사용하고 있다. 플라톤의 후기변증법, 아리스토텔레스의 삼단논증도 대표적인 동일성 논리라고 할 수 있다. 이중에서도 아리스토텔레스의 삼단논증은 서양 2500년 동안 바뀌지 않는 근본 아이디어를 제공하고 있다는 점에서 동일성 논리의 전형으로 꼽을 만하다. 아리스토텔레스의 삼단논증은 전제 두 단, 결론 한 단의 세 단의 명제로 구성되어 있어서 삼단논증으로 번역되었다. 이 세 명제의 관계는 명제를 구성하고 있는 용어(개념, term)들의 관계로 환원되는데, 궁극적으로는 결론을 구성하고 있는 두 용어(term) S(주어)와 P(술어)를 동일적인 관계로 연결시키는 걸 최종목표로 한다. 곧 전제에는 두 번 나오지만 결론에는 나오지 않는 용어(매개념, 중간명사, middle term(M))를 통해서 서로 다른 개념 S와 P를 매개시켜 동일적인(필연적인, 우연성이 배제된, 타자성을 배제한) 관계로 전환시키는 것이 삼단논증이다. M은 한 번은 S와 관계하고 다른 한 번은 P와 관계를 맺음으로써 S와 P의 중간다리역할을 하는 것이다. 그럼으로써 S와 P의 관계를 필연적으로 연결시킨다. 이는 S와 P의 관계가 어떻게 연결되는지를 알 수 없는 상태, 곧 S와 P 사이의 우연적인 연결 관계를 매개념을 통해 필연적인 연결 관계로 만드는 과정이라고 할 수 있다.

한 생각(p)에서 다른 생각(q)으로 넘어가는 과정, 곧 'p → q'에서 →의 의미에 대한 연구가 가장 많이 진행된 건 하향-긍정 추론이다. 하향 긍정추론에 대한 아리스토텔레스 이후의 연구과정은 실질적 함축(→. material implication)에 대한 진리표 해석에 담겨 있다.10)

10) 형식논리학에서 '→'는 다음처럼 정의된다.

	p	p → q	q
1	T	T	T
2	T	F	F
3	F	T	T
4	F	T	F

형식논리학에서 연산자로서의 '→'는 전제(p)가 참(T)인데 결론(q)이 거짓(F)인 경우를 제외하고는 다 허용된다(T)는 의미를 갖는다. 전제가 참이고 결론이 참인 경우가 허용된다(1)는 건 이론의 여지없이 수용될 것으로 본다. 전제가 참인데 결론이 거짓이면 받아들일 수 없다는 것도 인정될 수 있다.(2) 그런데 전제(p)가 거짓(F)이면 결론이 참이든 거짓이든 상관없이 다 허용된다(3, 4). 이건 어떤 의미일까? 아무 이의 없이 받아들이기 쉽지 않은 이 해석을 어떻게 받아들여야 할까? p → q는 명제논리에서 ~p v q와 같은 의미를 갖는다. ~p v q는 일상어로는 'p가 아니거나 q이다'로 해석된다.

	p	~p	~p v q	p ∧ ~q	~q	q
1	T	F	T	F	F	T
2	T	F	F	T	T	F
3	F	T	T	F	F	T
4	F	T	T	F	T	F

이를 부정하면 어떻게 될까? ~(~p v q) ≡ (p ∧ ~q). 이는 p가 성립함에도 q가 성립하지 않는 걸 의미한다. 위의 진리표에서 보면 (p ∧ ~q)가 성립될(참이 될) 가능성은 1, 2열에만 있다. ∧는 둘 다 참일 경우에만 성립하기 때문에 하나가 성립하지 않으면(참이 아니라면) 당연히 성립하지 않는다. 따라서 3열과 4열에서 p는 F이기 때문에 ∧가 참이 될 가능성은 원초적으로 막혀 있다. 이는 (~p ∨ q)를 부정하면(성립하지 않는다고 하면) 3, 4열은 항상 성립하지 않기(참이 아니기) 때문에 그것은 항상 성립할 수 없게 된다. 곧 부정의 부정이 참인 한, p가 F일 경우에는 그것이 무엇과 결합을 하든 항상 F이다. 따라서 그것의 부정이 p와 결합하는 한 그건 항상 F가 됨으로 p → q는 3, 4열에서도 참이 된다. 곧 p → q를 부정하면 p와 다른 것의 연접(∧)으로 결합되는데 3, 4열에서의 p는 항상 F가 된다. 이는 p → q의 부정이 언제나 성립되지 않는다는 걸 나타내기

아리스토텔레스는 그리스 논리의 역사에서 하향-긍정 추론을 학문 방법론으로 정착시킨 사람이다. 이런 방법은 주어진 추론이 제대로 진행이 되고 있는 지를 사후에 검토하는 방식일 뿐이며, 새로운 지식을 발견하거나 현재 주어진 지식의 허위성을 드러내 주지는 못한다.

귀납논증도 하향 긍정추론이라고 할 수 있다. 예를 들어 연탄불, 전등불, 촛불, 햇빛, 가스 불, 장작불을 관찰하면 빛이 나고 뜨겁다는 걸 알 수 있다. 이런 사례들을 보고 빛에는 열이 수반된다는 일반원칙을 수립했다고 하자. 이 경우 주어진 것은 사례들(p)이며 일반 진술은 귀결이다. 사실 이 사례는 {(a가 빛이 난다 → a가 열이 난다) ∧ (b가 빛이 난다 → b가 열이 난다) ∧ (c가 빛이 난다 → c가 열이 난다) ∧ (d가 빛이 난다 → b가 열이 난다) ∧ · · · ·} → (빛이 나는 것 → 열이 나는 것)의 구조를 가진다. 이를 형식화하면 $\{(La \rightarrow Ha) \wedge (Lb \rightarrow Hb) \wedge (Lc \rightarrow Hc) \wedge (Ld \rightarrow Hd) \wedge \cdot\cdot\cdot\cdot\} \rightarrow \forall x(Lx \rightarrow Hx)$가 된다. 이는 일반화라고 하며 구체적인 관찰 사례로부터 일반적인 원리에로 나아가는 추론 과정이다. 이에는 복잡한 철학적 논의가 잠복해있지만 이 정도면 하향-긍정 추론의 대표적인 사례로 충분하다. 이 추론은 주어진 주장을 정당화해준다는 점에서 긍정 추론이며 근거에서 귀결로 나간다는 점에서 하향추론이라고 할 수 있다. 관찰 사례가 사유에서 도출하는 가설이나 일반원리를 정당화해줘

때문에 p → q는 언제나 성립하게 되는 것이다. p를 부정한 ~p가 F가 된다면 p는 언제나 참일 수밖에 없다. 곧 p이거나 ~p일 수밖에 없다는 원리 때문에 p → q가 가질 수 있는 논리적 가능성 중에서 p가 F가 되는 경우(3,4)가 항상 성립(T)되는 것이다. p와 ~p의 부정관계가 하향-긍정추론의 근본이 된다. 그리고 이런 부정은 아리스토텔레스의 잠재태와 현실태의 관계에서 확립된다.

야 한다고 생각한다는 점에서 경험이 사유보다 우선한다는 원리에 기초한 경험주의의 논리라고 말할 수 있다.

2) 상향-긍정 추론

우리는 수학적 사유를 논리적이라고 말한다. 그렇지만 논리학과 수학은 엄연히 다른 학문이다. 논리학이 정당화의 맥락(context of justification)에만 관여를 한다면 수학적 사유에서는 현재 주어진 복잡한 문제를 풀기 위해 그것을 단순한 요소로 분해하여 상위의 원리로 거슬러 가는 과정, 곧 발견의 맥락(context of discovery)이 핵심적인 역할을 한다. 아리스토텔레스의 삼단논증을 포함하는 형식논리학은 주어진 원리를 갖고 그보다 하위의 원리를 정당화하는 절차에만 관여한다. 따라서 현재 주어진 것보다 상위의 원리를 찾아가는 역할을 하지는 못한다. 이런 점에서 새로운 지식 발견의 방법으로 적합하지 않다.[11] 이에 비해 수학의 방법은 주어진 문제를 풀기 위해 그 문제를 가능하게 하는 상위의 원리를 찾아가는 절차가 선행되어야 한다.[12] 이 절차는 현재 주어진 주장을 가능하게 하는 상위의 원리를 찾아간다는 점에서 상향 추론이며, 주어진 주장을 정당화하기 위한 추론이라는 점에서 긍정 추론이다. 긍정적인 상향추론은 넓은 의미에서는 논리에 포함된다고 할 수 있지만 이는 논리라기보다는 방법론으로 보는 것이

---

11) 베이컨과 데카르트는 아리스토텔레스의 삼단논증이 새로운 지식 발견의 방법이 될 수 없다는 점을 공히 비판하다. 그러면서 그들은 새로운 지식 발견의 방법을 제시하는 바, 데카르트는 보편수학의 방법을, 베이컨은 귀납법을 제시한다. 베이컨이나 데카르트가 자신의 방법론을 모두 플라톤에서 받았다고 주장하고 있다.

12) 서양의 학문방법론 가운데 가장 대표적인 것을 꼽으라면 수학이다. 아리스토텔레스 논리학을 기준으로 논리적 사유를 정하면 형식논리학보다 효용가치나 중요성에서 훨씬 뛰어난 수학적 사유는 논의의 대상에서 배제된다.

더 적합할 수도 있어서 이에 대해서는 막간(intermission)에서 언급하고자 한다. 고대 그리스에서 새로운 지식을 찾아가는 상향추론의 과정은 플라톤의 상기(anamnesis)와 변증술(dialektike)이 대표적이다.

학문방법론에서만 보면 수학적 방법과 논리학적 방법의 차이는 플라톤과 아리스토텔레스의 사유방식의 차이와 같다고 말할 수 있다. 플라톤에게는 아리스토텔레스의 논리적 사유방식이 다 들어가 있지만 아리스토텔레스에는 플라톤적인 사유가 다 들어 있지 않다. 플라톤에는 아리스토텔레스 논리학이나 형이상학을 가능하게 하는 논리적 사유방식은 물론이고 아리스토텔레스 이외의 방향으로 나갈 수 있는 논리적 사유도 들어가 있다. 곧 논리학적 사유만 놓고 봐도 아리스토텔레스는 플라톤을 다 담을 수 없다. 그 중에서도 가장 큰 차이는 상향추론(upward reasoning)의 유무라고 할 수 있다. 플라톤의 상기(anamnesis, recollection)는 세상의 복잡한 사태를 가능하게 하는 근거(aitia)로서의 이데아를 찾아가는 사유방식이다. 곧 현재 주어진 (하위의) 것을 가능하게 하는 (상위의) 원리를 찾아가는 상향추론의 과정이다. 이미 주어진 상위의 원리를 갖고 하위의 것을 입증하는 절차(정당화 과정)가 제대로 됐는 지를 따지는 연역(종합)의 과정에서는 새로운 것이 나올 수 없지만 이 같은 상향추론(분석)의 과정에는 새로운 지식의 창출이 당연하다.[13)]

13) 데카르트는 자신의 보편수학 방법이 고대 그리스의 플라톤, 파푸스, 디오판토스의 방법에 이미 다 나와 있는 것이라고 하면서 스스로의 방법이 플라톤의 방법론을 따르고 있다고 고백한다. 데카르트에 따르면 아리스토텔레스의 삼단논증으로는 새로운 지식을 찾을 수 없다. 자신의 보편수학은 새로운 지식발견 방법으로서 플라톤의 상기나 변증술이 모델이 되고 있다고 말한다.

3) 하향-부정 추론

하향-긍정 추론의 사례 중에서 귀납추론은 귀결을 뒷받침하는 사례들(q)로부터 일반원리(p)를 이끌어내는 과정이었다.

하향-부정추론은 주어진 주장의 정당성에 의문을 제기하는 추론을 의미한다. 앞에서 언급한 하향-긍정추론 중 귀납의 사례에서 누군가가 햇빛, 가스 불, 장작불, 전등불, 라이터 불을 보고 빛은 열을 동반한다는 원리(가설)를 제시했다고 하자. 이에 대해서 성냥불, 횃불, 석탄불, 연탄불을 찾는 것은 이 주장을 정당화해주는 사례를 찾는 것이다. 이런 주장을 한 사람이 위의 사례를 찾는 것은 자신의 주장을 검증하기(verify) 위한 목표를 갖는다. 그런데 어떤 사람은 빛이 있는데 열을 동반하지 않는 사례를 찾아 나설 수 있다. 곧 눈이나 달, 반딧불처럼 빛은 있지만 열을 수반하지 않는 사례들을 찾으면 빛이 있는 것은 열을 동반한다는 원리는 정당화될 수 없다. 이는 반례를 통해 사유에서 도출된 주장을 반증하는(falsify) 절차이다.[14)]

---

14) 반례는 실질적 함축에 대한 진리표 정의에서 다음과 같이 찾을 수 있다.

	p	p → q	p ∧ ~q	~q	q
1	T	T	F	F	T
2	T	F	T	T	F
3	F	T	F	F	T
4	F	T	F	T	F

2열에서 볼 수 있는 것처럼 p → q가 F가 되는 경우에 p ∧ ~q는 T가 된다. 곧 p ∧ ~q가 나타난다면 p → q는 성립할 수 없는 것이다. (p ∧ ~q)는 p → q에 대한 반례(反例, counter example) 기능을 한다. 그건 형식적인 것이 아니라 p → q라는 추론 형식에 사례를 들어 반박하는 형태를 띤다. 형식적 타당성은 어느 경우에나 적용되어야 하는데 적용되지 않는 사례가 하나라도 있으면 추론의 형식적 타당성이 인정되지 않기 때문이다. 예를 들어 십자가를 단 뗏목을 타고 살아난 사람을 보고 신을 믿으면 죽음의 상황에서라도 살아날 수 있다고 주장을 하는 사람에 대해 그렇다면 신을 믿으면서도 물에 빠져 죽은 사람의 경우는 어떻게 해석할거냐고 반문하는 경우가 이에 해당된다.

앞의 귀납은 $\{(La \rightarrow Ha) \wedge (Lb \rightarrow Hb) \wedge (Lc \rightarrow Hc) \wedge (Ld \rightarrow Hd) \wedge \cdot \cdot \cdot \cdot\} \rightarrow \forall x(Lx \rightarrow Hx)$로 형식화 되는데, 빛이 나면서도 열이 나지 않는 사례($Lm \wedge \sim Hm$) 하나만 찾아도 빛이 나는 건 열을 수반한다($\forall x(Lx \rightarrow Hx)$)는 일반 원리가 통용되지 않게 된다. 사실 이런 과정은 인간 사유에 대한 심각한 비판의식을 내포하고 있다. 일반 원리 $\forall x(Lx \rightarrow Hx)$가 성립하는 과정은 앞에서도 본 것처럼 개별적인 관찰 사례들로부터 일반적인 원리로 나아가는 과정이며, 사실 반례를 찾는 것도 개별적인 관찰 사례를 찾는 것이다.

검증의 과정

$\{(La \rightarrow Ha) \wedge (Lb \rightarrow Hb) \wedge (Lc \rightarrow Hc) \wedge (Ld \rightarrow Hd) \wedge \cdot \cdot \cdot \cdot\}$
$\rightarrow \forall x(Lx \rightarrow Hx)$

반증의 과정

일반 원리로부터 개별 사례를 확인하는 과정(일반 사례로부터 도출될 수 있는 사례들을 연역함

$\forall x(Lx \rightarrow Hx) \rightarrow \{(Lm \rightarrow Hm) \wedge (Ls \rightarrow Hs) \wedge (Lt \rightarrow Ht) \wedge (Lr \rightarrow Hr) \wedge \cdot \cdot \cdot \cdot\}$

일반 원리로부터 연역 가능한 사례들 가운데 반례(빛이 나면서 열이 없는 사례)를 찾으면 후건 부정의 원리에 의하여 일반 원리가 부정이 된다.

$(Lm \wedge \sim Hm) \rightarrow \sim\forall x(Lx \rightarrow Hx)$

검증의 과정에서 개별 사례로부터 일반원리에로 나아갈 때, 개별 사례들에는 일반 원리를 정당화해주는 사례들도 있지만 그 사례들 안에는 일반적인 원리와 어긋나는 사례들도 포함되어 있다. 그런데 인간 사유는 자신에게 적합한 사례만을 먼저 확인하고 찾는 속성이 있어서 반례를 고려하지 않기 때문에 무비판적이 된다.

사실 입증 사례나 반증 사례는 다 같이 현실세계에 잠복해 있기 때문에 엄밀한 논리적 사유, 비판적 사유는 반증사례를 먼저 찾아야 하고 이런 반증 사례에 주목하는 것이 하향-부정 추론이라고 할 수 있다. 하향-부정 추론은 하향-긍정추론보다 비판적이고 엄밀하다는 점에서 더 논리적이라고 말할 수 있다.

4) 상향-부정 추론

주어진 주장(생각, 진술)에 대해 상향추론을 하는 경우는 대체적으로는 현재 주어진 주장의 근거가 되는 원리를 찾는 경우이다. 이 경우는 상향추론-긍정의 경우에 속한다. 그렇지만 여기에는 주어진 주장을 당연하게 받아들이지 않고 그의 정당성에 의문을 가져야 한다. '주어진 주장을 가능하게 하는 원리는 뭐지?'라는 의문이 있어야 상위의 원리를 찾아가게 된다. 곧 현재 주어진 것은 자체적으로 정당화될 수 없다는 생각이 있어야 상향추론이 시작되는 것이다. 상향추론-긍정이 작동하기 위해 부정적인 생각(의심, 회의)이 전제되어야 하는 것이다. 더구나 문제풀이의 과정에서는 상위의 원리를 찾은 다음에 그걸 통해 주어진 주장을 정당화하는 절차가 뒤따르는데 이는 하향추론-긍정의 과정이다. 하향-긍정의 과정, 곧 정당화의 과정을 거치지 않고 그 상위의 원리에 대해서도 부정적인 방식으로 접근하면 정당화의 절차가 시작되지 않는다. 곧 개인이나 인간이 갖고 있는 상위의 원리를 계속해서 파고 들어가면서 부정하고 파괴해나가면 결국 어느 것도 정당화할 수 없는 상황에 봉착한다. 끝까지 파고 들어가 어느 것도 정착하지 못하게 하기 때문에 부정적이며, 상위의(근본적인) 원리로 쫓아 올라가면서 부정하기 때문에 상향추론이다.

플라톤의 초기 대화편의 대화과정은 상향부정추론의 대표적 사례들이다. 예를 들어 소크라테스는 『에우티프론』 편에서 에우티프론과 경건함에 관해 대화를 나눈다.

> 소크라테스: 경건함이란 무엇인가?(질문 1)
>
> 에우티프론: 경건함은 신에게 친밀한 것이다.(신이 좋아할 만한 것이다.) 신이 싫어하는 것은 불경한 것이다.(답 1)
>
> 소: 같은 사안에 대해 어떤 신은 좋아하지만 어떤 신은 싫어한다.(첫째 반박)
>
> 소: 경건함이란 무엇인가?(질문 2)
>
> 에: 모든 신이 좋아하는 것이 경건한 것이고, 모든 신이 미워하는 건 불경하다.(답2)
>
> 소: 자신이 한 행위가 경건한 것이기 때문에 모든 신이 좋아할 것을 함축하는데 신에게 사랑을 받는 이유는 신에게 있지 나에게 있지 않다.(둘째 반박)
>
> 소: 경건함이란 무엇인가?(질문 3)
>
> 에: 경건함은 신에 대한 관심과 관련된 옳은 것이다.(답3)
>
> 소: 신에 대한 관심이란 신에 대해 배려하는 기술이라고 할 수 있는데 신에 대해서 배려할 수 있다고 하는 건 내가 신을 이롭게 할 수 있다고 생각하는 것이다. 신을 이롭게 한다는 건 신을 보다 낫게 한다는 것인데 인간이 그걸 할 수는 없다.(셋째 반박)
>
> 이하 계속

내용을 차치하고 대화는 현재 행위를 가능하게 하는 근거로서의 경건함에 대해 묻고 그에 대해 첫째 답을 하면 그걸 인정하지 않고 아닌 경우를 찾아내고, 다시 그보다 상위의 근거를 거듭 묻고 찾아진 근거를 다시 반박하는 절차를 계속하여 상대가 더 이상 근거를 찾을 수 없는 지경에 도달하기까지 진행된다. 상대의 행위나 주장을 가능하게 하는 근거로서의 신념을 찾아간다는 점에서 상향추론이며 이를 통해 원래 주장을 정당화하기보다는 상위의 근거가 성립할 수 없다는 걸 지속적으로 보인다는 점에서 부정적이다.

소크라테스의 논박은 계속되는 질문으로 상대의 현재 주장을 가능하게 하는 상위의 원리를 캐고 들어가 제시하게 하고 다시 검토 작업을 통해 거 원리를 부정하는 절차를 반복한다. 논박은 어떤 긍정적인 결론에도 도달하지 않는다. 곧 상대가 의지할 수 있는 최종적인 원리를 확정하지 않는다. 그런 원리가 확정된다면 이 과정은 상향 긍정추론이 되어 현재 주장은 이 최종적인 원리에 의해 정당화된다. 그러나 소크라테스의 논박은 긍정적인 결론, 최종적인 원리를 확증하는 방식으로 마무리되지 않는다. 상위의 원리를 계속해서 파고들어가 어느 것도 확정하지 않고 다 부정한다는 점에서 이는 상향-부정추론의 전형이라고 할 수 있다.

이상과 같이 논리를 네 유형으로 분류하면 고대 그리스에 등장하는 사유방식을 대체로 담아낼 수 있다. 아리스토텔레스의 삼단논증은 하향 긍정 추론의 전형이라고 할 수 있다. 하향-긍정 추론이 부정이나 타자, 차이를 배제한다는 시각에서 보면 이에는 파르메니데스, 제논, 고르기아스, 프로타고라스, 플라톤의 사유방식이 포함된다. 상향긍정추론은 플라톤의 상기의 방법과 변증법이, 하향 부정추론은 플라톤의 대화편 곳곳, 프로타고라스, 고르기아스 등에서 출현하며, 상향 부정 추론은 소크라테스의 논박이 대표적이다.

논리적 사유, 곧 한 생각에서 다른 생각으로 이행하는 과정을 그 방향과 질적인 특성에 따라 구분하고 가능한 유형으로 나누어 보면 논리가 (형식)논리학을 하위의 부분으로 포섭하는 포괄적이고 일반적인 영역이라는 걸 알 수 있다. 이렇게 해서 확장된 논리에는 파르메니데스, 제논, 플라톤, 아리스토텔레스로 이어지는 형식논리학의 형성과정만이 아니라 고르기아스나 프로타고라스, 플라톤의 수학적 방법, 소크라테스의 논박의 논리까지도 포함된다.

이외에도 논리의 주요원리와 연관해서 몇 가지 고려해야 할 사항이 있는데, 특히 누락해서는 안 될 두 가지 포인트가 있다. 논리는 p → q로 압축할 수 있는데, 하나는 생각(진술, 명제)으로서의 p나 q가 지켜야 할 조건과 연관된 것이고, 다른 하나는 대립을 보는 시각과 관련된 것이다.

■ 명확성의 논리와 애매 · 모호성의 논리 (logic of clarity vs. logic of ambiguity · vagueness)

논리(p → q)가 성립하기 위해서는 생각(진술, 명제)으로서의 p나 q가 전제되어야 한다. p가 되기 위한 조건은 무엇일까? 곧 논리적 사유라고 할 때 그 사유가 갖는 특징은 무엇일까?

p는 하나의 생각, 주장 또는 진술, 명제를 의미한다. 그것이 생각이나 주장이라면 머리에 떠오른 것이며, 진술(statement)이라면 언어로 표현된 문장이고 명제(proposition)라면 진술이 나타내고 있는 의미라고 할 수 있다. 아리스토텔레스로부터 시작되는 전통논리학이나 현대 논리학에서 p는 명확하게 p로 확립되어야 한다. p가 다른 것(이를테면 q나 ~p)과 잘 구별이 되지 않아서 애매하고 모호하면 아리스토텔레스의 논리학이나 현대 논리학은 성립할 수 없다. 그래서 형식논리학에서의 사유는 명확하고 분명해야(clear & distinct)한다.[15] 사유의 형태를 띠든 언어의 형태를 띠든 그것은 하나로 확정된 항, 곧 일의적 의미를 지니는 진술(생

각, 명제)이어야 한다. 곧 p가 다른 것들과 구분되는 p만의 정체성이 확립되어 있어야 한다.

p나 q는 진술일 수도 있고 진술을 구성하는 용어일 수도 있다. 진술일 경우에는 참과 거짓(T, F)이 명확하게 정해져야 하며, 용어일 경우에는 그것이 포섭하는 대상들의 영역을 명확하게 규정할 수 있어야 한다. 다루는 대상의 영역이 자체로 명확하고 다른 것과 확연히 구분되어야 (형식)논리학이 성립한다. 그렇지 않은 대상은 논리학의 영역에서 배제된다. 앞에서 살펴본 상향-긍정 추론의 경우에도 대상은 명확하고 분명해야 한다. 상향-긍정 추론의 대표적인 사례는 수학적 방법(상기, 가설의 방법)인데 수학적 대상이 되기 위해서는 먼저 집합의 대상이 되어야 한다.[16] 집합을 의미하는 { }는 그 안에 포함되는 것과 포함되지 않는 것의 경계를 명확하게 정하는 기능을 한다.[17] 특정 특성을 기준으로 그에 해당하는지 않는 지를 명확하게 판가름할 수 있어야 집합이 성립하기 때문에 형식논리학에서와 마찬가지로 수학도 명확하고 분명

---

15) 익히 알고 있는 것처럼 명확하다(clear)는 건 의혹이 없이 환하게 밝혀져야 한다는 것이다. 흐릿하거나 모호(vague)해서는 안 된다는 말이다. 분명하다(distinct)는 건 다른 것과 뒤섞여서는 안 된다는 말이다. 곧 다른 것과 뒤섞여서 하나 이상의 의미를 갖지(ambiguous) 않아야 한다. 이는 역으로 애매하고 모호한 방식으로 생각하는 경우도 있다는 말이다. 곧 명확성의 논리(logic of clarity)뿐만 아니라 모호성, 애매성의 논리(logic of vagueness, logic of ambiguity)도 있다는 말이다.

16) 집합이 수학의 기초이기 때문이다. 수학적 정의들은 모두 집합으로 정의된다. 집합론이 성립되어야 수학이라는 학문이 가능하다는 말이다. 모든 수학교재에서 집합론이 가장 먼저 나오는 건 이 때문이다. 집합이 선행되어야 수학이라는 학문이 가능하기 때문이다.

17) 집합 A={1, 2, 3, ... }에서의 중괄호 { }는 A에 속하는지 속하지 않는 지를 명확하게 결정할 수 있어야 함을 나타낸다. 곧 속하는지 아닌지를 명확하게 밝힐 수 있는 것만을 집합이라고 하며 그렇지 않으면 집합일 수 없다. 곧 애매하거나 모호한 것은 집합의 대상일 수 없다. 이와 마찬가지로 논리학의 대상인 진술과 용어는 그 의미가 명확해야 한다.

하게 사유할 것을 요구한다.[18]

논리학과 수학이 서로 다른 영역임에도 논리학과 수학은 주어진 대상을 명확하고 분명하게 사유해야만 성립하는 학문 분야라는 점에서 공통점을 갖는다. 수학이나 형식 논리학에서 명확하고 분명하지 않은 건 논의의 대상에서 추방된다. 이 지점에서 우리는 논리 이전에 철학적 질문을 던져볼 필요가 있다. 이는 명확하고 분명한 대상만을 대상으로 삼는 형식논리학과 수학의 효용성과 연관해서 짚고 넘어가야 할 의문이기도 한다. 형식논리학은 자신들이 다뤄야 할 대상을 제한한다. 앞에서 언급한 것처럼 형식 논리학은 논증을 대상으로 하며 논증은 증거로서의 전제 진술들과 결론진술로 구성된 진술들의 집합으로 정의된다. 명제논리는 진술을 하나의 단위로 삼고 용어논리는 문장의 내부구조를 질적·양적인 측면에서 분석하여 용어들 사이의 관계를 형식적으로 유형화하여 그 타당성여부를 따진다. 명제 논리에서는 단위가 되는 진술(명제)의 참·거짓(T·F)이 정해져야 한다. 참거짓(T·F, 0·1)이 정해지지 않는 진술로는 논증을 구성할 수 없기 때문에 형식논리학에서는 다룰 수가 없다. 형식논리학에서 진술의 참-거

18) 데카르트의 사유 방법은 네 가지로 요약된다. 곧 직관(intuition), 분석(analysis), 연역(종합)(deduction, synthesis), 열거(매거, exhaustion))가 그것이다. 이 중 가장 중요한 것은 직관이다. 직관은 인간이 정상적인 사유능력만 있다면 절대로 틀릴 수 없는 단순한 대상을 알아차리는 기능이다. 가령 1 = 1, 1 + 1 = 2를 진리라고 알아차리는 인식과 같은 것이 직관이다. 너무 확실해서 오류 불가능한 단순 진리에 관한 인식으로부터 시작해서 복잡한 것들에로 나아가는 것이 연역이며, 복잡한 사태로부터 좀 더 확실한 단순 사실로 거슬러 올라가는 걸 분석이라고 한다. 가장 단순한 것으로부터 가장 복잡한 것으로 가는 연쇄(series)에는 특정의 관점(시각)이 전제되는 바 특정의 관점에서 단순-복잡 정도에 따라 모든 것을 나열해보는 것이 열거이다. 직관적 확실성에 따라 각 영역의 지식들을 체계화시킨 것이 근대과학이며, 이 과학의 최종적인 방법론이 되는 사유방식이 데카르트가 언급하고 있는 보편 수학이다. 결국 보편수학의 방법도 대상에 대한 명확하고도 분명한 사유방식이 전제되어야 한다.

짓은 진술이 의미를 갖기 위한 첫 번째 조건이다. 그렇지 않은 진술은 논리학의 영역에서 추방된다. 곧 참이든 거짓이든 한 가지 의미로 확정이 되어야 (형식)논리적으로 유의미한 진술이 되는 것이다.

그렇다면 한 가지 의미로 확정이 되지 않는 진술은 어떤가? 그런 진술들은 논증을 구성할 수 있는 여건을 갖추고 있지 못하기 때문에 명제 논리의 대상이 안 된다. T인지 F인지를 판가름할 수 없거나 T도 되고 F도 될 수 있거나 T도 아니고 F도 아닌 진술은 논리학(또는 수학)의 영역에서 배제된다.

이 같은 조건은 형식논리학의 적용영역에 제한을 갖게 한다. 현실세계는 플라톤이 말한 것처럼 존재하는지 않는 지를 판가름할 수도 없고, 때에 따라서 참이 되었다가 거짓이 되는 경우도 있고, 그 역도 마찬가지이다. 일상어가 두 가지 이상의 의미를 갖는 건 지극히 당연하며, 언제나 일의적인 의미를 지니는 진술을 찾는 것이 오히려 어렵다. 이런 점에서 형식논리학은 현실적용 능력에 한계를 갖게 된다.

아리스토텔레스(어떤 면에서 플라톤)는 이론(theoria)의 세계가 현실(praxis)의 세계와 명확히 다르고, 이성적 사유를 중심으로 하는 논리의 세계가 현실 적용력이 부족하다는 건 당연하다고 반론을 제기할 수 있다. 그리고 이는 플라톤이나 아리스토텔레스 철학의 이론적(순수사유의) 특성을 감안하면 충분히 인정할 수 있는 반론이라고 할 수 있다.

이론적 논리의 세계만을 논리의 영역으로 제한하면 현실정합적인 상황논리는 논리라고 말할 수 없게 된다. 프로타고라스처럼 발설하는 때와 장소, 상황, 사람에 따라서 참과 거짓의 기준이 변하고 내 편과 네 편에 속하는 사람들의 기준이 바뀌는 사유방식은 가짜논리가 되고 만다. 고대 그리스에는 현실정합적인 논리, 곧 상황을 고려하는 논리(앞으로 이를 상황논리라고 부르고자 함)가 별도로 있다. 세속적이라는 비판적 평가를 받을 수는 있겠지만 형식(이론적) 논리에 비해 저열한 것이 아니라 현실 상황에 더 적합한 논리로서의 프로타고라스 류의 상황논리가 있을 수 있다는 걸 인정해야 한다. (형식)논리학에 갇히지 않은 포괄적인 의미에서의 논리는 프로타고라스 류의 상황논리도 논리적 사유방식으로 인정하고 이를 대상으로 삼는다.

프로타고라스와는 또 다른 측면에서 논리의 성립조건에 문제를 제기할 수 있다. 프로타고라스의 상황논리는 상황이 결정되면 진술이나 주장, 생각의 의미가 명확하게 결정된다. 서로 말싸움(논쟁)을 벌일 때 각자가 주장하는 바가 명확해야 싸움이 된다. 자체로는 이럴 수도 있고 저럴 수도 있지만 상황이 정해지면, 곧 주장하는 시점이나, 때, 사람이 정해지면 입장이 명확해야 한다.

인간의 사유가 언제나 명확한 것은 아니고 항상 저변에 모호성을 깔고 있으며, 언제나 동시에 두 가지 입장을 갖고 있을 수밖에 없다면 어떻게 될까? 헤라클레이토스에게 이것인지 저것인지 명확하게 정하라고 하면 할 수 있을까? 항상 변화하는 현실에서 명확히는 물론이고 하나로 확성한다는 것 자체가 가능하지 않다. 인간의 사유가 어떤 요인에 의해서든 자신의 정체성을 잃고 비규정적인 방향으로 흘러가게 되어 있다는 고르기아스의 생각도 인간에게 열려 있는 사유방식 중의 하나가 아닐까? 애초에 인간이 명확하고 분명하게 생각하는 것이 가능할까? 이런 의문을 갖고 보면 명확성과 분명함(clear & discint)을 추구하는 (형식)논리학적 사유방식은 그저 이상적인 가이드라인(ideal type)이라고 볼 수 있다.[19]

p나 q가 한 항으로 정립되어야 한다는 형식논리학이나 수학에

서의 논리적 사유의 성립요건에 대해 이상과 같은 의문을 가져보면 논리의 영역에서 제외되었던 헤라클레이토스, 프로타고라스, 고르기아스의 사유방식도 논리사에 포함시킬 수 있게 된다.

■ 대립에 관한 논리적 시각(선택배제와 대립공존)

서론적 논의를 마무리하면서 마지막으로 짚어야 할 논리의 주제가 있다. 대립은 논리에 관한 논의에서 핵심 주제이다.[20] 대립은 초기 고대 그리스 철학부터 아리스토텔레스까지 면면히 이어 내려오는 주제이다. 아낙시만드로스의 한정자 사이의 대립(冷溫乾

---

19) 현대에 오면 명확하고 분명하게 생각하거나 말하는 것 자체가 가능하지 않다는 걸 밝히는 논리도 있다. 데리다의 해체논리가 대표적인 사례라고 할 수 있다. 데리다의 해체에 논리라는 말을 붙이는 것아 가능하냐는 의문이 있을 수 있다. 데리다의 해체는 반논리적이라고 생각하기 때문에 그런 의문을 가질 수 있다. 이 경우 일관적이고 명확하며 분명하게 사유하는 것이 논리라고 생각하는 것이다. 데리다의 저서를 읽어보면 아주 정교한 방식으로 논변을 구성하고 있음을 알 수 있다. 치밀한 논변으로 정체성이나 동일성, 확정성, 규정성이 그 자체성을 유지할 수 없음을 보여주고 있으며 이는 또 다른 방식으로 논리적이라고 말할 수 있다.

20) 대립은 구분이나 다름의 특수한 형태라고 할 수 있다. 사실 논리가 성립하기 위해서는 다름(difference)이 전제되어야 한다. 곧 논리적 사유는 구분(distinction)이 전제되어야 한다. p와 q가 서로 다른 것으로 식별되어 비교가능해야 논리적 이행과정이 성립한다. 적어도 두 개의 항을 정립하고 비교하여 서로 다른 것으로 인식해야 논리적 사유가 성립한다. 서양의 철학사에서 식별을 명확히(clearly) 해야 함을 주장하고 가장 중요한 차이(구분)를 도입한 철학자는 파르메니데스이다.
다름, 구분은 여러 가지 형태로 등장하는데, 서로 매개가 되지 않는 독립적인 항들, 서로의 존립을 위협하는 대립들, 대립하지만 공존은 가능한 반대, 양자 중 어느 하나는 반드시 없어져야만 하는 모순관계 등은 다름, 구분의 특수한 형태들이다. 유사성은 동일성을 기준으로 하면 다르지 않다는 걸 의미하지만 차이성을 기준으로 하면 같지 않다는 걸 의미한다. 유사성도 구분이나 다름이 없으면 성립할 수 없다. 물론 같은 면이 없다면 유사하다고 말할 수 없다는 것도 분명하다.
* 서양의 철학사에서도 그렇지만 논리사에서도 파르메니데스는 없어서는 안 될 인물이다. 그의 논리적 공헌에 대해서는 본문에서 다루겠지만 그의 사유방식이 갖는 논리적 의미를 상술하기 위해 기존에 발표했던 '파르메니데스 단편에서의 네 가지 사유'를 부록으로 첨부한다.

濕), 세계 원리로서의 헤라클레이토스의 대립자의 긴장과 투쟁, 파르메니데스의 있음과 있지 않음, 프로타고라스의 대립적 논증과 술어, 플라톤의 긍정과 부정의 관계에 관한 변증법적 논의, 아리스토텔레스의 가능태와 현실태 사이의 대립 등은 대립을 둘러싼 현저한 입장차를 보여준다. 어떤 면에서 고대 그리스 논리사는 대립 관계 조정의 역사라고 해도 크게 틀린 말이 아니다.

대립항들의 관계에 관한 논의는 헤시오도스, 아낙시만드로스, 아낙시메네스, 피타고라스에서도 등장하지만 대립항의 관계를 명확하게 갈라서 서로 배타적인 관계로 정립한 것은 파르메니데스이다. 그는 있음과 있지 않음, 존재와 비존재를 명확하게 서로 배타적인 것으로 정립함으로써 선택 배제(either ~ or)의 논리[21]를 시작한다. 고르기아스, 프로타고라스를 포함하는 주류 철학자는 파르메니데스의 선택배제의 원리를 철저히 받아들인다.

파르메니데스를 필두로 하는 선택 배제 논리주의자들과는 다르게 대립항들의 공존이 불가피하며 세계를 설명하거나 언변을 구사할 때는 대립이 결정적인 역할을 한다는 주장을 하는 철학자들도 있다. 이 중 대표적인 철학자는 헤라클레이토스이며(Ⅱ장) 그의 사상을 언어의 영역으로 옮겨서 정초시킨 프로타고라스도 대립공존의 원리를 기반으로 하는 논리를 구사한다.(Ⅲ장) 선댁배제(either ~ or) 논리와 대립공존(both and) 논리의 긴장관계는 파르메니데스와 헤라클레이토스, 프로타고라스와 플라톤, 플라톤의 중기철학과 후기철학 등에서 아주 잘 드러난다. 플라톤은 『파르메니데스』 편에서 선택배제와 대립공존 관계의 긴장, 양립 가능성 등을 철저하게 검토한다.(Ⅳ장)

---

21) 'either ~ or'는 선택지의 양 항 중 하나를 선택하면 나머지 하나가 반드시 배제되어야 하기 때문에 선택배제의 논리로 명명하였다.

논리는 형식논리학이 아니다. 논리가 형식 논리학과 다른 점을 밝히면 형식논리학이 배제한 영역이 점차로 논의의 영역으로 포함된다. 곧 포괄적인 의미의 논리에는 다양한 사유방식이 논의의 영역으로 들어온다. 이 과정은 (형식)논리학에 갇혀 있는 좁은 시야의 사유를 점차로 해방시키는 과정이라고 할 수 있다. (형식)논리학의 제한된 비판적 입장이 무전제적인 의심과 비판으로 확대되고(막간: 소크라테스의 논박의 논리), 검증만이 아니라 반증도 논리적 사유에 포함되며(막간: 플라톤의 초기 대화편), 주어진 주장을 단선적으로 정당화하는 (형식)논리학에서의 전제-귀결의 관계가 수학적 방법이나 변증술까지 확대되고(막간-2), 프로타고라스(Ⅲ-2.)나 고르기아스(Ⅲ-1)의 경험주의적 정당화방식도 논리의 영역에 포함된다.

생각의 이행과정을 분류해서 보면 하향 긍정 추론의 모델은 아리스토텔레스의 삼단논증이라고 할 수 있다.(Ⅴ-3) 더 나아가 하향-긍정 추론이 부정이나 타자, 차이를 배제한다는 시각에서 보면 이에는 파르메니데스(Ⅰ-1), 제논(Ⅰ-2), 고르기아스(Ⅲ-1), 프로타고라스(Ⅲ-2), 플라톤의 사유방식(막간, Ⅳ)이 포함된다. 상향긍정 추론은 플라톤의 상기의 방법과 변증법이, 하향 부정추론은 플라톤의 대화편 곳곳, 프로타고라스, 고르기아스 등에서 출현하며, 상향 부정 추론은 소크라테스의 논박이 대표적이다. 여기서도 이행과정 분류에 따라 논리의 영역을 정해보면 아리스토텔레스가 배제했던 사유방식들이 되살아난다.

순수사유의 영역에서 통용되는 이론적(theoretical)인 (형식)논리학이나 수학적 방법 이외에도 현실에 적합한 상황논리(프로타고라스)나 약육강식의 세속적 논리(고르기아스의 설득논리)도 되살아난다.

형식논리적 사유나 수학적 방법의 성립여건이라고 할 수 있는 명확성과 분명함에 대해 문제를 제기해보면 논리의 영역은 애매성과 모호성의 영역에까지 확대된다. 모든 것이 변하기 때문에 이것인지 저것인지를 명확하게 정하는 것이 가능하지 않다고 보는 헤라클레이토스(II), 인간의 사유가 어떤 요인에 의해서든 자신의 확실성을 잃고 비규정적인 방향으로 흘러가게 되어 있다는 고르기아스의 사유방식도 논리의 영역에 포함된다. 곧 명확성의 논리(logic of clarity)에 대비되는 모호성, 애매성의 논리(logic of ambiguity, vagueness)도 가능하게 된다.

대립과 연관해서도 서양의 논리사는 양분될 수 있다. 고르기아스, 프로타고라스를 포함하는 주류 철학자는 파르메니데스의 선택배제의 원리를 철저히 받아들이며, 대립의 공존이 불가피하며 세계를 설명하거나(헤라클레이토스) 언변을 구사할 때는 대립이 결정적인 역할을 한다(프로타고라스)는 주장을 하는 철학자들도 있다. 선택배제(either ~ or) 논리와 대립공존(both and) 논리의 긴장관계는 파르메니데스와 헤라클레이토스, 프로타고라스와 플라톤, 플라톤의 중기철학과 후기철학 등에서 아주 잘 드러난다. 플라톤은 『파르메니데스』 편에서 선택배제와 대립공존 관계의 긴장, 양립 가능성 등을 철저하게 검토한다.(IV장)

우리는 앞으로 이상에서 되살아난 다양한 사유방식들을 논리의 관점에서 시간적 순서에 따라 살펴볼 것이다. 어떤 분류 기준을 적용하느냐에 따라 한 사람이 다양한 범주에 속하는 경우가 대부분이어서 논리적 분류기준에 따라 배열하는 것이 쉽지 않다. 시간적 순서에 따라서 논의를 한다 하더라도 그 사람의 논리가 대분류로 볼 때는 어떤 범주에 속하느냐를 알아보기 위해 다음과 같이 고려하여 큰 기준을 설정하였다.

그리스 논리의 역사에서 가장 중요한 인물은 누구일까? 대답하기 쉽지 않다. 어떻게 보느냐에 따라 선별기준이 달라지기 때문이다. 논리적 사유 발전사에서 가장 결정적인 획을 그은 사람은 누구일까? 그건 파르메니데스와 소크라테스라고 할 수 있다. 후대에 영향력이 가장 큰 사람은 누구일까? 이렇게 물으면 그건 플라톤과 아리스토텔레스이다. 플라톤은 직관적 통찰력이 있는 종합력이 뛰어난 철학자이며, 아리스토텔레스는 분석력이 뛰어난 논리학자라고 할 수 있다. 그렇지만 플라톤과 아리스토텔레스가 논리사에서 가장 결정적인 획을 그은 아이디어를 제시한 사람일까? 그렇다고 할 수도 있지만 파르메니데스나 소크라테스에 비하면 그렇다고 보기 어렵다.

논리사에서 논리에 관한 논의를 할 때 누구로부터 시작하는 것이 좋을까? 파르메니데스로부터 시작하는 것이 가장 바람직하다. 그는 처음으로 논변(logos)을 철학적 방법론으로 제시한 사람이며, 인간의 사유가 따라야 할 두 가지 방법적 사유를 최초로 제시한 사람이기도 하다. 그가 제시한 두 가지 방법적 사유는 있음의 길과 있지 않음의 길이다. 이 경우 있음과 있지 않음은 존재하는 것과 존재하지 않는 것이라는 존재론에 관한 것이라기보다는 인간 사유에서 작동하는 두 가지 사유의 오퍼레이터(operator)라고 보는 것이 적합하다. 있음은 긍정-존재-통합-동일성-자아(自) 등으로 표현되는 사유의 틀 내지 오퍼레이터이며, 있지 않음은 부정-비존재-분리-다름-타자(他者) 등으로 표현되는 사유의 틀 내지 오퍼레이터이다.

인간 사유가 따를 수 있는 두 가지 길이 있다는 선언은 이후의 논리가 선택해야 할 두 가지 길을 제시했다는 의미에서 형식논리학을 포함해서 포괄적 의미의 논리의 출발점이라고 할 만하다. 이후의 철학은 있음의 길을 선택한 철학자들과 있지 않음의 길을 선택한 철학자로 나뉠 수 있다. 이 때 선택한다는 것은 있음을 선택하고 있지 않음을 버리거나 있지 않음을 선택하고 있음을 버리는 방식일 수는 없다. 어느 길로 가느냐를 선택한다는 건 두 길 중 어느 하나에 큰 비중을 둔다는 차이만 있을 뿐이다. 두 길 모두를 사용해야 인간 사유가 굴러가기 때문에 한 가지만 선택하고 나머지를 버릴 수는 없다. 그럼에도 양 극단에서는 있거나 있지 않다(is or is not)는 원리를 따른다. 곧 둘 중의 하나만 가능하다는 것이다.

파르메니데스는 있음의 길을 선택한다. 곧 긍정-통합-순수-하나-동일성을 선택한다. 그래서 파르메니데스를 동일성 논리의 선구라고 한다. 앞으로의 논의에서 파르메니데스를 따라 있음의 길을 선택하는 사유방식을 동일성 논리라고 하고 그와는 다르게 있지 않음-부정-차이-타자의 길을 가는 사유방식을 차이성의 논리로 나누고자 한다. 곧 고대그리스 논리사를 동일성과 차이성의 논리로 양분하여 살펴보고자 한다. 논의가 진행되면서 밝혀지겠지만 고대 그리스 논리사는 파르메니데스의 동일성 논리의 길로 간다. 곧 고대 그리스 논리사는 동일성 논리를 바탕에 깔고 전개된다.

차이성의 논리가 없다면 현실세계가 사라지기 때문에 차이성의 논리를 배제할 수는 없다. 곧 현실세계를 살려내기 위해서는 있음만이 아니라 있지 않음과 이에 바탕을 둔 부정이나 차이도 있어야 한다. 그렇다고 있지 않음을 있음만큼 대등한 차원에서 제시할 수는 없다. 그럴 경우 있거나 있지 않다는 원리에 의해서 둘 중의 하나만이 성립되어야 하기 때문이다. 결국 서양의 논리사는 있음의 세계 안에서 가능한 부정이나 차이를 만들어내는 방향으로 전개된다. 현실세계에 발을 딛고 있는 철학자들(헤라클레이토스, 프로타고라스, 고르기아스, 플라톤)은 대체로 차이성 논리의 길로,

이상세계나 있음의 순수성을 강조하는 철학자들(파르메니데스, 제논, 프로타고라스, 플라톤, 아리스토텔레스)은 동일성 논리의 길로 들어선다. 차이성 논리의 길로 접어든 철학자들도 파르메니데스로부터 완전히 일탈하지는 못하고 있음의 길을 전제하고 있기 때문에 그리스 논리사는 동일성 논리의 역사라고 말할 수 있다.

마지막으로 간략하게 언급하고 넘어가야 할 사람은 소크라테스이다. 플라톤의 초기 대화편을 읽어보면 소크라테스는 고대 그리스에서 가장 논리적이며 지적 능력이 뛰어난 인물이다. 그가 구사하고 있는 논변은 (형식)논리학의 관점에서 보면 오류투성이라고 할 수 있지만 그럼에도 그는 논리사에서 결정적인 역할을 한다. 곧 그는 세속적 정당화의 논리를 벗어난 탈세속의 논리를 전개하고 있다는 점에서 여타의 철학자들과 구분된다. 우리의 논리 분류 기준에 따르면 상향-부정추론을 전개한 유일의 인물이자, 극단까지 밀어붙인 인물이라고 할 수 있다. 세속적인 현실세계를 벗어나 순수사유나 이론의 세계로 나아가게끔 발판을 마련해준 사람이라고 할 수 있다. 차이성의 논리를 전개한 헤라클레이토스, 프로타고라스, 고르기아스도 탈 세속의 방향으로 사유를 전개하지는 않았다. 플라톤이 순수영혼, 순수 사유, 이데아로 방향을 전환한 것은 소크라테스의 탈세속적인 논리에 힘입은 바가 크다. 이런 점에서 파르메니데스와는 또 다른 의미에서 그리스 논리사에서 결정적인 획을 그은 인물이라고 할 수 있다. 곧 동일성 논리가 됐든 차이성 논리가 됐든 두 논리는 공히 세속적이다. 이에 비해 소크라테스는 현세적 삶을 비판적으로 검토하고 있다는 점에서 탈(脫)세속적이라고 할 수 있다. 소크라테스는 동일성 논리와 차이성 논리의 세속성을 벗어나는 탈 세속의 길을 가고 있다는 점에서 순수사유, 순수영혼을 향한 첫 발을 띠었다고 말할 수 있다.

I. 논리의 시작: 파르메니데스와 엘레아 학파의 동일성 논리

1. 파르메니데스의 논리와 존재론

파르메니데스를 빼고 서양의 철학사를 논할 수 없다. 서양의 철학에서 가장 중요한 부문을 구성하고 있는 존재론을 최초로 시작한 사람이기 때문이다. 파르메니데스 이후로 서양의 철학사가 존재(현존)의 영역으로부터 벗어나기 어렵게 됐을 정도로 존재론에 관한 그의 영향력은 절대적이다. 그것 못지않게 아니 어떤 면에서 파르메니데스의 영향력은 논리의 역사에서 훨씬 크다고 할 수 있다.[1] 존재론은 그가 제시한 길 중에서 하나의 길을 선택했을 때 나타나는 분야라고 할 수 있다. 곧 존재론은 우선적으로는 존재의 의미를 탐구하는 분야라고 할 수 있으며,[2] 존재의 의미를 묻기 위해서는 존재를 문제의 중심에 놓아야 한다. 다시 말해 존재에 대해 관심이

---

1) 파르메니데스가 논리의 역사에서 차지하는 비중이 크다는 걸 입증하는데는 상당 정도 분량의 논변이 있어야 한다. 그 논변은 양적인 측면에서나 전문적인 수준의 측면에서 본문에 담기에는 벅차기 때문에 본 글에서는 파르메니데스의 논리사적 의미를 압축적으로 살펴보고 부록으로 첨부하고자 한다. 앞으로 헤라클레이토스, 고르기아스, 프로타고라스, 소크라테스, 플라톤, 아리스토텔레스의 경우에도 본문은 압축적인 요약이나 논리에 꼭 필수적인 부분만을 담고 나머지는 다 부록으로 첨부하고자 한다.

2) 물론 존재론에서는 존재의 의미만 다루고 있지는 않다. 존재 이외에 비존재의 성격을 어떻게 설정해야 이 세상을 구제할 수 있는지, 세상에 존재하는 개체들과 존재의 관계는 어떠해야 하는지, 개체존재인 인간이 존재를 어떻게 인식할 수 있는지, 개체로서의 나와 존재의 관계가 어떻게 설정될 수 있는지, 다양한 현실세계가 순일한 존재로 어떤 논리로 수렴해갈 수 있는지 등등 수많은 중요한 철학적 문제가 있다. 그럼에도 가장 먼저 물어야 할 것은 존재의 의미가 무엇인가이다. 곧 존재를 이해하는 것이 가장 중요하며 급선무라고 할 수 있다.

있어야 한다. 어떻게 살아야 할까에 관심이 있는 사람이라면 존재에 대해 관심을 가지지 않을 수 있다. 그는 존재의 의미를 묻지 않는다. 그럼에도 그는 존재하기 때문에 삶의 방식을 근원적인 차원에서 탐구하려면 존재에 대한 관심이 있어야 한다고 말할 수 있다. 맞는 말이긴 하지만 그럼에도 존재를 안건으로 선택을 해야 존재의 의미를 물을 수 있으며 그로부터 존재론이 성립한다.

존재를 선택한다는 건 다른 선택지도 있다는 말인가? 그렇다. 파르메니데스의 단편에 나타나는 사유방식은 세 가지가 있다. 하나는 파르메니데스가 선택한 존재(있음)의 길이고, 다른 하나는 있지 않음의 길이며, 셋째는 두 길이 서로 배타적이어서 섞일 수 없음에도 동등하게 비교 결합하여 함께 언급하는 일반적 인간들(mortal)[3]의 사유방식이다. 이 중 파르메니데스가 인간의 사유에 열려 있는 길로서 인정한 것은 있음의 길과 있지 않음의 길이다. 파르메니데스는 인간 사유에 가능한 탐구의 길로 두 길을 제시하며, 그 중 있음의 길을 선택해야 (파르메니데스의) 존재론이 성립한다. **파르메니데스가 있음의 길을 선택한 것은 나름대로의 이유가 있다.** 그 이유를 살펴보기에 앞서 파르메니데스가 제시한 길(hodos)의 의미가 무엇인지를 먼저 살펴볼 필요가 있다.

서양 철학에서는 동양철학과 달리 방법론이 논의의 중심에 서 있다. 방법론(methodology)은 희랍어에서 'meta + hodos + logos'를 의미한다. meta는 다음에, 넘어서, 후에, 그리고 따라서

3) 신화시대의 희랍에서 인간은 죽는 자(brotos)로 정의된다. 죽는 자로서의 인간은 불멸자로서의 신과 대비된다. 신과 인간은 여러 가지 면에서 대등하기도 하고 유사한 측면을 많이 갖고 있지만 단 한 가지 극복되지 않는 것이 죽음이다. 곧 인간은 죽지만(mortal) 신은 죽지 않는다(immortal). mortal은 죽을 수 있는 자(可死者)로 번역되지만 희랍에서 인간은 죽을 수밖에 없는 자라는 의미에서 죽는 자로 규정된다. 파르메니데스는 자신의 철학을 통해 죽어야만 하는 인간의 사악한 운명(kake moira)을 극복하고 죽지 않는 자로서의 인간의 위상을 논증을 통해 도출해낸다.

의 의미를 지닌다. hodos는 길이며, logos는 익히 알고 있는 것처럼 말이나 생각, 언설을 의미한다. 방법론은 길을 따라가는 것에 관한 탐구를 의미한다. 파르메니데스는 있음(is)과 있지 않음(is not)을 두 가지 가능한 길(hodos)로서 언급한다. 곧 인간 사유로 접근 가능한, 인간 사유가 따를 수 있는 길로서 두 가지 길을 제시하고 있는 것이다.

파르메니데스가 서시(序詩) 말미에 제시하고 있는 있음과 있지 않음의 길은 인간에게 주어진 두 가지 방법론적 사유방식이다. 곧 인간 사유에는 근본적으로 있음(is)과 있지 않음(is not)이라는 두 가지 방법적 사유 내지는 사유의 틀(frame of thought)이 있다. 있음의 길은 긍정적인 논리의 길 있지 않음은 부정적인 논리의 길이라고 할 수 있는 바, 있음의 길은 긍정적인 사유(언설) 형식(__is__)이며 있지 않음의 길은 부정적인 사유(언설) 형식(__is not__)으로 규정할 수 있다. 이 언설 형식은 사유의 내용을 언급하는 것이 아니라 생각하거나 언설로 표현할 때 작동하는 틀이라고 할 수 있다. 곧 인간 사유를 가동시키고 제어하는 두 가지 사유 틀(frame of thought)이라고 할 수 있다. 파르메니데스는 인간의 사유를 지배하는 두 가지 사유 틀을 인간 사유가 따라야 할 길로 제시하고 있나는 점에서 존재론자이기 이전에 방법론자, 또는 근원적 의미에서의 논리주의자라고 할 수 있다.

길로서의 있음(is)과 있지 않음(is not)은 인간이 구비하고 있는 두 가지 사유의 틀이나 사유 연산자로서, 긍정(affirmation)-부정(negation), 통합(unify)-분화(differentiate), 있음(is)-있지 않음(is not), 동일성(identity)-차이성(difference) 등으로 표현된다. 있음의 길을 따를 경우 이에 해당되는 사유의 기능이나 특징은 있음(~임)-동일성-긍정-통일(unify)-자아이며 있지 않음에는 있지 않음(~

임이 아님)-차이-부정-분화(differentiation)-타자가 해당된다. 철학사에서는 대체적으로 is의 길은 동일성의 논리로 있지 않음(is not)의 길은 차이성의 논리로 규정된다.

파르메니데스가 있음과 있지 않음을 인간 사유에 열려 있는 두 가지 가능한 길로 제시한 이후 철학(논리)에서는 두 가지 길에 관한 언급이 빠지지 않고 있으며, 파르메니데스가 제시한 두 길 사이의 관계, 있음의 길을 따랐을 때 나타나는 특성들은 이후 철학에서 암묵적인 전제가 되어 거의 모든 철학자들이 수용하게 된다. 파르메니데스가 제시한 두 길은 그 이후로 플라톤-아리스토텔레스를 위시한 서양 주류 철학자들은 물론이고[4] 헤라클레이토스나 프로타고라스, 고르기아스, 변증 철학 등의 비주류 철학에서의 핵심적인 논리 기반을 제공한다. 현대에 와서는 서양 주류철학의 동일성을 기반으로 하는 사유를 비판하며 차이성, 타자를 기반으로 하는 철학이 성행하기도 한다. 서양의 철학사 전체가 동일성과 차이성의 대립과 결합, 통일로 규정할 수 있을 정도로 있음의 길과 있지 않음의 길은 인간 사유를 관장하는 두 개의 판단 형식, 사유의 틀(frame of thought)로 자리 잡는다. 파르메니데스는 이를 예견한 듯 인간 사유에 열려 있는 두 가지 가능한 길로서 있음과 있지 않음을 제시한다.

---

4) 다음 참고 : 플라톤이 사물을 개별적으로나 전체로서 설명하기 위해서 동일성과 차이를 통하여 그 다양성과 잡다함을 넘어서 질서를 부여하는 것이 반드시 필요하다는 점은 서로 다른 많은 덕들에 대해서 그 본질이라 할 '하나인 어떤 동일한 형상(*hen ti eidos tauton*)'이 있다. 그리고 이 덕의 이데아는 덕이 무엇임을 제시하며 덕을 다른 것과 구분해내는 역할을 한다. 이때에 하나와 여럿 그리고 동일성과 차이는 플라톤 특유의 개념 쌍들인데, 그에게는 이 중에서 하나와 동일성이 여럿과 차이에 우선한다. 한 쌍의 개념인 동일성과 차이 그리고 자아와 타자에서 하나가 하나를 지울 수는 없다. 만약에 그렇게 한다면 남은 하나마저도 무의미해지고 말 것이다. 그럼에도 불구하고 서구 전통 철학에서는 타자와 차이를 자기로 환원시키려는 경향을 보여 왔다. 주광순(2004) 110쪽.

파르메니데스는 두 길 사이의 관계를 어떻게 설정하고 있을까? 파르메니데스는 두 길 사이의 관계를 배타적으로 설정한다. 곧 있음이거나 있지 않음이지, 있지도 않고 있지 않지도 않거나, 있음이면서 있지 않기도 한 관계는 있을 수 없다. 이건 어떤 의미를 가지는 걸까? 이를 형식논리학적으로 해석하는 건 의미가 없다.[5] 길로서의 있음과 있지 않음의 관계를 해석해내는 틀이 되지 않기 때문이다.[6] 그렇다면 길로서의 있음과 있지 않음이 배타적이라는 건 어떤 의미일까? 이 관계를 설명하는 과정도 지난한 길이기에 자세

---

5) 형식 논리학에서 이를 표현하면 $(p \vee \sim p)$이며 $\sim(\sim p \wedge \sim(\sim p))$, $\sim(p \wedge \sim p)$라고 표현할 수 있다. 이런 표현에서 괄호를 풀어보면 $\sim(\sim p \wedge \sim(\sim p)) \equiv (p \vee \sim p)$가 되고 $\sim(p \wedge \sim p) \equiv (p \vee \sim p)$가 된다. 곧 있음이거나 있지 않음 ≡ 있지도 않고 있지 않지도 않다 ≡ 있으면서 있지 않을 수 없다가 되어 같은 말을 반복한 것이 된다. 그에 따라서 있거나 있지 않다의 의미를 있지도 않고 있지 않지도 않다고 풀거나 있으면서 있지 않을 수 없다로 풀면 같은 말을 반복한 것이 되어 아무 것도 해명한 바가 없게 된다.
이렇게 같은 말이 되는 것은 있지 않음을 있음의 부정, 있음을 있지 않음의 부정으로 보기 때문이다. 다시 말해 형식논리학의 부정 개념을 원용하여 다음처럼 관계를 설정하기 때문이다.

형식논리학		파르메니데스	
p	~p	있음	있지 않음
T	F	T	F
F	T	F	T

형식논리학에서는 위의 우측에서 보는 것처럼 p와 ~p는 상호 부정의 관계가 된다. 곧 p를 부정하면 ~p가 되고 ~p를 부정(~)하면 ~(~p)가 되어 다시 p가 된다. 이런 관계를 따라서 우측 파르메니데스의 있음과 있지 않음의 관계를 설정하면 있지 않음은 ~(있음)이 되고 있지 않음(~(있음)을 부정(~)하면 ~(~(있음))이 되어 다시 있음이 된다.
이런 해석은 아리스토텔레스의 형식논리학을 파르메니데스의 있음과 있지 않음 해석에 적용한 것이라고 할 수 있으며, 이런 해석에 따르면 방법적 형식으로서의 있음의 길과 있지 않음의 길의 관계를 제대로 살려낼 수 없다.

6) 형식논리학은 파르메니데스의 있음의 길 안에서 전개되는 논리이기 때문에 있음과 있지 않음의 길 사이의 관계를 해석해낼 수 있는 방법을 갖고 있지 않다. 곧 있음이거나 있지 않음이라서 양자 중 하나를 선택해야 한다는 것이 파르메니데스의 원리인데, 있음을 선택해놓고 그 안에서 형성된 부정의 관계를 다시 있음과 있지 않음의 관계를 설정하는데 사용할 수 없기 때문이다.

한 언급은 부록의 "파르메니데스 단편에 나타나는 네 가지 사유"에서 밝혀놓고 간략한 이유를 제시하고 그 결론의 의미만을 살펴보기로 한다.

파르메니데스는 있음의 길과 있지 않음의 길을 제시하고 있음의 길만이 가능하다고 주장한다. 있음의 길을 선택하는 파르메니데스의 논증 과정은 다음과 같다.

> 있음과 있지 않음의 두 길이 인간 사유에 열려 있다.
>
> 있음은 가능하나 있지 않음은 불가능하다.
>
> (있음이 불가능한 것은) 있지 않음은 생각할 수 없기 때문이다.
>
> (있지 않음을 생각할 수 없는 건) 있음과 생각은 같기 때문이다.
> (있음과 생각은 밀착되어 떨어질 수 없기 때문이다.)

이 논증에서 있음은 사유와 같아서(밀착되어 떨어질 수 없어서) 있지 않음은 사유될 수 없기 때문에 있지 않음은 불가능하다는 것이 핵심이다. 있음과 사유가 같은 건 왜일까? 있음의 길과 이에 따르는 사유가 공통적으로 갖고 있는 특징은 희랍어에서는 한정성(peras)이다. 한정성이란 경계가 정해져 있다는 의미이다. 곧 나는 육체적으로 특정한 경계를 갖고 있어서 다른 것들과 구분되는 특징을 갖게 되는데 그것이 한정성이다. 한정성은 사유에서는 명확하고 분명하게 정할 수 있는 규정성이 된다. 세상에 있기 위해서는 하나(의 존재)로 서야하는데 그러기 위해서 가져야 되는 특징이 한정성이며, 생각을 하기 위해서는 명확하고 분명하게 정해져야 하는데 그것이 사유에서의 한정성이며 일반적으로 사유에서는 사유의 규정성, 무엇인가로 결정되어야 한다는 의미에서 결정성이라고도 한다.

이게 뭐야?(What is this?)라고 물었을 때 그건 인간이야라고 답하는 경우를 예로 들어보자. 그것이 존재하기 위해서는 특정의 성질(인간됨)을 가져야 하는데 그것이 존재의 한정성이며, 질문에 인간이라는 답을 할 때는 생각 속에서 그는 인간으로 규정된다. 있거나 생각되기 위해서 가져야 되는 특징, 그것이 한정성이며 사유 안에서 그건 ~으로 규정된다.

우리가 앞의 서론적 논의에서 (형식)논리가 성립하기 위해서는 한 항으로 정립되어야 한다는 조건을 제시한 바 있는데, 특정의 것이 한 항으로 정립되기 위해 갖춰야 하는 것, 그것이 한정성이다.[7] 인간 사유 안에서 한정성은 규정성, 명확성, 분명함과 같은 특성으로 드러난다. 따라서 있음의 길을 따라야 한다는 건 하나의 항으로 정립되기 위한 특징, 곧 한정성을 기반으로 사유해야 한다는 걸 의미한다.

그렇다면 있지 않음은? 그건 생각되지 않는데 그 이유는 인간 사유와 존재하는 것들이 나누어 갖고 있는 특징, 곧 한정성을 갖고 있지 못하기 때문이다. 곧 있음의 길에 밀착되어 있는 사유는 한정성만을 사유할 뿐이다. 있지 않음 길에서의 대상인 존재하지 않는 것들은 한정성을 결여하고 있기 때문에 사유되지 않는다.

그렇다면 '있거나 있지 않다(is or is not)'는 어떤 의미로 해석되어야 할까? 두 길이 배타적이라는 건 있음의 길을 부정하면 있지 않음의 길이 나타나거나 있지 않음을 다시 부정하면 원래 있음으로 되돌아가지 않는다. 있음(is)과 있지 않음(is not) 사이에서 생기는 대립은 서로 아무런 연관도 지닐 수 없다. 그것은 전적으로 이거나

7) 파르메니데스는 있음의 길에서의 존재하는 것들이 운동이나 변화, 생성 소멸이 불가능해지는 것은 정의의 여신(Dike)이 한정성의 굴레 안에 존재하는 것들을 꽉 움켜쥐고 있기 때문이라고 말한다. 존재하지 않을 수 없는 것은 한정성 때문이고 또 그것 때문에 존재하는 것들은 사유와 밀착되어 있게 된다.

전적으로 아닐 수밖에 없다. 있음(is)을 부정한다고 해서 있지 않음(is not)이 '나타나거나 생기는' 것이 아니다. 곧 있지 않음은 세상에 존재하거나 생각 속에 들어오기 위한 조건으로서의 한정성을 결여하고 있기 때문에 한 항으로 정립될 수 없다. 따라서 있음을 부정하면 있지 않음이 나타나거나 생김으로써 한 항이 되지 않는다. 마찬가지로 있지 않음(is not)을 부정한다고 해서 다시 있음(is)이 나타날 수 없다. 내가 죽으면 죽을 뿐이지 내가 죽은 상태를 다시 부정하면 내가 다시 태어나는 것이 아닌 것처럼 건 있지 않음을 부정한다고 있음이 생기지 않는다. 이중 부정(~(~p))이 원래 자신(p)으로 돌아온다는 건 ~p가 p의 부정이기 때문이다. 곧 p의 부정은 q의 부정(~q)도, r의 부정(~r)도, s의 부정(~s)도 아니다. 그건 다만 p의 부정일뿐이다. 그것이 다른 것들의 부정이 아니라 p의 부정이기 때문에 그걸 부정하면 p로 돌아올 수 있는 것이다.

있음의 부정은 아무것도 아니다. 그건 있기 위한 조건을 갖추고 있지 않기 때문에 그걸 부정한다고 해서 있음의 조건을 갖추게 되어 있음이 되는 건 아니다. 결국 있음의 길과 있지 않음의 길을 배타적으로 정립하고 있는 '있거나 있지 않다'는 원리는 존재나 사유가 성립하기 위한 조건으로서의 한정성을 절대화하고 있는 것이다. 한정성을 절대화한다는 것은 있는 것은 언제나 ~으로서 있으며(한정성을 갖춘 것으로 존재하며) ~으로서의 성질을 갖는 것과 그렇지 않은 것은 100%이거나 0%임을 말하고 있다.

있지 않음의 길에서 주제라고 할 수 있는 존재하지 않는 것은 있음의 길에서 나타나는 존재하는 것들에 대비되는 하나의 항으로 정립될 수 없다. 존재하지 않는 것은 어떤 경우에도 말하거나 사유하거나 언급하는 것이 불가능하다. 그것은 하나의 항으로 정립될 수 있는 것이 아니라 하나의 항으로 성립하는 것 자체가 불가능한 것(0%)이다.

'있음이거나 있지 않음이다'는 원리는 한정성을 지닌 어떤 것(something)과 한정성을 지니지 않은 아무 것도 아닌 것(nothing)을 분리시키는 원리이다. 이 원리는 어떤 영역을 두 영역으로 구분하는 것이라기보다는 하나의 항을 확정함으로써 확정된 것과 그렇지 않은 것을 구분하는 기능을 한다고 할 수 있다. 우리가 백지에 하나의 원을 그릴 때, 그 원의 내부를 확정된 영역이라고 한다며 외부는 다른 하나의 확정된 영역이라고 말하기는 어렵다. 단지 그 영역은 확정되지 않은 영역(원에 포섭되지 않은 영역)일 뿐이다. 이런 방식으로 하나의 영역을 확정함으로써 확정된 것과 그렇지 않은 것을 구분시켜주는 기능을 이 원리가 담당하고 있는 것이다.

이런 원리는 일반적으로 알려져 있는 모순 금지규정이나 배중률이 아니다. 배중률(principle of excluded middle)이란 확정된 것으로서의 두 항, 이를테면 p와 ~p 사이에 중간 값이 없다는 것을 말한다. 이럴 경우 p와 ~p는 각기 하나의 규정된 항으로서 서로 대립된다. p가 하나의 규정된 항이 되기 위해서, 곧 p가 그것으로서 확정되기 위해서는 파르메니데스의 원리가 선행되어야 한다. 그것은 ~p의 경우에도 마찬가지이다. 따라서 두 규정된 항 p와 ~p 사이에 중간 값이 없음을 나타내고 있는 배중률은 파르메니데스의 원리(있거나 있지 않다)를 전제했을 때 성립하는 2차적인 원리라고 할 수 있다. 이는 모순금지 규정의 경우에도 마찬가지이다. 따라서 논리적인 측면에서 파르메니데스가 철학사에서 분수령이 될 수 있는 것은 이후의 모든 논리적 사유가 따라야 할 원리로서 정립한 모순 금지 규정이나 배중율을 정립했다는 데 있지 않다. 있거나 있지 않다(is or is not)는 존재, 사유의 근원적인 조건으로서의 한정성(규정성)이 100%일 수밖에 없다는 걸 의미한다.

존재-언설-사유가 성립하기 위해서는 100% 한정적이어야 한다. 90%가 한정적이고 10%가 무한정적이라거나 5%만이라도 한정적이면 생각할 수 있다는 건 파르메니데스에게 허용되지 않는다.[8] 어떤 것(p)과 그것이 아닌 것은 p가 아니라는(~p) 규정성을 갖지 않는다. p는 100% 한정적이다. p가 아닌 것은 ~p가 아니라 { }이다. 곧 p가 아니라는 건 p가 지워져 없는 상태를 의미할 뿐이다. 10% p, 20% p, 유사한 p, 다른 것이 아니라 p만 아닌 것, 뭐라고 생각할 수는 없지만 막연히 있는 것, 보이기는 하지만 명확하게 규정할 수 없는 것, p를 제외한 나머지 모든 것들(q, r, s, t, ...), 이런 것들은 가능하지 않다. 100% p이거나 아무것도 아닌 것(nothing)이다. 인간의 사유도 마찬가지이다. 생각할 수 있으면 있는 것이고 나머지는 안 되는 것이다. 조금만 생각하거나 막연하게 생각하거나, 어렴풋이 알겠다거나, 누군지는 모르겠지만 그런 사람이 있었다거나, 형체를 특정할 수는 없는 것이 있다거나 하는 건 불가능하다. 곧 100% 명확히 생각할 수 있거나 아니면 생각할 수 없다. 있음과 있지 않음이 배타적이라는 건 생각하거나 존재할 수 있는 것과 그렇지 않은 것이 100%거나 0%로 나뉘어져 있다는 말이다.[9]

---

8) 있음의 길이 모든 언설과 사고, 존재의 근본적인 조건이 됨으로써 나타나는 프로타고라스 추종자들의 비상식적 궤변 논증이 『에우티데모스』 편에서 전개된다. 거짓이 불가능하다는 논증, 모순과 대립이 불가능하다는 논증, 어떤 사람이 알기를 바라는 건 그가 죽기를 바라는 것이라는 논증은 전부 파르메니데스의 있음이거나 있지 않음의 원리를 바탕으로 전개되며, 그 중에서도 특히 사유, 존재, 언설의 조건으로 있음의 길을 받아들이기 때문에 나타난다.

9) 이는 나중에 보면 알겠지만 결국 아무것도 허용하지 못하는 결과를 낳게 된다. 세상에 있는 모든 변화와 다양성을 부정함으로써 현실세계를 부정하는 결과를 낳는다. 이후의 철학에서는 파르메니데스가 불가능하다고 했던 완화된 부정, 부분부정, 온건한 부정 개념을 산출하여 현실을 구제하는 방향으로 전개된다.

파르메니데스가 설정한 두 길 사이의 관계는 이후 철학사에서 넘어설 수 없는 절대 가이드라인 역할을 한다. 세상을 있음의 길과 있지 않음의 길로만 배타적으로 구분하면 현실 속의 생겨남, 사라짐, 운동, 변화, 여럿(生滅變異) 등이 불가능해진다. 곧 현실이 사라지게 된다. 이후의 철학사는 파르메니데스의 사유를 받아들이면서도 현실세계를 살려내는 방안을 찾아내는 방향으로 전개된다. 이를 위해서는 이 배타적인 원리를 비판적으로 검토하는 작업이 요구되는데 플라톤은 『파르메니데스』 편에서 자신의 이데아론을 비판하면서 이 원리를 비판적으로 검토한다. 곧 플라톤은 파르메니데스가 불가능하다고 생각했던 완화된 부정, 부분적 부정, 명확하지 않더라도 존재하거나 생각할 수 있는 영역을 찾아낸다. 그럼에도 파르메니데스의 있거나 있지 않다는 원리를 포기하지는 않으며 이후 현대에 이르기까지 이 원리가 포기된 적은 없다고 보는 것이 대체적으로 맞다.

있거나 있지 않다는 원리에 따르면 세상에 태어나 있는 자가 선택할 수 있는 길은 하나밖에 남지 않는다. 그럼에도 '있거나 있지 않다'는 원리는 있지 않음도 선택지 중의 하나로 제시하고 있다. 두 가지 가능한 선택지 중에서 파르메니데스는 있음의 길을 선택했고 이로부터 존재론이 성립한다.

'있거나 있지 않다'는 원리가 주어졌을 때 논리적으로는 두 가지 선택의 가능성이 열려 있다. 파르메니데스는 있음의 길을 선택했다. 그러면 있지 않음도 선택할 수 있을까? 물론 가능하다. 있음의 길을 선택하면 어떤 결과가 나오고 있지 않음의 길을 선택하면 어떻게 될까? 파르메니데스에서는 있음의 길을 선택했을 때 나타나는 결과를 살펴보고 있지 않음의 길을 선택하면 나타나는 결과는 고르기아스에서 살펴보기로 한다.

있음의 길을 선택하면 어떻게 될까를 알아보기 전에 있음의 길을 선택하는 파르메니데스의 논증 전개방식을 살펴보자. 앞에서도 봤지만 파르메니데스의 논변은 두 가지 중 하나를 선택하는 구조를 띠고 있지만 사실상 있음을 선택하는 길만이 열려 있다. 곧 인간 사유에 두 가지 길이 열려 있는데 있음 = 사유이기 때문에 생각을 하는 한에 있어서는 있음의 길로 갈 수밖에 없다.[10] 있음의 길을 선택한다는 건 있지 않음의 길로 가지 않는다는 걸 의미한다. 있음의 길을 선택하면, 곧 있지 않음의 길을 배제하는 과정은 다음의 논리구조를 갖는다.

있거나 있지 않다.

있음은 불가능하다.

따라서 있음의 길로 갈 수밖에 없다.

10) 인간 사유에 두 가지 길이 열려 있는데 사유 = 있음이라고 하는 건 자가당착적인 요소가 있다. 있음 = 사유라면 있지 않음은 애초에 인간 사유에 열려 있는 길이 아니게 된다. 인간 사유에 가능한 두 길을 말할 때는 길에 대한 메타적인 언급이고 있음 = 사유를 말할 때는 실제로 진행되는 사유라고 이해하면 자가당착이 사라진다. 소크라테스는 무지를 자각하라고 한다. 이에 대해서 무지하다는 건 아무 것도 모르는 것인데 스스로가 무지하다는 건 알지 않느냐고 반론할 수 있다. 이에 대해 무언가를 알지 못한다는 것과 그걸 알지 못한다는 걸 아는(자각하는) 건 다른 문제라고 하는 것과 같다. 모든 걸 다 의심해도 자신이 의심하고 있다는 건 의심할 수 없다고 할 때 의심하는 나와 그런 나를 보는 나를 혼동하면 안 되는 것과 마찬가지이다.

이 논증은 형식논리학에서의 선언적 삼단 논법(disjunctive syllogism) 구조를 갖고 있다.[11] 배타적인 대립 중에서 어느 하나를 부정하면 나머지 하나를 취하는 구조를 갖고 있다. 이 논증이 성립하려면 대립자 모두가 성립하는 경우는 배제되어야 한다. 곧 p와 q 모두가 참이 되는 경우는 허용되지 않는다. 있음과 있지 않음의 경우는 형식논리학의 진리조합에서처럼 양자 모두가 성립하는 건 불가능하다. 있음은 100%만을 허용하지 부분적 있음과 같은 건 허용하지 않기 때문이다. 그에 따라서 대립자 중 하나를 배제하면 나머지 하나가 선택되며, 이를 선택 배제(exclusive either~or)의 논리라고 한다.[12] 파르메니데스는 있음의 길을 선택하는 과정에서 선택 배제의 논리를 명시적으로 처음 사용한다. 이는 앞으로(헤라클레이토스, 프로타고라스) 보겠지만 대립공존(both~and)의 논리와 대비된다.

---

11) $p \vee q$
$\sim q$
$\therefore\ p$

12) 선택 배제의 논리의 사례로 등장하는 선언적 삼단 논증에서 대립자 중에서 어느 하나를 배제하면 나머지가 자동적으로 선택되는 건 타당하지만 어느 하나를 선택함으로써 나머지 한 항을 자동으로 배제하는 건 부당하다.

	$\{(p \vee q)$	$\wedge\ p\}$	$\rightarrow$	$\sim q$
1	T	T	F	F
2	F	F	T	T
3	T	F	T	F
4	T	F	T	T

두 항 중 하나를 선택하면 나머지가 자동으로 배제 안 되는 건 첫째 줄에서처럼 p와 q 모두가 참이 되는 경우 때문이다. 곧 잠을 자거나 술을 마셔야 하는데 잠을 잤다고 해서 술을 안 먹었다는 보장은 없다. 술 먹고 잘 수도 있고 자다가 불려 나가서 술을 먹을 수도 있기 때문이다.
이 논증과 파르메니데스의 논증이 다른 건 왜일까? 이런 의문은 형식논리학이 갖고 있는 암묵적 전제를 드러내는데 도움을 준다. 파르메니데스의 논증에서 첫 번째 줄의 가능성은 없다. 곧 있음과 있지 않음이 동시에 성립하는 건 있을 수 없다. 반면에 형식적 삼단논증에서 p와 q는 동시에 참일(성립할) 수 있다. 곧 p와 q는 모두 있음의 길 안에서 가능한 항들이라는 말이다. 그에 따라서 둘 다 진리일 수 있는 것이다.

이제 파르메니데스가 선택 배제의 논리에 기초해서 있음의 길을 선택했을 때 어떤 결과가 나타나는 지를 살펴보기로 하자.

먼저 생성이나 소멸이 불가능해진다.

생성된다는 건 있지 않은 것이 있게 되었다는 것이다.
(생성을 말하기 위해서는 있지 않음이 개입되어야 한다.)

있지 않음은 불가능하다.
(있지 않은 것(what is not)은 있지 않음(is not)의 길에서만 가능하다.)

따라서 생성은 불가능하다.

소멸은 있는 것이 있지 않게 되는 것이다.

있지 않음의 길은 불가능하다.
(이는 있지 않은 것이 불가능함을 함축한다.)

따라서 소멸은 있을 수 없다.

다음으로 운동과 변화가 불가능해진다.

있는 것이 운동한다는 것은 현재 있는 곳으로부터 다른 곳으로 간다는 것이다.

현재 있는 곳과 다른 곳은 있지 않은 장소를 의미한다.

그런데 있지 않은 곳은 불가능하다.

따라서 운동하는 건 불가능하다.

변화도 불가능하다.

> 변화란 현재(is)와 다르게 된다는 것이다.
>
> 현재(is)와 다르게 된다는 것은 현재가 아니게(is not) 된다는 것이다.
>
> 현재가 아닌 것, 곧 있지 않음은 불가능하다.
>
> 따라서 변화란 불가능하다.

세상에 여럿도 있을 수 없다.

> 다수적인 것이 있으려면 있는 것과 있는 것을 나눌 수 있어야 한다
>
> 있는 것과 있는 것을 나누는 것은 있지 않은 것이어야 한다.
>
> 있지 않은 것은 불가능하다.
>
> 나눔이 불가능하기 때문에 다수적인 것들이 있을 수 없다.

있음의 길을 선택해서 등장하는 있음(존재, is)의 세계에는 생멸변이가 없다. 그건 모든 곳에서 동질적이어서 정도차도 있을 수 없고, 아무런 구분도 없는 순일(純一)한(homogeneous) 영역이다. 즉 그 안에 어떤 구분(distinction)이나 차이(difference)도 허용하지 않는다. 차이를 허용하지 않는 절대 동일자의 세계를 산출한다는 점에서 있음의 길은 동일성 논리의 길이다. 차이를 허용하지 않는 절대 동일자로서의 순수존재, 이것이 동일성 논리의 종착점이다. 플라톤의 선의 이데아, 아리스토텔레스의 순수형상, 헤겔의 절대정신은 그 안에 어떤 차이도 허용하지 않는 순수존재나 정신이라는 점에서 파르

메니데스의 존재와 논리적으로 동치이다. 이는 이후 철학에서의 최종적인 목표가 파르메니데스의 존재가 되고 있음을 보여준다.

인간 사유에 열려 있는 있음의 길을 사유의 틀로 도입하여 논증을 전개해보면 생성, 소멸, 변화, 운동, 여럿만이 아니라 사실상 아무것도 가능하지 않게 된다. 현실세계와 전혀 동떨어진 결론에 도달하게 된다. 뿐만 아니라 논리적으로만 봐도 심각한 문제에 봉착한다.

파르메니데스 방식으로 있음의 길을 선택하면 우리는 있는 것에 관해 논의할 수 있게 된다. 앞에서 언급한 것처럼 있음의 길은 주제를 다루는 사유의 틀이나 방법이다. 곧 있음의 길은 주제에 접근하는 길이며 그 길을 선택했을 때 주제로 등장하는 것이 있는 것들, 곧 존재이다. 곧 있음의 길을 선택한 이후에야 비로소 존재론이라는 분야가 탄생하는 것이다. 있음의 길을 파르메니데스처럼 선택해서 논의를 시작하면 앞에서 본 것처럼 존재하는 것은 생기지도 사라지지도, 변하지도, 운동하지도, 여럿으로 있을 수 없다. 곧 있음의 길과 있지 않음을 배타적으로 설정하여 100% 존재하는 것만을 주제로 삼으면 존재하는 것은 하나가 된다. 곧 존재가 가지는 가장 핵심적인 특징은 하나임이다. 이 때 이 하나는 어떠한 차이도 허용하지 않는다. 그 자체인 하나(one itself), 이것이 파르메니데스의 있음의 길을 따랐을 때 등장하는 주제의 본질적 특징이다. 그것은 하나일 뿐 다른 어떤 이야기도 하기 어렵다. 곧 차이가 없는 하나에는 어떤 술어도 매길 수 없게 된다.

이런 하나 개념이 논리적으로 도달하는 곳은 파국이다. 플라톤의 논리적 사유를 살펴보면서 다루겠지만 파르메니데스처럼 있음의 길을 생각하면 어떻게 되는 지를 보기 위해 플라톤 『파르메니데스』 편의 첫째 논증을 먼저 살펴보기로 하자.

1. 하나가 있다고 해보자.

1-1. 하나는 다수가 아니다.[13)]

(하나는 차이를 가지지 않기 때문에 분할될 수 없고, 그것은 다수가 될 수 없다.)

1-2. 하나는 부분도 가지지 않으며 전체도 아니다.

(부분은 전체의 부분이며, 전체는 부분 중 어느 것도 빠뜨리지 않은 것, 곧 부분 모두를 의미한다. 부분이 있다는 건 전체를 구성하는 다른 부분들도 있다는 것이기에 여럿을 전제로 한다. 전체는 부분의 종합(총화)이기 때문에 부분들을 전제로 한다. 곧 여럿을 전제로 한다. 하나는 다수가 아니기에 전체가 될 수도 없고 부분도 가질 수 없다.)

1-3. 하나는 경계를 지니지 않는다.(하나는 무한정적(apeiron))이다.

(하나가 부분을 갖지 않으면 그것은 처음과 중간, 끝을 갖지 않는다. 처음과 중간, 끝은 부분들이기 때문이다. 그런데 처음과 끝은 모든 것의 경계이다. 처음과 끝을 갖지 않는 것은 특정의 경계 안에 한정되지 않는다.)

1-4. 하나는 형태를 갖지 않는다.

(형태를 갖는 것은 원형이거나 직선의 형태를 갖는다. 원형은 한 점에서 같은 거리에 무수히 많은 극점을 갖는다. 곧 경계선을 갖는다. 그런데 하나는 경계를 갖지 않기에 원형이 될 수 없다. 그리고 직선은 양극단의 점 한 가운데에 중점을 갖는다. 곧 직선은 처음과 끝, 그리고 중점이라는 부분을 갖는다. 그런데 하나는 부분을 가질 수 없고, 또 극점을 가질 수 없기 때문에 직선의 형태를 가질 수도 없다.)

---

13) 하나는 그 자체로 하나라고 말할 수 있을 뿐 '하나는 하나이다'라는 서술도 할 수 없다. 곧 p is p라는 동일률도 서술될 수 없다. 이런 서술이 가능하려면 하나는 좌변에 있는 하나와 우변에 있는 하나로 나누어서 둘이 될 수 있어야 한다. 그런데 하나는 하나일 뿐 절대로 둘이 될 수 없다. 곧 둘로 나누어질 수 없다. 둘이 안 되면 다수가 되는 것이 불가능하다. 오직 하나!라고만 말할 수 있을 뿐이다.

1-5. 하나는 어디에도 없다.

(어디엔가 있기 위해서는 다른 어떤 것 안에 있거나 자기 자신 안에 있어야 한다. 그런데 다른 것 안에 있으려면 다른 것에 의해서 둘러싸여 있어야 하는데, 둘러싸여 있으려면 다른 것들과 많은 지점에서 접촉하고 있어야만 한다. 많은 지점에서 접촉하고 있으려면 부분을 갖고 있어야 하는데 하나가 부분을 갖는 건 불가능하다. 그리고 자신 안에 있으려면 다른 것아 아니라 자신에게만 둘러싸여 있어야 한다. 하나가 자신 안에만 있다면, 어떠한 것도 자신을 둘러싸고 있지 않은 것 안에 있는 것이 불가능하기 때문에, 하나는 자신을 둘러쌈과 동시에 둘러싸이게 된다. 전체로서의 하나가 동시에 같은 작용에서 능동적(둘러싸는)이면서 수동적(둘러싸이는)일 수 없기 때문에 그렇게 되려면 하나는 둘이 되어야 한다. 따라서 하나는 다른 것 안에 있을 수도 없고 자신 안에 있을 수도 없으며, 그에 따라서 하나는 어디에도 있을 수 없다.)

1-6. 하나는 운동하지도 정지해 있지도 않다.

(운동한다는 건 장소에서 움직이거나 변화한다는 것인데 자신과 다른 것으로 바뀐다는 건 더 이상 그것이 하나가 아니라는 걸 의미한다. 장소를 바꾸는 운동은 같은 지점에서 회전을 하거나 아니면 한 장소에서 다른 장소로 가야 한다.한 곳에서 회전한다는 것은 중심점을 기점으로 해서 나머지 것들이 그 주위를 돈다는 걸 의미한다. 그런데 부분이 없는 것이 중심과 나머지로 구성될 수 없다. 그런데 하나는 아무 곳에도 있을 수 없기 때문에 한 장소에 있다가 다른 장소에 있는 것 자체가 불가능하다. 설사 다른 장소로 들어온다고 해보자.(그 안에 있는 것이 아니라) 그러면 그것이 어딘가에 들어온다는 것은 그 어딘가에 아직 들어온 것이 아니며 또한 전적으로 그 어딘가의 밖에 있는 것은 아니다. 그러면 일부는 들어오고 일부는 안 들어왔다는 것인데 그건 부분을 가져야만 가능한 것이다. 부분을 갖지 않는 하나는 일부는 들어와 있고 일부는 들어와 있지 않다고 말하는 것이 불가능하다. 그것은 전체가 안에 있거나 전체가 밖에 있을 수밖에 없다.(그런데 이것도 불가능하다. 하나는 부분도 갖지 않지만 전체도 갖지 않기 때문이다.) 회전운동도 안 되고 어디론가 움직임으로써 운동하는 것도 안 되고, 변화하는 것도 안 된다. 따라서 운동하는 것이 불가능하다.

정지해 있다는 건 같은 장소에 머물러 있다는 것인데, 하나는 다른 것 안 이나 자기 자신 안에 머물러 있을 수 없다. 곧 같은 장소 안에 있을 수 없다. 따라서 그것은 정지해 있을 수도 없다.)

1-7. 하나는 다른 것이나 자신과 같을 수도 없고, 자신이나 다른 것 이외의 것(다른 것)일 수도 없다.,

(하나가 자신 이외의 것이라면 그것은 하나가 아니게 된다.

하나가 다른 것과 같은 것이 된다면 그것은 그 다른 것이 될 것이며, 자신이 될 수가 없다. 곧 하나가 될 수 없다.

하나는 그것이 하나인 한에서는 다른 것 이외의 것(다른 것과 다른 것)일 수 없는데 무언가와 다르다는 규정은 하나에 귀속되는 것이 아니고 '다른 것 이외의 것'에 속한다. 하나는 자체로서는 하나일 뿐 거기에 '다른 것 이외의 것'이라는 속성을 귀속시킬 수 없다.

하나는 자신과 같은 것일 수도 없다. 하나의 본성은 같음의 본성과 같은 것일 수 없다. A가 어떤 것과 '같게' 되면 A는 하나가 되는 것이 아니다. 예를 들어 A가 다수(many)와 같은 것이 된다고 하면 A는 하나가 되는 것이 아니고 '다수'가 된다. 만약 하나와 같음이 같은 것이라면 A가 (~과) 같은 것이 되면 A는 언제나 하나가 된다. 따라서 하나가 자신과 '같은 것'이 된다면 그것은 자신으로서의 자신이 되지 않기 때문에 하나는 하나이면서 하나가 아니게 된다. 이는 불가능하다.)

1-8. 하나는 자신이나 다른 것과 유사하거나 상이하지 않다.

(유사한 것들은 같은 특성을 지닌다. 그런데 같음의 본성은 하나의 본성과 다르다.(같음은 하나임과 다르다) 만약 하나가 하나 이외의 특성을 갖고 있다면 하나가 되는 특성 이외의 것들 갖고 있다는 것이다.(하나가 유사하다면 하나는 같은 특성을 지닌다고 서술할 수 있다. 그러면 하나는 하나임 이외에 다른 특성(같음)을 갖게 된다.) 그런데 이는 가능하지 않다.(하나가 자신이나 다른 것과 유사하다는 건 하나가 다른 것이나 자신과 동일한 방식으로 영향을 주고 받는다는 걸 의미한다. 곧 하나는 동일한 방식으로 영향을 부고 받는다는 특성을 갖게 되는데, 동일함과 하나임은 다른 특성이다. 따라서 하나는 하나임과 하나 이상의 특성을 갖게 된다. 이는 불가능하다.

상이한 것들은 서로 다른 방식으로 영향을 주고 받는다. 하나가 자신이나 다른 것과 다르다고 하면 그건 하나가 자신이나 다른 것과 다르다는 걸 의미한다. ..그런데 하나는 어떤 경우에도 다르다고 말할 수 없다. 따라서 하나는 자신이나 다른 것과 다르다고 말할 수 없다.)

1-9. 하나는 자신이나 다른 것과 동일하거나 다르지 않다.

(하나가 자신이나 다른 것과) 동일하다고 하는 건 하나가 비교해서 같다고 이야기되는 대상과 같은 척도(크기나 나이와 같은)를 가지며, 크거나 작다고 하면 많거나 적은 척도를 갖게 된다. 자신이나 다른 것과 같기 위해서는 자신이나 다른 것과 같은 척도를 가져야 하는데, 하나는 같음에 참여할 수 없다.(1-7) 따라서 비교되는 대상과 같은 척도를 가질 수 없기 때문에 자신이나 다른 것과 동일할 수 없다.

자신이나 다른 것과 크거나 작으려면 자신이나 다른 것과 적은 부분을 갖거나 많은 부분을 가져야 한다. 그러면 그것은 (부분을 갖지 않는) 하나일 수 없다.

하나는 하나의 척도에도 다수의 척도에도, 소수의 척도에도 참여할 수 없으며, 같은 척도에도 전혀 참여할 수 없으며, 그에 따라서 하나는 자신이나 다른 것들과 같을 수 없으며, 자신이나 다른 것들보다 크거나 작을 수 없게 된다.)

1-10. 하나는 시간 안에 있지 않다.

(하나는 유사성이나 동일성, 상이성, 비동일성 등에 참여하지 않는다.(하나는 유사하지도 않고 상이하지도 않으며 동일하지도 않고 상이하지도 않다.) 이런 특성을 가진 것은 무엇보다 젊거나 늙었다거나 같은 나이라고 말할 수 없게 된다. 따라서 하나는 자신이나 다른 것보다 젊거나 나이가 들었거나, 자신이나 다른 것과 같은 나이라고 말할 수 없다. 시간 안에 있는 것은 자신보다 늙어간다. 늙어가는 것은 보다 젊은 것에 비해서 늙어간다. 자신보다 늙어가는 것은 언제나 자신보다 젊어진다.(A가 B와 달라진다면 이미 달라진 B와 달라져 간다고 말할 수 없고, 이미 다른 B와 다르다고 말하는 것이다. 내가 늙어간다는 것은 늙어지기 전의 젊은 나에 비해 늙어가는 것이지 이미 늙어버린 나로부터 늙어간다고 말하는 것이 아니다. 그에 따라서 나보다 늙어간다는 것은 동시에

나보다 젊어진다는 것을 함축한다. 그런데 어떤 것도 자신보다 길거나 짧을 수 없다. 그것은 자신과 같은 시간에 있었고, 있으며, 있을 것이다. 시간 안에 있는 것은 자신과 같은 나이이고, 자신보다 늙어가며, 자신보다 젊어진다고 말하게 된다. 그런데 하나는 그와 같은 성향과 전혀 상관이 없다. 따라서 하나는 시간과 상관이 없으며, 그에 따라서 시간 안에 있을 수 없다.)

1-11. 하나는 아무 것도 아니고(존재에 참여하지도 않고), 이름을 지닐 수도, 기술할 수도, 인식할 수도, 생각되지도 않는다.

어떤 것이 존재하려면 그것은 과거에 있거나 현재에 있거나 미래에 있어야 한다. 하나는 시간 안에 있지 않기 때문에 그것은 과거에 있었거나, 과거로부터 있어 왔거나, 과거에 존재하지도 않았고, 현재에 있지도, 현재에 존재하게 되지도, 현재에 있는 중이지도 못하다. 마찬가지로 그것은 존재하게 되지도, 존재하는 중일 것이지도, 있을 것이지도 않다. 곧 하나는 과거-현재-미래에 있었으며,, 있으며, 있을 것이라고 말할 수 없다. 따라서 그것은 존재에 참여하지 않는다. 곧 존재할 수 없게 된다.(하나는 아무 것도 아니게 된다.) 하나가 존재하지 않는다면 그것은 하나라고 부를 수도 없게 된다. 그것이 하나라면(하나라고 정해진다면) 그것은 있어야 하기 때문이다. 하나는 있지도 않고 하나도 아니게 된다. 존재하지 않는 것에는 속하는 것도 없기 때문에 하나는 이름도 가질 수 없다. 또한 그것은 그에 속하는 것이 아무 것도 없기 때문에 그걸 기술할 수도 없고, 알 수도 없으며, 지각할 수도 없고, 그에 대해 의견을 가질 수도 없게 된다.

파르메니데스의 있음과 있지 않음의 배타적인 관계에 기초해서 있음의 길을 선택할 때 등장하는 주제인 하나에 대해 고려해보면, 현실세계를 부정하게 되고, 논리적으로는 자가당착에 봉착하게 된다. 곧 하나는 존재할 수도 없고, 알 수도 없고, 말할 수도 없어서 그걸 언급하는 것조차 불가능해진다.

있음의 길을 선택하면 세상의 생멸변이(生滅變異)가 불가능해져 현실세계를 송두리째 부정하게 된다. 또한 논리적으로는 스스로의 존재까지도 부정하는 자가당착적 파국에 봉착하게 된다. 왜 그럴까?

파국에 봉착하는 건 있지 않음의 길을 허용하지 않기 때문이다. 그리고 논리적으로 자가당착적 파국에 도달하는 건 있지 않음의 길에서 가능한 차이나 타자, 부정 등을 허용하지 않기 때문이다. 곧 있지 않음의 길과 같은 사유의 틀도 같이 있어야 현실세계의 생멸변이도 살려낼 수 있고 논리적으로도 다양한 서술 가능성을 확보할 수 있게 된다. 곧 현실세계나 인간 사유 안에서 일어나는 변화를 인정하기 위해서는 있지 않음의 길도 인정해야 한다. 파르메니데스가 생멸변이(生滅變異)를 부정하기 위해 전개한 논증이 역설적으로 그런 것들을 살려내기 위해서는 있는 것만이 아니라 있지 않은 것들도 필요하다는 걸 말하고 있다. 파르메니데스가 생성이나 소멸, 변화, 여럿을 있음과 있지 않음을 도입하여 정의함으로써 그런 것들이 불가능하다고 논증하는 건 역으로 세상과 인간 사유 안의 변화를 설명하기 위해서는 있음의 길과 있지 않음의 길이 동시에 필요하다는 걸 말하고 있다.

파르메니데스는 서양의 논리를 시작하면서 이후의 철학이 풀어야 할 심각한 논리적 문제들을 제기한다.

파르메니데스는 인간 사유의 틀로서 있음과 있지 않음의 길을 제시하고 양자 사이의 관계를 배타적으로 설정한다. 곧 '있거나 있지 않다(is or is not)'를 이후에 어길 수 없는 가이드라인으로 제시한다. 앞에서 살펴본 것처럼 이 원리는 이 세상에 존재하거나 논의의 주제가 되기 위해서 선행되어야 할 조건을 제시한다. 그 조건은 존재하는 건 명확하게 ~으로서 있어야 한다는 것이다. 곧 100% ~으로 규정할 수 있는 특성을 가져야만 존재할 수 있다는 것이다. 있는 것은 절대적으로 동일해야 있을 수 있다. 곧, 그것의 정체성이 100% 명확하게 한정되어야 있을 수 있다는 것이다. 80%, 90%, 99%는 20%, 10%, 1% 규정되지 않는 것이 있다는 것인데 있음의 길 안에서 그런 건 허용되지 않는다. 100% 있거나 100% 없는 것이지 부분적으로 있거나 정도차가 있는 방식으로 존재할 수는 없다.

파르메니데스의 이 같은 규정은 극단적이다. 이를 엄밀하게 받아들이면 앞에서 본 것처럼 허용되는 것이 아무 것도 없게 된다. 곧 있음의 길만을 선택해서 100% 확정적으로 있는 것은 현실적으로나 논리적으로 있을 수 없다.

이런 파국 앞에서 가장 먼저 '그럼 있지 않음의 길을 선택하면 어떻게 되지?'라고 생각할 수 있다. 있음의 길을 선택한 것만큼이나 있지 않음의 길을 선택해도 파국이다. 앞으로 고르기아스의 사례에서 보겠지만 아무 것도 존재하지 않으며, 존재한다고 해도 알 수 없으며, 안 다고해도 전달할 수 없다는 파괴적인 결론에 봉착하게 된다. 모든 것이 확정될 수 없는 경우는 100% 확정되어야 한다고 하는 것만큼 파국적인 결말을 가져온다.

그러면 어떻게 해야 할까? 적어도 있지 않음의 길도 허용해야만 파국에 이르지 않을 수 있다. 이러려면 있음의 길과 있지 않음의 길을 배타적으로 정립하고 있는 파르메니데스의 원리를 재검토해야 한다. 100% 확정적인 것만이 있을 수 있다는 것이 아니라 확정성에서 정도차를 허용할 수 있어야 한다. 어느 정도 확정되지 않은 것, 미결정된 영역, 더 나아가 확정적인 것이 확정성을 잃고 사라지는 경우도 인정을 해야 한다. 더 나아가 '있 거나 있지 않다' 처럼 서로 대립하는 것들의 관계를 배타적으로 정립하는 원리도 재검토해봐야 한다. 곧 대립하는 것들이 공존할 수 있는 논리적 틀도 모색해봐야 한다.

파르메니데스 이후의 서양철학은 파르메니데스가 추방한 생멸변이(生滅變異)를 그가 선택한 존재의 세계 안에서 살려내는 과정이라고 할 수 있다. 그것들을 살려내기 위해서는 이제까지 살펴본 것처럼 다양한 논리적 사유들이 등장해야 한다. 이 다양한 논리의 가능성을 포괄하는 종합적인 검토는 플라톤에게서 이루어진다. 그리고 플라톤이 그런 종합적인 검토를 할 수 있었던 것은 다양한 논리적 사유 프레임들이 존재했기 때문이다.

파르메니데스의 입장을 따라 여럿을 부정하기 위해 귀류법적 논증을 전개한 제논, 변화무쌍한 현실세계를 담지하기 위해 대립적인 것의 공존, 대립적인 것들의 상호 산출, 대립적인 것들의 동일성, 하나의 절대적인 기준보다는 보는 입장에 따라 달리 보일 수 있다는 걸 주장한 헤라클레이토스, 세상에 존재하는 건 없으며, 존재한다고 해도 알 수 없으며, 안다고 해도 전달할 수 없다고 주장한 고르기아스, 인간 척도론을 기반으로 모든 것에 대립적인 서술이나 논증이 가능하고, 허위가 불가능하며, 모순이 불가능하다는 걸 논증하는 프로타고라스, 동일성 논리와 차이성 논리의 길과 거기에서 유래하는 논리적 팩터(factor)들-있음과 있지 않음, 자기와 타자, 자기관계와 타자관계-을 종합적으로 고려하여 파르메니데스가 가능하지 않다고 했던 다양한 부정의 가능성을 산출한 플라톤, 차이와 동일성을 잠재태와 현실태라는 프레임으로 해명함으로써 파르메니데스가 불가능하다고 했던 세상의 운동 변화를 설명해내고, 동일성 논리의 꽃이라고 할 수 있는 형식논리학을 창출해낸 아리스토텔레스는 파르메니데스가 제기한 논리적 프레임에 대해 나름대로 응답한 철학자들이며 이들이 펼친 사유가 고대 그리스 논리의 역사를 구성하고 있다.

2. 제논의 역설의 논리와 귀류법 논증

제논은 파르메니데스의 제자로서 차이를 전제로 해야 가능한 운동, 여럿이 불가능하다는 논증을 전개한다.

1) 운동 불가능성의 역설

■ 나는 화살은 멈춰 있다.

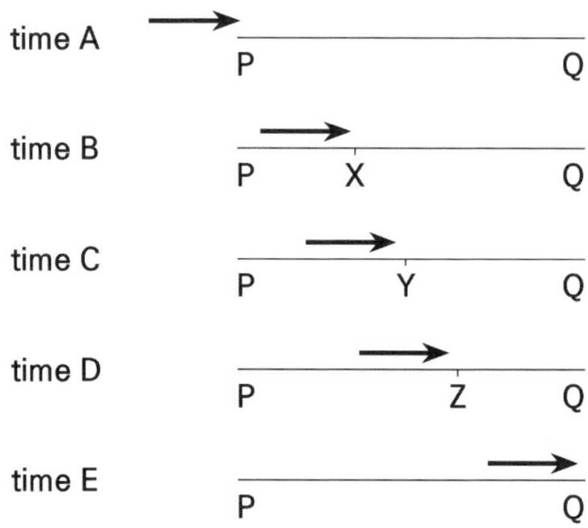

위의 그림에서 보는 것처럼 최초의 순간(time A)에 화살은 P 지점에 있고, 다음 순간(time B)에는 X 지점에, 그 다음 순간(time C)에는 Y 지점에, 그 다음(time D)에는 Z 지점에 각각 멈춰 있다. 사실 나는 것처럼 보이지만 각 순간에는 해당되는 지점에 멈춰 있기 때문에 나는 화살은 항상 멈춰 있다.

■ 아킬레스는 거북이를 따라잡을 수 없다.

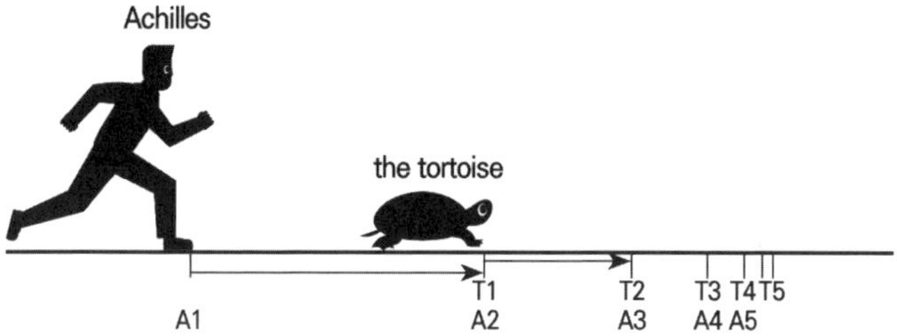

아킬레스는 한발 앞서 출발한 거북이를 영원히 따라잡을 수 없다. 아킬레스가 일정시간(T1)에 거북이가 출발한 지점 A2에 도착하면 거북이는 그 시간 동안 A3 지점에 가 있을 것이고, 다시 A3 지점에 도달하면 그 시간 동안 거북이는 조금이라도 기어가 T3 지점에 있게 된다. 이와 같이 하여 아킬레스가 거북이가 있는 지점에 가는 동안 조금의 시간이라도 소요된다면 그 동안 거북이는 그 시간 동안 조금이라도 앞서가기 때문에 아킬레스는 거북이를 앞설 수 없게 된다.

■ 운동장(stadium)의 역설

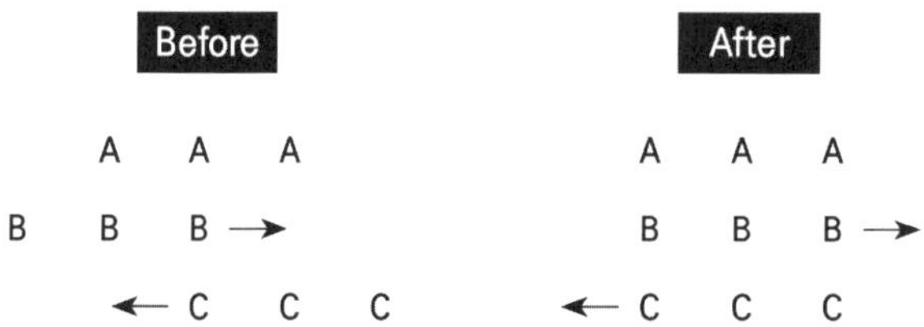

운동장의 역설은 세상의 모든 상대적 운동, 속도차가 있는 운동을 거부하는 논증이다. 이전 시점에서 A를 기점으로 할 때 B는 오른쪽으로 움직이며 C는 왼 쪽으로 움직인다. 다음 시점에서 보면 한 순간 한 칸을 가기 때문에 A와 B, C는 각기 동일선상에 있게 된다. 한 순간에 한 칸을 간다고 할 때, B열 중 가장 오른 쪽에 있는 B와 C열의 중간에 있는 C가 지나치는 순간은 존재하지 않게 된다. 한 순간에 한 칸만을 가기 때문에 B열의 오른쪽 B와 C열의 가운데 C가 지나치는 순간은 세상에 있을 수 없게 된다.

이런 방식으로 제논은 세상의 운동과 변화를 불가능하다는 논증을 전개한다. 운동 불가능성에 관한 논증은 보다 근본적인 논증인 여럿 불가능의 역설에 기초해 있다.

2) 다수 불가능성에 관한 역설

여럿의 불가능성에 관한 역설적 논증은 다음과 같이 진행된다.

결론: 여럿이 있다면 존재하는 것들은 동시에 크고 작다: 곧 무한히 크고 크기를 전혀 지니지 않을 정도로 작다.

A: 존재하는 것이 크기를 지니지 않는다면 그것은 존재할 수조차도 없다. 그것이 존재하는 다른 어떤 것에 더해진다고 해도 더해지는 것을 더 크게 할 수 없기 때문이다. 크기를 지니지 않는 것은 더해지는 것의 크기에 변화를 줄 수 없다. 그래서 그것은 없는 것이 될 수밖에 없다. 마찬가지로 그것을 존재하는 어떤 것으로부터 뺀다고 해도 그 것이 더해지는 것의 크기를 작게 만들 수 없다. 이렇게 그 크기를 크게 만들거나 작게 만들지 못하는 것은 존재하지 않는 것임에 분명하다.

~A: 만약에 그것이 특정의 크기나 부피를 지닌다면 그것의 부분(부분1)은 다른 부분(부분2)으로부터 일정 정도 떨어져 있을 것이며, 부분1과 부분2는 마찬가지로 일정 크기를 지니게 될 것이다. 마찬가지로 부분1과 부분2는 하위 부분을 갖게 되고 그 하위 부분들도 크기를 가지게 된다. 이 과정은 무한히 반복되어서 결국 궁극적인 단위가 무한히 많아지게

된다. 그 궁극의 단위체가 크기를 갖는 한 그것들이 다시 합쳐지면 무한한 크기가 된다.

결론: 이에 따라서 여럿이 있다면 그것은 동시에 무한히 크면서 크기를 지니지 않을 정도로 작게 된다.

존재하는 것은 하나이거나 다수인데, 존재하는 것이 다수라면 그것은 무한 분할이 가능하다. 무한 분할의 결과로 등장하는 궁극적 단위체는 크기를 갖거나 갖지 않는다. 궁극 단위체가 크기를 가질 때 그것을 다시 합치면 무한한 크기가 된다. 크기를 갖지 않는다면 그것을 아무리 더해도 크기를 가질 수 없다. 가지지 않는다면 앞의 논증에 의해서 존재할 수 없다. 그에 따라 존재하는 것이 다수라고 하면 동시에 크면서 작아진다. 따라서 존재하는 것은 다수일 수 없고 하나일 수밖에 없다.

이상과 같은 제논의 논증 구조는 귀류법적인 형태를 띤다. 즉 자신이 지지하는 가설을 입증하기 위해 자신과 대립하고 있는 상대가 지닌 가설 에서 불합리한 결과를 이끌어내는 구조이다.

P이다.
만약 P가 아니라면(~p) A이거나 ~A이다.
A라고 해도 불합리한 결과가 초래되고
~A라고 해도 불합리한 결과가 초래된다.
따라서 ~p일 수 없다.
따라서 p이다.

제논의 논증을 파르메니데스의 있음의 길과 연관시켜 재구성하면 다음과 같다.

있거나 있지 않다(is or is not)
2. 있음의 길만이 가능하다.
3. 있음의 길 안에서는 P이거나 ~P이다.
4. ~P라면 A이거나 ~A이다.
5. A라고 해도 문제가 생기고, ~A라고 해도 문제가 생긴다.
6. 따라서 ~P일 수 없고 P일 수밖에 없다.

이 논증은 자신의 가설을 지지하기 위한 목적으로 이용된다. 즉 자신의 가설을 비판적으로 검토하기 위한 것이기보다는 자신의 가설을 정당화하기 위해 자신의 가설과 대립되는 가설로부터 모순을 끌어내고 있는 것이다.

제논의 논증은 P와 ~P(一과 多)의 관계를 이용하여 P를 입증하는 기본 구조와, 다시 ~P의 불가능성을 입증하는 하위 구조의 둘로 나누어 볼 수 있다. 기본 구조와 하위 구조 모두를 분석해볼 필요가 있다.

첫째, 이 논증은 자신이 주장하는 바(P)를 입증하기 위해 그와 대립되는 주장(~P)을 부정하는 귀류논증이다. 귀류논증은 ~P가 아닐 경우 그와 대립되는 P가 바로 입증될 수 있어야 성립한다. 곧 P와 ~P가 가능한 경우의 수를 다 포괄할 수 있어야 한다. 곧 'P이거나 ~P이다'라는 원리가 전제가 돼 있어야 성립한다. 이 원리는 파르메니데스의 제 1 원리를 전제해야만 가능하다. 이 점은 앞의 파르메니데스의 제 1 원리(is or is not)에 대한 규명과 연관해서 추가적인 해명이 필요하다.

제논 논증에서 P를 나타내는 '존재하는 것은 하나이다(What is, is one)'와 ~P를 나타내는 '존재하는 것은 다수이다(what is, is many)' 는 모두 있음의 길에서 가능한 표현이다. '존재하는 것은 다수이다'는 '존재하는 것은 하나가 아니다(is not P)'의 형식이 아니라 '존재하는 것은 하나 아님이다(is non-P)'라는 형식을 갖는다. 즉 '존재하는 것은 다수이다'는 있음(is)의 길 안에서의 부정적인 표현이라고 할 수 있다. 이렇게 본다면 있음의 길 안에서는 'It is P'와 같은 긍정적인 표현 뿐 아니라 'It is non-P'와 같은 부정적인 표현도 가능하며, 부정적인 표현 모두가 'is not P'로 풀이되는 것은 아니다. 그런데 'It is P'와 같은 긍정적인 표현 뿐 아니라 'It is non-P'와 같은 부정적 표현이 가능하기 위해서는 먼저 있음(is)의 길이 전제되어야 한다. 그리고 있음의 길을 선택하기 위해서는 먼저 있지 않음(is not)의 길이 배제되어야 하고, 그 길을 배제하기 위해서는 '있거나 있지 않다(is or is not)'는 파르메니데스의 원리가 전제되어야 한다. 즉 'P이거나 ~P이다'는 파르메니데스의 제 1 원리, 곧 '있거나 있지 않다'를 전제하고 있다. 이런 점에서 제논은 파르메니데스의 충실한 제자라고 할 수 있다.

둘째, 제논은 다수의 불가능성을 논증하기 위해 다수라고 할 경우 나타날 수 있는 두 가지 가능성 모두를 검토한다. 곧 ~P(다수)라고 하면 두 가지 가능성, 곧 A(크기를 가짐) 또는 ~A(크기를 가지지 않음)인데 A라고 하면 무한히 커지고 ~A라고 하면 아무런 크기를 가지지 못한다. 곧 ~P라고 하면 존재하는 것은 무한히 큼과 동시에 아무런 크기도 갖지 않는다는 문제가 생긴다. 이와 같은 하위 논증이 P임을 입증하기 위한 기본 논증과 다른 점은 기본 논증의 전제 역할을 하는 'P 또는 ~P' 원리에 대해서는 ~P의 문제점만을 지적하기 위해 논증을 전개하지만 ~P의 하위 가지(sub-branch)에 대해서는 그로부터 연유하는 두 가지 가능한 경우 모두(A와 ~A)를 검토하고 있다는 점이다. 곧 ~P라고 할 경우

생길 수 있는 두 가지 가능한 경우 중 하나만을 선택해서 입증하기보다 두 가지 가능한 경우 모두를 비판적으로 검토하여 ~P의 가능성을 원천적으로 봉쇄하는 방식의 논증을 전개하고 있다.

제논이 객관적일 수 있으려면 상대 주장(존재하는 것은 다수이다)을 퇴치하기 위해 하위의 가능성 모두를 검토하고 있는 것처럼 ~p(다수이다)의 문제점만을 찾을 것이 아니라 p(하나이다)의 문제점도 검토해야 한다. 곧 다수가 문제라면 하나는 문제가 없을까에 대해서도 생각해봐야 한다. 고르기아스는 어떤 것이 존재한다면 그것은 존재하는 것이거나 존재하지 않는 것이거나, 존재하면서 하지 않는 것일 수 있다고 보면서 가능한 경우의 수를 다 나열한다.

II. 헤라클레이토스의 차이성의 논리 (logic of difference)

헤라클레이토스는 교만하고 잰체하는 사람으로, 결국에는 염세가가 되어 세상을 등지고 산 속에 들어가 풀과 식물을 먹으면서 지냈다고 한다. 그는 60세 되던 해에 죽었다고 한다. 그는 에페소스의 귀족 가문에서 태어났으며 주변 사람들에게 험한 말을 마구 한 사람으로 기억된다. 그는 어두운 사람(skoteinos), 수수께끼 같은 인물(ainiktēs)로 불린다. 그의 단편에 드러난 스타일이 모호해서 붙여진 별명이다. 또한 그의 단편들을 보면 완결되어 있지 않고, 비일관적이다.

> 7. 기대되지 않는 것을 기대하지 않는다면 당신들은 그걸 찾을 수 없을 것이다. 그것이 발견되는 것은 힘들고 어렵기 때문이다.

기대되지 않는 것들(the unexpected)을 기대한다는 것은 어떤 의미인가? 예기치 않게 발견될 것이라는 마음가짐을 가지라는 말인가? 상상력을 벗어난 무언가가 나타날 것이라는 생각을 하라는 것인가? 진리는 예기치 않은 데서 나온다는 말인가? 기대되는 것만을 찾는 자는 아무 것도 찾지 못한다는 말인가? 어느 하나로 특정하기 어렵다. 그럼에도 헤라클레이토스는 무언가 심오한 것이 있는 것과 같은 어조(aphoristic)로 말한다. 단편에는 이렇게도 해석할 수 있고 저렇게도 해석할 수 있는 구절, 의미가 모호해서 명확하게 들어오지 않는 구절들이 차고 넘친다.

10. 자연은 숨기를 좋아한다.

11. 델포이 신전의 신은 자신의 의미하는 바를 발설하지도 않지만 숨기지도 않는다. 다만 그것을 상징(기호)을 통해서 보여줄 뿐이다.

24. 불은 결핍이자 풍요이다.

27. 결코 정착되지 않는 것으로부터 누가 숨을 수 있을까?

50. 직조장이 빗의 직선과 곡선은 같은 것이다.

64. 깊은 잠속에서 보는 것이 잠인 것과 마찬가지로 우리가 깨어 있을 때 보는 것은 죽음이다.

67. 죽는 자는 불멸이며(죽지 않으며) 죽지 않는 자는 죽는 자이다. 하나는 다른 것의 죽음을 살며, 다른 것의 삶을 죽인다.

69. 오르막과 내리막은 같은 것이다.

77. 사람은 밤에는 자신을 위해서 불을 밝힌다. 그가 죽었을 때 그는 살아 있다. 잠든 자는 볼 수 없는데, 그는 죽음으로부터 불을 밝힌다. 깨어 있는 자는 잠으로부터 불을 밝힌다.

105. 욕구와 싸우는 것은 어렵다. 그것이 얻기를 원하는 것은 언제나 영혼을 비용으로 지불해야 한다.

108. 어리석음을 숨기는 것이 최선이다. 그러나 휴식하는 동안, 술에 취했을 때에는 숨기기 어렵다.

이상의 구절은 어느 하나의 의미로 딱 떨어지지 않는다. 곧 일의적(一義的) 의미를 가지지 않고 다의적이며, 심지어는 의미를 특정할 수 없어서 모호하다. 그의 글들이 하도 종을 잡을 수 없어서 유명한 문헌학자인 딜스(Diels)도 그의 단편을 주제별로 유형화해서 정리하는 걸 포기했다고 한다. 그만큼 그의 글이나 스타일은 앞뒤가 맞지 않는(incoherent) 것이 많다. 파르메니데스가 논증을 통해서 자신의 입장을 명확하게 밝히는 것과는 대조적이라고 할 수 있다. 헤라클레이토스의 이런 스타일은 그의 사유방식을 표현하고 있는데, 우리가 앞에서 언급한 것처럼 그의 글은 명확하고 분명한 사유에 기초해있지 않고 애매하고(비일관적이고), 모호하다. 우리는 그를 고르기아스와 더불어 파르메니데스-플라톤-아리스토텔레스의 명확성의 논리(logic of clarity)에 대비되는 애매·모호성의 논리(logic of ambiguity, vagueness)에 해당되는 철학자로 분류하고자 한다.

헤라클레이토스가 자신의 생각을 애매모호하게 표현하는 건 그가 그렇게 생각하기 때문이다. 사람의 생각은 두부 모 자르듯이 명확하게 구분되지 않는다. 헤라클레이토스는 자신의 생각이 세상의 질서를 반영하고 있다고 생각한다. 곧 그는 세상의 질서가 그러하다고 말한다. 곧 맺고 끊음이 분명해서 명확하게 딱 떨어지지 않고 다의적이며 시시각각 변화하는 것 자체가 세계 질서라고 말한다. 변화 자체가 세계이기 때문에 고정되게 하나로 정한다는 건 가능하지 않다.

> 32. 태양은 매일 새로워진다.[14)]
>
> 41.42. 너는 같은 강물에 두 번 들어갈 수 없다. 왜냐면 새로운 물이 항상 너에게 새로이 흘러오고 있기 때문이다.[15)]

---

14) Burnet(2005) p.101.

83. 변함으로써 쉰다.[16]

84. 밀크 술이라도 젓지 않으면 분리된다.[17]

변화 자체가 세계이며 법칙(logos)이다. 세계 법칙이 로고스가 아니라 세계가 변화이며 그 자체가 로고스이다. 세계를 운행하는 법칙이 로고스가 아니라 세계 자체가 로고스라고 하는 건 설명을 필요로 한다. 파르메니데스를 위시한 엘레아학파의 동일성 논리에서는 다수(many)의 세계를 부정하고 하나의 세계를 입증하고자 한다. 곧 그들은 일과 다(one and many)를 대립시켜 변화를 벗어난 하나의 세계를 확립하고자 한다. 동일성 논리에서 다(多)는 차이를 전제로 하기 때문에 동일성 논리에서는 이를 인정할 수 없다. 세계는 항상 변화하고 온갖 다양한 다수의 것들이 존재하기 때문에 동일성 논리에서는 여럿의 세계를 가상으로 치부한다. 그에 따라서 파르메니데스, 제논은 하나를 기준으로 세계 질서를 거부하게 된다. 곧 하나는 가상인 세계를 벗어나 성립하는 최고 원리로서 세계를 지배하거나 통제하는 (불변의) 원리이지 세계 그 자체는 아니다.

헤라클레이토스는 항상 변화하는 것이 세계이고 변화 자체가 세계이며 로고스라고 말한다. 곧 하나와 여럿(多)의 세계가 서로 대립하는 것이 아니라 하나가 곧 여럿(一卽多)이라고 말하고 있다. 변화자체가 세계이자 세계법칙(logos)이기 때문에 다의 세계를 통제하는 원리나 법칙이 별도로 있는 것이 아니다. 다(多)의 세계는

15) Burnet(2005) p.101.
16) Burnet(2005) p.104.
17) Burnet(2005) p.104.

차이의 세계이다. 어느 하나도 그대로 머물러 있는 것이 없이 각종 다양한 것들이 변화하는 것이 여럿(차이)의 세계이다. 차이를 근본으로 하는 차이성의 논리(logic of difference)에서는 항상 변화하고 잡다한 것들이 존재하는 세계 이외의 동일자를 상정하지 않는다. 세상과 동떨어진 동일자가 세상을 지배하는 것이 아니라 변화하는 세상이 자체로 법칙(logos)이다. 이 경우 법칙은 동일성이 아니라 차이이다. 동일성의 논리가 다의 세계를 벗어난 동일자를 통해 세상을 설명하거나 통제하고자 한다면 차이의 논리를 대변하는 헤라클레이토스는 별도의 동일자를 상정할 필요 없이 세계 자체 = 변화 = 로고스이기 때문에 하나(로고스)가 여럿(세계)이 된다.

동일성의 논리와 차이성 논리의 근본적 차이가 여기 있다. 곧 세상과 동떨어진 동일자의 세계를 상정하고 그것으로 불변의 질서를 창출함으로써 변화와 여럿을 제어하는 불변의 질서나 세계를 구상한다면 차이성의 논리에서는 여럿 자체가 세계 질서이기 때문에 별도의(초월적인) 하나를 상정할 필요가 없다. 그에 따라서 차이성의 논리에서는 하나와 여럿의 대립이 나타나지 않는다. 그렇기 때문에 여럿이 곧 하나가 된다.

헤라클레이토스에게 변화는 실재적인 것이다. 파르메니데스처럼 생성, 소멸, 운동, 변화하는 여럿의 세계는 가상이고 불변하며 영원히 존속하는 존재가 실재라고 이야기하지 않는다. 변화 그자체가 실재이며 곧 세계이고 법칙이다. 변화하는 세계, 변화 자체인 로고스를 가장 잘 나타내고 있는 것은 불이다. 세계는 언제나 같으며 신이나 인간이 만든 것이 아니며, 과거에도 있었고, 현재에도 있으며, 미래에도 있을 것으로서 영원히 살아 있는 불이다. 모든 것이 변화하게 되어 있고 변화하는 것이 세계이며 변화하는

세계는 불이다. 불은 언제나 끊임없이 변화하고 있어서 세계 변화를 상징하는데 제 격이다.[18)]

변화가 세계 자체라면 변화를 가능하게 하는 건 무엇인가? 혹은 세계는 어떤 방식으로 변화할까? 세계를 변화하게 하는 것, 세계가 변화하는 방식은 대립과 투쟁, 전쟁이다. 대립과 투쟁, 전쟁을 통해서 변화하는 것이 세계이며 그것이 엄정한 세계법칙이기도 하다. 대립과 투쟁이 없다면 세상이 없어진다. 대립과 투쟁, 전쟁이 없기를 바라는 것은 세상이 없어지기를 바라는 것이다. 대립과 투쟁이 세계를 지탱하는 근본적인 동력이며, 세상은 대립과 투쟁으로 구성되어 있다.

> 36. 신은 밤이며 낮이고, 겨울이면서 여름이고, 전쟁이면서 평화이고, 또 풍요이면서 결핍이다; 그러나 그는, 마치 불이 향료들과 섞일 때에 그 향료의 종류에 따라서 이름이 정해지는 것과 마찬가지로 여러 가지 형태를 지닌다.
>
> 39. 차가운 것들은 따뜻해지며 시원한 것은 따뜻해진다. 젖은 것들은 마르며, 바싹 마른 것은 축축해진다.
>
> 40. 그것은 흩어지면서 모이고, 전진하면서 후퇴한다.
>
> 44. 전쟁은 모든 것의 아버지이자 왕이다.
>
> 46. 우리에게 좋은 것은 대립이다.
>
> 50. 직조장이의 빗의 직선과 곡선은 같은 것이다.

---

18) 22. 모든 것들은 불과 교환되며 불은 모든 것들과 교환된다. 이는 금이 모든 상품과 교환되며 또 모든 상품이 금으로 교환되는 것과 같다.
24. 불은 결핍이자 풍요이다.

62. 전쟁이 모든 것에 공통적이며 갈등이 곧 정의라는 것을 알아야 한다. 모든 것들이 갈등을 통해 생성되고 소멸된다는 것을 알아야 한다.

대립은 차이의 특수한 형태이다. 소도 개체이고 닭도 개체이다. 소와 닭은 대립하지 않는다. 대립하지 않고 특별한 이해관계가 없이 그저 다르기 때문에 소가 닭을 쳐다보는 데는 일이 생기지 않는다. 대립은 차이 중에서 특별한 관계를 맺는다. 곧 서로 싸운다. 대립자는 싸우게 되어 있다. 다르긴 한데 서로 투쟁하면서 전쟁하는 방식으로 다른 것이 대립이다. 세상이 존속되는 것은 대립자들 사이의 긴장과 조화 때문이다. 내가 손가락으로 책상을 누르는 데도 표면이 쑥 들어가지 않는 것은 내가 누르는 힘만큼 책상이 밑에서 밀어올리기 때문이다. 곧 내가 책상을 눌러서 아무 일이 벌어지지 않는 경우에도 거기에는 누르는 힘과 그에 저항하는 밀어 올리는 힘 사이의 대립과 투쟁, 긴장이 있으며 그 때문에 현 상태가 유지되는 것이다. 세계를 유지하는 데는 대립과 투쟁이 필수적이다. 대립자는 공존하면서 세계를 지탱한다. 대립과 투쟁이 없기를 바라는 것은 세상이 없어지기를 바라는 것과 같다.

43. 호머는 다음과 같이 이야기한 점에서 그르다: "갈등이 신과 인간들 사이에서 사라지기를". 그는, 자신이 우주를 파괴하기를 원하고 있다는 것을 알지 못했다; 왜냐하면 그의 기도가 들어질 경우, 모든 것들이 사라질 것이기 때문이다.

대립자 중 어느 하나를 배제하고 제거하는 선택 배제(either~or)의 논리는 세상의 법칙이 아니다. 세상은 변화하며 대립과 투쟁이 그 변화를 가능하게 한다. 대립과 투쟁을 가능하게 하는 것들이 대립자들이다. 대립자가 공존하지 않으면 세상이 사라진다. 세상은 대

립자 공존(both~and)의 논리를 따른다.[19]

대립자들은 세계를 구성하는 요소로서 동등한 권리를 지니며 서로가 서로에서 나오며, 서로 같은 것이다.

59. 사물들의 쌍이 전체인 것이지 사물들이 전체가 아니다. 뭉쳐진 것들은 갈기갈기 분해되고 조화로운 것들은 부조화하게 된다. 하나는 모든 것들로 이루어져 있으며, 모든 것들은 하나로부터 발생한다.

67. 가사적(可死的)인 것은 불멸적이며 불멸하는 것은 가사적인 것이다. 다른 것들의 죽음을 사는 것과 다른 것들의 삶을 죽이는 것들.

69. 올라가는 길과 내려가는 길은 전적으로 같은 것이다.

70. 원주 상에서 처음과 끝은 같다.

78. 우리 안에서 빠른 것과 죽는 것, 깨는 것과 잠자는 것, 젊음과 늙음은 같은 것이다; 전자는 변화하여 후자가 되며, 후자는 변화하여 전자가 된다.

대립자들 중 어느 하나는 제거되어야 할 정도로 가치가 없는 것이 아니다. 대립자가 없으면 자신의 출처가 사라지게 되고 대립자는 서로 동등한 자격으로 대립하면서 세계를 구성하고 또 보존한다. 그래서 전쟁은 만물의 아버지가 된다.

세상은 대립자들의 천국이기 때문에 어느 한 시각에서 대립적 가치 중 하나를 다 제거하면 안 된다. 보기에 따라서 아무리 하찮

19) 세상에서의 대립자 공존의 논리를 언어의 세계, 사회생활에 옮긴 사람이 프로타고라스이다. 프로타고라스는 모든 것에 대해 서로 대립적인 논증이나 서술이 가능하다고 본다. 그리고 그는 말로서 싸워서 이기는 기술(論爭術)을 가르쳐서 생활을 한다. 대립이 있어야 하며 대립하는 가운데 전쟁이 있으며 말로 전쟁을 치르는 것이 필수적이라고 보면서 말싸움 기술을 가르친 것이다.

은 것이라도 누구에게는 쓸모가 있으며 누구에게는 쓸모가 없다. 곧 대립자 공존의 논리를 주장하는 사람은 절대주의적 가치관을 가질 수 없다.

51. 나귀들은 금보다는 오히려 짚을 가지려 할 것이다.

51a. 소들은 쓴 풀을 발견하고서 행복해 한다.

52. 바다는 가장 순수하면서 가장 순수하지 못한 물이다. 고기들은 그것을 마실 수 있으며, 그것은 그들에게 유익하다; 사람에게 그것은 마실 수 없는 것이며 파괴적이기까지 하다.

53. 돼지는 진창에서 목욕을 하며, 시골집의 닭은 먼지 속에서 목욕을 한다.

61. 신에게 있어서는 모든 것들이 선하고 공정하며 옳지만 인간들은 어떤 것들은 그르고 어떤 것은 옳다고 한다.[20]

대립의 공존을 주장하는 건 두 개체 사이의 차이를 인정한다는 것이다. 곧 두 개체 사이의 차이를 제거하여 동일화하는 방안을 채택하지 않는다. 곧 두 개체 사이의 차이를 인정해야만 대립자의 공존이 가능해진다. 곧 차이성의 논리를 기반으로 대립공존의 논리가 성립한다. 차이성의 논리는 두 개체 사이의 차이를 인정한다는 점에서 두 개체의 입장, 더 나아가 대립항들의 권리를 인정하게 된다. 세상에 존재하는 각 개체들의 입장을 있는 그대로 인정하는 것이 상대주의적인 입장이다.

헤라클레이토스는 논증하지 않는다. 자신의 주장을 뒷받침하기 위해 보다 상위의 원리, 인간 사유에서 발견되는 원칙과 같은 것을 제

20) Burnet(2005) p.102.

시하고 그것을 통해서 자신의 주장을 정당화하지 않는다. 정당화하지 않는다는 점에서 그것을 논리라고 부를 수 있느냐는 반론이 있을 수 있다. 그에게는 주장만이 있기 때문에 전제로부터 귀결로 나아가거나, 귀결을 가능하게 하는 전제를 찾아가는 넓은 의미에서의 논리적 사유에 포함시키기에 적합하지 않다고 말할 수 있다. 고대 그리스 철학에는 빛을 향해 가는 합리주의적 성향도 있지만 신화적이고 시적인 전통을 벗어나면서도 모든 것을 투명하고 명확하게 드러내는 방식이 아니라 어둡고, 암울하며, 모호한 신비성을 간직하고 있는 방식으로 사유하는 철학자도 있다. 고대 그리스에는 모든 것을 동일성의 잣대로 재단하여 거기에 맞지 않는 것들을 논의의 영역에서 추방하려는 성향을 지닌 철학자들만이 있는 것은 아니다. 헤라클레이토스는 있음과 있지 않음을 명확하게 가르는 파르메니데스의 사유방식을 따르지는 않지만 세상의 변화를 가능하게 하는 부정, 차이, 분화를 당연하게 생각하는 사유방식을 대변하는 사람이라고 할 만하기 때문에 그의 사유 세계를 들여다볼 필요가 있다.

모든 것을 불 보듯이 명확하게 하지 않아도 되고 또 그렇게 하는 것이 가능하지도 않으며 세상(현실)은 그런 방식으로 구성되어 있지 않다는 것을 정당화하는 방식으로가 아니라 잠언식으로 피력하고 있으며 그런 사유 방식에 맞게 밖으로 과시하기보다는 은둔하는 삶을 살아간 철학자가 헤라클레이토스이다. 파르메니데스가 이야기한 것처럼 인간의 사유에는 두 가지 사유의 틀이 가능하다. 있음과 있지 않음의 두 가지 사유의 틀 가운데 있음을 선택한 파르메니데스가 밝힌 것처럼 있지 않음도 있음 만큼이나 인간의 사유 틀로서의 자격을 갖추고 있다. 곧 차이성 논리도 동일성 논리만큼의 사유지분을 갖고 있다. 애매하고 모호한 표현방식을 채택하고, 차이를 철저하게 긍정하며 대립자의 공존가능성을 세계

존립의 근거로 삼으며, 세상을 하나의 동이한 원리나 법칙 밑에 종속시키지 않고 변화하는 세계 자체를 법칙(로고스)으로 간주함으로써 차이가 곧 하나라는 걸 보여준 헤라클레이토스는 차이성 논리의 전형을 잘 보여주고 있다.

헤라클레이토스의 논리적 입지를 차이성 논리주의자로 설정한 것은 틀렸다고 할 수는 없지만 차이성 논리주의자들이 하나가 아니기 때문에 헤라클레이토스의 차이성 논리의 성격을 분명하게 해둘 필요가 있다. 논리적으로 볼 때, 파르메니데스가 있음의 길로 갔고 고르기아스가 있지 않음의 길도 있음의 길만큼의 권리를 갖고 있다고 주장했다면 헤라클레이토스는 어느 길로 간 것일까? 이 질문에 대해서는 답하기 곤란한 면이 있다. 두 길 중 어느 하나를 선택했다면 헤라클레이토스는 '있거나 있지 않다'는 파르메니데스의 원리를 수용해야 한다. 그런데 헤라클레이토스는 대립하는 입장이 있을 때, 어느 하나를 선택하지 않는다. 곧 대립하는 것 중 하나를 배제하고 나머지를 선택하는 선택 배제(either ~ or)의 논리를 취하지 않는다. 오히려 그는 대립자가 있어야 싸움이나 투쟁, 전쟁이 있고 그래야 세상이 있을 수 있다고 본다. 따라서 그는 대립 공존(both ~ and)의 논리를 취하고 있다고 봐야 한다. 그렇다면 있음의 길과 있지 않음의 길을 동시에 취한 것일까? 그렇게 보기도 어렵다. 적어도 있거나 있지 않다는 파르메니데스의 원리를 수용한다면 양자 모두를 선택하는 건 가능하지 않기 때문이다. 한정적이면서 무한정적일 수는 없기 때문이다. 한정적이거나 무한정적이지 한정적이면서 무한정적일 수는 없다. 무한정적이라는 건 0%의 성질도 갖지 않는다는 것이다.

세상에 있기 위해서는 무언가 어떤 성질을 갖고 있어야 한다. 그것이 한정성이다. 그러면 무한정적이라는 건 아무 성질도 갖지 않는다는 것이다. 이른바 정해진 경계를 갖지 않은 것이다. 그런 것이 이 세상에 있을 수 있는 가능성은 없다. 아리스토텔레스가 아무 형체도 갖지 않은 순수질료를 이론적으로는 생각할 수 있지만 존재론적으로는 있을 수 없다고 한 건 이 때문이다. 따라서 두 길을 동시에 채택할 수는 없다.

사실 헤라클레이토스를 파르메니데스-고르기아스 스펙트럼 내에 놓고 위상을 찾기는 쉽지 않다. 어떤 면에서 파르메니데스보다 먼저 살았던 인물로서 파르메니데스적 사유를 접하고 그걸 고민했을 것이라고 보기 어렵다. 그렇지만 헤라클레이토스의 사유를 어디에 위치시킬 수 있을까를 논리적으로 고민해볼 수는 있다.

순수하게 논리적으로 생각해보면 헤라클레이토스는 제논과 비교하는 것이 더 낫다. 헤라클레이토스 단편에서 있음과 있지 않음에 대해 고민한 흔적은 없지만 세상의 대립자들에 관한 언급이 있기 때문이다. 제논에서는 하나와 여럿은 서로 대립되며 둘 중에 하나를 선택해야 한다. 그는 선택 배제의 논리적 틀을 갖고 있다. 그는 있음의 길 안에서 선택 배제의 논리를 적용한다. 곧 있거나 있지 않다는 원리에 대해서는 고민하지 않는다. 그는 파르메니데스를 따라서 있음을 선택하고 그 안에서 여럿이나 운동이 불가능하다는 걸 논증한다. 곧 제논은 여럿을 배제하고 하나를 선택한다.

헤라클레이토스에게 다의 세계는 곧 하나이다. 그의 생각 속에서 다의 세계와 하나는 서로를 배척하지 않는다. 여럿(多)이 운동하고 하나가 운동하지 않는다면 서로 배척할 가능성이 있지만 운동하는 것이 여럿의 세계이고 운동하는 세계 자체가 곧 법칙(하나)이면 하나와 여럿은 서로를 배척하지 않는다. 헤라클레이토스와 제논은 사고의 깊이나 철학적 접근방식, 사유의 성향이나 기질이 다르다. 제논은 형식 논리학자에 가깝고 헤라클레이토스는 은

둔하는 사색가에 가깝다. 따라서 두 사람의 사고를 평면 비교하는 건 적절하지 않을 수 있다. 그럼에도 대립이라는 동일한 사안에 대해 생각하고 있으며, 그에 대해 아주 상이한 태도를 갖고 있기 때문에 논리적으로 비교해보는 건 가능하다. 제논은 대립자 공존이 불가능하다고 생각하는 반면, 헤라클레이토스는 대립자의 공존을 세계 성립의 선결조건으로 본다. 그리고 헤라클레이토스에서 대립자는 세계 안에 있다. 대립자가 세계 안에 있다는 건 세계법칙이자 세계 자체인 로고스의 영역을 벗어나지 않는다는 걸 의미한다. 대립자의 투쟁과 갈등, 전쟁, 긴장으로 항상 변화하는 질서, 이것이 세계이며 로고스이기 때문에 로고스의 질서 유지를 가능하게 하는 것이 대립자라고 할 수 있다. 이렇게 본다면 논리적 측면에서 헤라클레이토스는 선택 배제의 논리에 대비해 대립 공존의 논리를 제시한 철학자로 평가하는 것이 적합하다. 앞으로 보겠지만 프로타고라스는 헤라클레이토스의 현실세계 안의 대립 공존의 논리를 인간 사회나 언설의 세계로 옮긴다.

애매성과 모호성을 간직하고 있다는 점에서 헤라클레이토스는 명확성과 한정성을 전제로 삼는 파르메니데스의 사유방식을 벗어나 있다. 그러면 그는 있지 않음의 길로 간 철학자라고 할 수 있을까? 그렇게 말하기도 쉽지 않다. 파르메니데스를 따라서 있거나 있지 않음의 원리를 수용하고 거기에서 있지 않음을 받아들이고 있다고 말할 수 없기 때문이다. 오히려 현실세계의 변화무쌍함의 내적인 논리를 규명하려고 했다는 평가가 더 적절하다. 그리고 그 현실세계 변화의 내적인 논리는 명확하고 분명하게 딱 떨어지지 않기 때문에 애매하고 모호한 스타일을 유지했을 것이다. 논리적인 측면에서 보면 헤라클레이토스가 파르메니데스나 제논의 선택 배제의 논리에 상반되는 대립공존의 논리를 주장하고 있다는 점은 명확하게 말할 수 있다.

III. 소피스트의 세속(현실)논리

파르메니데스, 제논과 헤라클레이토스를 거치면 논리적 사유 전개 과정의 얼개가 대체적으로 마련된다. 파르메니데스에 따르면 인간 사유에는 두 가지 논리적 틀이 있다. 그 하나는 있음의 길로서 긍정, 통합, 동일성을 기반으로 하거나 그것들을 지향하는 사유 방식을 일컫는다. 다른 하나는 있지 않음의 길로서 부정, 분화, 차이를 기반으로 하거나 그것들을 지향하는 사유방식이다.

있음의 길이 성립하기 위해서는 한 항으로 정립되어야 한다. 곧 한정성을 갖춰야 한다. 한정성을 갖춘다는 건 존재의 측면에서 보면 세상에 존재하기 위해 특정의 형태나 정체성을 구비해야 하고, 사유의 측면에서 보면 명확하고 분명해야 한다는 걸 의미한다. 있음의 길을 선택한 파르메니데스의 사유를 동일성 논리라고 할 수 있는데, 이런 명칭은 우리가 앞에서 본 것처럼 세상의 차이를 근거로 성립하는 모든 변화와 여럿을 송두리째 부정하고 있기 때문이다. 곧 있음의 세계는 그 안에 어떠한 차이도 허용하고 있지 않다는 점에서 동일성 논리라고 명명할 수 있다.

있음의 길도 있고 있지 않음의 길도 있는데 파르메니데스가 있음의 길을 선택했다면 그는 있지 않음의 길로는 가지 않았다는 것이다. 그렇지만 있지 않음의 길도 명백히 인간 사유에 열려 있는 하나의 길이다. 고르기아스는 있음의 길과 있지 않음의 길이 동등한 자격이 있다고 본다. 고르기아스는 파르메니데스의 길 나눔의 원리, 곧 있거나 있지 않다는 수용한다. 이런 점에서 그는 헤라클레이토스와 구분된다. 곧 고르기아스는 헤라클레이토스처럼 대립자 공존의 논리를 받아들이고 있지는 않다. 파르메니데스는 철학사상 처음으로 있음과 있지 않음을 나누어 봐야 한다는 원칙을 제시한 사람이다. 그리고 그는 있음의 길을 선택한다. 있음의 길을 선택한다는 것은 명확하고 정확한 한정성을 기반으로 하거나 그를 지향하는 방식으로 사유한다는 걸 의미한다. 고대 그리스에서 이는 밝음, 빛의 세계를 지향하는 성향으로 표출된다. 제논은 파르메니데스의 제자답게 있음의 세계 안에서 여럿과 운동이 불가능하다는 걸 논증해낸다. 곧 그는 하나이거나 여럿, 운동이나 정지 중에서 하나, 정지를 선택하고 여럿, 운동을 배제한다. 헤라클레이토스는 파르메니데스의 있음과 있지 않음의 원리를 수용하고 있다고 말할 수 없기 때문에 있지 않음의 길을 가고 있다고 말할 수 없다. 그렇지만 그는 명확하고 분명한 방식으로 사유하지 않는다. 오히려 그는 여럿(多)으로 규정할 수 있는 현실세계의 내적인 논리는 애매하고 모호한 사유에 의해 더 잘 표현될 수 있다고 생각한 것으로 보인다. 이런 점에서 그의 논리는 넓은 의미에서의 차이성 논리에 해당된다고 할 수 있다. 그는 파르메니데스나 제논과 달리 대립자들 중 하나를 배제하지 않고 대립자 모두가 필요하다고 본다. 논리적 측면에서 선택-배제의 논리에 대비해 대립공존의 논리를 피력했다는 점이 헤라클레이토스의 가장 큰 특징이라고 할 수 있다.

이렇게 정리하면 고르기아스는 파르메니데스의 있음과 있지 않음의 배타성을 받아들이고 있지 않음도 있음만큼 정당한 권리를 가질 수 있으며, 또한 있지 않음을 추방한 것과 동일한 논리로 있음도 추방당할 수 있다고 본다.[21]

파르메니데스가 '있음이 전부이다'라고 주장한다면 고르기아스는 있음도 있지 않음만큼이나 권리를 갖지 않는다고 주장한다. 곧 '있음밖에 없다'는 파르메니데스에 대해 존재하지 않는 것도 있을 수 없지만 존재하는 것도 있을 수 없음을 논증함으로써 '아무 것도 존재하지 않는다'고 응대한다. 존재하는 것도 존재하지 않는 것도 있다고 말할 수 없다.

고르기아스 논증의 결말은 파국이다. 파르메니데스보다도 더욱 심각한 파국에 봉착한다. 파르메니데스는 있음의 세계, 사유의 세계, 빛의 세계를 붙잡았지만 현실을 구제하지 못한다. 고르기아스는 아무 것도 존재하지 않는다고 함으로써 있음(동일자)의 세계도 버리고 존재한다고 해도 알 수 없다고 함으로써 있음과 밀착한 사유의 세계도 인정하지 않는다. 파르메니데스는 있음의 세계, 그와 밀착된 사유의 세계를 선택함으로써 동일성이 지배하는 세계를 선택하여 후대의 철학자들에게 제시한다.

고르기아스는 있지 않음과 있음을 동등한 권리를 지닌 길로 제시하여 있음의 길은 있지 않음으로 있지 않음은 있음으로 부정하는 논리를 전개한다. 그렇다면 고르기아스는 어떤 세계를 염두에 두고 있는 것일까? 곧 그의 논리의 특징은 무엇일까?

고르기아스의 논리는 설득의 논리라고 할 수 있다. 설득은 대화를 통해 자신의 생각을 버리고 상대의 의견에 따르게끔 하는 방식이다. 자신의 의견을 버리고 상대의 의견을 자신의 것처럼 생각

---

21) 소피스트들은 약한 논증을 강하게 만드는 것이 주특기이다. 곧 일반적으로 수용되는 의견이나 설득력이 강한 의견에 반해서 약한 의견, 설득력이 약한 의견을 말이 되게 만드는 논리 구성에 뛰어난 사람들이다. 고르기아스도 소피스트들의 일반적 성향에 맞춰서 약한 논증도 강한 논증만큼의 권리를 갖고 있음을 논증해낸다. 있음과 있지 않음을 배타적으로 나누어 놓고 있음의 길만이 정당하다고 한 파르메니데스의 입장에 반(反)해 고르기아스는 있지 않음의 길도 있음의 길과 동등한 권리가 있음을 주장한다.

하게 하는 대화 기술이 설득이다. 앞으로 보겠지만 설득할 때 동원되는 말(logos)의 힘은 개체사이의 절대적인 차이, 행위자(신과 인간, 강자와 약자) 사이의 절대적인 차이, 자신보다는 다른 것에 매인 삶의 방식을 표출한다. 설득의 논리(logos)는 인간의 정신을 빛의 세계로 인도하여 깨어있게 하기 보다는 약물이나 공포, 두려움, 유혹, 폭력, 절대적인 힘의 차이에 의해서 무기력해지는 것과 마찬가지로 인간 정신을 미혹하게 하고 속이고, 달래서 자신의 의사와 반(反)하는 방향으로 나아가게 한다. 인간 정신을 깨어 있게 함으로써 언제나 빛의 세계로 나아가게 하는 파르메니데스-플라톤-아리스토텔레스의 논리와는 전혀 다른 프레임의 논리라고 할 수 있다.

자신의 정신을 잃고 자신의 생각을 버리는 과정은 한정성을 확립하는 방향과는 거리가 멀다. 강력한 힘과 운명의 질서 앞에서 자신을 내세우지 못하고 불확정적인 상태에 빠지는 불운한 운명을 감내해야 하는 약자의 정신적 변화과정을 가장 잘 드러내주는 것이 설득의 논리이다.

1. 고르기아스의 설득 논리

1) 비존재에 관한 논증

파르메니데스는 '있거나 있지 않다'는 원리를 제시하고 있음의 길을 선택한다. 그리고 세상의 운동, 변화, 생성, 소멸, 여럿이 불가능함을 논증한다. 고르기아스도 있거나 있지 않다는 원리를 수용한다. 곧 그는 양자가 동시에 성립할 가능성을 부정한다. 이런 점에서 그는 선택 배제의 논리를 채택하고 있다. 그러면서도 그는 파르메니데스보다 훨씬 파국적인 결말을 끄집어내놓는다. 곧 그는 아무 것도 존재하지 않으며, 존재한다고 해도 알 수 없으며, 안다고 해도 전달할 수 없다는 걸 논증한다.

고르기아스의 비존재에 관하여 논증을 살펴보자.

■ 아무것도 존재하지 않는다.

어떤 것(A)이 존재한다면 A는 i) 존재하는 것(what is)이거나(is) ii) 존재하지 않는 것(what is not)이거나(is), 또는 iii) 존재하면서 존재하지 않는 것(what is and what is not)일 것이다.

i) A가 존재하는 것이라면 A는 존재하지 않는다.(It is not that what is is)

i)-1 A가 존재한다면 A는 영원하거나 창조된 것이거나 또는 동시에 창조된 것이자 영원한 것이다. 그런데 A는 영원하지도 또 창조되지도 않는다. 따라서 A는 존재하지 않는다.

ⓐ A가 영원하다면 A는 시초를 지니지 않는다. 시초를 지니지 않는 건 무한정적이다(A has no temporal boundary. It is indefinite.). A가 무한정적이라면(경계를 갖지 않는다면) A는 어디에도 있을 수 없다(A is nowhere). A가 어딘가에 있으려면 무언가에 의해 둘러싸여 있어야 한다.

ⓐ-1 A를 둘러싸고 있는 것과 A가 다르다고 해보자. A는 어떤 다른 것에 의해서 둘러싸여져서(둘러싸인다는 건 경계를 갖게 된다는 걸 의미하기 때문에) 더 이상 무한정적이지 않게 된다.[22] 또한 둘러싸는

22) A가 시초를 갖지 않는다. A는 무한정적이다. A가 존재하려면 무언가에 의해 둘러싸여야 하는데 만약 둘러싸인다면 A는 무한정적일 수 없다. 곧 A는 둘러싸는 것에 의해서 경계를 갖게 된다.(시초를 갖게 된다.) A가 시초 없는(영원한) 것으로 존재한다고 하면 전제와 모순되는 결과가 초래된다.

것은 둘러싸이는 것보다 큰데, 무한정적인 것보다 큰 것은 없다. 따라서 A가 영원한 것으로 존재한다고 하면 그것은 무한정적인데, 무한정적인 것은 어디에도 있을 수 없다.

ⓐ-2 또한 A는 자신에게 둘러싸일 수도 없다. 그 경우, A를 둘러싸고 있는 것은 A(둘러싸인 것)와 같을 것이며, A는 장소이자 물체가 될 것이다. 그러나 그것은 어처구니없는 일이다. 따라서 A는 자신 안에 있지도 않을 것이다.

따라서 A가 영원하다면 A는 무한정적이며, 무한정적이라면 A는 어디에도 있지 않고 그러면 A는 존재하지 않는다. 결국 A가 영원하다면 A는 애초부터 존재하는 것일 수 없게 된다.

ⓑ A가 존재하는 것이라면 A는 창조될 수도 없다. A가 창조되었다면 A는 존재하는 것으로부터 창조되었거나 존재하지 않는 것으로부터 창조되었을 것이다. A는 존재하는 것으로부터 창조되지 않는다. 그렇다면 A는 창조된 것이 아니라 이미 존재한 것이기 때문이다. A는 존재하지 않는 것으로부터 창조되지도 않는다. 존재하지 않는 것은 무엇인가를 창조할 수 없기 때문이다. 무엇인가를 창조케 하는 것은 필연적으로 있는 어떤 것에 참여해야 하기 때문이다. 따라서 A가 존재하는 것이라면 A는 창조될 수 없다.

ⓒ 마찬가지로 A는 영원하면서 창조된 것일 수 없다. 영원성과 창조라는 것은 서로 파괴적(대립적, 배타적)이어서 A가 영원하다면 창조되지 않고 창조된다면 영원하지 않다.

i)-2 A가 존재한다면 그것은 하나이거나 여럿일 것이다. 그러나 하나도 아니고 여럿도 아니다. 따라서 존재하는 것은 존재하지 않는다.

ⓐ A가 하나라면 분리될 수 있는 양이거나 연속체이거나 크기를 지닌 것이거나, 물체일 것이다. A가 분리될 수 있는 양이라면 그것은 나눠질 것이며 A가 연속체라면 그것은 부분들로 갈라질 수 있다. 또한 A가 크기를 지닌 것이라면 그것은 분할 불가한 것이 아니며 또 그것이 물체라면 A는 세 가지 특성을 지닐 것이다. 그것은 길이, 폭, 깊이를 지니기 때문이다. 존재하는 것들이 그것들 중의 어느 것이 아니라고 하는 것은 어리석은 일이다. 이런 것들은 다 하나가 아니라 여럿이

지니는 특성들이기 때문이다. 따라서 존재하는 것은 하나일 수 없다.

ⓑ A는 또한 여럿일 수도 없다. 여럿이라는 것은 하나들의 결합이라고 할 수 있는데, 하나가 불가능하다면 여럿도 마찬가지로 불가능하기 때문이다.

ii) A가 존재하지 않는 것이라면 A는 존재하지 않는다.(It is not that what is not is)

ii)-1 A가 존재하지 않는 것인데 A가 존재한다고 하면 A는 존재하지 않으면서 존재하게 된다. A가 존재하지 않는 것이라면(if A is What is not) A는 존재하지 않을 것이며(then A is not)[23], A가 존재하지 않는 것인데 A가 존재한다고 하면 (이 가정에 의해서) A는 존재하게 된다. 곧 A가 존재하지 않는 것인데 존재한다고 하면 A는 존재하면서 존재하지 않게 된다. 그런데 이것은 전적으로 불합리하다.[24]

ii)-2 A가 존재하지 않는 것인데 A가 존재한다고 하면(what is not(A) is), 존재하는 것이 존재하지 않게 된다(what is is not).[25] 존재하는 것과 존재하지 않는 것은 서로 대립된다. 존재하는 것과 존재하지 않는 것은 서로 대립된다. 따라서 존재하지 않는 것에 있다가 따라 나온다면(존재하지 않는 것이 있다면) 당연히 존재하는 것에 있지 않다가 따라 나온다(존재하는 것이 있지 않게 된다). 그런데 존재하는 것이 있지 않을 수는 없다. 따라서 존재하지 않는 것이 있을 수는 없다.

---

23) 희랍어에서 이 표현은 A가 있지 않은 것으로 생각된다면(ἧ μὲν γὰρ οὐκ ὂν νοεῖται)이다. 'A가 있지 않은 것으로 생각되는 한에서 그것은 있지 않다'는 직관적인 생각을 표현한 것이다.

24) 존재하지 않는 것이라는 생각이 들면 그건 당연히 존재하지 않는다. 곧 존재하지 않는 것과 있지 않음은 당연히 달라붙어 있어서 떼어낼 수 없는 것이다. 그런데 있지 않은 것을 있다고 하면 당연히 있지 않은 것은 (가정에 의해서) 있지 않으며, 지극히 당연한 일로 있지 않는 것이다. 그에 따라서 그런 가정(있지 않은 것이 있다)을 하면 그건 존재하면서 존재하지 않는 것이 된다.

25) εἰ τὸ μὴ ὂν ἔστι, τὸ ὂν οὐκ ἔσται

iii) 그리고 그것들이 동시에 존재할 수도 없다. 존재하는 것이 존재하고 존재하지 않는 것이 존재한다면 존재함과 관련해서 존재하지 않는 것은 존재하는 것과 같은 것이 되기 때문에, 존재하는 것과 존재하지 않는 것이 존재할 수 없다. 또 존재하지 않는 것이 존재하지 않음에 따라서 존재하는 것도 마찬가지 입장에 처하게 된다. 따라서 존재하는 것도 존재할 수 없다.
더 나아가 존재하는 것이 존재하지 않는 것과 동일하다면 그들 둘은 존재할 수 없다. 그것들이 동시에 모두 존재한다면 그것들은 같지 않으며 같다면 둘 다 존재할 수 없기 때문이다.

이로부터 아무것도 존재하지 않는다는 결론이 도출된다. 존재하는 것, 존재하지 않는 것, 그리고 그 둘 모두가 존재하지 않는다고 하면 그것들 이외의 다른 대안은 없기 때문이다.

있거나 있지 않다. A가 존재하려면 A가 선택할 수 있는 가능성은 세 가지이다. 곧 A가 존재하는 것이거나, 존재하지 않는 것이거나 존재하면서 존재하지 않는 것이다.

존재하는 A는 존재할 수 없고 존재하지 않는 A도 존재할 수 없고, 존재하면서 존재하지 않는 A도 존재할 수 없다. 결국 아무것도 존재하지 않는다.

결말은 파르메니데스보다 파국적이다. 논증의 과정에서 전제되는 몇 가지 전제가 있다. 첫째, 있는 것과 있지 않는 것은 배타적이다. 공존하거나 서로 전이될 수 없다. 창조가 불가능한 것은 있는 것이 있지 않은 것으로부터 나올 수 없기 때문이다. 있지 않은 것이 존재한다면 있지 않는 것은 존재하면서 동시에 존재하지 않아야 하는데 이는 허용되지 않는다. 있는 것과 있지 않은 것은 서로 대립된다. 따라서 존재하지 않는 것이 있다면 (그와 대립하는) 존재하는 것은 (있음과 대립되는) 있지 않음과 필연적으로 연계되어야 한다. 이런 점에서 고르기아스는 파르메니데스의 '있거나 있지 않다'는 원리를 수용한다.

둘째, 고르기아스는 있음과 있지 않음을 동등하게 취급한다. 곧 둘 중에 어느 하나를 선택하여 선호하지 않는다. 하나가 가능하다면 나머지도 동등한 가능성을 갖는다고 봐야 하며, 하나가 불가능하다고 하면 나머지도 가능한 지를 물어야 한다고 본다. 존재하지 않는 것이 있다면 존재하는 것도 있지 않아야 한다. 존재하지 않는 것을 있음에 연계시키면 마찬가지로 존재하는 것도 있지 않음과 연계시켜야 한다.(논증 ii) 파르메니데스가 있지 않음이 불가능하다고 생각했다면 있음은 가능한지를 물어봤어야 한다(논증 i). 이런 전제 때문에 파르메니데스가 선택한 있음의 세계도 검토의 대상이 되며 결국 아무 것도 존재하지 않는다는 결론에 도달한다.

셋째, 고르기아스에게 있다는 기준은 시간·공간, 감각이다. 한정적인 것은 어느 곳에도 있을 수 없다. 있다는 것은 장소를 차지하고 있는 것인데 무한정적인 것을 둘러쌀 장소는 없기 때문에 그런 건 있을 수 없다. 하나가 불가능한 것은 하나로서 있는 A는 양적인 것이거나 연속체이거나 크기를 지닌 것이거나 물체여야 하는데 이건 하나가 아니라 여럿이다. 세상에 시간과 공간을 차지하고 있는 건 다 여럿일 수밖에 없기 때문에 하나가 불가능하다고 보는 것이다. 고르기아스에게 있다는 것은 눈앞의 현실 세상에서 확인할 수 있는 것이다. 고르기아스의 존재기준은 감각적으로 확인할 수 있느냐이다. 곧 그는 감각경험을 기준으로 존재여부가 결정된다고 보고 있다.

■ 존재한다고 해도 인식할 수 없다.

고르기아스는 이와 같이 어떤 것도 존재할 수 없다는 것을 논증하고 다시 어떤 것이 존재한다는 주장을 가정하고서 그것이 인식될 수 있는지를 검토한다. 이 논증은 간략하게 다음과 같이 정리될 수 있다.

① 사유하는 것이 모두 존재한다면 존재는 사유될 수 있다. 그런데 사유되는 것 중에서 존재하지 않는 것이 있다. 이를테면 바다 위를 나는 사람이나 전차는 사유될 수는 있지만(reasonable) 존재하지는 않는다.[26]

② 존재하지 않는 것이 모두 사유될 수 없다면 존재와 사유는 같을 것이며 따라서 존재하는 것은 사유될 수 있다. 그런데 우리는 스킬라나 키메라와 같이 존재하지 않는 것을 사유할 수 있다.[27] 따라서 존재한다는 것과 사유한다는 것은 같지 않으며 따라서 우리는 존재하는 것을 사유할 수 없다.

③ 자신의 논증의 반론에 대한 재반론

반론: 스킬라나 키메라, 바다 위를 나는 사람이나 전차와 같은 것을 감각적으로 확인할 수 없다고 해서 존재하지 않는다고 할 수 없다. 각각의 감각 기관에 상응하는 고유의 대상이 있는 것처럼 사유에도 고유의 대상이 있을 수 있고 따라서 그것은 존재한다고 할 수 있다.

재반론: 사람이 바다 위를 나는 전차나 사람이 있다는 것을 생각할 수 있다고 해서 그로부터 그것이 존재한다는 것을 믿는 것은 어리석은 일이다.[28]

---

26) 존재할 수 있는 가능성은 있어서 생각은 되지만 당시로서는 있을 수 없는 것. 잠수함, 비행기 등.

27) 여기서 반례로 등장하는 스킬라와 키메라는 바다 위를 나는 전차나 사람의 사례와 성격을 달리한다. 전자의 그룹은 추상적 사유의 산물이라면 후자는 시적 상상력의 산물이다. M. Untersteiner, op. cit., p. 172. n. 76.

28) 또 다른 논증도 있다. 존재하는 것이 우리에게 알려질 수 있는 것이라면 모든 사유의 대상은 존재해야 하고 비존재는 존재하지 않기 때문에 생각되어질 수 없다. 그럴 경우 어느 누구도 거짓을 말할 수 없다. 그가 바다 위를 나는 전차가 있다고 말한다고 하더라도 그것은 거짓일 수 없다. 모든 것은 같은 것이 될 것이기 때문이다. 따라서 보이거나 들리는 것은 그것이 사유의 대상이기 때문에 존재하게 될 것이다. 그렇지 않다면, 곧 우리가 보고 듣는 것이 우리가 보고 듣기 때문에 존재하지 않는다면 우리가 생각하는 것이 우리가 생각하기 때문에 존재하지는 않을 것이다. 우리가 생각하는 것이 존재하게 될지는 명확하지 않다. 어떤 종류의 것이 존재하게 될는지 명확하지 않다.

이 논증은 파르메니데스의 사유와 존재가 같다는 주장에 대한 반론일 수 있다. 사유와 존재가 같아서 서로 분리될 수 없다면 사유되는 건 다 존재해야 하고 존재하는 건 다 사유되어야 한다. 곧 파르메니데스에 따르면 존재하지 않는 것을 생각할 수 없으며, 생각할 수 있지만 존재하지 않는 건 가능하지 않다. 키메라나 스킬라는 존재하지 않지만 사유 속에 들어와 있는 것이고, 바다 위를 나는 사람이나 전차는 생각할 수 있지만 존재하지 않는 것이다.

여기서도 한 가지 전제와 그로부터 따라 나오는 원칙을 확인할 수 있다. 스킬라나 키메라가 없다고 하는 건 현실 속에 없기 때문이다. 곧 감각적으로 확인할 수 없기 때문이다. 이런 전제에 대한 반론에 대한 재반론에서 생각할 수 있다고 해서 그것이 존재한다고 믿는 것은 근거가 없다고 생각하고 있다는 걸 확인할 수 있다.

■ 안다고 해도 전달할 수 없다.

외부에 존재하는 것들에 대한 우리의 이해는 로고스를 통해서 다른 사람에게 전달된다. 그런데 로고스는 존재하는 것도 아니고 배후에 존속하는 실체(基體)도 아니다. 따라서 로고스는 그런 것들이 아니기 때문에 다른 사람들에게 드러내 보여줄 수 없다.(존재하는 것만이 사람들에게 드러나는데, 로고스는 존재하는 것이 아니기 때문에 로고스를 통해서 자신이 이해하는 바를 드러낼 수는 없다.)
로고스는 외부에서 우리에게 들어오는 외부적인 대상들로부터, 곧 감각으로부터 형성된다. 냄새가 나면 냄새와 관련되어서 발설되는 말이 생겨나며 색이 나타나면 색에 관련된 말이 생긴다. 그렇다면 감각적 대상을 드러나게 하는 것이 말(logos)이 아니라 역으로 말을 설명 해주는 것이 감각적 대상이라고 할 수 있다.(말에 의해서 감각적인 것들이 나타나게 되는 것이 아니라 감각적인 것들을 통해서 말이 설명된다.)
로고스가 그에 상응하는 배후에 존속하는 기체(基體)를 가진다고 해도 그것은 다른 모든 감각 기관에 상응하는 기체들과 다른 것이다. 대표적으로 시

> 각은 말과는 다른 것이다. 보이는 것은 시각에 의해서 파악되고 로고스는 다른 것에 의해서 파악되는 것이다. 따라서 로고스는 다양한 기체들을 드러내주지 못한다. 존재하는 것은 다양한 감각 기관에 의해서 파악되는 다양한 모습들을 지니고 있는데 그런 다양한 모습을 지니는 존재는 로고스에 의해서 전달될 수 없다. 로고스와 감각 기관들은 서로 다른 존재의 모습을 보고하기 때문이다.

존재하는 것들이나 실체에 대한 정보를 전달해주는 건 감각이며 감각적 인상들이 발생했을 때 그것을 전달해주는 것이 말(logos)이다. 곧 말은 외부에 존재하는 것, 실체에 대한 직접적인 통로를 갖고 있지 못하다. 외부에 대한 통로는 오직 감각뿐이며, 감각은 각기 각자의 고유한 영역이 있어서 서로 침범할 수 없다. 곧 귀로는 소리를 들으며 색을 볼 수는 없다. 마찬가지로 말은 감각의 영역을 대신할 수 없다. 따라서 말로서 다른 사람과 공유할 수 있는 공통 영역을 확보할 수 없으며 말을 통해 외부에 전달하려 해도 감각의 매개를 거쳐야 하기 때문에 이해한 내용을 상대에게 전달할 통로는 막혀 있는 것이다.

여기서도 고르기아스는 현실세계에 대한 통로로서의 감각을 중시한다. 사람의 생각이나 말은 외부세계의 객관적인 정보를 제공하지 못한다.

고르기아스의 '비존재에 관하여' 논증에서 우리는 몇 가지 전제를 확인할 수 있다. 이런 전제는 그가 어떤 논리를 구사하고 있는지를 잘 보여준다.

먼저 그는 파르메니데스의 첫째 원리 있거나 있지 않다는 수용한다. 곧 어떤 경우에도 그는 양자가 공존하거나 서로 전이될 수 있다고 생각하지 않는다. 이런 점에서 그는 헤라클레이토스보다는 파르메니데스-제논과 같은 입장을 갖고 있다. 그러나 그는 파르메니데스나 제논보다 더 비판적이라고 할 수 있다. 서로 대립적인 입장이 있을 때 자신이 하나를 버리고 나머지를 부정한다는 것은 자신의 입장도 버려지는 입장만큼이나 근거가 없을 수 있다는 생각을 하지 않는다는 것이다. 고르기아스는 있지 않음도 있을 수 없지만 있는 건 있을 수 있느냐고 묻는다. 그리고 이에 대해 그는 마찬가지로 부정적인 결론을 끄집어낸다. 그럼으로써 파르메니데스보다 훨씬 파국적인 결론을 제출한다.

고르기아스의 이런 생각은 만약 있음을 긍정적으로 생각했다면 있지 않음도 긍정적으로 생각해봐야 한다는 함의도 담고 있으며, 이는 플라톤의 『파르메니데스』 편 연습논증의 중요한 원칙으로 등장한다. 물론 이런 생각은 만약 있지 않음을 부정적으로 생각해서 버렸다면 자신이 선택하고 있는 있음도 버려질 가능성을 생각해봐야 한다는 걸 함의하고 있다. 있음과 있지 않음이 동등한 권리나 자격을 갖고 있다는 건 이런 의미를 갖는다.

약한 논증을 강하게 만드는 소피스트들의 기술은 궤변으로 혹세무민하는 말재간으로 비칠 수 있지만 강한 의견만이 아니라 약한 의견도 말 되는 것으로 생각해봐야 한다는 공평한 자세라고 볼 수도 있다. 우리는 이와 같은 입장에서 약자를 옹호하는 논리를 헬렌에 관한 찬사에서 찾아 볼 수 있다.

마지막으로 이상의 논증에서 고르기아스는 자신이 암묵적으로 갖고 있는 현실 인식을 드러내 보여주고 있다. 고르기아스는 말이나 사유에 대해서 파르메니데스-플라톤-아리스토텔레스처럼 높이 평가하지 않는다. 플라톤이나 아리스토텔레스의 경우는 소크라테스의 탈세속적인 사유에 몰입되었기 때문에 사유나 인식을 특히 중요하게 생각한다. 곧 감각적인 경험을 경시한다. 고르기아스는 감각경험을 매우 중요하게 생각하며 감각으로 확인 가능한 현실 세계에 대한 나름대로의 그림을 갖고 있다. 이 그림에 기초해서 그는 자신의 독자적인 논리 세계를 구축하고 있다.

고르기아스의 헬레에 관한 찬사에서 약한 입장도 말이 된다는 생각을 반영하면서도 그가 현실을 어떤 시각으로 인식하고 있는지를 엿볼 수 있다.

2) 헬렌에 대한 찬사

익히 알고 있는 것처럼 헬렌은 남편인 메넬라오스를 버리고 트로이의 왕자인 파리스와 불륜을 저질러 트로이로 함께 도망감으로써 트로이 전쟁에 원인을 제공한 부정한 여인이다. 이런 비난이 당시 그리스 사회에서의 통념이었다. 용서받을 수 없는 죄를 저지른 여인에 대해서는 입에 올리기도 거북했을 당시에 고르기아스는 대놓고 헬렌을 옹호한다. 그리고 이는 배제된 입장도 채택된 입장만큼 고려해봐야 한다는 고르기아스의 입장을 반영하고 있다. 그리고 이는 앞에서 살펴본 것처럼 여럿을 버리고 하나만을 선택한 파르메니데스-제논에 대하여 여럿이 버릴 만하다면 하나도 버려질 가능성이 없는지를 고려해야 한다는 입장과 궤를 같이 한다.

헬렌에 관한 찬사에서는 또 고르기아스의 현실인식을 엿볼 수 있다. 고르기아스는 강자와 약자의 격차가 절대적이라서 약자는 강자에게 저항할 수 없다고 본다. 고르기아스가 보는 현실은 강약부동(强弱不同)의 세계이다. 강약부동의 세계에서 말(logos)은 어떤 방식으로 작동할까? 그건 설득하거나 설득 당하는 방식으로 작동한다. 강약부동의 현실세계는 설득의 논리가 지배한다.

고르기아스는 헬렌이 남편인 메넬라오스를 버리고 파리스를 따라가게 한 원인을 네 가지 중의 하나일 수밖에 없다고 보고 네 가지 상황 각각에서 헬렌이 책임을 지지 않아도 된다는 것을 논증한다. 고르기아스는 헬렌이 그런 비행을 저지른 것은 (1) 운명과 신의 의지, 또는 필연성에 따랐거나 (2) 폭력에 굴복해서 그렇게 했거나 (3) 사랑의 감정에 굴복했거나 (4) 로고스에 의해서 설득 당했을(λ'ογοις πεισθείσα) 것으로 본다.

> (1) 만약 그녀의 행동이 자신의 의사와 상관없는 신적인 운명에 의한 것이라면 헬렌이 아니라 비난하는 사람이 비난받아야 한다. 어느 누구의 통찰도 신의 의사를 방해할 수는 없기 때문이다. 강자는 약자에게 방해받을 수 없으며 신은 원래 힘(폭력), 지혜, 다른 모든 면에서 인간보다 강하다. 강자는 약자에게 지배받으며 끌려갈 수밖에 없다. 이 경우 헬렌의 행위의 원인은 운명에 있다고 할 수 있다. 그러면 헬렌은 자신의 행위 때문에 비난받아서는 안 된다.

사람들이 헬렌을 도덕적으로 비난하는 것은 그녀의 행위가 자발적이라고 생각하고 있기 때문이다. 고르기아스는 그녀의 행위가 자발적인 것이 아님, 곧 자신에게서 그 연유를 찾을 수 없다는 것을 보임으로써 사람들의 도덕적 비난이 근거 없는 것일 수 있음을 논증한다. 인간 행위의 근거가 인간 자신에게서 찾아지지 않고 외부의 강력한 힘 때문이라고 주장하고 있는 것이다. 인간은 주체적인 행위자라기보다는 외부적인 힘의 대리 수행자로서의 수동적이고 의존적이다.

이 경우 인간적 행위의 원인으로 등장하는 신이나 운명 등은 강제력이나 폭력의 형태로 인간에게 다가오며 그런 힘 앞에서 주체의 자발성을 근거로 하는 도덕적 책임이나 비난은 무의미하다.

(2) 헬렌이 강제로 납치를 당하고 무도하게 폭행을 당하고 수모를 겪어야 했다면, 비난받아야 할 것은 당한 헬렌이 아니라 그런 무도한 행위를 저지른 자라고 할 수 있다. 야만인인 그(파리스)는 야만적인 행동을 했을 것이며, 따라서 비난과 불명예를 감수해야 하고 또 처벌받아야 한다. 자신의 조국과 친구들을 빼앗긴 그녀는 비난을 받아야 할 것이 아니라 동정을 받아야 한다.

여기서도 헬렌은 야만적 폭력을 행사하는 파리스의 희생자로 드러난다. 파리스가 주체적으로 행위하고 있다면 헬렌은 수동적으로 그런 행위를 겪는 것이다. 여전히 행위의 원인은 헬렌에게서가 아니라 헬렌의 밖에서 찾아진다. 고르기아스에서 인간의 도덕적인 판단력은 그런 외부적인 강제력에 의해서 무기력해질 수 있다고 생각하고 있는 것이다.

(3) 사랑은 자신에게 보이는 것에 의해 이끌리는 행위라고 할 수 있는데, 눈에 보이는 것은 우리에 의해서 선택되는 것이 아니라 각자 자기의 본성을 지닌다. 그리고 우리의 영혼은 시각을 통해서 인상을 받는다. 시각은 우리에게 공포를 일으키기도 하고-이를테면 전쟁터에서 적을 봄으로써 생기는 공포는 우리가 일상적으로 명예롭게 생각하는 것, 또는 승리로부터 얻을 수 있는 이득과 같은 것을 망각하게 만들기도 하고-, 놀라운 장면의 목격은 우리의 혼을 빼앗기도 하며, 예술가들이 우리의 시각에 제공하는 것들은 신적인 것으로 여겨지기도 한다. 이처럼 헬렌은 파리스의 용모를 보고서 열정에 빠져서 제정신이 아니었을 것이다. 약한 인간이 신적인 힘에 저항하는 것이 불가능하기 때문에 헬렌은 어쩔 수 없이 그렇게 했을 것이다. 영혼의 무지 상태에서 야기되는 행위는 죄로서 비난받아야 할 것이 아니라 불운으로 동정을 받아야 할 것이다. 그것은 자유의사에 의한 것이 아니라 운명의 굴레 때문에 생긴 것이기 때문이다.

대표적인 자발적인 감정으로 여겨지는 사랑도 그 근거를 추적해 보면 자신에게서 연유하지 않는다. 아름다운 용모에 반한다는 것은 자신이 그것을 봄으로써 느낌을 갖는 자발적인 체험이 아니다. 그것은 외부적인 대상에 의해서 따라가게 될 수밖에 없는 수동적인 겪음이다. 그것은 가시적인 대상 → 시각 → 영혼에서의 느낌 → 정서 → 행위로 이어지는 인과적인 고리라고 할 수 있는 것이다. 거기에서 주체의 건전한 판단력은 마비된다. 외부적인 대상에 의한 자기 상실의 경험이 사랑이라는 경험이다. 두려운 장면의 목격은 전쟁터에서 도망쳐서는 안 된다는 규율과 도망치지 않고 싸웠을 때 생기는 이득을 계산하는 능력을 마비시킨다. 외부에서 다가오는 인상은 기존의 관습이나 규범 등을 송두리째 망각하거나 부정하는 기능을 할 수 있는 것이다. 고르기아스는 외부적인 대상에 대한 경험이 우리의 주체적인 인식이나 사유를 형성하는 것이 아니라 역으로 그런 주체적 판단능력을 마비시키는 계기가 된다고 본다.

이상의 논증들은 공통적으로 인간의 주체성에 기초한 인식이나 판단들이 외부적인 힘들에서 연유한 것일 수 있다는 메시지를 담고 있다. 현실은 공평하지 않고 힘의 불균형이 지배한다. 약자가 강자에게 저항하거나 대드는 것은 가능하지 않다. 약자는 강자의 힘에 굴복하게 되어 있다. 약자로서의 인간은 강자 앞에서 자신의 자유의지를 발동하여 주체적인 판단을 하기 어렵다. 인간 외부의 세계는 인간의 자유의지를 발동할 수 없게 하는 운명이나 폭력, 저항할 수 없는 유혹의 힘을 갖고 있다. 현실은 강약부동의 약육강식의 세계이며 이런 현실 속에서 인간의 주체적인 계산 능력이나 판단 능력은 마비된다. 쥐는 고양이 앞에서 도망조차 치지 못한다. 자신의 목숨을 앗아갈 수 있는 절대적인 힘 앞에서는 생존을 위한 본능마저도 마비된다. 인간의 건전한 판단 능력마저도 마비시킬 수 있는 강력한 힘이 지배하는 세계가 고르기아스가 생각하는 현실 세계이다.

그는 말(로고스)이 인간의 생각을 변화시키는 외부적인 힘을 인간의 정신에 끌어들이는 역할을 한다고 본다. 말(로고스)은 인간이 저항할 수 없는 강력한 힘을 전달하여 인간의 정신을 마비시키고 설득하는 사람의 의견을 자신의 것처럼 받아들이게 하는 기능을 한다. 또 때에 따라서는 저항할 수 없는 달콤한 말을 통해 저항할 수 없게끔 하여 상대의 의견을 제정신이 아닌 상태에서 따르게 한다.

(4) ① 그녀를 설득하고 영혼을 속인 것이 로고스일 경우에도 그녀에 대한 옹호나 (행위의) 동기의 순수성을 보이는 일은 어렵지 않다. 로고스는 강한 힘으로서, 최소한의 (눈에 보이는) 것만으로도(smallest body, 혀) 눈에 보이지 않는 신적인 작용을 해낼 수 있다. 그것은 공포를 그치게 할 수 있고 고통을 멈추게 할 수도 있으며 기쁨을 불러일으킬 수도 있으며 동정심을 불러일으킬 수도 있다. 나는 이를 보이고자 한다.

여기서 강력한 지배자로서의 로고스는 현실세계에 등장하는 강력한 힘의 폭력성과 연관되어 인간 정신으로 하여금 따라가게 말들 수밖에 없는 강제력을 발휘한다. 로고스는 신이 하는 기능을 한다. 로고스가 신적인 힘을 인간에게 전달하는 매개자의 역할을 한다는 것을 알 수 있다. 로고스는 주체적인 인간이 세계를 매개해서 자기화 하는 도구가 아니라 오히려 신적인 힘이나 작용을 인간의 외부에서 인간에게 도입해서 인간의 정신을 마음대로 조정하는 역할을 수행한다.

이 경우 로고스가 하는 기능은 설득과 기만이다. 로고스는 다른 사람의 마음을 움직인다(설득한다). 이 때 설득은 다른 사람의 의견을 자신의 의견처럼 생각하게 하는 것이다. 곧 정신을 마비시켜 자신의 의견을 지키지 못하게 하며 슬그머니 다른 사람의 의견을 밀어 넣어 자신의 것처럼 생각하게 만들기 때문에 기만의 작용이 들어간다. 로고스를 통한 사유가 지혜를 상징한다고 할 때 인간이 지혜롭다는 것은 로고스의 기능을 따른다는 것이고 그것은 자신이 다른 사람을 속이는 방식이 아니라 다른 사람에 의해 자신이 속는 것이다. 곧 속이는 사람보다 속는 사람이 훨씬 지혜로운 사람이다.

> ② 나는 모든 시를 중간적(매개의 역할을 하는) 로고스로 생각하고 그렇게 부른다. 그것을 듣는 자는 두려움에 떨고 연민에 눈물을 흘리며, 슬픈 열망을 동정한다. 영혼은 다른(낯선) 사람의 행위나 삶의 행복과 불행에 의해서 일어나는 정서를 로고스를 통해서 마치 자신의 느낌처럼 받아들인다,

①에서 로고스는 그것을 듣는 자에게 어떤 것을 불러일으키는 작인으로 등장한다. 그런데 여기서 로고스는 다른 사람들의 행·불행에 관한 느낌을 그것을 듣는 사람에게 전달하는 기능을 수행한다. 다른 사람과 헬렌을 매개하는 기능을 수행하는 것이다. 이 경우 로고스에 의한 매개는 자기(헬렌)로부터 시작해서 다른 사람에게 무엇인가를 전달하는 방식이 아니다. 오히려 역으로 다른 사람들의 일을 수동적으로 받아들여서(π΄ασχειν) 느낌(π΄αθημα)을 갖게 되는 방식의 매개가 이루어진다.

수동적인 매개 수단으로서의 로고스는 그것을 받아들이는 사람에게 혐오스럽거나 회피해야 할 것으로 다가오지 않는다. 그것은 외부로부터 오는 느낌을 자신의 것처럼 느끼게 하는 방식으로 다

가온다. 로고스는 외부적인 사물이나 행위에 대한 정서가 자신의 것처럼 느끼게 한다. 곧 강압적인 것을 자신의 것처럼 속게 만든다. 로고스에 의한 설득은 설득 당하는 사람이 자발적으로 그런 느낌을 가지게 된 것처럼 속이는 기능을 하는 것이다. 사실 우리는 강제적으로 어떤 것을 해야 할 경우, 그에 대해서는 저항하고 거부하지만 설득을 통해서 동기 부여를 할 경우 자신이 자발적으로 하게 된 것처럼 신바람이 나서 일을 하는 경우가 많다. 고르기아스에 따르면 로고스의 본질적 기능은 다른 사람들을 자기 의사에 따르게 하는데 있는 것이 아니라 역으로 다른 사람들에게 설득 당하게 만드는 데 있다. 로고스의 본질적 기능은 속임, 기만이다.

> ③ 말(로고스)로 낭송되는 신적인 주문들은 즐거움을 불러일으킬 수도 있고 고통을 사라지게 할 수도 있다. 주문은 영혼 속의 생각과 결합되어 마력으로 영혼을 홀리고 설득하고 변화시킨다. 속임수와 마력은 영혼으로 하여금 오류를 범하게 하며, 생각을 마비시킨다.

건전한 영혼의 소유자인 헬렌이 어떻게 불륜을 범하게 되었을까? 그녀는 상대의 달콤한 말에 혹(惑)해서 설득을 당하고 그에 따라서 기존의 생각을 바꾸어서 그런 죄를 범하게 된다. 헬렌이 자발적으로 했다기보다는 로고스가 전달하는 신적인 마력에 홀려서 한 것이다. 신적인 마력은 말(로고스)을 통해서 인간의 생각을 바꾸게 하고 오류를 범하게 한다. 말은 인간의 정신을 홀린다. 말은 의식을 깨어 있게 하는 것이 아니라 정신을 마비된 상태로 이끌어간다.

파르메니데스나 플라톤 아리스토텔레스에서 로고스는 부화뇌동하거나 심하게 방황하는 인간 정신에게는 파악되지 않는 진리의 영역이라고 할 수 있다. 로고스는 무엇에 홀리거나 미혹된 정신 기능으로는 파악되지 않는다. 그것은 어떠한 조건에도 굴하지 않고 생생하게 깨어있는 정신에게만 파악된다. 인간은 생생하게 깨어있는 정신을 통해서 로고스를 파악하고 그렇게 해서 파악된 로고스를 통해서 자연에 숨어있는 질서를 찾아낸다.

이에 비해 고르기아스의 로고스는 정신을 깨어 있게 하고 그렇게 깨어 있는 정신에게 자연의 진리나 질서를 알려주는 기능을 하지 않는다. 오히려 그것은 정신에게 로고스 밖에 있는 신적인 마력이나 자연의 파괴적인 힘을 전달하여 그런 정신을 홀리고 미혹하게 만드는 것이다.

> ⑤ … 따라서 헬렌이 이미 행해진 것에 동의하거나 이야기된 것에 동의하도록 로고스가 설득했다면 로고스에 의한 설득은 (힘에 의한 유괴와 마찬가지로) 강제적으로 헬렌으로 하여금 그렇게 행위하게끔 한 것이라고 할 수 있다. 따라서 잘못을 저질러서 비난을 받아야 할 사람은 헬렌이 아니라 설득한 사람이다.

여기서는 설득의 강제성이 드러난다. 그리고 그런 강제적인 설득은 다시 설득 당하는 자의 내부에 설득 내용을 믿고 복종하게 만든다. 즉 외부에서 로고스를 통해서 강제적으로 유입된 꼬임이 자신의 의견이나 소망이 되는 과정을 그리고 있는 것이다. 로고스가 영혼을 설득할(πέιθειν) 경우, 영혼은 설득 당한다.(πέιθεται) 우리는 여기서 교묘한 수사적인 술수를 찾아낼 수 있다. 설득 당하다(πέιθεσθαι)는 설득하다(πέιθειν)의 수동태로서 설득 당함, 곧 강제력에 의해서 어쩔 수 없이 따른다는 의미를 지닌다. 그런데 그것을 3격과 같이 쓰일 경우, 그것은 복종하다, 믿는다는 의미를 지니게 된다. 즉 강제적으로 당하는 사태에서 자발적으로 원하는 사태로 전환이 이루어지는 것이다. 다음에서는 이것이 구체적인 사례와의 유비를 통해서 해명된다.

⑥ 로고스를 통한 설득은 영혼을 마음대로 조작할 수 있다. 첫째, 천문학자들은 사람의 머리에서 생각을 제거하고 다른 생각을 믿게 하는데 잘 믿어지지도 않고 명확하지도 않은 의견을 명확한 것으로 만들어낸다. 둘째, 논리적으로 필연적인 논쟁들에서 사실이나 진리보다는 기술(글재주)을 통해서 쓰인 연설로 다수 사람들의 생각을 바꿔 설득한다. 셋째, 철학자들의 언변은 그 안에서 작동하는 기민한 사유를 통해서 사람들의 의견 속에 있는 믿음을 쉽게 바꾸어 놓는다.

천문학자는 과학적 증명을 하고, 법조인들은 저항할 수 없는 논리를 가지고, 철학자들은 기민한 사유(신속한 앎)를 통해서 사람들의 생각을 바꾸어 놓는다. 고르기아스는 과학적 증명이나 법률적 연설의 불가피성, 빠른 머리 등을 객관적이라고 평가하지 않는다. 그건 사람의 생각을 마음 먹은대로 바꾸어낼 수 있는 로고스의 사례이다.

⑦ 영혼의 상태에 대한 로고스의 영향력은 육체의 상태에 대해서 약이 미치는 작용과 유사하다. 약이 몸으로부터 다른 액을 끌어내어서 질병이나 삶을 끝마치게 하는 것처럼 로고스도 한편으로는 고통스럽게 하고 다른 한편으로는 즐거움과 고통을 주며, 해로운 종류의 설득을 통해서 영혼을 제정신이 아니게 만들기도 하고 깨어나게도 한다.
이상과 같은 이유에서 헬렌이 로고스에 의해서 설득을 당했다면 헬렌은 잘못을 저지른 것이 아니라 운이 없었다고 할 수 있는 것이다. 그는 그런 범죄적인 행위를 능동적으로 한 것이 아니라 수동적으로 당한 것이다.

여기서 설득은 인과적인 측면에서 설명된다. 약의 효과는 환자의 의지에 달려 있지 않다. 인간의 사유나 자발적인 의사와 상관없이 들어와서 변화를 일으킨다. 로고스는 영혼의 자발적인 의사와 상관없이 영혼에게 다가와 영혼을 깨어 있게도 하고 최면에 걸린 것과 같이 몽롱하게 만들기도 한다. 로고스는 인간에 대해 자의적인 지배력을 행사한다.

이상과 같은 네 가지 이유 때문에 헬렌은 도덕적으로 비난받을 수 없다는 결론을 내리고 고르기아스는 자신의 이런 논증은 유희삼아서(παίγνιον)[29] 한 일이라고 말함으로써 끝맺는다.

고르기아스는 사람들이 강자의 편에 서서 약자의 책임을 묻고 있다고 본다. 강자의 편에 서서 약자의 잘못을 꾸짖는 것이 사람들의 통념이라면 고르기아스는 약자의 편에 서서 강자에게 책임을 물어야 한다고 본다. 고르기아스는 현실세계를 강자가 지배하고 약자는 복종하는 것이 당연하다고 본다. 곧 강자가 약자에게 폭력으로 강제하면 강자를 비난할 수 없다. 현실이 그런 것이기 때문에. 원래 강약이 부동이기 때문에 강자가 약자에게 강요하는 건 당연하다. 설득은 이런 강요를 자발적인 것처럼 착각하게 만드는 것이다.

설득은 다른 사람의 의견을 자신의 것처럼 생각하게 한다. 깨어

29) 왜 유희인가? 강약이 부동인 세계에서 강자가 약자를 지배하는 건 당연하다. 현실세계 자체가 그렇게 돌아가게 되어 있기 때문이다. 고르기아스가 생각하는 현실은 강약부동의 세계이다. 그런데 헬렌은 비난받아서는 안 되고 오히려 찬사를 받아야 한다. 강자에 의해서 자신도 어쩔 수 없이 강요당했기 때문이다. 비난 받을 사람은 오히려 강자들이다. 강자가 힘으로 약자를 강요하여 범죄를 저지르게 했기 때문이다. 이 논변은 앞뒤가 맞지 않는다. 강자가 약자를 핍박하고 강요하는 건 당연하다. 강자가 약자를 강요해서 약자로 하여금 불륜을 저지르게 했다면 비난 받아야 한다. 강약부동의 세계에서는 강자의 약자지배를 당연하게 생각하고, 약자인 헬렌을 옹호활 때에는 강자가 책임을 져야 할 문제이지 약자를 비난해서는 안 된다고 하는 비일관적인 입장을 드러내고 있다. 누군가가 이를 지적하면 고르기아스는 어떻게 대답할 것인가? 첫째는 헬렌에 관한 옹호는 유희와 같은 훈련이라고 답하거나, 『고르기아스』 편에서처럼 침묵하거나일 것이다.

있는 정신의 소유자(주체적인 사람)는 다른 사람의 의견을 자신의 것처럼 생각하지 않는다. 깨어 있는 정신의 소유자는 속지 않는다. 주체적인 사람은 자신의 의견을 다른 사람에게 관철시킨다. 로고스는 인간의 정신을 깨어 있게 하는 것이 아니라 홀리게 한다. 곧 의식을 깨어 있게 하는 것이 아니라 정신을 마비된 상태로 이끌어간다.

로고스는 현실세계의 폭력성과 연계되어 인간 정신에 강제력을 발동한다. 또한 신적인 주문에서 보는 것처럼 신적인 힘을 전달하는 기능을 갖는다. 로고스는 주체적인 인간이 세계를 매개해서 자기화 하는 도구가 아니라 오히려 신적인 힘이나 작용을 외부에서 인간에게 도입하여 그를 따를 수밖에 없게 한다. 말은 인간에게 느낌을 불러일으키는데 이 때 느낌은 자신 안에서 자발적으로 생긴 것이 아니라 말에 의해서 수동적으로 갖게 된 것이다.

설득은 외부에서 들어온 말이 강제적인 유혹을 통하여 외부의 의견이 마치 자신의 것처럼 착각하게 하는 기술이다. 로고스가 영혼을 설득할(πέιθειν) 경우, 영혼은 설득 당한다.(πέιθεται) 설득 당하다(πέιθεσθαι)는 설득하다(πέιθειν)의 수동태로서 설득당함, 곧 강제력에 의해서 어쩔 수 없이 따른다는 의미를 지닌다. 누군가에게 설득당하다(persuaded by someone)는 희랍어에서 'peithesthai tini'로 쓰이는데, 이는 누군가에게 설득당하다의 의미도 있지만 그에게 복종하다, 그를 믿는다는 의미도 갖는다. 강제적이지만 아미 자신의 것으로 생각하게 하는 것이 설득이다. 그래서 설득에는 기만과 속임수, 영혼의 오류가 함께 작동한다.

설득은 신적인 힘, 거부할 수 없는 운명, 저항하기 어려운 폭력과 같은 외부적인 것을 인간 정신에 운반하여 정신을 마비시키고 외부의 것을 자신의 것인양 속게 만들어 영혼을 하여금 오류를 범하게 한다. 설득은 원래 가지고 있던 의견에 대한 확신을 버리게 한다. 곧 원래 자신의 의견의 확정성을 사라지게 한다. 그리고 그 자리에 새로운 의견을 대치시켜 원래 자신의 것처럼 여기게 한다.

'비존재에 관하여'에서는 있음과 있지 않음을 동등하게 취급해야 한다는 고르기아스의 입장을 확인할 수 있었다. 고르기아스는 있음을 선택하고 있지 않음을 배제한 파르메니데스에게 그러면 당신이 선택한 있지 않음도 검토해봐야 한다고 주장한다. 그 결과 있음도 선택할 수 있는 길이 아니라는 것이 밝혀진다. 곧 존재하는 것도 존재하지 않는 것만큼이나 문제가 된다는 것이 논증된다. 이 점에서 고르기아스의 결론은 파르메니데스보다 파국의 정도가 심하다.

또한 비존재 단편에서 우리는 고르기아스가 감각적으로 경험 가능한 현실세계가 실재성에 대한 판단 기준이 된다는 것을 확인한 바 있다. 감각경험이 세상의 실재성을 판단하는 기준이 된다는 생각은 헬렌에 관한 찬사 단편에 오면 강자가 약자를 지배하는 것이 당연한 강약부동이 현실세계의 모습이 된다. 곧 헬렌의 무죄를 주장하면서 그는 강약부동의 세계에서 헬렌은 강자의 억압에 의해서 행위를 했기 때문에 그에게 책임을 물을 수 없다고 본다.

고르기아스의 사고방식이 갖는 논리적 함의는 무엇일까? 첫째, 그는 약한 논증을 강하게 만들어야 한다는 입장에 충실하게 추방된 있지 않음의 세계도 고려하며, 사람들에게 악평을 받고 있는 헬렌의 입장도 고려한다. 이런 태도는 있지 않음이 받아들일 수 없는 것과 마찬가지로 있음도 받아들일 수 없다는 파국적인 결론에 도달하게 한다.[30]

헬렌에 관한 찬사에서 논리적 관점에서 보면 설득의 논리에 주목해야 한다. 고르기아스가 생각하는 설득은 인간의 정신을 깨어 있게 하지 않는다. 깨어 있는 정신의 소유자는 설득당하지 않는다. 그는 오류를 범하지 않는다. 곧 남의 의견을 자신의 것처럼 착각하지 않는다. 그건 속지 않기 때문이다. 속기 위해서는 정신이 마비되어야 한다. 곧 영롱한 의식 상태에서 몽롱한 상태로 넘어가야 한다. 곧 속지 않는 건 정신이 마비되지 않는다는 것이다. 정신이 마비되지 않는다는 건 명확하게 생각한다는 것이다. 곧 자기 의견의 확실성에 대한 확신이 있는 것이다. 확실하고 분명하게 생각하고, 그 때문에 확신을 갖는다. 자기가 주인이 되어 외부에서 들어오는 정보를 제어하고 통제할 수 있는 것이 깨어 있는 정신의 특징이고 이런 정신은 마비되지 않는다. 외부의 힘에 의해서 공황상태에 빠지지 않고, 외부의 정보에 의해서 일희일비하는 식으로 끄달리지 않는다.

설득의 논리는 어떠한가? 설득은 말(logos)로 한다. 말은 외부의 의견을 전달하는 기능을 한다. 이 경우 외부란 무엇인가? 그것은 내가 감당할 수 있는 범위를 넘어서 힘이나 운명, 폭력 등이

30) 파르메니데스의 주장을 받아들여도 파국에 봉착하는 건 마찬가지이다. 그리고 이런 사실을 그 당시 철학자들은 다들 알고 있었다. 이후 철학은 파르메니데스-플라톤-아리스토텔레스로 이어지는 있음의 길이 주류가 된다. 고르기아스를 거쳐보면 파르메니데스의 있음도 문제가 있는 것으로 드러난다. 그럼에도 왜 파르메니데스일까? 있음의 길을 선택한다는 건 어떤 의미를 지니는 것일까? 파르메니데스는 신화적이고 시적인 전통에서의 인간의 불운한 운명을 개혁한 사람으로 여겨진다. 곧 죽어야만 하는 사악한 운명을 타고난 인간에게 불멸의 길을 열어준 철학자로 평가된다. 사실 파르메니데스에게 있음과 있지 않음의 길에 대한 선택의 문제는 삶과 죽음의 문제와 연관되어 있다. 죽음에 대한 두려움이 있다면 누구든지 있음의 길을 선택해야 했을 것이다. 고르기아스가 아무 것도 있지 않다고 했을 때, 곧 있음의 길도 있지 않음의 길만큼 문제가 있다고 했을 때 이를 삶과 죽음의 문제와 연관시켜서 봤을까? 순수하게 논리적 가능성만을 고려했을 경향이 크다.

다. 그에 맞서 내가 저항하는 건 당랑거철(螳螂拒轍)이다. 그런 힘에 저항하는 건 가능하지 않다. 그리고 그런 힘의 위력을 실어 나르는 것이 말이다. 말은 외부 힘의 전달자로서 저항하기 어려운 강제력을 갖는다. 그걸 의식적으로 막아낼 수 있을까? 강력한 힘 앞에서 의식은 무기력하다. 고양이 앞에서 쥐가 무기력한 것처럼 속수무책일 수밖에 없다.

말의 힘을 깨어 있는 정신으로 막아낼 수 있을까? 말은 정신을 마비시킨다. 욕을 들으면 기분이 나빠진다. 심한 욕을 들으면 주제할 수 없을 정도로, 곧 정신이 나갈 정도로 화가 난다. 칭찬을 들으면 기분이 좋아진다. 중요한 시점에 중요한 사안에 대해서 결정적인 역할을 했다는 걸 인정받으면 뛸 듯이 기뻐진다. 정신을 차릴 수 없을 정도로 기분이 좋아진다. 마음에 드는 사람에게 달콤한 말을 들으면 건전한 판단능력이 상실된다. 주문을 외우면 마음이 편해진다고 한다. 저주를 들으면 정말 그렇게 될 것처럼 생각되어 두려워진다. 말은 이렇게 정신을 마비시켜 사람을 좌지우지한다.

정신이 마비된 상태에서는 가정을 지켜야 한다는 건전한 윤리적 판단은 작동하지 않는다. 정신이 말에 의해서 마비되면 자신의 판단이나 의견은 자신의 감정을 제어하지 못한다. 정신을 마비시킨 정서가 자신을 송두리째 휘어잡고 있어서 정신은 자신만의 정서의 흐름에 빠져들게 한다. 이런 정서는 자신을 유혹하기 위해서 하는 말을 자신의 것으로 착각하게 한다. 원래 갖고 있던 윤리의식은 사라지고 즐거움과 행복이 가득 찬 황금빛 미래로 대치된다. 유혹하는 상대의 입장이 마치 자기 의견인 것처럼 생각되어 이제 원래 자신의 생각은 없어진다.

설득은 감당할 수 없는 강제력을 싣고 와 사람의 생각을 마비시키고 자신도 통제할 수 없는 정서로 사람을 몰아가며 그 와중에 마치 약물이 환희를 불러일으키는 것처럼 자신도 모르는 방식으로 상대의 의견을 받아들여 자기 것으로 착각하게 한다. 이것이 설득이다. 설득의 논리는 인간의 의식을 깨어있게 하지 않는다. 깨어 있는 정신은 자신의 생각을 외부에 관철시킨다. 설득은 외부에서 들어와 인간의 정신을 나가게 한다. 곧 외부의 것을 자기 것으로 착각하게끔 속임수를 쓴다. 본인도 모르게 쳐들어와 자신의 생각을 불확정적인 것으로 만들고 상대의 의견을 자신의 것으로 대치하게끔 하는 것이 설득이다. 곧 설득의 논리는 외부의 것들에 원천을 둔 자기 부정 작용으로 요약할 수 있다. 이 안에는 정신을 마비시키는 기능, 속이는 과정, 오류를 범하는 과정 곧 착각의 과정이 포함된다. 로고스는 지혜를 상징한다. 로고스는 외부의 힘을 자신에게 전달하여 자신의 생각을 버리고 상대의 것을 수용하게 한다. 지혜는 로고스의 작용을 따르는 것이다. 곧 지혜로운 사람은 남을 속이는 사람이 아니고 로고스의 작용에 충실한 사람, 곧 속는 사람이다. 그래서 고르기아스는 속는 사람이 속이는 사람보다 더 현명하다고 한다.

2. 프로타고라스의 상황논리

프로타고라스는 고르기아스와 더불어 가장 위대한 소피스트로 평가받는다. 일반적으로 우리가 소피스트들이 하고 있는 얼토당토않은 궤변적 논의들은 대부분 프로타고라스의 것이거나 프로타고라스의 추종자들이 펼친 것들이다. 그는 기원전 5세기 아테네에서 가장 저명하면서도 뛰어난 소피스트이다.

프로타고라스는 고르기아스와 함께 소피스트로 평가받고 있지만 논리적으로 보면 고르기아스와는 상당한 거리가 있다. 오히려 그의 사유방식은 파르메니데스와 헤라클레이토스를 답습하고 있다고 보는 것이 옳다. 곧 그는 있음의 길에서 벗어나지 않고, 선택배제의 논리보다는 대립공존의 논리를 구사하며, 또 결코 현실 세계로부터 벗어난 논리를 구사하지 않는다. 고대 그리스에서 프로타고라스는 세속 논리, 현실상황에 적합한 논리 구사의 대표자라고 할 수 있다.

프로타고라스의 논리는 순수 이론적이거나 형식적이지 않다. 그의 논리는 고르기아스와는 또 다른 의미에서 현실적이다. 곧 그는 현실에 적합한 논리를 구사한다. 현실을 떠난 논리, 그자체로 존립하는 논리의 세계는 그에게 의미가 없다. 현실상황을 반영하는 논리를 구사한다는 점에서 그의 논리는 상황 논리이다. 현실상황에 적합한 상황논리를 구사하는 프로타고라스이지만 또 다른 측면에서는 현실과 동떨어진 논리를 구사한다. 그는 상식적으로 볼 때 정말 말이 안 되는 논리를 구사하기도 한다. 이 같은 양면적인 특성은 그가 한편으로는 헤라클레이토스를 따르지만 다른 한편에서는 파르메니데스를 답습하고 있기 때문이다. 이를 대립공존(both and)의 논리와 파르메니데스를 따르는 논리로 구분하여 살펴보자.

1) 대립공존의 논리

디오게네스 라에르티우스는 프로타고라스가 모든 주제에 대해 서로 대립되는 두 가지 논증이 가능하다고 주장한 최초의 사람이라고 말하고 있다. 다음의 논증은 그에 대한 사례들이다.

선과 악에 대하여

· 선과 악은 같은 것이다(같은 것이 좋으면서 나쁘다.)

인간의 삶, 음식, 음료, 성적인 쾌락은 아픈 사람에게는 좋지 않지만 건

강하고 그것을 필요로 하는 사람에게는 좋다. 이런 것들에 대해 무절제함은 절제 없는 사람에게는 좋지 않지만 그것들을 팔아 이득을 보는 사람에게는 좋다. 그래서 인간의 삶, 음식, 음료 성적인 쾌락은 좋으면서도 나쁘다. 곧 좋은 그것들이 곧 나쁜 것들이다.

좋은 것과 나쁜 것에 관하여

· 좋은 것과 나쁜 것은 서로 다른 것이다.

그것을 같다고 하는 사람A)에게 물어보자. B: 너의 부모에게 선행을 베풀었어? A: 그럼. 많은 선행을 베풀었지. B: 좋은 것과 나쁜 것이 같은 것이라면 너는 너의 부모에게 많은 악행을 저지른 것이네?

먹고, 마시고, 성적인 쾌락을 즐기는 건 아픈 사람에게는 좋지 않은 일인데 만약 선한 것과 악한 것이 같은 것이라면 그런 것들을 즐기는 것이 아픈 사람에게 좋은 것이 된다.

정의와 부정의에 관하여

· 정의로운 것과 정의롭지 못한 것은 같은 것이다.

거짓말을 하고 속이는 것은 정의로운 일이다. 나의 반대자들은 적을 속이고 그에게 거짓말을 하는 것은 옳고 정의롭지만 친구에게 그런 일들을 하는 건 부끄럽고 사악한 일이다. 그러나 적에게 그런 짓들을 하고 친한 친구에게는 그런 짓을 하지 않는 것이 어떻게 정의로울 수 있겠는가? 부모가 약을 먹어야 하는 데도 그걸 먹지 않으려 한다고 해보자. 귀리죽이나 음료에 약을 타서 주면서 약을 탄 게 아니라고 거짓말을 하는 것이 정의롭지 않을까? 이 경우 부모를 속이고 거짓말을 하는 건 정의로운 일이다.

· 정의로운 것과 정의롭지 못한 것은 다른 것이다.

A: 정의로운 것과 정의롭지 못한 것은 같은 것이다. B: 너는 너의 부모님들에게 정의로운 일을 했어? A: 아주 많이 했지. B: (정의로운 것과 정의롭지 못한 것이 같은 것이라면) 너는 부모님에게 정의롭지 못한 일을 아주 많이 한 거야.

'그는 국가에 정의롭지 못한 일을 저질렀기 때문에 사형에 처한다'는 판결문은 '너는 국가에 정의로운 일을 많이 했기 때문에 사형에 처한다'로 기록된다.

참과 거짓에 관하여

· 참과 거짓은 같은 것이다.(같은 것이 참이자 거짓이다.)

참인 진술은 거짓인 진술과 같은 것이다. 같은 진술인데 사실을 제대로 기술하고 있으면 참이고 사실과 다르게 진술하고 있으면 거짓이다. 곧 같은 진술이 참이면서 거짓이다. 곧 참인 진술과 거짓인 진술은 같은 것이다.

· 참인 진술과 거짓인 진술은 다른 것이다.

A: 같은 진술이 동시에 참이면서 거짓이다. B가 A에게: 당신이 지금 말하고 있는 건 참인가 거짓인가? A: 거짓이다. B: 그럼 참인 진술과 거짓인 진술은 다른 것이 된다. A: 참이다. B: 그럼 당신이 한 진술은 동시에 거짓이 된다. 누군가가 특정의 것이 참이라고 진술하거나 증언을 했다면 같은 진술은 동시에 거짓이 된다.(같은 진술이 동시에 참이면서 거짓이기 때문에)

아는 자가 배우는가 모르는 자가 배우는가

t: 현명한 자(지식을 갖고 있는 자)가 배운다는 주장에 대해

류트를 배우거나 글쓰기를 배우는 경우, 그 배우는 것에 대해서 배우고자 하는 사람은 그것을 알지 못한다. 그런 것들을 알지 못하는 사람은 현명하다고 말할 수 없다. 따라서 배우는 자는 현명하다기보다는 어리석은 사람이라고 할 수 있다.

a: 어리석은 자가 배운다는 주장에 대해

글쓰기 선생이 무엇인가를 구술할 경우, 암송한 구절을 배울 수 있는 사람은 어리석은 사람이라기보다는 지식을 갖고 있는 사람이 배울 수 있다. 따라서 어리석은 사람보다는 현명한 사람이 배운다.

t: 어리석은 자(현명하지 못한 자)가 배운다는 주장에 대해

누군가가 어떤 구절을 낭독할 때, 문자를 가지고 낭독한다. 그런데 그 구절을 배우기 위해서는 문자에 대한 이해가 있어야 한다. 따라서 무엇인가를 배우는 사람은 자신들이 알고 있는 것에 대해서 배운다.

a: 알고 있는 것을 배운다는 주장에 대해

배운다는 것은 지식을 획득하는 것이다. 안다는 것은 배우는 순간에 지식을 갖게 된다는 것이다. 알지 못한다는 것은 지식을 갖고 있지 않다는 것이다. 어떤 것을 받아들이는 사람은 그것을 가지지 못한 사람이다. 알

지 못하는 사람은 지식을 갖고 있지 못하다. 배우는 사람은 지식을 받아들이는 사람이고 따라서 그는 지식을 갖지 못한 사람이다. 따라서 배우는 사람은 무엇인가를 아는 사람이 아니라 알지 못하는 사람이다.

위의 논증들은 형식논리학에 따르면 이의어의 오류(fallacy of equivocation)를 범하고 있다. 곧 같은 단어를 서로 다른 의미로 사용하여 모순된 결론에 도달하는 오류를 범하고 있다. 예를 들어 선과 악이 같다고 할 때, '같다'는 건 동일한 진술이나 사건이 선하기도 하고 악하기도 하다, 곧 선하다고 서술할 수도 악하다고 서술할 수도 있다는 의미로 사용하고 있다. 그런데 선과 악이 다르다고 할 때에는 '선과 악이 같다'의 같음을 선 자체 = 악 자체의 의미로 사용하고 있다. 같은 것에 선·악의 술어가 매겨질 수 있다는 것과 선 = 악은 그 의미가 다른데도 같은 것으로 간주하여 논증을 펼쳐 서로 모순되는 결론을 이끌어내고 있는 것이다.

형식 논리적으로 따지면 위 논증들은 오류를 범하고 있다. 그럼에도 프로타고라스는 이와 같은 논증들을 사용한다. 모든 것들은 발설하는 사람이나 상황, 때에 따라서 이럴 수도 있고 저럴 수도 있기 때문에 정해진 불변의 사고의 규칙과 같은 것은 없다. 모든 주장이나 진술, 서술, 논증은 상황 의존적이다.

수업료에 관한 소송에서

프: 당신은 나에게 수업료를 지불해야 한다. 재판에서 지면 법률에 의해서 지불해야 하고, 재판에서 이기면 나에게 제대로 배웠기 때문에 수업료를 지불해야 한다. 따라서 당신은 어떤 경우에도 나에게 돈을 지불해야 한다.
제: 나는 당신에게 어떤 경우에도 돈을 지불하지 않아도 된다. 재판에서 이기면 법률에 의해서 주지 않아도 되고 재판에서 지면 당신에게 제대로 배우지 못했기 때문에 지불하지 않아도 된다.

프로타고라스가 제자의 입장에 섰다면 제자의 논리를 구사했을 것이고 제자가 프로타고라스의 입장에 섰다면 스승의 논리를 구사했을 것이다. 정해진 법칙이 있어서 언제나 거기에 따라야 하는 경우는 없다. 모든 것은 상황이나 발설하는 사람에 따라서 달라질 수 있다.

이런 생각의 최종 근거는 그의 유명한 인간척도론에서 찾아볼 수 있다.

> 모든 것에 관해서 척도는 인간(개인)이다. 있는 것에 대해서 있다고 하건 있지 않은 것에 대해 있지 않다고 하건.

프로타고라스에게 발설하는 사람과 발설하는 상황을 떠난 진술은 의미가 없다. 그리고 그런 건 있을 수 없다. 이런 점에서 프로타고라스의 논리를 상황논리라고 할 수 있다.

상황논리에서의 서술 형식은 무제한적이지 않다. 곧 주어진 S가 그 자체로 P이거나 ~P가 되는 경우는 없다. 'S is P'나 'S is ~P'와 같은 진술형식은 가능하지 않다. 주어진 사태 S는 특정의 상황(때와 장소)이나 사람(A, B)에 따라서 P이거나 ~P가 된다.(S is good → S is good for A, S is good in t1) 즉 주어진 것, S에 대해 자체적인 규정은 있을 수 없고, 언제나 주어진 상황이나 사람에 따라서만 규정된다. 다시 말해서 그 자체적인 것은 존재할 수 없다. 주어진 사태는 언제나 그 사태를 경험하고 진술하는 사람, 또는 진술하는 상황과 연관해서만 규정될 수 있다. 따라서 자체적으로 좋거나(P) 좋지 않은(나쁜, ~P) 사태는 존재 하지 않는다. 주어진 사태 S가 P일 수 있는 것은 그것을 규정하는 사람 A나 진술하는 상황 때문이다. 이 경우 S에 대해서 P나 ~P라는 서술을 가능하게 하는 최종적인 근거는 구체적인 상황이나 사람이다. 곧 구체적인 상황이나 사람이 서술 가능성의 최종 근거라고 할 수 있는 것이다. 곧 프로타고라스의 진술은 'S is P(또는 S is ~P)'의 형식이 아니라 'S is P(또는 S is ~P) for A', 'S is P(또는 S is ~P) with respect to B'의 형식으로 진술된다.

판단은 인간이 한다. 인간은 자기가 처해진 상황에 따라서 자신에게 적합한 방식으로 판단한다. 사람과 그가 처한 상황을 떠난 진술은 있을 수 없다. 곧 'S is P'라는 진술형식은 불가능하다. 모든 진술은 'S is P for A', 'S is P with respect to ~'라는 형식으로 표현된다.

프로타고라스 진술의 가능근거 역할을 하는 준거틀 '~에 대해(for A)'나 '~과 연관해서(with respect to B)'는 대립적 서술의 공존 가능성을 확보해준다. 배고픈 사람에게 음식은 좋지만 배가 터질 것 같은 사람에게는 음식은 좋지 않고, 같은 사람이라도 배고플 때에는 음식이 좋지만 배부를 때에는 쳐다보기도 싫은 법이다. 즉 같은 것이 사람에 따라서 좋고도 나쁘며, 때에 따라서 같은 사람이 좋게도 나쁘게도 생각할 수 있는 것이다. 이렇게 보면 사람과 상황이 대립적 진술의 공존 가능성을 확보해준다고 말할 수 있다.

'S가 선하다'와 'S가 악하다'는 진술은 직접적으로 대립된다. 무제한적인 정언 진술에서의 대립은 불가능하다. 그럼에도 프로타고라스가 모든 것이 대립적인 서술이나 논증이 가능하다고 한 것은 그가 염두에 두고 있는 진술 형식이 'S is good for Tom, S is good with respect to ~' 형태를 띠고 있기 때문이다. 곧 사람이나 상황과 같은 준거틀(frame of reference)을 구비한 진술형식만이 가능하다고 보기 때문이다. 이럴 경우, 선과 악의 대립은 그걸 발설한 사람(A, B) 사이의 대립이나 같은 사람의 경우에는 발설하는 상황(때와 장소, 맥락)의 차이로 환원된다. 모든 것에 대립적인 서술이나 논증이 가능한 이유는 진술의 대립이 사람이나 상황의 대립으로 환원되기 때문이다. 이를 뒤집어 보면 사람들 사이에 대립이 상존하며, 상황은 언제나 투쟁으로 전환될 가능성을 간직하고 있다는 말이다. 곧 프로타고라스가 생각하는 현실은 투쟁의 장이다. 사람에 따라 대립적 서술이 가능하다는 말도 사람들 사이의 관계도 투쟁이나 싸움이 기본이라는 전제가 깔려 있다.

이와 같은 현실 인식은 헤라클레이토스의 세계구조에 대한 인식과 정확히 일치한다. 사람에 따라서 선과 악에 대한 판단이 달라진다는 발상은 프로타고라스가 여러 곳을 여행하면서 관습과 문화의 차이를 경험해서 형성된 것이겠지만 그렇게 해서 형성된 현실관은 헤라클레이토스의 상대주의와 논리적으로는 같은 궤도에 있다. 마찬가지로 언어 영역에 대립이 항상 가능하다고 하는 건 언어가 뿌리를 내리고 있는 현실세계가 대립과 투쟁의 장이라고 생각하기 때문이다. 그리고 이런 현실관은 대립과 투쟁, 전쟁이 세계 변화의 동력으로서 세계 성립의 근본조건이라고 보는 헤라클레이토스와 같다.

사람사이가 싸움이 근본이고 현실 세계가 투쟁의 장이라면 싸워서 이겨야 한다. 전쟁터에서는 칼과 창을 갖고 죽기살기로 싸워야겠지만 폴리스에서의 삶은 아무리 투쟁이 근본이라고 하더라도 칼과 창을 갖고 싸울 수는 없다. 폴리스에서는 칼과 창 대신에 말을 갖고 싸울 수밖에 없다. 말을 도구로 싸우는 기술이 논쟁술(eristic)이며, 이것이 프로타고라스의 대화기술이다. 논쟁술을 근간으로 하는 프로타고라스의 논리는 투쟁, 싸움의 논리라고 할 수 있다.

싸움에서는 이겼다 졌다 하는 건 의미가 없다. 언제나 이겨야 하는 것이 싸움이다. 앞에서 아는 사람이 배우느냐 모르는 사람이 배우느냐의 문제나 수업료 재판에서 본 것처럼 상대가 p라 주장하면 ~p의 입장에 서서 p를 퇴치하고 ~p를 주장하면 p의 입장에 서서 ~p를 퇴치하는 대화 기술이 프로타고라스의 논쟁술이다. 논쟁술은 모든 싸움에서 언제나 이기는 기술이며 싸움에서 이기면 세속적인 성공이 보장된다. 전쟁터에서 이기면 각종 이득을 챙길 수 있는 것처럼 폴리스에서의 말싸움에서 이기면 앞길이 보장된다. 논쟁술은 이렇게 철저하게 세속적인 성공을 목표로 한다. 이런 점에서 논쟁술은 현실의 세속 논리를 대표한다고 할 수 있다.

2) 파르메니데스적 논리: 있음의 길을 전제로 하는 논리

프로타고라스는 인간의 삶을 폴리스에서의 삶으로 국한한다. 그는 죽음, 신, 정글에서의 삶과 같은 극단적인 약육강식의 세계는 그의 삶의 무대가 아니다. 그는 극단적인 파국의 상태를 고려하지 않는다. 사회를 근본에서부터 흔드는 무도한 인간들은 사회에서 교화하는 방법이 없고 폴리스에서 추방해야 한다고 본다. 곧 그의 삶에는 극단적인 절멸이 없다. 논리적으로 보면 이는 있지 않음의 길로 가지 않는다는 걸 의미한다. 곧 그는 싸움을 하더라도 있음의 길을 전제로 한다. 있음의 길로부터 벗어나는 싸움이나 투쟁은 그에게는 의미가 없다. 그에 따라서 얼토당토않은 논리들이 출현한다. 이런 논증들은 모두 파르메니데스의 있음을 전제로 하며 이런 점에서 그는 파르메니데스의 노선을 충실히 따르고 있다.

현명하지 않은 자를 현명하게 되기 바라는 것은 그가 죽기를 바라는 것이다.

어떤 사람(클레이니아스)이 현명하게 되기(become wise)를 바라는 것은, 지금 그가 현명하지 않다(is not wise)는 것, 곧 그가 무지함을 함축한다. 그가 현재 무지한데 그가 현명하게 되기를 바라는 것은 그가 무지하지 않기(not to be ignorant)를 바라는 것이다. 이는 지금의 그인 상태(being now)가 더 이상 아니기(is not any more)를 바라는 것인데, 그것은 그를 있지 않은 사람이 되기를 바라는 것이다(that he is not = that he does not exist) … 현재의 그가 더 이상 아니기를 바라는 것은 그가 소멸하기(become not to be)를 바라는 것이다.

이런 논증에 따르면 모든 변화는 죽음을 함축한다. 상식적으로 보면 무지한 사람이 지식을 가진 사람이 되는 건 가능하다. 그런 변화는 죽음을 함축한다. 왜? 무지한 자로 있는 것과 지식인으로 있는 건 있음의 세계 안에서 성립한다. 곧 있음의 세계 안에서 서로 다른 것으로 있는 것이다. 그런데 무지한 자와 현명한 자를 다르게 만드는 건 있지 않음뿐이다. 양자가 있는 것이기 때문에 있음으로 둘을 구분할 수는 없다. 흰 도화지에 경계선을 그어 두 영역으로 구분하고자 할 때 흰 색연필로 그어봐야 경계(다름)가 생기지 않기 때문이다. 따라서 둘이 다르다면 그것을 구분하는 건 있지 않음밖에 없다. 곧 있는 자로서의 무지한 자가 현명한 자로 달라지기 위해서는, 다르다는 것이 있지 않음을 함축하고 있기 때문에, 있지 않은 자가 되어야 한다. 이 논증에서 모든 차이나 부정은 있지 않음으로 환원된다.

있음의 영역은 절대적으로 동일해서 어떠한 차이도 허용하지 않는다. 모든 차이나 경계가 있지 않음에 의해서 생기기 때문에 여럿이 불가능하다는 파르메니데스 논증의 연장선상에서 이와 같은 논증이 성립한다. 이런 논의를 연장하면 하나를 알면 모두를 알고, 한 번 알면 영원히 아는 것이고, 한 사람의 아버지는 모두의 아버지가 된다.

이 논증이 성립하려면 모든 긍정은 있음의 길로 환원되고 모든 차이는 있지 않음의 길로 귀결되어야 한다. 곧 긍정과 부정은 한 가지씩밖에 없다. 모든 것이 다 같거나 아니면 세상이 사라질 수밖에 없다. 따라서 사람이 달라지기를 바라는 건 차이를 도입하는 것이고 차이는 곧 있지 않음으로 환원되기 때문에 (무지한 자로서) 있는(is) 자가 있지 않는(is not) 자로 변화, 곧 죽고 만다. 있음과 있지 않음의 두 가지만이 가능하며, 있지 않음은 불가능하다는 파르메니데스의 전제를 충실히 따르면 이와 같은 논증이 출현한다.

말은 있음에 매여 있기 때문에 말을 하는 한 있지 않음은 논의의 영역에서 추방된다. 곧 말의 세계에서 있지 않음은 가능하지 않다. 모든 차이가 있지 않음으로 환원된다면 하나의 진술(말)과 대립되는 진술은 있을 수 없다. 말의 세계에서 대립을 위시한 차이가 생긴다는 건 말의 세계에 있지 않음을 도입하는 것이기 때문이다.

> 반대를 말하는 것(모순된 이야기를 하는 것)은 불가능하다.
>
> 있는 것들 각각은 자신의 말을 지닌다. 각각의 것은 없는 것으로가 아니라 있는 것으로 이야기된다. 그런데 어느 누구도 있지(이지) 않음의 방식으로 말할 수 없다. 어느 누구도 있지 않은 것을 말할 수 없기 때문이다. 그런데 같은 것을 말하는 두 사람이 서로 반대 이야기를 할 수는 없다. 이 경우 우리는 같은 것을 말하는 것이다. 두 사람 모두가 어떤 것에 대해서 이야기하지 않는다면 그 두 사람은 서로 반대되는 이야기를 하지 않는 것이다. A가 어떤 것에 대해 이야기를 하고 B가 다른 것에 대해 이야기를 한다면 둘은 모순적 이야기를 하는 것이 아니다. 또 A가 어떤 것을 이야기하고 B가 이야기를 하지 않고 있다면 그 둘은 또한 모순되지 않는다. 무엇인가를 이야기하는 사람과 이야기하지 않는 사람은 모순될 수 없기 때문이다.

이야기를 하는 한에 있어서는 둘은 같은 것을 이야기한다. 이야기를 한다는 것은 있는 것을 이야기하는 것이다. 있지 않은 것을 이야기할 수는 없기 때문에. 따라서 이야기를 하는 사람이 서로 반대되는 이야기를 할 수는 없다. 반대되는 이야기를 한다는 건 한 사람은 있는 것을 이야기하고 다른 사람은 있지 않은 것을 이야기하다는 것인데, 이는 불가능하다. 설사 하나는 있는 걸 이야기하고 다른 사람은 있지 않음을 이야기한다고 해도 서로 다른 이야기를 하는 사람은 모순될 수 없다.

말을 한다는 건 있음의 세계 안에 머문다는 것이다. 있다는 건 참을 의미한다. 희랍어에서 be(einai) 동사는 세 가지 의미를 동시에 지닌다. 첫째로 있다는 의미이며, 둘째는 ~이다(규정성을 갖는다)라는 의미이며, 셋째는 그렇다(참이다)라는 의미이다. 있는 것에 대해서 말하는 건 그것이 참이라는 걸 함축한다. 따라서 말하는 한 모두 참이며 거짓은 없다.

거짓을 말하는 것은 불가능하다.

거짓말을 한다는 것은 언급 대상에 대해 아무 말도 하지 않는 것이 아니라 말한다는 것을 의미한다. 누군가가 (자신이 지금 말하고 있는) 대상에 대해 이야기를 하는 경우, 그것은 있는 것이어야 한다. 있는 것에 대해 이야기한다는 것은 참을 말하는 것이다. 따라서 거짓을 말하는 것은 불가능하다.

있지 않은 것은 있지 않음의 길에서 가능한 것이다. what is not is possible only in (the way) 'is not') 있지 않은 것(있지 않음의 길이 불가능하고 있지 않은 것은 있지 않음의 길에서만 등장할 수 있기 때문에)은 어디에도 있을 수 없다. 있지 않은 것은 어디에도 있을 수 없다. 어디에도 있을 수 없는 것에 대해서 그것을 있는 것처럼 만들 수는 없다. 말한다는 것은 무엇인가를 한다는 것이고 그것은 무엇인가를 짓는(poiein) 것이다. 그렇다면 어디에도 있지 않은 것에 대해서 말하는 것은 불가능하다. 말한다는 것은 무엇인가를 하는 것이고 짓는 것인데, 있지 않은 것에 대해서 하거나 짓는다는 것은 불가능하다. 거짓을 말하는 것도 무엇인가를 하거나 짓는 것이기 때문에 있지 않는 것에 대해서 말하는 것이라고 할 수 없다. 그리고 있는 것에 관해서 이야기하는 한 그건 모두 참일 수밖에 없다.

말을 한다는 건 있는 것을 전제한다. 있지 않은 것에 대해서 말하거나 사유하는 건 불가능하다. 말할(생각할) 수 있는 것과 있는 것이 딱 달라붙어서 떨어질 수 없다는 파르메니데스의 입장이 여기서도 반복된다.

프로타고라스의 논리는 혼란스러운 면이 있다. 현실세계에서 통용되지 않는 논리는 의미가 없다. 말의 세계는 발설하는 사람이나 상황을 떠나서 독립적인 세계를 구축할 수 없다는 프로타고라스의 입장은 지극히 현실적이며 상식적으로 충분히 납득할 만한 생각이다. 어떤 면에서는 현실세계를 지배하는 논리의 세계를 적실성 있게 제시했다고 평가할 수 있다. 그의 인간 척도론은 사람마다 보는 시각이 달라서 나름대로의 판단을 존중해야 한다는 의미를 갖고 있어서 민주시민이 갖춰야 할 덕목을 제대로 제시하고 있다고 평가할 수 있다.

때와 장소에 따라서 서로 대립적인 입장을 가질 수 있다는 것도 현실적으로는 충분히 있을 수 있다. 현실의 세계가 어차피 경쟁의 세계이고 그 안에서 치열하게 싸우면서 살아가야 하는 것이 사실이라면 말싸움(논쟁)을 통해 유리한 입지를 차지하고자 하고 또 젊은이들에게 이를 가르쳐서 세상에 내보내는 것도 크게 비난할 일은 아니다. 프로타고라스의 현실적합적인 상황논리는 순수영혼이나 순수사유를 추구하는 입장에서 보면 너무 세속적으로 비춰질 수 있지만 나름대로 독자적인 논리로 평가할 수 있다.

프로타고라스나 그를 추종하는 소피스트들이 파르메니데스의 입장을 따라 전개하는 논리는 상식과는 너무 동떨어져 있다. 대립적인 논증이 불가능하기 때문에 반박이 불가능하다고 하면 싸움도 가능하지 않아서 논쟁술을 가르쳐서 수업료를 받는 것도 가능하지 않다. 모든 것에 대립적인 서술이나 논증이 있다는 프로타고라스의 주장과도 맞지 않다. 허위가 불가능하고 모든 것이 참이라면 시비선악 판단은 불가능해지고 범죄자를 처벌하는 것도 불가능해진다. 한 사람의 아버지가 모두의 아버지이고 한 번 알면 영원히 아는 것이고 내가 아는 건 모든 사람이 아는 것이며, 유식한 사람이 되기를 바라는 건 그가 죽기를 바란다는 논증은 상식의 범위를 넘어서 몰상식하기까지 하다. 곧 현실성이 전혀 없다.

현실적합성과 설득력이 있는 프로타고라스의 입장은 수용할 만하고 파르메니데스를 따라 펼치는 논리는 수정해야 할 필요가 있다. 파르메니데스를 따라 전개하는 논증의 몰상식함은 세상에 모든 긍정은 있음에 달려 있고 부정은 있지 않음에 달려 있으며 오직 있음과 있지 않음의 두 길만이 가능하다는 입장 때문에 나타난다. 세상에 긍정도 하나(있음) 부정도 하나(있지 않음)밖에 없다. 그리고 다른 가능성은 없다. 모든 차이나 부정은 있지 않음으로 환원되는데 있지 않음은 가능하지 않기 때문에 추방된다. 따라서 세상에 차이나 부정, 구분은 있을 수 없다.

이와 같은 전제에 대해 문제를 제기하고 다른 대안을 찾지 않는 한 동일성과 차이성이 뒤섞여 있는 현실세계를 구제할 수 있는 방안은 없다. 곧 동일성과 차이성이 공존하는 논리를 찾아내지 않는 한 이 같은 파국적 상황을 논리적으로 벗어날 수 있는 방안은 없다.

플라톤은 파르메니데스 논리의 이와 같은 맹점을 극복하기 위해 그의 이름을 제목으로 한 『파르메니데스』 편에서 고대철학에서 가장 치밀하고 정교하며 복잡한 논리적 논증을 전개한다.

〈 막간 〉 소크라테스의 논박과 플라톤의 상향추론

논리의 역사를 다룰 때 소크라테스를 포함시켜야 할까? 쉬운 질문이 아니다. 일차적으로는 포함시키지 않는 것이 맞다. 소크라테스는 논리학자도 아니고 논리주의자라고 할 수도 없기 때문이다. 소크라테스의 관심은 정당화나 반증 같은 논리적 기능에 별 관심이 없다. 그의 일차적인 관심은 논리라기보다는 인간의 삶, 가치 있는 삶이다. 그에게 검토되지 않은 삶은 살 가치가 없다. 삶을 가치 있게 만들기 위해 그는 자신이나 다른 사람의 삶을 검토한다. 이렇게 생각하면 논리와는 별 상관이 없는 인물로 여겨진다. 따라서 소크라테스는 논리의 역사를 다루면서 포함시키지 않는 것이 맞다.

소크라테스는 대화를 통해 인간 삶을 검토한다. 곧 상대의 생각을 언어로 표현하게 하고 그 언표된 주장을 대상으로 삼아 질문과 답변을 하면서 그의 삶을 검토한다. 곧 검토의 과정 자체는 지극히 엄밀하고 정교하며, 섬세하다. 그의 대화과정은 다른 어떤 논증보다도 더 논리적이라고 할 만하다. 그의 대화논리는 누구에게나 통용되는 보편적인 형식이나 틀을 갖고 있지는 않다. 대화상대가 누구냐에 따라 그 사람에게 적합한 맞춤형 논리를 구사한다.(man to man logic) 주어진 주제에 대해 질문을 던지고 그 질문에 대한 답을 대상으로 그것이 성립할 수 없는 이유를 찾아가는 과정은 베이컨이 말한 것처럼 부정적 사례 찾기의 모델이라고 할 만하다. 반증 논리 구사력은 소크라테스가 최고이다. 이런 점에서는 논리사에 소크라테스를 포함시키는 것이 맞다.

그럼에도 소크라테스는 논리주의자는 아니다. 논리의 일차적인 목표가 정당화라고 할 때 소크라테스는 누구의 주장이 됐든 정당화하지 않는다. 자신의 주장도 정당화하지 않고 타인의 주장도 정당화하지 않는다. 이런 점에서 소크라테스는 긍정적인 논리주의자(positivist)는 아니다. 그렇다고 반증에만 목표를 두고 있지도 않다. 반증은 자신이나 다른 사람의 주장이 아니라는 걸 보이는 작업이다. 정당화가 옳다는 걸(是) 보이는 작업이라면 반증(falsify)은 그르다는 걸(非) 보이는 작업이다. 소크라테스는 상대가 그르다는 걸 보이기 위해서 대화하지 않는다. 이런 점에서 소크라테스는 부정적 논리주의자(falsificationist)도 아니다. 입증이나 반증이 목표가 아니라는 점에서 소크라테스는 논리주의자가 아니다.

시비 가름은 싸움이 되기 쉽다. 내가 옳거나 그르다는 걸 나와 따지면 나와 싸우게 되고 상대와 따지면 상대와 싸우게 되고 상대의 주장이 옳거나 그르다는 걸 내가 따지는 것도 타인끼리의 싸움이 된다. 소크라테스는 어떤 경우에도 상대와 싸우고자 하지 않는다. 다만 상대의 주장을 검토하면서 그의 삶을 검토하고 있을 뿐이다. 싸우자고 달려드는 사람과 대화를 하면 어떻게 될까? 예를 들어 프로타고라스와 소크라테스가 대화를 한다고 하자. 프로타고라스는 싸워서 이기고자 한다. 곧 그는 언제나 논쟁한다. (eristic) 소크라테스가 프로타고라스와 싸우면 어떻게 될까? 싸우는 순간 그는 프로타고라스에게 말려든다. 곧 이기면 싸움을 잘하는 사람이 되고 지면 싸움을 못하는 사람이 된다. 곧 이래도 저래도 싸움을 한 것이다. 그러면 소크라테스는 프로타고라스와 같이 논쟁술사가 되고 그의 대화법(논박)은 논쟁술과 같아진다. 따라서 소크라테스는 싸우지 않는다. 곧 나와 상대의 시비를 가르는 논리를 구사하지 않는다.

소크라테스가 상대가 한 말을 토대로 상대의 삶을 검토하는 논박의 정체는 무엇일까? 그것은 시비를 가르는 논리는 아니다. 곧 정당화하지도 않고 반증하지도 않고, 그에 따라서 시비를 가르는 일에 매달리지 않는다. 이런 점에서 소크라테스의 논박을 논리사에 포함시켜야 하느냐에 대해서는 논란의 여지가 있다. 그럼에도 소크라테스는 언어구사력이나 사고 전개의 정교함에 비춰볼 때 여느 논리학자에 비해 뒤지지 않는다. 서론적 논의에서 언급한 것처럼 소크라테스의 논리는 정당화하지 않는 논리라고 할 수 있다. 그의 논리는 인간 사유를 깊이 파고 들어가는 상향추론이자, 어느 주장도 정당화하지 않는 부정적인 방식으로 진행된다. 곧 상향-부정 추론의 논리라고 할 수 있다. 포괄적인 논리 개념에 따르면 그는 논리를 구사하고 있다고 보는 것이 맞다.

소크라테스는 논리주의자냐 아니냐에 관한 논란을 떠나 논박을 언급하면서 한 가지는 짚고 넘어가야 한다. 논박은 생각이나 말을 검토하는 것이 아니라 삶을 검토하는 방법이라는 점이다. 이렇게 보면 이는 윤리적이라고 할 수 있다. 소크라테스의 논박은 엄청나게 정교한 논리를 구사하면서 결국에는 말이나 생각이 아니라 삶을 검토한다.

논리를 통한 삶의 검토? 생소하지만 논박의 과정은 논리적이지만 결국에는 삶을 검토한다. 어떻게 그럴 수 있을까? 앞으로 사례를 통해서 짚어봐야 하겠지만 논박이 갖고 있는 몇 가지 특징 때문에 그럴 수 있다. 첫째, 논박은 상대가 진정으로 믿고 있는 바를 대상으로 진행된다. 소크라테스가 각종 덕에 관해 질문을 던질 때 그 덕에 관한 한 전문가라고 자처하는 사람에게 묻는다. 종교에 일가견이 있는 에우티프론에게는 경건함이 뭐냐고 묻고, 전쟁터에서 혁혁한 공을 세운 라케스에게는 용기가 무엇이냐고 묻고, 수사술 전문가인 고르기아스에게는 수사술이 무엇이냐고 묻고, 시민적 덕을 가르치면서 살고 있는 프로타고라스에게는 덕이 과연 가르쳐질 수 있느냐고 묻는다.

그에 따라서 그런 질문에 관한 한 질문을 받은 당사자는 자신의 온 마음을 실어서 전문가다운 자신감과 확신에 찬 어조로 답을 한다. 여기서 또 한 가지 전제가 있는데 질문에 대한 답변은 다른 사람이 그렇다고 하거나 통념이거나 이래도 좋고 저래도 좋은 의견으로 제시하면 안 된다. 답은 반드시 답한 사람이 자신의 것으로 진정으로 믿고 있는 것이어야 한다. 그것이 깨지면 타격을 입을 수 있는 신념을 실어서 답할 것을 요구한다. 자신이 진정으로 믿고 있는 바, 자기 삶을 지탱해주는 신념을 대상으로 논박적 검토를 하기 때문에 말로만의 싸움, 건성의 대화가 되지 않는다. 삶을 건 진지한 대화가 될 수밖에 없다. 정교하고 엄밀한 논리 구사를 통해 답을 찾고자 하는 건 자신의 삶을 지키기 위한 몸부림이라고 할 수 있으며, 소크라테스의 엄밀한 검토 작업은 자신의 삶을 지켜주는 원리가 과연 있을 수 있느냐를 진지하게 묻고 있는 것이다.

둘째, 논박은 질문과 답변으로 구성된다. 질문은 생각을 파는 기능을 한다. 나는 질문을 통해서 내 생각을 파고 든다. 질문을 통해서 생각을 파고 들어가면 현재 나의 말이나 행동, 생각을 받쳐주고 있는 상위 또는 기초적인 원칙에 도달하게 된다. 질문과 답변으로 이루어진 탐구과정은 생각에 깊이를 만든다. 질문은 평면적인 생각들을 나열하는 것이 아니라 정신 깊은 곳에서 현재 생각을 받쳐주고 있는 상위(기초) 생각(원리)을 끄집어낼 것을 요구한다. 처음에는 나의 생각을 편하게 이야기하지만 제기된 반론에 의해 그것이 깨지면 '자신의 생각을 받쳐주고 있는 보다 심층부의 원리가 뭐지?'라고 묻게 된다. 곧 앞의 반론에 의해 깨지지 않는 탄탄한 원리를 찾아 나선다. 이 과정의 반복은 자기의 삶을 지탱해주는 가장 기본적인 원리를 찾아가게 한다. 곧 자신의 인식체계나 신념체계를 지탱하는 가장 기본적인 원리를 찾아가게 한다. 이런 점에서 질문과 답변을 통한 논박은 사유를 깊이 파고 들어가는 방법이기도 하다.

셋째, 논박은 상대가 있는 검토의 방식이다. 나는 스스로 질문함으로써 내 생각을 깊이 파고 들어갈 수 있다. 그렇지만 그건 한계가 있다. 내가 나에게 하는 질문은 나에게 가혹하지 못하다. 그래서 나 혼자 나의 생각을 깊이 파고들어가지 못한다. 어느 선에 도달하면 자기가 더 이상 파고 들어가는 걸 거부하거나 안 들어가도 되는 이유를 찾아낸다. 상대가 있는 대화에서 상대는 내가 예측할 수 없는 질문을 할 수 있다. 타인은 나의 예상 범위 안에 있지 않다. 언제 어떻게 어떤 방식으로 치고 들어올지 전혀 예상할 수 없다. 타자로부터의 질문이 나의 생각을 파고 들어가기에 더 효과적이다.[1] 소크라테스의 논박처럼 자기 삶에 직접적인 메

1) 대화상대자에게 타자는 소크라테스가 아니다. 소크라테스도 스스로 하는 논박에 머물지 않는다. 소크라테스도 타자의 목소리를 듣고 그 목소리에 의해 깨지고, 깨진 상태에 머물러 산다. 소크라테스의 타자는 다이몬이다. 소크라테스 의식의 저변에서 교만해지거나 자신을 내세우려는 시도를 할 때마다 '그건 아니야'라고 하면서 부정하는 다이몬의 목소리가 소크라테스의 타자이다. 다이몬은 다른 사람과 대화를 하는 과정에도 항상 개입한다. 상대와의 대화과정에서도 상대의 의견을 검토하면서 그것이 성립할 수 없는 길로 나아가는 건 다이몬의 부정성이 개입하기 때문이다. 이미 깨져서 사는 소크라테스는 자신의 입장을 갖지 못한다. 그렇기 때문에 소크라테스는 자신의 입장에서 상대를 논박하지 않는다. 자신의 입장에서 논박을 하면 그건 싸움, 곧 논쟁이 된다. 그래서 대화가 끝난 후 상대가 '당신은 왜 나에게 이런 가혹한 짓을 하느냐?'고 비난하면 소크라테스는 자신이 한 일이 아니라고 한다. 같이 대화를 해놓고 자신이 상댈르 논박하지 않았다는 발뺌은 어불성설로 들릴 수 있다. 이에 따라 소크라테스의 이런 태도를 소크라테스적 아이러니, 소크라테스의 교활함이라고 평가한다. 그렇지만 이는 소크라테스 자신이 상대를 논박하지 않았다는 걸 의미한다. 곧 자신의 입장에서 상대를 패퇴시키지 않았다는 걸 의미한다. 자신도 이미 논박당한 상태, 곧 깨져서 살기 때문에 상대를 패퇴시킬 만한 자신의 입지가 없기 때문에 자신이 하지 않았다고 하는 것이다. 대화과정에는 다이몬의 부정성이 개입하여 자신의 확고한 입장을 갖고 있는 대화 상대자의 주장을 성립할 수 없는 방향으로 이끌어 간다. 곧 논박은 타자의 개입 아래 진행되는 삶에 대한 검토 방식이라 할 수 있다. 타자의 개입을 통해 전개되기 때문에 소크라테스는 자신이 한 논박이 아니라고 하는 것이며, 그에 따라서 소크라테스의 논박이 급진적일 수 있다.

스를 들이대는 검토일 경우에는 특히 그러하다. 이런 점에서 논박은 급진적인 검토, 또는 부정의 방식이 될 수 있다.

이상과 같은 특징 때문에 논박은 엄밀한 논리를 통한 삶의 검토 작업이 될 수 있다. 그래서 소크라테스가 영혼을 돌보는 작업으로 선택한 논박은 삶을 검토하는 방법이 된다. 삶을 검토하는 작업은 질문과 답변으로 이루어져 있기 때문에 정신의 심층부에서 삶을 지탱해주고 있는 근본 원리에까지 파고 들어가 검토를 하게 해준다. 이로부터 인간의 사고에 깊이가 생기기 시작한다. 생각나는 대로가 아니라 생각을 받쳐주고 있는 상위(기초)의 원리로 파고 들어가는 방식의 사유가 전개된다. 논박은 타자가 있는 대화이기 때문에 적당한 선에서 타협하지 않는다. 가장 깊숙한 곳까지 끝까지 파고 들어가 철저하게 검토할 수 있는 방법이 된다.

몇 가지 사례를 통해서 논박의 검토과정을 확인해 보자.

1. 논박의 사례

■ 『에우티프론』

주제: 경건함이란 무엇인가?

1st 경건함은 신에게 친밀한 것이다.

1-1. 신들은 서로 싸움을 하고 그들 사이에는 불일치가 있다.

1-2. 가치(윤리)의 문제-옳고 그름, 고귀함 미천함, 선함 악함-에 대해 의견의 불일치가 있을 수 있으며, 그에 따라 (인간의 영역, 신들의 영역에서) 서로에게 적이 된다.

1-3. 신들은 가치의 문제에서 서로 일치를 보지 못하는 경우가 있다. 동일한 것에 대해 어떤 신들은 옳다고 생각하고 다른 신들은 옳지 않다고 생각한다.

1-4. 같은 것이 신들에 의해 미움을 받기도 하고 사랑을 받기도 한다. 곧 같은 것이 신에게 친밀하기도 하고 신에게 미움을 받기도 한다.

1-5. 같은 것이 동시에 경건하기도 하고 불경하기도 하게 된다.

1-6. 경건함이 신에게 친밀한 것이라는 정의는 통용되지 않는다.

경건한 것은 신에게 친밀한 것이다. 그런데 같은 것을 어떤 신은 좋아하지만 어떤 신은 좋아하지 않는다. 곧 같은 것이 신에게 사랑을 받음과 동시에 미움을 받는다. 그러면 같은 것이 경건함과 동시에 불경함이 된다. 따라서 경건함은 신에게 친밀한 것이라는 정의는 맞지 않다.

2nd : 모든 신이 사랑하는 것이 경건한 것이고, 모두가 미워하는 건 불경하다.

2-1. 능동과 수동은 다르다.

2-2. 사랑하는 것(loving)과 사랑받는 것(being loved)은 다르다.

2-3. 수동적으로 움직여지는 것은 능동적으로 움직이기 때문에 움직여진다. (예를 들어 무엇인가가 보여지기 때문에 보는 것이 아니라 보여지는 것은 누군가가 보기 때문이다.)

2-4. 무엇인가가 사랑받는 것은 누군가가 그것을 사랑하기 때문이다.

2-5. 사랑받기 때문에 경건한 것이 아니라 경건하기 때문에 사랑받는다.

2-6. 신에게 친밀한 것이 사랑받는 것은 신이 그것을 사랑하기 때문이다.

2-7. 경건한 것이 사랑받는 것은 그것이 경건하기 때문이다. (그것이 사랑받기 때문에 경건한 것이 아니다.)

2-8. 신에게 친밀한 것이 신에게 친밀해지는 것은 신이 그것을 사랑하기 때문이다.
(그것이 신에게 친밀하기 때문에 신들이 그것을 사랑하는 것이 아니다.)

2-9. 경건하기 때문에 신이 사랑하고 신이 사랑하기 때문에 친밀해지는 것이다.
경건한 것이 경건해지는 건 신이 사랑하기 때문이 아니지만
친밀한 것은 신이 사랑하기 때문에 친밀해지는 것이다.
(신의 사랑과 경건함의 관계에서는 경건함이 능동적인 역할을 하지만 신의 사랑과 신에게 친밀함의 관계에서는 신의 사랑이 능동적인 역할을 하고 친밀함은 수동적인 역할을 한다.)

2-10. 신에게 친밀한 것과 경건한 것은 같지 않고, 서로 전혀 다른 것이다.

2-11. 신에게 친밀한 것과 경건함이 같다고 해보자
2-11-1 신에게 친밀한 것과 경건한 것이 같고 경건한 것은 경건하기 때문에 신에게 사랑을 받는다면 신에게 친밀한 것은 신에게 친밀하기 때문에 신에게 사랑을 받는다.
하지만 신에게 친밀한 것이 친밀해지는 건 신에게 사랑을 받기 때문이고 그것이 신에게 사랑을 받는 건 신이 그것을 사랑하기 때문이다.(2-8)

2-11-2 신에게 진밀한 것과 경건한 것이 같다면, 그리고 신에게 친밀한 것이 신에게 사랑을 받기 때문에 친밀해진다면 경건한 것은 신에게 사랑을 받기 때문에 경건한 것이 된다.
그렇지만 경건한 것이 신에게 사랑을 받는 건 그것이 경건하기 때문이다.(2-7)
따라서 신에게 친밀함과 경건함은 같지 않고 서로 다르다.(2-10)
반면에 신에게 사랑받는 것은 신이 사랑하기 때문에 사랑스럽다고 할 수 있는 것이다. 따라서 신에게 친근한 것(모든 신이 사랑하는 것)과 경건함은 전적으로 다르다고 할 수 있다.

경건함은 모든 신이 사랑하는 것이라는 정의는 신에게 친밀한 것이라는 정의를 반박하는 반론에 의해서 반박되지 않는다. 곧 앞의 정의보다 튼튼한 정의이다. 그리고 이 정의는 에우티프론의 1단계 정의를 가능하게 하는 상위의 원리이다.

에우티프론의 시도가 무산되는 건 에우티프론이 생각하고 있는 경건성이 신과의 연관관계 가운데서 적당한 입지를 차지하지 못하기 때문이다. 에우티프론이 생각하는 경건성은 신이 경건한 것을 사랑하게 하는 원인의 역할을 한다. 곧 경건하기 때문에 신이 사랑하지 신이 사랑하기 때문에 경건해지는 것이 아니다. 에우티프론은 자신의 행위가 경건하다고 할 경우, 신이 자신의 행위를 승인하는 것으로 만들고자 한다. 곧 자신의 행위가 자신이 생각하는 경건함과 맞아떨어지는데 그걸 신에게 친밀한 것으로 정의하고자 하는 건 자신의 행위를 신에게 승인받고자 하는 마음을 표현하고 있다. 그러나 경건함은 신의 사랑의 원인이나 이유가 되고 신에게 친밀함은 신의 사랑이 원인이나 이유가 된다. 곧 경건함과 신에게 친밀함은 아무 연관 없고 서로 다른 것이다. 이는 에우티프론이 자신의 행위의 정당성을 신에서 찾고자 하는 시도가 무산되었음을 보여준다.

이 단계를 거치면 에우티프론은 말문이 막힌다.

> 소크라테스! 나는 당신에게 내가 생각하는 바를 어떻게 말해야 할지 모르겠습니다. 어떤 진술을 내놓든 그것은 이리저리 배회해서 원래 우리가 그것을 위치시켰던 곳에 머물러 있으려 하지 않기 때문입니다.

이후 소크라테스는 에우티프론을 도와 에우티프론이 마음 속에 품고 있는 경건함에 대한 정의를 도출해준 다음 그것을 다시 논박한다. 더 이상 답변할 수 없다는 것은 자신이 갖고 있는 생각을 의식적으로 표현할 수 없다는 것이다. 곧 생각 깊은 곳에 자신이 이끌어낼 수 없는 전제가 있는지 어떤지는 모른다. 이에 소크라테스가 에우티프론을 도와 이를 끌어내어 답하게 하여 에우티프론의 지금 답을 가능하게 하는 자신도 모르는 전제를 찾아 검토한다.

3rd 정의 : 경건함은 신에 대한 관심과 관련된 옳은 것이다.

3-1. 신에 대한 관심이란 신에 대해 배려하는 기술(therapeia)이다.
3-2. 배려(돌봄)란 행위의 대상을 이롭게 하려는 목적을 갖는다.
3-3. 돌봄을 받는 대상은 그 이전보다 나아지게 된다.
신을 더 나아지게 한다는 건 말이 되지 않는다.
3-4. 신에 대한 관심이라고 할 때의 관심은 종이 그들의 주인에게 보여주는 관심과 같은 것이다.
3-5. 신에 대해 봉사하는 기술은 신에게 기도하고 봉헌하는 일이다.
- 봉헌하는 건 신에게 주는 것이고, 기도하는 건 신에게 요청하는 것이다.
3-6. 경건함이란 주고 요청하는 앎이다. 신에 대한 봉사는 신으로부터 받고 신에게 주는 것이다.
3-7. 신에게 받는 것은 인간이 필요로 하는 것이 있다는 것이고, 준다는 건 신이 필요로 하는 것이 있다는 걸 의미한다.
3-8. 신에 대한 봉사란 결국 신과 인간 사이의 거래이다.
3-9. 신에게 우리가 무엇인가 줄 것이 있어야 거래가 성립하는데 그럴 수는 없다.

신과 인간 사이의 관계를 정립할 때는 인간이 신에 대해 맺는 관계가 있고, 신이 인간에 대해 맺는 관계가 있다. 소크라테스는 인간이 부족하기 때문에 신으로부터 무언가를 받아야 하는 존재라는 점에 대해서는 문제를 제기하지 않는다. 소크라테스가 문제 삼는 건 인간이 신에 대해 관심을 갖고 배려한다거나 신의 부족한 점을 채워줄 수 있다는 점이다. 에우티프론의 경건함의 정의에는 자신이 신에게 바치는 공헌, 봉사, 배려를 통해 신이 필요로 하는 것을 제공함으로써 신이 자신을 기꺼워할 것이라는 생각이 포함되어 있다. 다른 사람들은 신에 대해 관심이 없어서 신이 필요로 하는 걸 모르지만 자신은 신에 대해 누구보다도 잘 알기 때문에 신이 필요로 하는 걸 채워줄 수 있다고 생각하고 있는 것이다.

4th: 경건함은 신들에게 고귀한 것이다.

(3-5. 신에 대해 봉사하는 기술은 신에게 기도하고 봉헌하는 일이다.
- 봉헌하는 건 신에게 주는 것이고, 기도하는 건 신에게 요청하는 것이다.
3-6. 경건함이란 주고 요청하는 앎이다. 신에 대한 봉사는 신으로부터 받고 신에게 주는 것이다.
3-7. 신에게 받는 것은 인간이 필요로 하는 것이 있다는 것이고, 준다는 건 신이 필요로 하는 것이 있다는 걸 의미한다.
3-8. 신에 대한 봉사란 결국 신과 인간 사이의 거래이다.
3-9. 신에게 우리가 무엇인가 줄 것이 있어야 거래가 성립하는데 그럴 수는 없다.)

4-1. 우리는 신에게 영광과 찬양을 줄 수 있다.
4-2. 경건함이란 신들에게 소중하며 이로운 것이다.
4-3. 경건함이란 신들에게 소중한(귀한) 것이다.
4-4. 신들에게 소중한(귀한) 것이란 신에게 친밀한 것이다.
그런데 우리는 두 번째 논증에서 경건함과 신에게 친밀한 것은 서로 (완전히) 다르다고 말한 바 있다.
따라서 신에게 경건함이란 신에게 소중한(귀한) 것이란 정의도 통용되지 않는다.

넷째 논증은 두 번째 논증으로 환원된다. 결국 에우티프론은 아버지를 불경죄로 고소하는 자신의 행위가 신에 의해 보장받을 수 있다는 확신을 갖지 못하고 대화편은 종결된다.

■ 라케스

주제: 용기란 무엇인가?

1st 용기란 정신의 인내력이다.

용기는 고귀한 것인가? 그렇다.

지혜로운 인내는 선하고 고귀하지만 어리석은 인내는 해롭고 미천하지 않을까?

따라서 용기를 정신의 인내력과 동일시할 수는 없다.

2nd 용기는 현명한 인내이다.

어떤 사람이 지금의 소비가 나중에 큰 이득이 되리라는 것을 알기 때문에 지금의 소비를 현명하게 참고 있다면 그를 용기 있다고 할 수 있을까?

환자가 폐렴 때문에 고통을 받으면서 먹거나 마실 것을 요구할 때, 단호하고도 참을성 있게 거절하는 의사를 용기 있다고 할 수 있을까?

전쟁터에서 자신이 더 유리한 진지를 차지하고 있으면서 다른 사람이 자신을 도우러 올 것과 적이 자신보다 약하고 수적으로 열세가 될 것임을 현명하게 계산해서 싸울 의사가 있음에도 참는 사람이 그에 대항해서 싸우는 적보다 더 용감하다고 할 수 있을까?

현명하게 참고 있는 걸 용기라고 말할 수 없다.

라케스는 앞의 에우티프론과 마찬가지로 다음처럼 고백한다.

내 입장에서 나는 (이 탐구를) 중단하지 않고 계속할 준비가 되어 있네. 소크라테스! 그러나 나는 이런 종류의 논의에는 익숙지 않네. 그렇지만 나는 이제까지 이야기된 바를 열정적으로 듣고자 했고, 그래서 나 자신이 내가 생각한 바를 당장 말할 수 없어서(*εἰ οὑτωσὶ ἃ νοῶ μὴ οἷός τ᾽ εἰμὶ εἰπεῖν.*) 진실로 짜증스럽고 혼란스럽네(*ἀγανακτῶ*). 나는 용기가 무엇인지에 대해서 알고 있는 것처럼 생각되어지지만 어쩐 일인지 금방 그것(용기)이 나로부터 달아나서 알 수 없게 되네. 따라서 나는 그것을 말로써(*τῷ λόγῳ*) 묶어둘 수 없으며(*μὴ συλλαβεῖν*) 그것이 무엇인지를 말할 수 없게 되네.

■ 『카르미데스』

주제: 절제란 무엇인가?

1st 절제란 침착함이다.

절제란 고귀한 것인가? 그렇다

글쓰기나 읽기, 수금타기, 레슬링, 격투기와 같은 육체적 운동이나 배우기, 가르치기, 기억, 이해력과 같은 정신이나 영혼의 행위에서 기민함과 침착함(굼뜸) 중 어떤 것이 더 고귀하다고 평가를 받을까?

기민함이다.

그러면 기민함은 고귀하나 굼뜸은 고귀하지 않게 된다. 침착함은 고귀한 것이 될 수 없다.

따라서 절제를 침착함이라고 보는 건 맞지 않다.

2nd 절제는 부끄러움을 아는 마음이다.

그것이 고귀하기도 하고 선한 것이기도 한 것인가? 그렇다.

자네는 "부끄러움을 아는 마음이 욕심 많은 사람에게 출현하는 것이 '좋지 않다'"고 한 호머의 말을 믿는가? 그렇다.

그러면 부끄러움을 아는 마음은 좋으면서 좋지 않기도 하다. 부끄러움을 아는 마음이 어떤 사람에게 좋지 않기 때문에 그것은 좋지 않을 수 있다. 따라서 그것은 절제라고 할 수 없다. 절제는 좋은 것이고 부끄러움을 아는 마음은 좋으면서 좋지 않기 때문이다.

소크라테스여! 나는 내가 그것(절제)을 지니고 있는지도 그렇지 않은지도 알 수 없습니다.

이상의 대화편은 소크라테스의 논박이 비교적 성공한 사례라고 할 수 있다. 논박이 말만의 검토가 아니고 상대의 삶을 검토하기 때문에 저항이 없을 수 없고, 감정적인 충돌이 일어나는 경우도 많다. 논박이 언제나 성공할 수는 없다. 플라톤의 대화편을 읽어보면 실패하는 논박이 많다. 그 중에서도 소피스트들과의 대화는 논리적으로 여러 가지 생각할 거리를 제공한다. 앞에서 살펴본 프로타고라스의 논쟁술의 논리와 고르기아스의 설득의 논리에 어떻게 대응하고 있는 지를 살펴보자.

■ 『프로타고라스』

1. 아테네인들은 현명하다.
2. (따라서 그들의 판단은 참으로 받아들여진다.)
3. 아테네인들은 가르칠(가르쳐질) 수 있다고 생각하는 모든 주제들에 관해서는 오직 전문가들만이 이야기할 수 있다고 생각한다.(전문가들에게만 발언의 기회를 준다.)
4. 국가운영의 문제에 관해서는 모든 시민들이 이야기할 수 있다고 생각한다.(모두에게 발언 기회를 준다.)

   소수의 전문가들만이 갖추고 있는 기술을 배우는 건 얼마든지 가능하다.(기술만이 배울 수 있는 것이다.) 모든 사람들이 다 인간적 덕에 관해서는 자기 의견을 개진할 수 있으며 이를 대부분의 사람들이 수용하고 있는 걸 보면, 인간적인 덕(시민적 덕)은 소수의 전문가들만이 갖추고 있는 기술(전문적 기술)이 아니다. 따라서 인간적인 덕(시민적 기술)은 가르칠 수 있는 것이 아니다.

   (당신들은 시민적 기술을 가르칠 수 있다고 생각하며(스스로를 시민적 기술에 관한 전문가라고 생각하면서) 이를 사람들에게 돈을 받고 가르치고 있는데, 그에 관한 정당한 근거가 무엇인가? 시민적 기술이 모든 사람들이 공유하고 있는 것이라면 그건 전문적 기술이 아니고, 그걸 배울 필요가 없는 것이다. 가르칠 수 없는 것이기에.)
5. 3과 4에 의해서 아테네인들은 국가 운영의 기술을 가르칠(가르쳐질) 수 없다고 생각한다.

   (단 모든 아테네인들이 전문기술자라는 가정을 배제한다는 전제 아래서).
6. 2와 5에 의해서 국가 운영의 기술은 가르칠(가르쳐질) 수 없다.

이상의 논증에서 소크라테스는 기술적인 것들만 배우고 가르칠 수 있다는 전제를 갖고 있다.

이에 비해 프로타고라스는 시민적 덕도 가르칠 수 있으며 그에 관해서는 자신이 뛰어나기 때문에 자신이 잘 가르칠 수 있다고 주장한다. 결국 소크라테스와 프로타고라스는 덕을 가르칠 수 있느냐를 놓고 대화를 전개해간다.

> 小: 아테네인들은 국가 운영(경영) 방안에 관해서는 전문가가(기술자가) 없다고 생각한다.
>
> 프: 아테네인들을 비롯한 모든 사람들은 모든 시민들이 국가운영 방안에 대해 전문가라고 생각한다.
>
> 小: 오직 전문적인 기술만을 가르칠 수 있다.
>
> 프: 시민적인 기술도 전문적인 기술이다. 따라서 시민적인 기술도 가르칠 수 있다.
> 모든 사람이 시민적 덕을 발현할 수 있는 잠재력을 갖고 태어났기 때문에 모두가 전문가라고 할 수 있는 것은 아니다. 곧 모든 사람이 정의, 경건, 용기, 절제, 지혜와 같은 시민적 덕을 갖춘 전문가가 될 소질을 잠재적으로 갖고 있지만 그것이 애초부터 모든 사람에게 발현되어 있는 건 아니다. 따라서 그 소질을 발현시킬 수 있도록 교육을 받아야 하는데 거기에는 내가 적임자이다.

소크라테스는 이상과 같은 프로타고라스의 주장의 내용에 대해서는 반론을 제기하지 않는다. 다만 그는 프로타고라스가 제시한 덕들이 같은 것인지 다른 것인지를 물으면서 대화를 덕의 단일성 주제로 몰아간다.

1. 개별 덕들은 수적으로 서로 구분된다.(각기 하나의 덕이다.)
2. 개별적인 덕은 자기만의 고유한 기능(능력)을 갖추고 있다.
3. 어떠한 덕도 자체로나 그 기능에 있어서나 서로 닮아 있지 않다.

4. 정의란 어떤 것(something)이다.(아무것도 아닌 것(nothing이 아니다.)
5. 정의로운 것(to dikaios, the justice)은 정의롭다.
6. 정의란 정의로운 종류의 어떤 것이다.
7. 경건함은 어떤 것이다.
8. 경건한 것은 경건하다.
9. 경건함은 정의로운 어떤 것이 아니다.(from 3&5)
10. 정의로움은 경건하지 않은 어떤 것이다.(from 3&8)
11. 정의로움은 불경한 것이다.(from 10)
12. 경건한 것은 정의롭지 않은 어떤 것이다.(from 9)
13. 경건한 것은 부정의이다.(from 12)
14. 정의는 불경한 어떤 것이다.(from 11)
15. 정의는 경건한 것이고, 경건함은 정의로운 것이다.
16. 따라서 정의와 경건함은 서로 닮아 있다.(reductio ad absurdum 3이 논박됨)

1. 지혜는 어리석음(asophrosyne)의 반대이다.(332a4-6)
2. 정신의 건전함(차분함)은 어리석음의 반대이다.
3. 각각에 대해 대립적인 것은 하나밖에 없다.
4. 따라서 지혜와 정신의 건전함은 같은 것이다.

1. 용기 있는 사람들은 과감하다(daring).
2. 덕의 모든 부분은 좋은 어떤 것(something fine)이다.
3. 지식이 있는 사람은 없는 사람보다 더 과감하다.
4. 과감하지만 지식이 없는 사람은 미친 것이고, 이는 부끄러운 상태이다.
(5. 따라서 과감하지만 지식을 결여하고 있는 상태는 탁월함의 부분이라고 할 수 없다.)
6. 따라서 과감하지만 지식이 없는 사람은 용기 있는 사람이 아니다.
(용기는 덕의 부분이라는 게 인정됐기 때문에)
7. 가장 지혜로운(지식이 있는) 사람은 가장 과감하며 그에 따라서 가장 용기가 있는 사람이다.
8. 따라서 용기는 지혜이다.

프: 용기 있는 사람은 과감하다고 할 수 있지만 과감한 사람이 용기 있는 사람이라고 말할 수 없다. 용기 있는 사람이 과감하다(과단성 있다) 용기 있는 사람은 지식을 갖추고 있을 때 더 과감하다. 지식을 갖고 있지 못한 사람은 과감하지 못하다. 따라서 용기는 지혜이다.
프로타고라스의 반박은 용기는 고귀하지만 과감함은 고귀할 수도 있고 그렇지 않을 수도 있다는 전제에서 시작함

소: 만족할 만한 삶에 즐거움(쾌락)이 기여하는 바 즐거운 건 좋은 것이고 고통스러운 것은 나쁜 것인가?
프: 즐거운 것들 중에서 좋지 않은 것이 있고, 고통스러운 것 중에서 나쁘지 않은 것이 있고, 나쁜 것이 있으며, 고통스러운 것들 중 좋지도 나쁘지도 않은 것이 있다.

줄거움 = 좋음이냐는 소크라테스의 물음에 프로타고라스는 즐거운 것이 좋을 수도 있고 나쁠 수도 있으며, 고통스러운 것이 좋을 수도 나쁠 수도 있다고 말한다. 이런 답변 방식은 소크라테스가 받아들일 수 없는 방식이다. 이런 전제는 논박이 불가능하기 때문이다. 이렇다고 하면 저런 경우를 들어 논파하고 저렇다고 하면 이런 경우를 들어 논파해야 하는데, 이럴 수도 있고 저럴 수도 있다고 하는 건 논파 불가능하다. 논박 불가능한 삶의 태도인 것이다. 이에 소크라테스가 그럼에도 즐거운 것 자체는 좋은 것 아니냐고 묻자 프로타고라스는 과연 즐거움 = 좋은 것인지 즐거움이 때로는 좋고 때로는 나쁜 것인지에 대해 검토하자고 달려든다.

이 주제를 놓고 대화가 소크라테스와 프로타고라스의 싸움으로 변질될 가능성이 있지 소크라테스는 프로타고라스에게 함께 한편이 되어 제 3자들이 질문하는데 대해 답을 하는 방식으로 대화를 이끌어간다. 곧 프로타고라스와 싸움을 하는 방식으로 대화를 하지 않는다.

소&프: 지식이 인간 행위를 결정하는데 충분하다고 생각

사람들: 무엇을 해야 할지 알지만 쾌락, 고통, 두려움 등 때문에 그 지식에 따라서 행동하지 못하는 경우가 있음.

소&프: 일반 사람들이 그렇게 행동하지 못하는 경우가 있는데, 이는 용기-지혜의 관계에 관한 우리의 논의에 시사점이 있음.

사람들은 자체로 확실하게 즐거운(쾌락을 주는) 것이거나 즐거운 것을 획득하는 수단일 경우에 한해서 그것을 선한 것으로 생각한다. 사람들은 자체로 확실하게 즐겁지 않은(쾌락을 주지 않는) 것이거나 뭔가 즐겁지 않은 결과를 낳는 것에 대해서 그것을 악한 것으로 생각한다. 쾌락에 굴복한다고 본다는 건 어떤 행위를 좋지 않다고 생각하는 것이며, 이는 즐겁지 않은 결과를 낳는(결과론적으로 안 즐거운) 바람직하지 못한 것을 알면서 행위하는 걸 의미한다.

이는 쾌락이나 즐거움을 측정하는데 실패했음을 의미(곧 모르고 행위한 것임.)

따라서 알면서 의도적으로 잘못을 범하는 건 가능하지 않음

일반적으로 사람들은 쾌락주의적 판단 양식을 갖고 있으며, 이에 따르면 모든 잘못된 행동은 무지 또는 실수에 기인한다. 특히 행위의 쾌-불쾌를 측정하는 적합한 기술이 없기 때문으로 판단됨.

이를 용기의 문제에 적용해보면, 비겁한 행위는 행위의 쾌-불쾌 결과를 잘못 측정했기 때문에 나타남. 결국 용기는 두려워해야 할 것과 그렇지 않은 것을 판단하는 지혜와 같은 것으로 판명됨

(이는 지혜롭지 않은 사림도 굉장히 용감할 수 있다는 프로타고라스의 주장과 배치)

⇒ 이런 논의는 용기-지혜와 연관된 처음 논증의 결함(349e-350c)을 보충해줌

여기서 지혜와 용기가 같다는 주장을 더 이상 주장하지 못한 것은 기술적 전문가로서의 지혜 개념이 부적합하기 때문에(지혜=전문가적 기술이라면 논증이 더 이상 성립되지 않음)

그런데 지식이 무엇을 추구하고 무엇을 피해야 하는 것에 관한 지식이라면 (즐거움-괴로움과 연관해서 분석된 지식의 개념으로 대치하면) 논증의 결함이 치유가 됨.

⇒ 이렇게 보면 쾌락 논의는 앞 논증의 연속선상에서 볼 수 있게 됨.

소&프: 지식보다 더 강한 것은 없다. 지식은 쾌락이나 그 외의 다른 것에 비해 우위에 선다.

사람들: 사람들은 종종 쾌락에 굴복하여 알고 있음에도 악을 행하는 경우가 많다. 이런 경우가 있음에도 그렇지 않다고 한다면 도대체 쾌락에 굴복한다는 건 무엇인가?

소&프: 사실 그건 무지하기 때문에 생기는 현상이다.

사람들: 우하하 그렇게 말하는 건 웃기는 일이다.

소&프: 사람들이 쾌락과 고통을 선택함에 있어서(선과 악을 선택함에 있어서) 실수를 하는 건 지식에 결함이 있기 때문이다. 그리고 지식이 부족하기 때문일 뿐만 아니라 측정술(metretike)에 대한 지식이 부족하기 때문이라고 할 수 있다. 그리고 지식 없이 범해지는 잘못된 행위는 무지 때문에 일어나는 것이다. (실수가 무지 때문이라고 하는 우리의 주장에 당신들이 비웃는다면 당신들 스스로를 비웃는 꼴이 되는 것이다.) 따라서 쾌락에 굴복한다는 건 최고도로 무지하다는 걸 의미한다.

소: 즐거운 것은 좋은 것이고 고통스러운 것은 나쁘다. 고통 없이 즐겁게 살고자 하는 행위는 영예로운 일이고, 영예로운 일은 선하고 유익하다. 즐거운 것이 선한 것이라면, 지식을 갖고 있는 사람이거나, 자신이 현재 하고 있는 행위보다 다른 행위가 더 좋다고 생각하는 사람이라면 더 나은 행위를 선택할 수 있는 자유가 있음에도 지금처럼 악행을 하지는 않을 것이다.

이렇게 스스로에게 굴복하는 건 무지에 불과한 것이고 스스로를 극복한다는 건 분명 지혜라고 할 수 있다.

- 무지란 거짓된 의견을 갖는다는 것이고 가치(중요성)의 문제에서 속는다는 걸 의미한다.
- 누구도 고의로(자발적으로) 악(또는 악이라고 생각하는 것)을 추구하지 않는다. (이렇게 하는 건 인간 본성에 속하는 일이 아니다. 곧 선한 것보다 악하다고 생각하는 걸 더 추구하는 건 인간이 할 짓이 아니다.)
- 악한 것들 가운데 하나를 선택해야 한다면 보다 큰 악을 선택하지 않는다.
- 두려움이나 공포가 있고, 이것들은 악을 예견하는 데서 생긴다.
- 악으로 간주되는 걸 의도적으로 추구하거나 수용하지는 않는다.
- 이럴 경우, 다섯 가지 덕이 있는데 나머지 것들은 유사하다고 하더라도

용기는 다르다고 하는 프로타고라스의 주장은 어떻게 되나?
- 용기 있다는 건 과감함(bold)이며 더 나아가 행위에 옮길 적극성이 있음.

결론: 용기는 지식이다.
⇒ 개별적인 덕은 다 같다고 말할 수 있다.
⇒ 지식은 가르칠 수 있으며, 지식과 덕이 같다면 덕은 가르칠 수 있다.

프로타고라스 편은 우스꽝스럽게 마무리된다. 처음에 소크라테스는 『시민적 덕』을 가르칠 수 없다고 하고, 프로타고라스는 덕을 가르칠 수 있다고 주장함으로써 대화가 시작된다. 그런데 최종적으로는 지식과 나머지 덕들이 모두 같은 것이라는 결론에 도달한다. 덕들이 지식이라면 지식이야말로 가르치고 배울 수 있는 것이기 때문에 덕은 가르칠 수 있다는 결론에 도달하게 된다. 그런데 문제는 프로타고라스는 덕이 지식과 다르다는 걸 입증하려고 했고 소크라테스는 덕이 지식과 같다는 걸 보이려고 했다. 곧 대화의 와중에는 최초 입장과 반대되는 주장을 입증하려고 한 것이다. 전체 대화의 과정은 덕을 가르칠 수 없다는 소크라테스의 입장에 반하는 방식으로 결말이 나는데, 대화의 와중에는 프로타고라스는 소크라테스의 입장을 살리려고 했으며 소크라테스는 스스로를 반박하고 프로타고라스의 입장을 지지하는 대화를 이끌어 간다. 결국 대화는 상호 검토의 형식을 띤다. 양자 모두가 깨지는 대화가 된 것이다. 결국 승패가 없는 대화로 끝이 난 것이다. 이긴 자가 없이 모두가 논박당하는 대화에서는 이미 논박당한 상태에 있는 사람, 곧 스스로의 무지를 자각한 사람은 결론을 받아들이는데 큰 무리가 없다. 두 사람 모두가 논박을 당했다면 자기 입장을 갖고 있는 사람은 실제로 논박을 당한 것이다. 소크라테스가 이야기한 것처럼 자신은 상대를 논박하고 자신을 세운 것이 아니고 이미 논박당한 상태에서 상대가 논박을 당하지 않을 수 있는 지를 검토해본 것이다. 곧 자신의 논박당한 상태를 전염시킨 것이다.

이런 방식으로 소크라테스는 프로타고라스의 논쟁의 논리를 벗어난다.

■ 『고르기아스』

고르기아스와의 대화

1. 수사술은 설득을 통해 군중 앞에서 어떤 주제에 대해서든 설득력 있는 자로 만들어줄 수 있다.
2. 수사술은 지식 없는 사람들 앞에서 지식 없는 믿음을 심어주는 설득의 기술이다.
3. 수사가는 전문지식을 가진 장인들보다 뛰어난 설득력을 발휘한다. 곧 수사가가 해당 분야의 전문 지식을 꼭 가져야만 하는 건 아니다.
4. 수사술은 잘 사용하는 사람과 잘못 사용하는 사람 때문에 문제가 생기는 것이다. 수사술 자체는 순수한 기술로서 그것 자체를 비난해서는 안 된다.
5. 해당되는 기술을 배운 사람은 그 분야에 능통한 사람이 된다. 목공을 배운 사람은 목공에 숙달된 사람이 되며, 피아노를 배운 사람은 피아니스트가 된다.
6. 수사가는 정의에 관한 지식을 갖고 있는 사람이며 따라서 그에게 수사술을 배운 사람은 정의로운 사람이 된다.
7. 수사술을 배운 사람은 수사술을 잘못 사용할 가능성이 없다.
8. 따라서 수사술에 문제가 없다면 잘못 사용할 가능성은 없다.

고르기아스가 수사술은 정의와 무관한 가치중립적인 기술로서 사람의 마음을 움직이는 기술이라고 하면 논박당하지 않는다. 고르기아스는 이중적인 입장을 갖고 있다. 곧 한 편으로는 약육강식의 현실세계관을 갖고 그 안에서 살아가기 위해서는 강제력을 발동하는 설득을 통해서 다른 사람의 마음을 바꿔서 자신이 원하는 바를 관철하는 걸 당연하다고 생각한다. 그리고 설득이 그와 같은 강제력을 발휘할 수 있다고 믿는다. 그런데 다른 한편으로는 헬렌에 대한 찬사에서 볼 수 있는 것처럼 설득을 통해서 헬렌이 불륜을 저질렀다면 그건 헬렌이 잘못한 것이 아니라 설득을 한 사람이 잘못이라고 본다. 또한 파리스가 폭력으로 헬렌을 납치해갔다면 비난받을 사람은 헬렌이 아니라 파리스라고 한다. 약육강식, 강약부동의 세계에서 강자가 자신의 의지에 따라 약자를 통제하고 지배하는 건 지극히 당연하다고 할 수 있다. 그럼에도 그는 그런 힘을 행사하는 자가 정의롭지 못하다고 본다. 이런 점에서 고르기아스는 이중적이다.

위 논증에서도 수사술은 강자가 활용하는 약자 지배 기술이기 때문에 정의-부정의를 따질 필요가 없다고 하면 논박은 성립하지 않는다. 그런데 소크라테스는 이런 이중성을 파고 들어 고르기아스의 비일관성을 드러냄으로써 논박한다.

이어지는 폴로스와 칼리클레스와의 대화는 이런 약점을 이용하는 소크라테스의 대화법을 비판하면서 전개된다.

폴로스와의 대화

불의를 당하는 것보다 행하는 것이 더 바람직하다.

1. 수사술은 기술이 아니라 능숙하게 취향에 맞추어 즐거움을 주는 술수이다.
2. 수사술은 진실을 위장하여 속임으로써 사람들의 취향에 맞춰 따라오게 하는 술수로 추한 것이다
3. 사람들의 행위는 목적을 추구한다.
4. 세상에는 좋은 것, 나쁜 것, 좋지도 않고 나쁘지도 않은 것이 있는데 사람들은 좋은 것을 행하기 위해 수단을 선택한다.
5. 사람들은 나쁜 것이나 좋지도 않고 나쁘지도 않은 것이 아니라 좋은 것을 원한다.
6. 행위의 목적이 자신에게 이로운 것은 행하고 그렇지 않은 것은 행하지

않는다.

7. 자신이 원하는 것과 좋은 것은 다른 것이다.
8. 원하는 것을 행한다고 해도 좋은 것을 전혀 행하지 않을 수도 있다. 원하는 것을 마음대로 행한다고 할 때에는 거기에 살해, 추방, 약탈 등이 포함될 수 있는데 그것들은 전혀 좋은 것이 아니다.
9. 불의를 저지르는 것이 더 수치스러우며 그것이 더 나쁜 것이다.

폴: 불의에 대한 처벌을 받지 않으면 행복하고 처벌을 받지 않으면 행복하다.

1. 정의로운 것들은 그것이 정의롭다고 모두 훌륭한 것은 아니다.
2. 누군가 무엇을 자행했다면 당하는 자가 있다.
3. 누군가 무언가를 강하게 행했다면 당하는 사람도 강하게 당한다.
4. (벌에 대한) 대가를 지불하는 건 받는 것이며 가하는 자는 벌주는 자이다.
5. 올바르게 처벌하는 자는 정당하게 처벌하는 것이며 그 행위는 정당하다.
6. 처벌 받는 자가 대가를 지불하는 건 정당한 일을 겪는 것이다.
7. 정당한 것은 아름다운 것이다.
8. 처벌하는 사람은 아름다운 것을 행하는 것이고, 처벌 받는 쪽은 아름다운 것을 겪는 것이다.
9. 아름다운 것은 좋은 것이다. 곧 유익한 것이다.
10. 대가를 치르는 것은 좋은 것을 겪는 것이다. 따라서 그는 유익하게 된다.

칼리클레스는 소크라테스의 주장이 현실과 동떨어져있다고 한탄을 한다. 칼리클레스에 따르면 인간사회의 관습과 자연상태는 전적으로 대립된다. 법은 약자들을 보호하는 장치이다. 법에서는 많이 가지는 것을 부정하고 수치스러운 것으로 본다. 자연세계에서는 강자가 약자를 지배하고 많이 갖는 것이 정의이다.

칼리클레스와의 대화

칼: 강한 자가 약자들의 것을 강제로 취하고, 훌륭한 자가 못난 자들을 다스리며, 뛰어난 자가 열등한 자보다 많은 몫을 차지하는 것이 정의이다. 강한 것이 훌륭하고 선한 것이고 약한 것은 저열하고 악한 것이다.

더 훌륭하고 분별 있는 자가 하찮은 자들을 다스리고 그들보다 많이 갖는 것이 자연에 따른 정의이다.

훌륭한 자는 나라 일에 분별 있고 용감한 자이며, 그가 열등한 자들보다 더 많이 갖는 것이 정의이다.

훌륭한 자는 욕구를 최대한 만족시키는 자이다. 욕구를 최대로 충족시키는 것이 훌륭한 것며 욕구를 억압당하는 삶은 노예와 같은 삶이다.

훌륭한 자, 강한 자는 분별력과 용기를 가지고 욕구를 최대한 충족시키는 자이다.

절제와 정의는 약자의 덕이다.

강자에게는 방탕, 무절제, 자유분방함이 덕이자 행복이다.

소: 욕구는 밑 빠진 독과 같아서 절대로 다 채울 수 없다. 채우면 채울수록 더 허전해지는 것이 욕구이다.

논박

1. 쾌락 중에는 좋은 쾌락도 있고 나쁜 쾌락도 있다.

칼: 쾌락은 다 좋은 것이다.

2. 쾌락과 지식은 다르다. 용기도 쾌락과 다르다.

3. 지식과 용기는 서로 다르며 좋은 것과도 다르다.

4. 쾌락과 좋은 것은 다르다.

첫째 논증

1) 좋은 행동과 나쁜 행동은 서로 대립된다.

2) 상반된 것들을 동시에 행하거나 겪을 수 없다.

- 동시에 건강하면서 아플 수는 없다.

3) 쾌락과 고통은 동시에 겪을 수 있다.

- 목마를 때 물을 마시면 즐겁다. 목이 마르다는 건 결핍으로서 고통이다. 고통과 쾌락은 동시적일 수 있다.

4) 쾌락-고통과 좋음-나쁨은 서로 다른 기준이다.

쾌락 = 좋음, 고통 = 나쁨이라는 등식은 성립하지 않는다.

둘째 논증

1) x를 F로 부르는 것은 x가 F라는 속성을 갖고 있기 때문이다.

(그녀가 아름답다고 하는 건 그녀가 아름다움의 속성을 갖고 있기 때문이다.)

2) 쾌락과 고통은 좋은 것에도 나쁜 것에도 함께 있다.

3) 쾌락은 좋은 것에만 있고, 고통은 나쁜 것에만 있다면 좋은 것과 나쁜 것은 동시에 좋기도 하고 나쁘기도 해야 한다. 그런데 이는 불가능하다.

5. 쾌락이 곧 좋은 것은 아니다.

칼: (말을 바꿔서) 쾌락이 다 좋은 것은 아니고 쾌락에는 좋은 것이 있고 나쁜 것이 있다.

1. 좋은(유익한) 결과를 가져오는 쾌락은 좋고, 해로운 결과를 가져오는 쾌락은 나쁘다.
2. 유익한 결과는 행위의 목적인 좋은 것의 성취를 의미한다. 해로운 결과는 행위의 목적이 나쁜 데에 가있는데 그것이 행해진다는 걸 의미한다.
3. 좋은 쾌락과 나쁜 쾌락을 가려내는 건 취향에 맞추어 즐거움을 주는 능수능란한 술수를 가진 자(수사가)가 아니라 옳고 그름을 판별할 수 있는 기술을 가진 자들의 과업이다.
4. 옳고 그름을 판별할 수 있는 장인은 대상이 질서와 균형을 갖출 수 있게끔 한다.
5. 질서와 균형을 갖출 수 있게 하는 데서 육체의 건강과 영혼의 덕, 곧 정의와 절제가 생긴다.

『고르기아스』 편에서 소크라테스 논박의 최종 목표는 칼리클레스의 주장이다. 칼리클레스의 주장은 고르기아스가 갖고 있던 상반된 두 입장 중 현실관과 연관된 것이다. 고르기아스가 염두에 두고 있는 현실은 강자가 약자를 지배하는 세상, 강자가 모든 것을 다 독식하고, 원하는 대로 휘두르는 세상이다. 곧 생존을 최대의 목표로 삼는 정글의 세계가 고르기아스가 염두에 두고 있는 현실관이다. 고르기아스가 헬렌에 관한 찬사에서 제시하고 있는 설득의 논리는 이와 같은 현실인식을 바탕으로 성립한다. 소크라테스가 논박하고 있는 설득 기술로서의 수사술의 원래 특성을 가장 잘 살려내고 있는 건 칼리클레스의 주장이다. 이에 대해 소크라테스는 궁극적으로는 강자가 희구하는 욕구의 충족, 쾌락이 좋은 것이 아니며 옳고 그름에 대한 명확한 분별력으로 균형과 질서를 유지하는 삶이 더 바람직하다고 함으로써 논박을 마무리한다.

소크라테스의 논박은 파르메니데스의 있음에 대한 절대적 정당화, 하나와 여럿이 대립할 때 어느 하나를 선택하고 나머지를 배제하는 선택 배제의 논리도 아니고, 싸움에서 이기는 것을 목표로 하는 프로타고라스의 논쟁의 논리, 현실 적응을 최대의 목표로 하는 상황논리, 강약부동, 약육강식의 현실관을 반영한 고르기아스의 설득논리를 다 벗어난다. 그의 논박의 논리는 인간의 생각 깊숙이 숨어 있는 심층적 전제를 찾아가면서 논파하고 있기 때문에 서양철학에서는 최초로 깊이 있는 사유의 선구가 된다. 소크라테스 논박은 말이나 생각을 검토하는 것에 그치지 않고 인간 삶을 검토하는, 곧 인간영혼을 돌보는 도구로서의 논리이다.

2. 플라톤의 상향추론

소크라테스를 막간에 집어넣은 것은 그의 논박을 과연 논리에 포함시킬 수 있느냐는 의문 때문이었다. 이런 의문은 플라톤에게도 적용된다. 플라톤은 고대 그리스 논리사에서 가장 중요한 인물이다. 당연히 논리사의 본류에 포함하는 것이 맞다. 이론의 여지없이 논리에 포함된다고 할 수 있는 플라톤의 사유방식은 다음 장에서 살펴보고자 한다. 플라톤은 여러 얼굴을 가진 철학자이다. 그에게는 아리스토텔레스처럼 연역논리에 해당되는 사유방식도 있고, 형식논리와는 전혀 상반되는 발상도 있으며, 형식논리학에 속하지 않는 사유에도 한 가지가 아니라 다양한 사유방식을 선보이고 있다. 그 중에서 플라톤이 아리스토텔레스와 가장 큰 차이를 보이는 사유형태가 있는 데, 이것이 상향추론이다. 이는 순수하게 형식논리적 사유가 아니라 새로운 지식을 발견하는 방법이자, 이 세계와 아데아 세계의 최종 원리라고 할 수 있는 선의 이데아(비가설적 시원)에 도달할 수 있는 형이상학적 방법이라고 할 수 있다. 이에는 플라톤의 가설의 방법(상기)과 변증술이 있는데 이는 우리가 서론적 논의에서 언급한 상향-긍정 추론에 해당한다.

소크라테스는 인간 생각의 심층부에 숨겨 있는 근본 전제를 찾아가서 논박한다. 논박에는 현재 생각의 근거가 되는 상위(혹은 심층)원리를 찾아가는 과정이 있다. 이런 점에서 논박 과정에서의 사유는 깊이가 있다. 소크라테스가 상대의 현재 생각을 받쳐주고 있는 상위(근본) 원리를 찾아가는 것은 그걸 검토하기 위해서이다. 곧 그것이 삶을 지탱해주는 확고한 원리가 될 수 있는 지를 검토하고 궁극적으로는 그것도 절대적으로 확실한 것은 아니라는 점을 밝혀낸다.2)

플라톤은 소크라테스의 제자답게 현재 주어진 생각을 받쳐주는

---

2) 소크라테스에게 모든 인간 사유에 통용되는 보편적인 상위의 원리란 없다. 그의 논박은 언제나 일대일 대화를 통해서 진행된다. 이런 점에서 일대 일 논리(man to man logic), 또는 대면 논리라고 할 수 있다. 그는 일대 다의 방식으로 대화하지 않는다. 곧 연설을 하지 않는다. 그래서 그는 웅변가나 연설가(orator)가 아니다. 나하고 마주 보고 대화하고 있는 사람의 현재 생각을 받쳐주고 있는 그 사람 생각에 고유한 상위의 원리가 있지, 에우티프론, 고르기아스. 프로타고라스, 라케스에 모두 공통적으로 적용이 되는 상위의 원리는 없다. 만약 그런 공통의 보편적인 상위의 원리가 있다면 프로타고라스를 논박하는 논리로 에우티프론도 논박할 수 있고, 라케스를 논박하는 논리로 나머지 모든 사람을 논박할 수 있을 것이다. 그러나 논박은 개인적이다. 모든 사람에게 통용되는 보편적인 논박의 방식은 없다. 이런 점에서 세상의 보편적인 원리를 찾아가는 플라톤의 상기나 변증술과는 다르다. 논박은 각 개인이 닫아걸고 있는 정신의 문을 여는 과정인데 각 개인은 자신만의 자물쇠로 문을 잠그고 있다. 그 사람의 마음의 문을 열기 위해서는 그 자물쇠에 맞는 열쇠로 열어야 한다. 곧 그 사람에게 고유한 방식으로 접근해야 된다. 모든 사람의 정신의 문을 열 수 있는 마스터 키는 없다.

상위의 원리로서의 가설을 찾아가는 방식을 제시한다. 이는 서론에서 언급한 것처럼 원인·이유론(aitiology)에서 언급된다. 여기에서 제시된 것이 가설의 방법이다. 서론적 논의에서 언급한 것처럼 이는 현재 주어진 생각을 가능하게 하는 원인이나 이유를 찾아내는 방법이다. 현재 주어진 생각을 가능하게 하는 원리를 찾아가는, 곧 발견하는 과정이기 때문에 이를 발견의 방법이라고 한다. 이 방법은 이데아를 인식하는 방법으로서 상기, 가설의 방법, 분석의 방법, 상향추론 등으로 부르기도 한다. 상향추론에는 현실세계의 이미지를 이용하여 이데아계의 질서를 찾아내는 상기(분석)와 순수하게 사유 속에서 진행되어 현실세계에 뿌리를 두고 있는 상상력을 전혀 이용하지 않는 순수사유세계에서 진행되는 변증술(dialektike)이 있다.

1) 상기: 가설(분석)의 방법

소크라테스의 논박은 무엇인가를 알고 있다고 생각하는 사람과 대화를 하여 스스로의 무지를 자각하게 하는 방법이다. 곧 덕에 관한 특정 주제, 예를 들어 경건함 등에 대해 전문가로 자처하는 사람에게 '경건함이란 무엇인가?'를 묻고 그에 대해 대화당사자가 하는 답변이 경건함에 관한 정확한 앎이 아니라는 걸 계속 밝힘으로써 과연 내가 경건함을 알고 있는지 모르고 있는 지도 모르게끔 몰아가는 방법이다. 대화당사자는 예전에는 자신이 그 주제에 대해 정확히 많이 알고 있었다고 생각했으나 이제는 자신이 그에 대해 무지하다는 걸 자각하게 된다. 논박은 알고 있다고 생각하는 사람이 모르고 있다는 걸 자각하게 하는 방법이지 무엇인가를 알게 하는 방법은 아니다. 곧 새로운 지식을 알려주는 방법은 아니다.

부정적이고 파괴적인 논박적 대화를 벗어나 새로운 지식 발견의 방법은 『메논』 편에서 제시된다. 소크라테스는 메논과 대화에서 덕에 관한 그의 무지 고백을 이끌어낸 후 이제부터는 덕의 본성에 관해서 탐구해보자고 제안한다. 이로부터 새로운 지식 발견의 방법에 관한 논의가 전개된다.

앎의 과정에는 역설이 있다. 논박 이후 아무 것도 알 수 없게 된 후 무엇을 알 수 있겠느냐는 메논의 반문처럼 모르고 있는 것은 알 수가 없으며 알고 있는 것은 알 필요가 없다. 곧 알고 있거나 알지 못하는 것에 대한 탐구는 가능하지 않다. 알고 있는 것은 알고 있기 때문에 탐구할 수 없으며, 전혀 알지 못하는 것에 대해서는 무엇을 탐구해야 할지를 모르기 때문에 탐구할 수가 없다. 이런 역설에서 빠져나오려면 완전한 무지의 상태에서 새로운 걸 알게 되는 것이 아니라 잊어버리고 있던 것을 떠올리는(상기, anamnesis) 걸 배우거나 아는 과정으로 보면 된다. 곧 사람의 정신은 주어진 주제에 대해 완전히 공집합이 아니라 알고는 있는데 잊어버린 상태이며 배우는 건 그걸 기억해내는 것이고 가르친다는 건 그걸 기억해낼 수 있도록 도와주는 과정이다. 그러면 아무 것도 알지 못하는 걸 탐구하는 것이 아니며 완전히 알고 있는 것이기 때문에 배울 필요가 없는 것도 아니게 된다.

플라톤에게 안다는 것은 상기한다는 것이다. 그는 지금은 기억하고 있지 못하기 때문에 모르고 있다. 곧 지식을 갖고 있지 않다. 그런데 잊어버린 것을 상기한다면 알게 된다. 곧 지식을 갖게 된다. 곧 새로운 지식을 갖게 되는 것이다. 인간의 영혼은 원래 천상의 이데아 세계에서 살면서 이데아에 관한 인식을 갖고 있었다. 그런데 이 세상에 태어난 육체와 결합하면서 그걸 망각하게 되었다.[3] 그런데 이 세상은 이데아 세계를 닮아 있기 때문에 세상을 감각을 통해 경험하면서 잊고 있었던 이데아에 관한 인식을 되찾게 되는데, 이것이 상기이다. 곧 상기는 이데아를 인식하는 방법이다.

『메논』의 사례를 포함하여 상기적 인식, 분석의 방법으로 알려진 새로운 지식 발견 방법의 사례를 살펴보기로 하자. 소크라테스는 기하학을 전혀 배우지 않은 노예소년을 대상으로 질문을 통해 기하학 문제를 풀고자 한다. 곧 노예소년으로 하여금 스스로 답을 찾을 수 있게끔 유도한다.

문제: 주어진 정사각형의 두 배 면적을 갖는 정사각형 찾기.

한 변이 2인 정사각형 면적의 두 배가 되는 정사각형의 변의 길이는 얼마나 될까?
소크라테스는 다음과 같은 그림을 그린다.

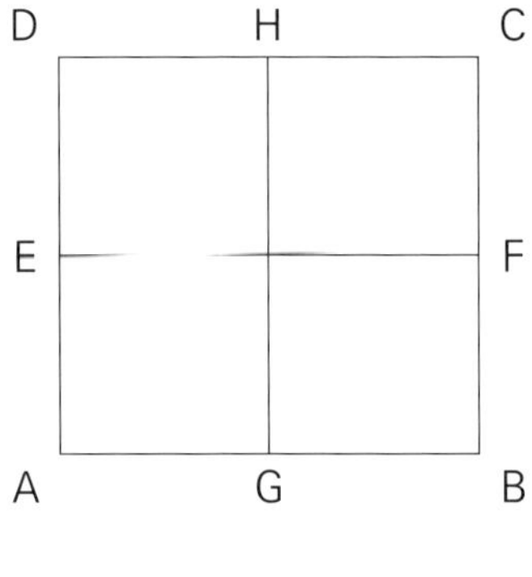

3) 인간은 육체와 결합하여 이 세상에 태어나면서 망각의 강(lethe)을 건너게 된다. 곧 모든 걸 잊게 된다. 그 망각의 덮개(lethe)를 벗겨낸(a-) 것이 사실이나 진리(a-letheia)이며, 벗겨내는 작업이 진리 인식이다.

AG가 한 칸, GB가 한 칸이니 AB는 두 칸이 되고, 마찬가지로 AD, BC, CD도 각기 두 칸이 된다. 그러면 한 변의 길이가 1인 정사각형이 네 개가 있으니 한 변의 길이가 2인 정사각형의 넓이는 4가 된다.

여기서 소크라테스는 노예소년에게 묻는다. 이 정사각형 면적의 두 배는 8이 되겠지? 곧 위의 정사각형에서 작은 정사각형이 네 개 있으니까 그런 정사각형이 8이 있어야겠지? 그렇습니다.

그렇다면 면적이 8인 정사각형의 한 변의 길이는 얼마나 될까? 이에 노예소년은 한 변의 길이가 2이니까 그것의 두 배인 4가 될 거라고 답한다. 그러자 소크라테스는 다음처럼 그린다.

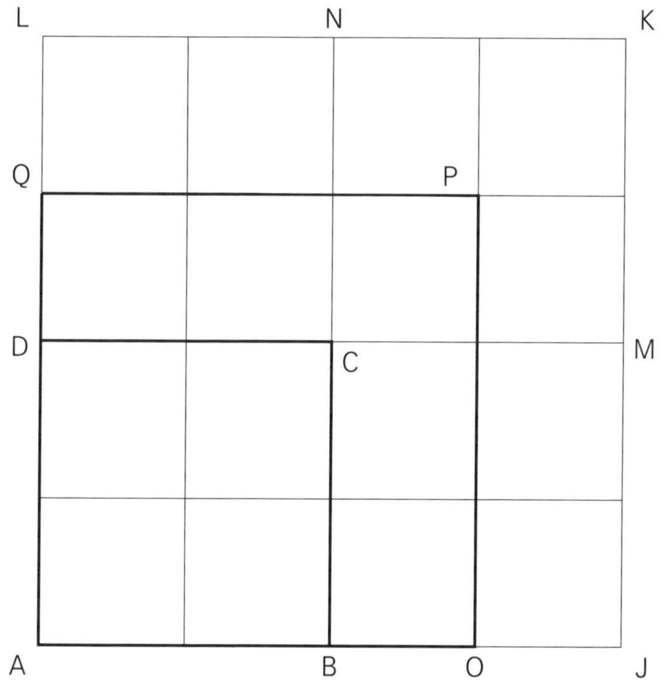

그러면 한 변(AJ)이 4인 정사각형 AJKL은 원래 정사각형 ABCD보다 4배가 큰 16개의 정사각형을 갖게 된다. 이 때 소크라테스는 구하고자 하는 정사각형 안에는 8개의 정사각형이 들어가 있어야 하는데, 그럼 그것은 한

변이 2인 정사각형보다는 크고 한 변이 4인 정사각형보다는 작은 변이어야 할 것이라는 힌트를 준다. 그러자 노예소년은 한 변이 3인 사각형이라고 답한다. 그러면 그림에서 보는 것처럼 AOPQ가 되는데 이에는 9개의 정사각형이 들어가 있다. 따라서 면적이 8인 정사각형보다 하나가 많게 된다.

다시 소크라테스는 노예소년에게 면적이 8이 되는 정사각형은 한 변이 2보다는 크고 3보다는 작아야 하지 않겠느냐고 묻고 이에 답을 해보라고 하자 노예소년은 더 이상 알지 못하겠다고 물러선다. 소크라테스는 다음과 같은 도형을 그리면서 노예소년과 함께 문제를 풀어간다.

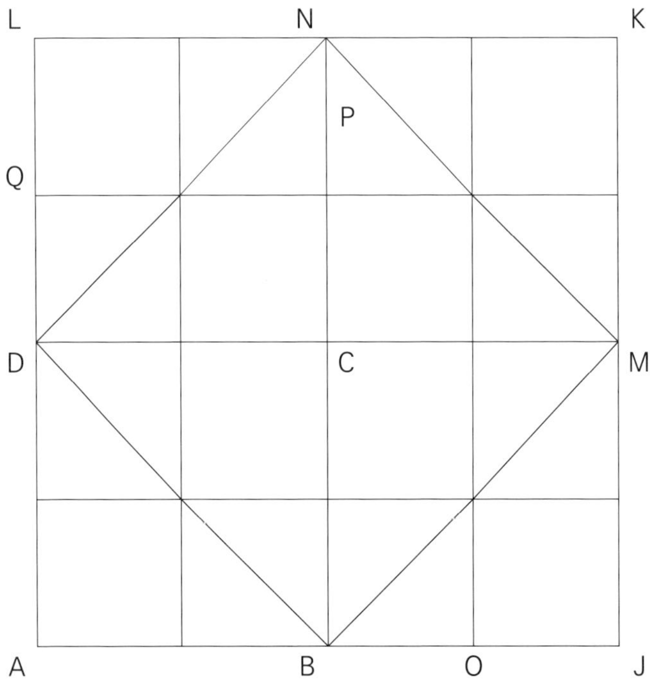

이렇게 사각형 ABCD의 대각선 BD, 사각형 DCNL의 대각선 DN, 사각형 CMKN의 대각선 NM, 사각형 BJMC의 대각선 MB를 연결해서 생기는 사각형 BMND는 면적이 16인 사각형 AJKL의 반인 8개의 정사각형을 그 안에 갖게 된다. 곧 면적이 4인 정사각형의 두 배가 되는 정사각형이 구해지는 것이다.

노예소년은 원래 사각형의 대각선을 연결해봐야겠다는 생각은 하지 못했다. 그렇지만 그는 원래 정사각형의 대각선을 한 변으로 하는 정사각형을 구하면 원래 정사각형 면적의 두 배가 된다는 것을 이해하였다.

그는 정사각형에 대한 개념도 없었고 정사각형의 면적은 한 변의 길이를 두 번 곱하면 생긴다는 것도 알지 못하고 있었지만 소크라테스가 설명하자 그것을 이해하고 알게 되었다. 곧 이 문제에 관한 한 그는 배워서 알게 된 것이다. 소크라테스는 중간에 노예소년에게 질문만을 하고 답은 가르쳐주지 않았다. 그림을 그리고 질문을 하자 스스로 이해한 것이다. 그가 이렇게 이해한 것은 그가 이것을 이해할 수 있는 능력을 미리 구비하고 있었기 때문이다. 곧 알고 있었던 것을 질문을 통해 기억해낸 것이다.

질문을 통해서 원래 가지고 있었지만 잊고 있었던 지식을 떠오르게 하는 방법이 상기이고 이것이 이 세계에 없는 이데아를 인식하는 방법이다.

파푸스[4]의 중선정리를 살펴보자.

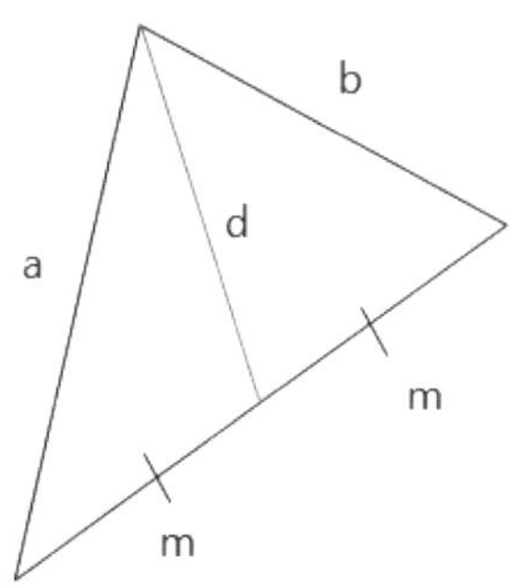

4) 데카르트는 자신의 보편수학 방법론이 고대 그리스에서 얻어온 것이라고 하면서 파푸스, 디오판투스, 플라톤이 자신의 방법을 벌써 사용하고 있었는데, 이후의 수학자들이 엉뚱한 방향으로 연구를 이끌어갔다고 비난한다.

한 꼭지점과 그 대변의 중심선을 연결한 선을 d라고 할 때 다음과 같은 등식이 성립한다.

$$a^2 + b^2 = 2(d^2 + m^2)$$

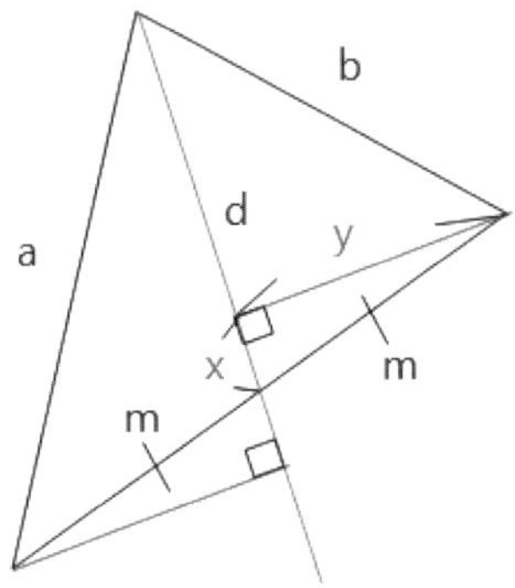

보조구성: 위의 그림에서처럼 d를 연장하여 나머지 꼭지점에서 d에 수선을 내려 보자.
그럼 다음의 등식이 성립한다.

$$a^2 = (d + x)^2 + y^2$$
$$+ \quad b^2 = (d - x)^2 + y^2$$

$$a^2 + b^2 = 2d^2 + 2x^2 + 2y^2$$
$$a^2 + b^2 = 2d^2 + 2(x^2 + y^2))$$
$$a^2 + b^2 = 2(d^2 + m^2) \ (\because x^2 + y^2 = m^2)$$

파푸스가 수학적으로나 철학적으로 플라톤, 데카르트의 문제의식에 근접해 있는 사람이기는 하지만 분석의 방법 특징을 살려내기에는 좀 단순한 면이 있다. 우리에게 익숙한 다른 문제를 풀어보자.

문제: 지름을 한 변으로 하는 삼각형의 양 끝점(B, C) 외의 한 꼭지점(A)이 원의 호에 있을 경우, ∠BAC는 직각이다.

이 주장에 대해 '맞아 90도야' 하면 더 이상 생각이 진행이 안 된다. 곧 마음속에 갖추고 있는 원리를 찾는 과정이 진행되지 않는다. '왜 90°야?'라고 물어야 문제풀이과정이 시작된다. 이렇게 묻는다는 건 위의 주장이 자체 정당화가 되지 않는다는 걸 함축한다. 곧 그 진리성을 의심하는 절차가 개입되어 있다. 이런 점에서 이는 부정적이다. 그 이유를 찾고자 하면 생각이 현재 주어진 지평보다 위로 거슬러 올라가야 한다. 곧 현재의 것을 가능하게 하는 상위의 원리를 찾는 상향추론이 진행된다. 그리고 이 과정이 상기이며, 새로운 지식을 발견하게 하는 발견의 방법이다.

문제풀이 과정을 살펴보자.

문제: ∠BAC는 왜 직각일까?

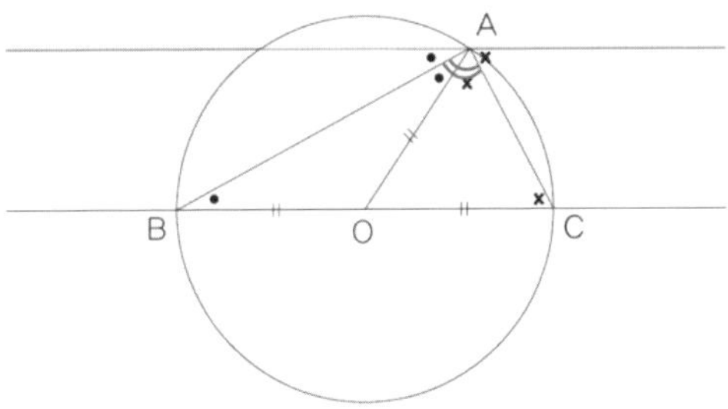

이 문제를 푸는 과정에서는 A와 원의 중심(O)을 연결하는 과정이 필수적이다. 이 과정은 앞의 노예소년의 사례에서 정사각형의 대각선을 긋는 과정과 정확하게 같다. 문제풀이에서 결정적인 역할을 하는 단서를 찾을 수 있는 계기가 여기에 있다.[5] 그걸 연결하면 선분 OA = OB = OC(반지름이기 때문에)를

5) 이를 분석의 방법에서는 보조 구성(auxiliary construction)의 방법이라고 한다. O와 A를 연결하면 되겠다는 발상을 찾는 과정은 언설로 표현해낼 수 없다. 그 과정은 순수하게 머리에서만 진행된다. 문제를 푸는 사람들의 머리 속에서 언설로 표현할 수 없는 방식으로 진행되는 불가사의한 과정이다. 이를 언설로 표현할 수 없기에 이를 분석의 신비라고도 한다. 상향추론은 다른 사람의 생각이나 말을 통해 진행되지 않는다. 다른 사람은 다만 질문만을 할 수 있고, 찾는 건 본인이 몫이다. 대신 공부해줄 수 없는 이유가 여기 있다.

찾아낼 수 있게 된다. OA를 찾아내는 건 원의 반지름은 길이가 다 같다는 원의 성질을 이용하기 위해서이다.(원의 반지름이 왜 다 같지? 그건 원은 한 점에서 같은 거리에 있는 점들의 집합이기 때문이다.) 문제를 푸는 과정에서 OA를 그을 때에는 삼각형의 성질은 고려하지 않는다. 곧 원 + 삼각형이라는 복합 도형에서 삼각형을 제거하고 원 하나만 남기고 반지름을 고려하여 OA를 연결한 것이다. 곧 복합 사태를 단순 사태로 분석한 것이다. 이런 점에서 이런 생각의 전개과정을 분석(의 방법)이라고 한다.
두 번째는 이렇게 해서 찾아진 성질을 삼각형에 적용하는 절차를 밟는다. OA = OB = OC이면 △OAB와 △ OAC는 이등변 삼각형이 된다. 곧 ∠OAB = ∠OBA(x) 이고 ∠OAC = OCA(y)가 된다. 그런데 삼각형의 내각의 합은 2직각이므로 2(x + y) = 180°가 된다. 그런데 ∠BAC = (x + y)이다. 따라서 ∠BAC = 90°가 된다.

문제 풀이 과정에서 진행되는 질문과 답변을 살펴보면서 어떤 식으로 생각이 전개되는 지를 살펴보자.

질문: 삼각형 ABC에서 ∠A는 왜 90도일까?

* **보조구성(auxiliary construction)1: 원의 중심 O와 A를 연결한다.**
(왜 OA를 연결했을까? 반지름의 성질을 이용하기 위해서)
삼각형과 원 O가 결합된 복합도형에서 삼각형과 원을 분리시키는 작업이 일어난다. 곧 생각 속에서 복잡한 도형을 단순한 도형들로 분해한다. 점 A, B, C와 O를 놓고 보면 OB, OC가 반지름이라는 걸 알게 되고, OA도 반지름이라는 걸 알게 된다.

1. OA = OB = OC
   왜? OA, OB, OC는 원의 반지름이기 때문에.
   원의 반지름은 왜 같은가? 원은 한 점에서 같은 거리에 있는 점들의 집합이기 때문에.
2. △ AOB와 △AOC는 이등변 삼각형이다.
   왜? OA = OB, OA = OC이기 때문에

3. ∠OBA = ∠OAB이고 ∠OAC = ∠OCA
왜?

*** 보조구성2: △OAB에서 변 AB의 중점 D를 찍어 O와 D를 잇는다.**

3-1. △ODA ≡ △ODB(왜 세 변이 같기 때문에/OD 공유, OA = OB(반지름) AD = BD D가 AB를 이등분하는 점)

3-2. ∠OBA = ∠OAB(합동인 삼각형의 대응하는 변과 각의 크기는 같기 때문에0

*** 보조구성3: ∠OBA, ∠OAB를 x라 하고 ∠OAC, ∠OCA를 y라 하자.**

4. 2(x + y) = 180°
왜? 삼각형 내각의 합은 180°이기 때문에
왜?

*** 보조구성4: A를 지나면서 BC에 평행한 선분 EF를 긋는다.**

그러면 ∠EAB = ∠OBA (엇각)/∠CAF = ACO(엇각)
선분 EF가 직선이기 때문에 삼각형 내각의 합인 2(x + y) = 180°
5. (x + y)(∠BAC) = 180°

문제 풀이 과정에서는 보조 구성(auxiliary construction)이 핵심적인 역할을 한다. 삼각형의 꼭지점 A와 O를 연결하면 OA가 반지름이라는 걸 알게 된다. 곧 원의 성질을 이용하여 OA, OB, OC가 반지름으로 같다는 원리를 찾기 위해 OA를 연결한 것이다. 이 때 생각 속에서는 원과 삼각형이 결합된 복합 상황을 분해하여 원만을 남겨 놓는 작업이 진행된다. 곧 복잡한 상황을 단순화하는 절차가 진행된다. 이렇게 복잡한 것을 단순한 원리로 분해하는 과정을 분석이라고 하며, 복잡한 상황을 지배하는 보다 상위의 원리를 찾아가는 과정이라는 의미에서 상향추론이라고 한다. 보조구성은 머리 속에서 진행된 상향추론에서 얻어진 성질들을 이용하기 위해 문제풀이에 도움이 되는 보조적인 방식으로 재구성하는 과정이다.

보조구성 1: 원의 중심 O와 A를 연결한다.
원과 삼각형이 결합된 복합적인 문제 상황에서 원의 성질을 이용하기 위해 O와 A를 연결한다. 이는 원의 반지름은 같다는 상위의 원리를 찾아냈다는 걸 의미한다.

보조구성 2: △OAB에서 변 AB의 중점 D를 찍어 O와 D를 잇는다.
이등변 삼각형을 합동인 두 개의 삼각형으로 구성해내기 위한 과정이다. 합동인 삼각형의 대응하는 변과 각의 크기가 같다는 상위의 원리를 찾아낸 것이다.

보조구성3: ∠OBA, ∠OAB를 x라 하고 ∠OAC, ∠OCA를 y라 하자.
삼각형의 내각의 합은 180°라는 상위의 원리를 찾아내서 이용하기 위해.

보조구성4: A를 지나면서 BC에 평행한 선분 EF를 긋는다.
삼각형의 내각의 합이 2직각이라는 원리가 직선은 2직각이라는 상위의 원리에 기초하고 있음을 찾아낸 것이다.

이런 상위의 원리를 찾아가는 과정은 언설로 표현되지 않는다. 그렇기 때문에 그 과정은 머리 속에서만 일어날 뿐 찾아가는 과정은 말로 표현할 수 없고 전달할 수도 없다. 발견과정의 핵심으로서 분석의 신비라고 하기도 한다. 노예소년의 사례에서 소크라테스가 그림을 그린 것은 노예소년의 정신 안에서 진행되는 발견과정을 가이드하기 위한 보조수단이다.[6)]

---

6) 이 그림은 사실 소크라테스가 먼저 찾아낸 것이고 노예소년은 확인만 했을 뿐이다. 정사각형의 두 배 면적인 정사각형의 한 변의 길이를 구하는 문제는 두 번째 문제와는 성격을 달리한다. 그 당시에는 무리수라는 개념이 없기 때문에 제곱근의 개념이 없다. 곧 두 번 곱해서 정수가 되는 $\sqrt{2}$, $\sqrt{3}$ 등과 같은 수가 없다. 따라서 이 문제는 수론으로는 풀리지 않고 기하학적으로만 보여줄 수 있을 뿐이다. 이 경우 상위의 원리를 찾아가는 과정은 유리수로부터 실수에로 사고의 지평을 넓히는 초월적인 상향추론의 과정을 밟는다.

이렇게 상위의 원리를 찾아낸 이후에는 단순한 원리에서 복잡한 원리에로 나가는 과정을 밟는다. 곧 하향추론이 진행된다. 이후의 과정은 형식화하여 언어로 표현하는 것이 가능하다. 연역이나 종합이라고 하며 논리적 증명도 이에 포함된다.

하향추론의 과정

1. OA = OB = OC
2. △ AOB와 △AOC는 이등변 삼각형이다.
   왜? OA = OB, OA = OC이기 때문에
3. ∠OBA = ∠OAB이고 ∠OAC = ∠OCA
(∵ △ODA ≡ △ODB)
4. 2(x + y) = 180°
5. (x + y)(∠BAC) = 180°(Q.E.D〉)

가장 단순한 원리로부터 현재 주어진 복잡한 문제 상황까지 내림차순으로 곧 아래로 내려가는 방식으로 정리한 것이 논리적 연역, 수학적 증명이 된다. 상향추론이 복잡한 것에서 출발하여 단순한 것으로 올라가는 감(減)하는 과정이라면 하향추론은 상향추론으로 찾아진 단순한 원리로부터 복잡한 것에로 나가는 곧 가(加)하는 과정이다. 이런 의미에서는 분석에 대비되는 종합(synthesis)이라고도 한다. 분석과 종합은 언제나 함께 따라다니고 문제풀이 과정에서는 뒤섞여 있다.

상향추론으로서의 분석의 방법은 새로운 지식(단순한 원리)을 찾는 방법이라는 점에서 발견의 방법이라고도 하고 플라톤에서처럼 잊어버렸던 것을 기억해낸다는 점에서 상기의 방법이라고도 하며, 상-하향추론에서의 원리들을 가설이라고도 하기 때문에 가설의 방법이라고도 한다. 분석의 방법은 데카르트의 용어로서 플라톤에게는 낯선 것일 수 있지만 방법론적인 측면에서 보면 상기의 방법, 가설의 방법, 분석의 방법은 다르지 않다.

어떤 이름으로 부르든 이 방법의 원조는 플라톤이다. 플라톤이 언급한 것처럼 상기의 방법이든 분석의 방법이든 여기서 찾아지는 원리는 이 세상에 통용되는 것이 아니다. 위의 세 사례에서 그린 정사각형의 그림, 파푸스의 중선정리에 등장하는 삼각형, 내접 삼각형 문제에서의 원 + 삼각형의 그림은 이 세상에 있는 것이다. 곧 눈으로 확인할 수 있는 현실세계에 있는 도형이다.

그런데 여기서 확인되는 원리는 이 세상에 있는 도형에 적용되지 않는다. 소크라테스가 정사각형이라고 그린 도형은 엄밀하게 따지면 정사각형이 아니다. 네 변의 길이가 정확하게 같지도 않고 네 각의 각도가 정확하게 90도도 아니다. 원래 주어진 정사각형 면적의 두 배가 되는 정사각형을 찾기 위해 그린 대각선을 한 변으로 하는 정사각형은 엄밀히 따지면 이 세상에 있지 않다. 그것은 이상적인(idea) 세계에 있는 완벽한 도형들 사이에서 통용될 수 있는 원리이다. 원의 지름을 한 변으로 하는 내접 삼각형의 문제도 마찬가지이다. 도형을 그리고 수학문제를 푸는 것은 세상의 도형이 그렇다는 걸 규명하기 위한 것이 아니고 삼각형 자체(삼각형의 이데아), 사각형 자체(사각형의 이데아), 원 자체(원의 이데아)의 질서를 규명하기 위한 것이다. 도형을 작도하여 문제를 푸는 것은 우리의 사유가 눈앞에 보이는 것에 익숙해져 있기 때문이다. 이렇게 우리에게 익숙한 사유를 작동시켜 자체적인 이데아 세계의 질서를 해명하는데 도움을 주기 위해서 작도를 한다. 곧 도형의 작도는 문제풀이에 상상력(imagination, 이미지화)을 활용하기 위한 것이다. 상기나 분석의 방법은 그 자체적인 이데아 세계의 질서를 규명하기 위한 것이다. 이런 점에서 상기(분석의 방법)는 이데아 세계를 인식하는 방식이다. 다만 우리의 사유는 눈앞에 보이는 이미지에 익숙하기 때문에 문제를 그림으로 그려(도형화하여) 상상력(imagination)을 동원하기 위해 현실세계에 도형을 그린 것이다.

그러면 도형화할 수 없는, 우리의 상상력, 이미지화하는 능력이 전혀 발동되지 않는 사유의 영역은 없을까? 곧 현실세계에 익숙한 사유로서는 접근할 수 없는 순수사유의 세계, 순수인식의 세계, 잡스러운 것이 전혀 개입되지 않는 순수 실재 세계의 질서를 파악하는 방법은 없을까? 플라톤은 변증술(dialektike)을 그런 방법으로 제시한다.

2) 변증술

변증술(dialektike)은 『폴리테이아』에서 선의 이데아를 인식하는 방법으로 도입된다. 선의 이데아는 직접적으로 설명하기가 쉽지 않기 때문에 비유를 통해서 설명한다. 선의 이데아를 설명하기 위해 도입되는 비유는 태양의 비유, 동굴의 비유, 선분의 비유이다. 방법적인 측면에서 가장 중요하고 또 변증술은 선분의 비유에서 이데아 인식 방법으로 도입되기 때문에 선분의 비유를 먼저 살펴보자.

선분의 비유

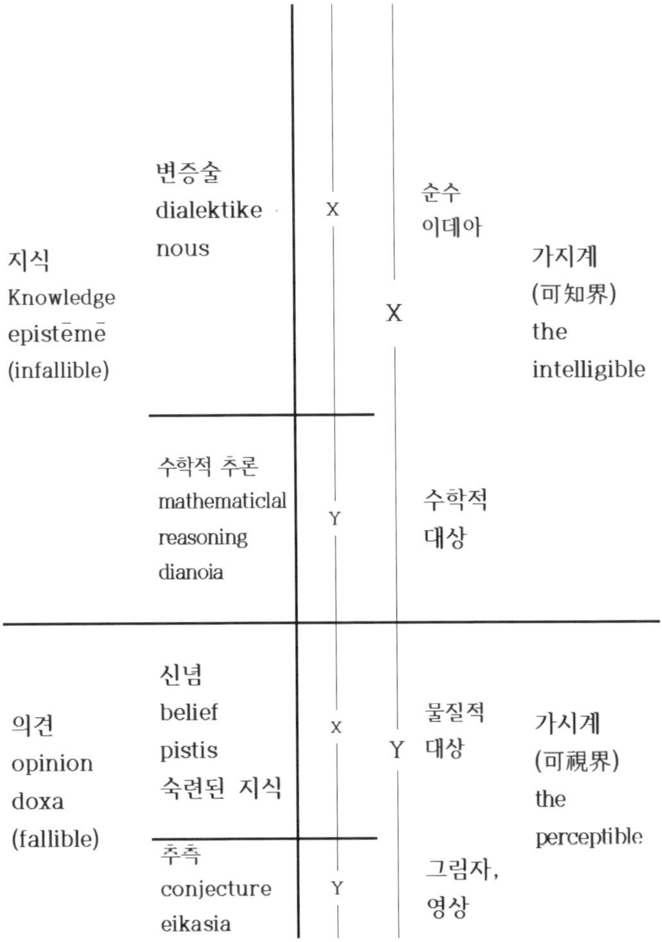

세상 전체와 인간 사유의 세계는 두 영역으로 구분된다. 곧 가지적(可知的)인 세계-지식(epistēmē)의 영역과 가시적(可視的)인 세계-의견(doxa)의 영역이라는 두 세계로 구분된다. 이 경우, 가지적인 세계와 가시적인 세계는 X : Y의 비율로 나뉘는데 X가 길이가 길고 Y가 짧다. 길이가 길다는 것은 존재의 세계에서는 더 실재적이라는 의미이고 인식의 세계에서는 더 확실하고 참되다는 걸 의미한다. 가지적인 세계는 오류가 가능하지 않고(infallible) 가시적인 세계는 오류를 범할 수 있다(fallible). 가시적인 세계에서 가지적인 세계에 관한 앎을 가질 수 있게 하는 방법이 앞에서 설명한 상기의 방법이다. 이전에 갖고 있었던 지식을 잊어 버렸다가 다시 상기할 수 있는 것은 감각 경험의 세계(가시적인 세계)가 인식의 세계(가지적인 영역)를 닮아 있기 때문이다. 곧 가지적인 세계는 가시적인 세계의 원형(origin, paradeigma)이며 가시적인 세계는 가지적인 세계의 모방(copy)이기 때문에 가시적인 것을 보고 가지적인 것을 인식할 수 있게 된다.

이렇게 해서 나누어진 가시적 세계와 가지적인 세계는 둘을 나누는 비율(X : Y)과 같은 비율로 각각의 영역이 다시 둘로 나뉜다. 분할 된 세계에서 아래 부분(곧 Y의 비율)은 윗부분(X의 비율)의 모방이며 윗부분은 아래 부분의 원형이 된다. 가시적인 세계의 아래 부분은 물에 비친 그림자나 동판 표면에 비친 영상과 같은 것으로서 감각적인 세계에서의 실재성을 갖지 못하는 영역이다. 여기에는 추측이나 억측과 같이 현실세계 자체가 아니라 현실세계의 그림자(eikasia)를 파악하는 정신작용이 해당된다. 가시적인 세계의 윗부분은 눈앞에 나타나는 현실적 사물이 이에 해당되며, 특정 분야에 종사함으로써 갖게 되는 숙련된 인식의 단계가 여기에 해당된다. 도자기 굽는 법을 배우러 갔는데 초보라서 얼토당토않은 실수를 하는 단계가 추정, 추측(conjecture)의 단계이고 흙의 성질, 불의 강도, 염료의 성질 등에 익숙해서 능숙하게 도자기를 구워내는 단계가 신념(pistis)의 단계이다. 정치신인의 좌충우돌하는 인식이 가상, 상상의 단계라면 정치적 감각을 익혀 노련한 판단과 인식을 갖는 경우가 신념의 단계에 해당된다.

분할된 세계의 윗부분(가지적인 세계)도 X : Y의 비율로 둘로 나눌 수 있는데, 앞에서 가시적인 도형을 작도하여 이데아 세계의 법칙이나 질서를 파악하는 수학적 인식(dianoia)이 아래 부분에 해당되며, 여기에서는 가설들로부터 위로 올라가(상향추론을 통해) 제일원리(anhypothetos)[7]에로 나아가는 것이 아니라 가설로부터 도출되는 결론으로 나아간다.[8] 반면에 윗부분은 변증술의 영역으로 가설로부터 그 가설을 넘어서는 시초나 원리에로 나아가며, 이 경우에는 사물들의 이미지들을 전혀 사용하지 않으며 오직 이데아들에만 의지하여 체계적으로 이데아들을 통하여 나아간다.

이 가장 마지막의 단계가 변증술의 영역으로서 상향추론의 최종 단계라고 할 수 있다. 이는 이성(logos) 자체가 변증술의 도움을 받아 가설을 절대적 최초 원리로 보지 않고 글자 그대로 가설로 보면서, 그것들을 디딤돌 삼아 그 이상의 가설을 필요로 하지 않는, 모든 것의 출발점이 되는 원리에로 나아가는 방법을 말한다. 이에는 제일원리에 도달한 뒤 여기에서 출발하여 그에 의존해 있는 최초의 원리를 이끌어내고 결론에 이르기까지 진행되는 추론도 포함된다. 변증술은 감각적 대상의 도움을 일체 받지 않으며 이데아로부터 시작하여 이데아를 거쳐 이데아로 끝을 맺는 순수 사유 안에서 진행되는 방법이다.

변증술은 가설을 출발점으로 삼아, 곧 그것을 진리라고 전제하

---

7) 가설의 가설적(잠정적) 성질을 벗어던지고 확실하여 의심의 여지가 없는 최고의 원리라는 의미에서 비가설적 시원(unhypothetical beginning)이라고 하며 선의 이데아를 의미한다. 플라톤, 『폴리테이아』 510b.

8) 플라톤은 여기에서 연역(종합)의 방법과 분석(가설)의 방법을 뭉뚱그려서 이야기하고 있다. 엄밀하게는 가설의 방법에서 상향추론(발견의 과정)과 하향추론(증명의 과정)을 나누어서 고려해야 하는데, 상-하향추론을 아울러서 수학적 사유(dianoia)로 규정하고 있다. 플라톤, 『폴리테이아』 510b.

고 사유를 진행하는 것이 아니라 그것을 (잠정적이라는 의미에서) 가설로 간주하고 그것들을 파괴하고(부정하고) 제일원리에 이르기까지 나아가는 방법이다.[9] 변증술은 플라톤에서 가장 마지막에 가르치는 최고의 방법이며 일정 수준이 되지 않거나 일정 연령에 도달하지 않으면 가르치지 않는 방법이다. 이 방법은 순수 사유 속에서 진행되기 때문에 자칫하면 공허한 희론(戱論)으로 떨어질 위험이 있어서 30이 되지 않은 젊은 사람들에게 가르치는 것이 부적절하다. 변증술은 매우 추상적이어서 그 방법의 요체를 구체화하기가 쉽지 않다.

구체적인 사례를 들어 변증술이 어떻게 진행되는 사유방식인지를 살펴보기로 하자. 앞에서 원의 지름을 한 변으로 하는 내접삼각형 문제를 예로 들어 살펴보기로 하자.

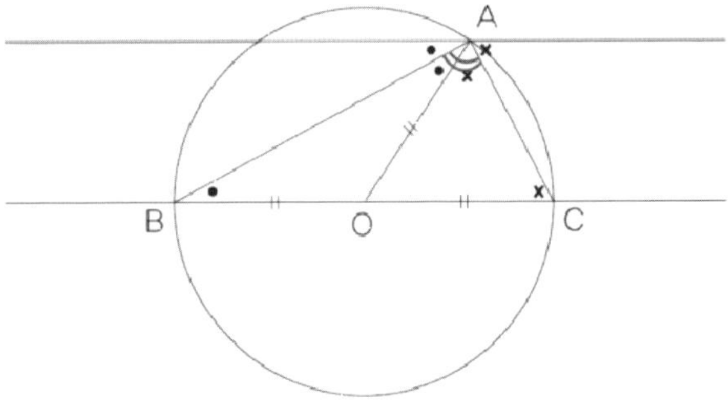

∠BAC는 90°이다. 이를 증명하는 과정은 다음과 같다.

1. OA = OB = OC
2. △ AOB와 △AOC는 이등변 삼각형이다.

9)『폴리테이아』 533c-d.

왜? OA = OB, OA = OC이기 때문에

3. ∠OBA(x) = ∠OAB(x)이고 ∠OAC(y) = ∠OCA(y)
   (∵ △ODA ≡ △ODB)

4. 2(x + y) = 180°(∵삼각형의 내각의 합은 180°)

5. (x + y)(∠BAC) = 90°(Q.E.D〉)

각 항목을 따져보기로 하자.

1. OA = OB = OC

   왜 OA = OB = OC인가?

   OA, OB, OC는 반지름이기 때문이다.

   반지름은 왜 같아야 하지?

   원의 정의가 한 점에서 같은 거리에 있는 점들의 집합이기 때문이다.

수희적 사유(dianoia)는 앞에 그린 원과 삼각형의 도움을 받는다. 곧 이미지를 활용하는 상상력(imagination)의 보조를 받는다. 그리고 정의로부터 성질을 이끌어내고 그로부터 원리를 이끌어내는 과정을 밟는다. 이런 점에서 가설 위로 거슬러 가지 않고 가설이나 원리를 전제로 하여 그로부터 연역될 수 있는 하위의 것들을 끌어내는 방향으로 전개된다.

이를 내림차순으로 정리하면 다음처럼 된다.

한 점에서 같은 거리에 있는 점들의 집합이 원이다.

OA, OB, OC는 반지름이다.

OA = OB = OC

이에 대해 왜 세 선분이 같은지, 반지름은 왜 같아야 하는 지를 물으면 최종적으로는 원의 정의에 도달하고 그 이상 물으면 수학은 성립하지 않는다. 한 점에서 같은 거리에 있는 점들의 집합이 원의 정의라면 여기에서 생길 수 있는 질문을 추려보자.

한 점에서 하나가 뭘 의미하지? 점이 뭐지? 같다는 건 뭘 의미하지? 거리가 뭐지? 집합은 뭐지? 수학자에게 이상의 질문을 하면 안 된다. 여기 나오는 주제들은 이미지화 되지 않는다. 하나가 갖는 의미, 점의 정체, 같음의 의미, 거리의 정의, 집합의 정의 등은 수학에 포함되지 않는다. 이는 모두 철학적인 문제들이다. 그리고 이 문제들에 관한 한 이미지를 떠올리는 건 가능하지 않으며 이미지를 근간으로 하는 상상력(imagination)은 이런 문제를 다루는데 별 도움이 되지 않는다.

수학의 정의에 동원되는 개념들에 관한 질문은 수학에서는 해결되지 않는다. 플라톤이 변증술을 수학적 추론과 비교해서 설명한 것처럼 수학자에게 정의는 하향추론을 하기 위한 출발점일 뿐 그 이상을 거슬러 올라가는 건 불가능하다. 앞의 원의 정의에서 점, 하나, 같음, 거리, 집합이 뭐냐고 묻는 건 가장 근본적인 개념에 대해 의문을 갖는 것이다. 특히 하나, 같음과 같은 개념은 마지막 단계인 변증술에서 관심을 갖고 다뤄볼 만한 개념들이다.[10] 이렇게 이미지화 되지 않으면서 인간의 사유나 존재에서 가장 근본이 되는 개념들로는 존재, 운동, 정지, 같음, 다름 등이 이에 해당되며 후기 변증술(『소피스테스』)에서는 이 개념들의 연관관계를

---

10) 수학에서는 집합도 가장 근본적인 개념이다. 그러나 이는 칸토르 이후에 등장하는 개념이기 때문에 플라톤의 변증술에서는 등장하지 않는다. 집합이란 무엇인가? 칸토르는 집합을 인간의 사유나 직관의 대상의 모음으로 정의한다. 사유와 직관은 무엇인가? 이런 의문은 철학적(변증적)이라고 할 수 있다.

순수 이데아세계 질서를 해명하면서 다루고 있다.

상향추론의 정점으로서의 변증술이 어떤 특징을 갖고 있는 탐구방식인지를 검토해보자.

선분의 비유에서 보는 것처럼 가시적인 영역 : 가지적인 영역 = 수학적 사유 : 변증술이다. 상기는 가시적인 영역에서 가지적인 영역으로 나아가는 인식방법이라고 할 수 있으며, 상기적 인식은 현실세계에 발을 딛고 있는 사람들이 현실세계에 대해 소크라테스적 비판의식을 가진 이후에야 가능한 앎이다. 곧 인간 사유에 급진적인 변화가 오지 않으면 획득할 수 없다. 그런데 수학적 사유와 변증적 사유의 비율이 가시적 세계와 가지적 세계 사이의 비율과 같다는 것은 변증적 사유로의 이전이 상기만큼이나 급진적임을 보여준다. 그만큼 변증적 사유는 획기적이며 인간 사유 안에서 출현하는 모든 사유(원리)들을 급진적으로 비판해야 가능하다고 할 수 있다. 인간 사유 안에서 생기는 모든 원리들을 비판의 대상으로 삼고 잠정적인 것으로 본다는 점에서 변증적 사유는 자칫 잘 못 배울 경우 공허한 말장난에 빠져서 사유를 망가트리는 위험에 직면할 수 있다. 말로만 모든 것을 알고 모든 것에 대해서 말로만 따지고 깨트리며 내면적으로는 공허한 인간형이 될 가능성이 있는 것이다. 변증술은 급진적인 비판의 방식인 만큼 위험한 방법이라고도 할 수 있다.11)

또 한 가지 염두에 두어야 할 것은 변증술이 질문과 답변으로 구성된 탐구의 방법이라는 점이다. 이런 규정에서는 질문과 답변으로 이루어진다는 점과 탐구의 방법이라는 점을 고려해봐야 한

11) 플라톤은 서른이 되지 않은 사람에게 변증술을 가르치는 걸 권하지 않는다.

다. 질문과 답변으로 이루어진 대표적인 방법은 소크라테스의 논박(elenchos)이다. 질문-답변으로 이루어진 소크라테스의 논박은 세 가지 특성을 지닌다. 첫째, 논박은 말만을 검토하는 것이 아니라 삶을 검토하는 방법이다. 이런 점에서 논박은 실천적이며 윤리적이다. 곧 사람의 삶을 실제적으로 변화시키는 방법이다. 둘째, 소크라테스의 질문-답변 대화는 사고를 깊숙이 파고 들어가는 방법이다. 곧 깊이 있는 사색을 가능하게 하는 방법이다. 논박은 처음 답변을 가능하게 하면서도 처음 답변보다 더 확실한-반박에 견디는 힘이 강한- 전제를 찾아 가는 과정이 있다. 현재 제시한 답변을 귀결로 하는 전제를 찾아간다는 점에서 사람의 생각을 깊이 파고 들어간다. 이런 점에서 논박은 깊이를 갖는 입체적인 방법이라고 할 수 있다. 셋째, 논박은 파괴적인 방법이다. 상대의 답변을 있는 그대로 인정하거나 긍정하지 않고 과연 그런 지를 엄밀하게 따지고, 그것이 성립되지 않는 경우를 철저히 찾는 방법이다. 이런 점에서 현재 제시된 원리나 답변, 가설에 대해서는 파괴적인 방법이다.

세 가지 특성을 종합적으로 고려해보면 논박은 상당히 심각하면서도 위험한 방법이 된다. 깊이 있는 방법이라는 건 소크라테스 자신이나 대화상대자가 생각의 밑바닥에 심지어는 본인이 의식하지도 않은 채로 설정해놓은 심층 원리를 검토대상으로 삼는다는 걸 의미한다. 그리고 논박이 삶을 검토하는 방법이라는 건 깊이 파고 들어가 최종적으로 찾아지는 원리가 소크라테스나 대화상대자의 삶을 최종적으로 지탱하고 있는 원리라는 걸 의미한다. 그리고 논박이 파괴적인 방법이라면 소크라테스 자신이나 대화상대자의 삶을 지탱하는 최종적인 원리를 검토하여 흔들어 놓는다는 걸 의미한다. 결국 논박은 사람의 삶을 지탱하고 있는 최종적인 원리, 그 사람 삶의 의미를 지탱해주는 신념체계를 철저하게 검토하여 그것이 근거 없는 것임을 보임으로써 그래서 자신이 갖고 있는 확신이나 자신감, 자신의 지혜에 대한 자부심이 송두리째 허물어지는 경험을 갖게 할 수 있다. 논박을 당하면 자신을 내세우기 위한 시도를 더 이상 할 수 없는 상태, 자신의 삶을 내세우기 위한 이성의 모든 기획, 돌파구 찾기가 철저하게 막혀 있는 상태, 아포리아에 처하게 된다.12)

변증술은 질문과 답변으로 구성된 탐구의 방법이다. 질문과 답변으로 구성된 방법은 소크라테스의 논박을 모델로 삼는다. 따라서 거기에는 삶을 검토하는 윤리적인 특징, 가설을 파괴하면서 진행되는 파괴적인 특징, 현재 주어진 가설을 뒷받침하는 상위의(근본적인) 원리를 찾아가는 깊이를 갖는 특징을 다 갖고 있다. 그렇지만 변증술은 논박처럼 순수하게 파괴적이지 않다. 곧 변증술은 탐구방법으로서의 특징을 갖는다. 곧 현재 갖고 있는 가설을 파괴하기는 하지만 그보다 상위의 원리를 찾는 작업을 계속 진행하여 최종적으로는 비가설적 시원(unhypothetical beginning, anhypothetos

12) aporis는 a + poros이다. a는 부정이고 poros는 길, 돌파구이다. 난관에 봉착했을 때 그걸 빠져나갈 수 있는 아주 좁은 탈출구, 통로, 이것이 poros이다. 삶의 문제에 봉착했을 때 탈출구를 찾는 능력이 가장 뛰어난 사람은 프로메테우스이다. 프로메테우스는 난관탈출 지혜가 뛰어난 사람(신)이다. 난관 탈출 지혜는 oikeios logos이다. oikeios는 oikos(가정, 집)에서 유래한다. oikeios logos는 가정 관리 지혜라고 할 수 있다. oikeios logos로부터 출현하는 단어가 가정관리학이라는 원뜻을 가진 ökonomie, economy이다. 곧 자신의 이해관계를 철저하게 계산하여 삶에 있어서의 안전한 길을 찾는 사유방식이 oikeios logos이다. oikeios logos는 삶에 어려움이 닥쳤을 때 돌파구를 찾아내는 기술이다. 그런데 aporia는 탈출구가 없는 상태(no way out)를 나타낸다. 삶을 위해서 동원된 계산된 사고가 더 이상 작동하지 않는 상태로서 사고가 마비된 상태, 공황에 처한 상태를 말한다. 이성의 간지(List der Vernunft)를 더 이상 발휘할 수 없는 상태가 아포리아의 상태이면 소크라테스는 이런 상태에 빠져 산다. 이성적 계산 안에서 편안하게 지내지 않는 정신상태, 곧 고난의 가시밭길로 접어든 상태가 무지를 자각하고 사는 아포리아의 상태이다.

arche)을 찾아 하위 가설들의 진리성을 확보하게 해주는 구성적이고 건설적인 특성을 지닌다.

변증술이 탐구방법이 되기 위해서는 소크라테스 논박이 갖지 못하는 특성을 도입해야 한다. 첫째 보편적이어야 한다. 논박은 언제나 일대일로 진행된다. 개인 대 개인의 대화법이라는 점에서 사적인 논리(man to man logic)이라고 할 수 있다. 에우티프론은 경건함에 관해 자신만의 고유한 견해를 갖고 있기 때문에 그와는 경건함에 대해서 대화를 한다. 그가 자신만만하게 살 수 있는 건 경건함에 대해 일가견을 갖고 있기 때문이다. 경건함에 대해 일차적으로 답을 하고 그것이 논박 당했을 때, 두 번째 답을 찾는 과정은 에우티프론의 방식으로 진행된다. 곧 그만의 개인적 원리를 찾아가는 길이 있으며 그렇게 해서 제시된 상위의 원리는 그만의 것이다. 곧 모든 사람이 보편적으로 공유하는 것이 아니다. 세 번째, 네 번째 답(원리)을 찾는 과정도 마찬가지이다. 에우티프론에게는 에우티프론에게 고유한 논박의 방식이 있고, 프로타고라스를 논박할 때에는 그에게 적합한 방식이 있다. 고르기아스에게 해당하는 방법은 프로타고라스에게도 에우티프론에게도 적용되지 않는다. 각 개인은 그에게만 통용되는 방법이 있다. 그래서 소크라테스는 1 : 1로 대화하지 일 : 다의 대화, 곧 연설을 하지 않는다. 모든 사람에게 공통적으로 적용되는 인생 검토 방법은 없기 때문이다.

변증술이 탐구방법이 되기 위해서는 각 개인에게만 통용되어서는 곤란하다. 모든 사람이 그걸 이용해서 진리를 찾을 수 있는 방법이어야 한다. 이런 점에서 보편적이어야 한다. 플라톤이 보기에 가장 보편적인 학문은 수학이다. 그래서 그는 변증술 이전에 수학을 연마할 것을 요구한다. 곧 기하학을 모르는 사람은 학문적인 길을 갈 수 없기에 아카데미아로 들어서지 말라고 한다. 모든 사람에게 통용되는 인식을 바탕으로 그런 인식의 바탕에 놓여 있는 가장 근본적이면서도 기초적인 단순한 원리에 대한 탐구는 한 개인에게만 통용되는 것이 아니다. 있다는 것의 의미를 살아 있는 모든 사람에게 적용될 수 있다. 운동, 정지, 같음, 다름과 같은 것들도 마찬가지이다. 그런 개념들은 인간 사유를 전개하는데 필수적으로 요청되는 공통적이면서도 보편적인 개념들이다. 변증술은 모두에게 해당되는 보편적인 방법론이다. 다만 모든 사람이 그걸 연마할 수 있는 역량을 갖추고 있느냐는 별개의 문제이다. 워낙 급진적이고 어려운 방법이기 때문에 극소수만이 이걸 연마할 수 있지만 탐구방식이라는 점에서는 모든 사람에게 열려 있는 보편적인 방법이다.

논박은 개인을 아포리아의 상태에 빠트려 놓고 방치한다. 어쩔 수 없는 혼란스러운 상태에 빠트려 놓고 새로운 길을 제시하면서 이 길로 가면 혼란을 벗어나 안전하고 확고한 안식처를 찾을 수 있다고 말하지 않는다. 이런 점에서 논박은 무책임하다. 검토당한 사람은 방향성을 잃는다. 현재 믿고 있는 원리(가설)가 깨지면 바로 다음의 원리가 나타나 버텨주지 않는다. 이런 점에서 논박은 어디로 가는 지를 알 수 없다. 논박을 당하면 방향을 찾을 수 없다. 변증술이 탐구방법이라는 건 현재 믿고 있는 원리가 깨지면 바로 다음 상위의 가설이 출현한다는 걸 의미한다. 원래 가는 길이 정해져있지만 현재 전제하고 있는 가설을 부수지 않으면 상위의 것으로 나갈 수 없기 때문에 현재 가설을 파괴하고 부수는 것이다. 파괴하고 부수면 저절로 상위의 원리가 출현해서 받쳐주게 되어 있다. 이런 점에서 파괴하고 무책임하게 방치하지 않는다. 현재 주어진 가설 H_n이 파괴되면 H_{n-1}이 받쳐주고 H_{n-1}이 깨지면

H_{n-2}가 받쳐주고 H_{n-2}가 깨지면 H_{n-3}이 받쳐준다. 그리하여 $H_n \rightarrow H_{n-1} \rightarrow H_{n-1} \rightarrow \cdot\cdot\cdot\cdot\cdot \rightarrow H_3 \rightarrow H_2 \rightarrow H_1$의 계열이 형성된다. 곧 이런 계열이 전제되지 않으면 탐구방법으로서의 변증술은 성립하지 않는다. 이런 계열은 단일 질서의 위계로 구성된다. 우선성(priority)을 기준으로 선행하는 상위원리와 후속되는 하위원리의 위계가 성립하며 이 경우, 우선성의 종류가 방향을 결정한다. 이를테면 시간적인 우선성을 따진다면 먼저 나온 것이 나중에 나오는 것에 선행하게 된다. 물리학에서의 우선성은 최소입자 순으로 결정될 것이다. 곧 미립자-소립자-원자-분자의 순으로 우선순위가 결정될 것이다. 이럴 경우, 방향성은 계열의 성격에 따라 결정된다. 변증술에서는 선분의 비유에서 보는 것처럼 대상의 실재성과 인식의 확실성에 따라서 방향성이 결정된다. 곧 보다 확실하게 존재한다고 말할 수 있고, 보다 잘 알려질 수 있는 것으로부터 덜 실재적이고 덜 확실한 것이 나중에 나오는 식으로 방향이 결정된다. 이는 물질적인 것의 영향력을 많이 받는 것으로부터 덜 받는 것, 아주 안 받는 것의 순서로 방향이 결정된다.

변증적 탐구는 곧 가설의 잠정적인 성격을 완전히 벗어던진 비가설적 시원(始原)(unhypothetical beginning)에 도달하면 끝이 난다. 곧 변증적 탐구의 최종목표는 절대적으로 확실하며 그것의 실재성을 의심할 수 없는 절대적인 원리이다. 이렇게 변증적 탐구는 최종 목표를 인간의 존재나 인식의 최종 근거가 되는 절대적 시원을 목표로 한다는 점에서 논박과 구분된다. 논박은 지금의 생각을 지지해주는 최종적인 원리를 찾기 위해 진행되지 않는다. 곧 긍정적이고 적극적인 목표를 갖지 않는다. 곧 논박은 정당화를 위한 대화가 아니다. 이에 비해 변증적 탐구는 현재 주어진 원리(가설)를 최종적으로 근거지워서 그것의 진리성을 보장하기 위해 진행되고 이는 비가설적 절대 시원, 곧 100% 확실한 진리에 도달하면 목표를 달성하게 된다. 이런 점에서 변증적 탐구는 현실세계를 구제하기 위한 목표, 곧 현실세계를 정당화하고자 한다.

이 경우, 변증적 탐구 계열 H_n → H_{n-1} → H_{n-1} → …… → H_3 → H_2 → H_1에서 마지막 가설인 H_1은 너무나 확실하게 존재하기 때문에 그것의 실재성을 의심할 수 없는 원리이며 또한 그것은 모든 인식의 근본 근거로서 절대적으로 확실한 원리이다. 그것이 선의 이데아(the idea of Good)이다. 희랍어에서 선(agathos)은 악과 대비되는 선의 의미만이 아니라 좋다라는 의미를 갖는다. 현실 세계는 있는 지 없는 지도 가름할 수 없을 정도로 애매하며 불분명하여 안정되지 않아서 그 안에서 사는 것이 행복하고 평안하다고 말할 수 없다. 어느 것도 확정적으로 정해지지 않고 영속적이지도 않아서 좋은 세상이라고 말하기 어렵다. 그럼에도 이 세상을 살 만하게 곧 좋다고 말할 수 있게 하는 건 이를 좋게 만드는 근거, 곧 모든 좋은 것을 좋게 만드는 최종적인 근거가 있기 때문이다. 곧 이데아 세계와 현실 세계를 아울러 그나마 좋게 만들어 주는 최종적인 근거가 선의 이데아이다.

비가설적 시원인 최종원리가 선(좋음)이라는 가치를 포함하는 건 변승적 탐구의 윤리적 특성, 곧 선한 행위의 최종 근거를 마련하기 위한 목표를 갖는다. 최선의 인간 삶 확립이라는 윤리적 문제의식을 담고 있는 것이 선의 이데아이다. 선의 이데아는 좋음의 최종적인 근거이기도 하지만 이 세상에 있는 것이 한 개체(하나의 단위)로 있기 위한 근거를 제공한다. 곧 선의 이데아는 하나이면서 선의 이데아는 하나라는 술어를 가장 먼저 갖는다. 선의 이데아는 좋으면서 하나이다.

절대적으로 존재하기 때문에 그것의 존재성을 의심할 수 없는 것, 인식의 최종 근거로서 절대 확실한 것, 이것은 다름 아닌 파르메니데스의 있음이다. 있음은 절대적으로 균일해서 그 안에 다름이나 정도차가 있을 수 없는 순수한 하나(homogeneous one)이다. 여럿이 갖고 있는 우연성이나 불확실함, 불안정함, 존재하는지 하지 않는 지를 결정할 수 없는 비결정성을 완전히 배제한 것이 하나로서 전체로 있는 존재이다. 결국 플라톤의 변증적 탐구의 장이 되는 건 파르메니데스의 존재세계이고 이 탐구가 지향하는 최종적인 목표는 하나이자 전체로서 있는 순수한 존재, 순수한 사유로서의 파르메니데스의 있음이다. 플라톤은 파르메니데스를 자신의 철학적 아버지라고도 부른다.[13]

이제까지 살펴본 여러 가지 논리 중에서 플라톤은 최종적으로는 파르메니데스를 따르고 있다. 곧 있지 않음의 길보다는 있음의 길을 선택하며 여럿보다는 하나를 궁극적인 목표로 삼고 있다. 물론 플라톤의 현실관은 헤라클레이토스의 차이성 논리가 제시하고 있는 세계와 같다고 할 수 있다. 이런 점에서는 헤라클레이토스의 논리도 수용하고 있다. 다만 플라톤은 헤라클레이토스의 현실세계가 살기에 적합하다고 보지는 않는다. 있는지 없는지도 결정할 수 없는 미결정의 세계, 같은 사태에 대해 서로 대립적인 원인이나 이유가 출현하는 혼란한 세계라고 본다는 점에서 헤라클레이토스의 차이성 논리가 지배하는 세상을 벗어나야 할 장(場)으로 보고 있다. 여럿의 세계가 현실인 것은 맞지만 우리가 지향해야 할 세계는 하나이어야 한다는 것이 플라톤의 입장이다. 차이성 논리로부터 동일성 논리의 세계로의 이행이 철학적 여정이라고 본다는 점에서 플라톤은 파르메니데스의 후예라고 볼 수 있다.

13) 플라톤은 『파르메니데스』 편에서 파르메니데스의 철학을 비판적으로 검토하면서 부친살해라는 용어를 사용하기도 한다.

플라톤을 언급하면서 이데아론을 뺄 수는 없다. 이데아는 현실에 있지 않다. 곧 세속에 있지 않다. 현실 초월적인 것이 이데아이다. 플라톤의 철학은 세속으로부터 벗어나 순수영혼, 순수 사유, 순수 실재로 나아가는 여정이다. 세속을 대변하는 것이 인간의 육체이기 때문에 세속을 벗어난다는 것은 육체의 영향으로부터 영혼을 해방시키는 작업이기도 하다. 곧 영혼을 육체로부터 분리시키는 것이 탈 세속의 핵심이다. 태어난다는 건 영혼이 육체와 결합되는 사건이고 죽는다는 건 영혼이 육체와 분리되는 사건이기 때문에 육체로부터 영혼을 해방시키는 철학은 죽음을 연습하는 작업이기도 하다.

세속의 논리로부터 벗어나 순수를 지향하는 탈 세속의 성향은 소크라테스로부터 받는다. 곧 부나 명예, 권력과 같은 세속적인 영달에 힘쓰는 삶은 살 가치가 없으며, 가치 있는 삶을 살기 위해서는 영혼을 돌봐야 한다는 소크라테스를 이어받아 그는 현실에 안주하지 않고 초월적인 이데아 세계로 나가고자 한다. 자신의 사상을 피력하기 시작한 중기 대화편에서 플라톤은 초월적인 순수 이데아의 세계와 차이성 논리가 지배하는 여럿의 현실세계를 급진적인 방식으로 갈라놓는다. 현실세계에 발을 딛고 살고 있는 인간들에게 지나지게 순수한 초월적인 세계는 관심거리가 아니다. 그 세계는 나와는 상관이 없는 세계이다. 완전한 초월은 완전한 분리를 의미하기에 결국 현실세계의 근거, 원인, 이유로서의 권한을 가질 수도 없게 된다. 완전한 초월은 완전한 분리로 여겨지기 때문에 현실세계와의 연관성을 전혀 가질 수 없게 되면 궁극적으로는 이데아의 존립 자체가 문제가 된다. 이데아론에 대해 이와 같은 문제를 스스로 제기하고 이를 풀기 위해 다양한 논리의 가능성을 검토하면서 플라톤은 고대 논리사의 본류가 된다.

Ⅳ. 플라톤의 논리적 종합: 동일성과 차이성 논리의 결합

플라톤은 그리스논리사에서 가장 중요한 인물이다. 그가 서양철학의 방향을 결정한 인물이라는 데는 이견이 없다. 그 이전의 그리스 철학이 플라톤의 철학 안에서 화학적 결합으로 녹아들어가 서양 문명의 기초가 된 것처럼 논리의 역사에서도 그는 가장 중요한 역할을 한다.

소크라테스의 논박이나 사상이 중요한 기능을 하게 된 것도 그의 대화편을 통해서 가능했다. 논박이 그 이전의 다양한 논리의 세계를 넘어서서 철학이나 논리의 새로운 방향을 제시했다고 하는 평가도 그의 대화편을 통해서 가능한 일이다. 소크라테스의 논박이 부정적인 방법이기에 무언가를 구성할 수 있는 논리가 되지 못해서 세계, 인간, 인간과 신에 대한 체계적인 철학으로 자리 잡기 어려운 측면이 있는데 이를 자신의 방법을 동원해서 긍정적이고 구성적인 철학체계로 구성한 것도 플라톤이다. 초월적인 세계 상정에 따른 논리적 문제점을 가장 정밀하게 검토하여 초월과 내재가 결합될 수 있는 논리를 구상한 것도 플라톤이다.

하나와 있음의 세계를 선택함으로써 인간의 생각을 빛으로 인도해냈지만 차이가 지배하는 현실세계를 부정함으로써 파국에 봉착하게 된 파르메니데스의 논리를 현실 적합한 것으로 구성해내는 것도 플라톤이다. 차이가 지배하는 현실 세계의 모습을 잠언식으로 구성해낸 헤라클레이토스의 차이의 논리도 자신의 철학체계에 집어넣어 세계 구성의 한 요소로 되살려낸 것도 플라톤이며, 헤라클레이토스의 차이의 논리를 되살려 인간 사회와 언어의 세계에서 구현해낸 프로타고라스의 상황논리와 공존배제의 논리를 수용하여 파르메니데스가 제시한 난관을 벗어나는 논리를 구상한 것도 플라톤이다. 있음만이 아니라 있지 않음의 길도 고려하고, 있지 않음의 길만 추방당할 수 있는 것이 아니라 있음의 길 성립 가능성도 아울러 검토해야 한다는 고르기아스의 논리를 받아들여 있음과 있지 않음의 관계를 새로이 정립한 것도 플라톤이다. 『파르메니데스』 편에서 고대 그리스에서 등장할 수 있는 논리적으로 가능한 논변을 총망라해서 여덟 가지 논증의 형태로 제시한 것도 플라톤이다. 그는 이 대화편에서 있음과 있지 않음 사이에 성립 가능한 부정의 종류를 고안, 열거하여 아리스토텔레스에게 전함으로써 잠재태-현실태로 정리되는 질료-형상의 논리의 모델을 제공한다.

이상에 언급된 거의 모든 내용은 『파르메니데스』 편에서 찾아볼 수 있으며, 이 대화편은 그리스 논리사의 백미라고 할 수 있으며 이는 자신의 이데아론에 대한 문제제기로 시작된다.

1. 이데아론의 논리적 문제점

플라톤 이데아는 파르메니데스의 존재를 천상에 뿌려놓은 것과 같다. 곧 이데아 각각은 파르메니데스의 존재와 같은 성질을 지닌다. 그것은 하나이며, 자신이 갖고 있는 성질(identity)을 절대로 잃지 않는 순수한 존재이다. 다만 파르메니데스의 존재는 하나이며 전체로서 여럿이 있을 수 없는데 플라톤의 이데아는 여럿이 있다. 곧 원의 이데아(원 자체), 삼각형의 이데아(삼각형 자체), 푸름의 이데아(푸름 자체)와 같이 다양한 복수적인 이데아가 있다. 이와 같은 복수적인 이데아, 곧 여럿을 엘레아학파에서는 수용할 수 없다. 제논은 여럿이 가능하지 않다는 논변을 제시한다.

결론: 여럿이 있다면 존재하는 것들은 동시에 크고 작다: 곧 무한히 크고 크기를 전혀 지니지 않을 정도로 작다.

* 여럿이 가능하려면 둘이 있어야 하는데, 둘은 하나를 분할할 수 있어야 가능하다. 곧 분할이 가능해야 여럿이 가능하다. 분할은 무한히 계속될 수 있다. 무한 분할의 결과로 등장하는 최종적인 단위체는 크기를 갖거나 갖지 않는다. 제 3의 가능성은 없다.

1. 존재하는 것이 크기를 지니지 않는다면 그것은 존재할 수조차도 없다. 그것이 존재하는 다른 어떤 것에 더해진다고 해도 더해지는 것을 더 크게 할 수 없기 때문이다. 크기를 지니지 않는 것은 더해지는 것의 크기에 변화를 줄 수 없다. 그래서 그것은 없는 것이 될 수밖에 없다. 마찬가지로 그것을 존재하는 어떤 것으로부터 뺀다고 해도 그 것이 더해지는 것의 크기를 작게 만들 수 없다. 이렇게 그 크기를 크게 만들거나 작게 만들지 못하는 것은 존재하지 않는 것임에 분명하다.

2. 만약에 그것이 특정의 크기나 부피를 지닌다면 그것의 부분(부분1)은 다른 부분(부분2)으로부터 일정 정도 떨어져 있을 것이며, 부분1과 부분2는 마찬가지로 일정 크기를 지니게 될 것이다. 마찬가지로 부분1과 부분2는 하위 부분을 갖게 되고 그 하위 부분들도 크기를 가지게 된다. 이 과정은 무한히 반복되어서 결국 궁극적인 단위가 무한히 많아지게 된다. 그 궁극의 단위체가 크기를 갖는 한 그것들이 다시 합쳐지면 무한한 크기가 된다.

이에 따라서 여럿이 있다면 그것은 동시에 무한히 크면서 크기를 지니지 않을 정도로 작게 된다.

제논의 논증에 따르면 여럿이 가능하다면 같은 것에 무한히 크면서 크기를 지니지 않는다는 대립적 술어를 매길 수 있기 때문에 여럿은 불가능하다. 곧 대립적인 술어를 매기면 안 되기 때문에 여럿은 불가능하다. 무한히 크거나 크기를 갖지 않아야 하는데 무한히 크거나 아예 크기를 갖지 않는다고 말할 수는 없다. 곧 p이거나 ~p이지 p이면서 ~p일 수는 없다. 대립자 중 하나만을 선택하고 나머지는 배제해야지 둘 다를 선택할 수는 없다. 이는 우리가 앞에서 살펴본 것처럼 파르메니데스-제논은 선택배제(either~or)의 논리를 신봉한다. 곧 대립공존(both~and)의 논리는 배격되어야 한다고 본다. 대립적인 서술을 허용하는 여럿의 세계는 있을 수 없다. 항상 대립적인 것들의 공존이나 이행이 일어나고 있는 현실세계는 가상이다.

대립적인 술어를 허용할 경우, 제논의 논증은 효력을 잃는다. 곧 여럿이 불가능해야 할 이유가 없다. 이에 플라톤은 대립적인 술어 매김이 아예 불가능한 것은 아니라고 말한다. 플라톤은 현실세계에 존재하는 사물에 대립적 서술을 매기는 건 얼마든지 가능하다고 응대한다. 소크라테스는 플라톤 보다는 작지만 크리톤보다는 크다고 말할 수 있다. 곧 소크라테스에게는 크다는 술어가 매겨지기도 하고 작다는 술어가 매겨지기도 한다. 둘의 원인은 하나를 쪼개기 때문이기도 하고 하나에 하나를 더하기 때문이기도 하다. 곧 '둘의 원인은 나누기와 더하기이다'라는 서술이 가능하다. 곧 현실세계에 존재하는 사물들이 모순되거나 대립되는 속성을 갖는 건 얼마든지 가능하다. 엘레아학파는 대립적인 서술이 원래 불가능하기 때문에 대립적 서술을 허용하는 현실세계를 가상으로 치부한다. 그러나 플라톤은 현실세계에 관한 한 차이성의 논리가 지배한다는 걸 인정한다. 곧 현실세계는 대립공존의 논리가 통용된다는 걸 수용한다. 이런 점에서 플라톤은 현실인식에서 엘레아 학파와 갈라서고 헤라클레이토스의 차이성의 논리를 수용한다. 세상은 여럿의 세계로서 각종 차이가 상존하고 상호 대립적인 것이 공존하고 서로 이행한다.

이와 같은 현실세계에 관한 인식과 이데아론은 얼마든지 양립 가능하다. 소크라테스가 크면서 작을 수 있는 건 이데아가 시점을 두고 참여하기 때문이다. 곧 소크라테스를 플라톤과 비교할 때에는 작음의 이데아가 참여하여 소크라테스가 작아지고, 크리톤과 비교할 때에는 큼의 이데아가 참여하여 크다고 할 수 있게 된다. 이런 논증에 따르면 다수 이데아가 있다고 주장하는 이데아론과 대립적인 서술을 허용하는 현실세계는 논리적으로 공존할 수 있게 된다. 곧 하나로서의 정체성을 갖는 이데아와 여럿은 논리적으로 양립 가능해져 제논의 논증은 효력을 잃는다.

다만 플라톤은 이데아에는 대립적 서술을 허용되지 않는다. 이데아는 대립적인 서술을 허용하지 않는다. 작음의 이데아가 동시에 작으면서 클 수는 없고, 큼의 이데아도 클 수만 있지 작을 수는 없기 때문이다. 이데아는 오직 한 가지 술어만 허용하기 때문에 대립적인 서술을 허용하지는 않는다. 이데아가 대립적인 서술을 허용할 수 없는 것은 플라톤의 이데아가 하나이자 전체로서 하나의 확정된 한정성(identity)을 갖기 때문에, 곧 파르메니데스의 존재와 같은 실재이기 때문이다. 이에 따라서 플라톤은 (소크라테스의 입을 빌어) 당신이 제기한 논변에 놀라운 것은 없지만 당신이 만약 개별 이데아에 대립적인 서술이 가능하다는 논증을 펼치게 되면 자신은 무척 놀랄 것이라고 말한다.

이 세계에 존재하는 사물들은 모순이나 대립을 허용하지만 자체적인 이데아는 모순이나 대립을 허용하지 않는다는 점에서 두 세계는 근본적으로 다르다. 플라톤에 따르면 자체적인 이데아의 세계에서 하나가 여럿이 된다거나 유사함 자체가 상이함 자체가 될 수는 없다. 경험적인 현실 세계가 '이것이면서 이것 아닌(both P and ~P)' 세계라면 자체적인 이데아의 세계는 '이것 이거나 이것 아닌 것(either P or ~P)'의 영역이다. 현실세계를 보는 시각은 다르지만 적어도 이데아 세계에 통용되는 논리라는 측면에서 보면 플라톤과 제논은 모두 선택-배제(either ~ or)의 논리를 채택하고 있다.

플라톤은 현실세계의 대립과 모순을 허용하고, 모순적인 현실세계와 이데아론이 양립가능하다고 보며, 이데아는 대립적인 술어를 허용하지 않는다는 세 가지 입장을 표명하고 있다.

첫째, 현실세계의 대립과 모순을 허용하는 건 현실인식에서 헤라클레이토스의 차이성 논리, 프로타고라스의 대립 공존 논리를 수용한다는 것을 의미한다. 둘째, 이데아를 도입하여[14] 현실세계의 사물들이 대립과 모순적 술어를 허용할 수 있음을 설명하는 방식은 프로타고라스의 상황논리의 형식을 차용함으로써 가능하다. 셋째, 이데아가 대립적인 술어를 허용하지 않는다는 건 이데아가 파르메니데스적 존재처럼 일의적 한정성(identity)을 갖고 있기 때문이다. 곧 이데아를 타자의 개입 없이 자체적으로 존재할 수 있다고 보기 때문에 대립적 술어를 허용하지 않게 된다. 이는

14) 이데아를 도입한다는 건 다음의 두 가지를 인정한다는 것이다.
1. 우리가 살고 있는 이 세계 이외에 그 자체적인 이데아가 존재한다.
2. 이 세계에 존재하는 사물들의 특성들은 이데아 때문에 가능하다.
1번은 이 세상에 있는 사건이나 사태의 원인·이유(aitia)로서의 이데아가 존재한다는 걸 의미하며, 2번은 이 세상이 이데아 때문에 가능하다는 걸 의미한다. 곧 현실세계와 분리된 이데아를 인정하며, 이데아의 참여에 의해 세상의 사건이나 사태가 가능하다는 걸 의미한다. 이를 분리 전제와 참여 전제라고 한다.

궁극에 가서는 자신이 갖고 있는 성질 이외의 다른 서술을 전혀 할 수 없다는 귀결에 이르게 된다.

첫째, 플라톤은 헤라클레이토스와 프로타고라스의 현실관을 공유한다. 현실세계에 관한 한 플라톤은 차이성 논리를 인정한다. 그리고 이 점에서 차이성 논리 자체를 완벽하게 배제하는 파르메니데스나 제논과는 결별한다.

둘째, 이데아론을 통해 세상을 설명하는 방식은 프로타고라스의 사유형식을 차용한다. 플라톤과 프로타고라스는 현실에 존재하는 것들에 서로 대립적이거나 모순적인 진술이 가능하다는 입장을 공유한다. 그러나 세상에 존재하는 것들에 대한 서술의 근거를 제시하는 면에서는 두 사람은 입장이 다르다. 프로타고라스는 진술의 최종 근거를 발설하는 사람과 상황에서 찾는다. 그래서 프로타고라스의 진술은 언제나 '~에 대해서(~과 연관해서) S는 P이다(S is P for A(with respect to A))'의 형식을 띤다. 곧 사람과 상황을 벗어난 진술이란 가능하지 않고 사람과 상황에 따라서 진술의 성격은 얼마든지 달라질 수 있으며, 발설하는 사람이 서로 적대적이거나 상황이 급전직하로 달라진다면 심지어는 대립적(모순적) 진술도 가능하다. 프로타고라스의 경우 진술의 모순성은 현실세계에 존재하는 사람들의 모순성으로 전이된다. 곧 서로 완벽히 대립 되는 입장을 갖는 사람들이 세상에는 얼마든지 있고 이와 같은 모순이나 대립이 진술의 영역에 이전될 수 있다는 것이다. 현실의 세계는 대립이 충돌하는 장소, 곧 투쟁의 장이 되며, 그렇기 때문에 프로타고라스의 대화는 대립투쟁의 논리(eristic)라고 할 수 있다. 곧 그의 대화는 논쟁술(論爭術)이다.

플라톤의 서술 근거는 이데아에 있다. 현실세계의 S가 유사성 자체의 이데아에 참여한다면 'S는 유사하다'는 진술이 가능해지고

S가 비유사성 자체에 참여한다면 'S는 유사하지 않다'는 진술이 가능해진다. 이런 점에서 플라톤의 진술은 '참여하는 이데아와 연관해서 S는 P(~P)이다(S is P with respect to P-itself, S is ~P with respect to ~P-itself)'의 형식을 띤다. 이 경우, 현실세계에 존재하는 것 S에 모순적인 서술(P, ~P)이 가능한 것은 이데아 세계에 서로 모순되는 이데아인 P 자체(P-itself)와 ~P 자체(~P-itself)가 존재하기 때문이다. 즉 P 자체와 ~P 자체가 이데아 세계에 서로 독립적으로 있으면서 주어진 주제 S에 대해 번갈아 참여하면서 S is P도 가능하게 하고 S is ~P도 가능하게 한다는 것이다. 이데아와 연관해서만 현실세계의 S에 p 또는 ~p라는 서술이 가능하다고 본다는 점에서 그의 진술 형식은 이데아 의존적이다. 이는 프로타고라스의 진술이 발설하는 사람이나 상황 의존적인 형식을 가지고 있는 것과 유사하다. 곧 플라톤이나 프로타고라스는 공히 'S is P with respect to ~'라는 진술형식을 갖고 있다. 다만 '~과 연관해서'라고 할 때 '~'에 들어가는 것이 다를 뿐이다. 프로타고라스의 '~'에는 현실세계가 들어가지만 플라톤의 '~'에는 이데아가 들어간다.

플라톤의 이데아 세계와 프로타고라스가 생각하는 현실세계는 논리적으로 확연히 구분되는 성질을 갖고 있다. 앞에서 본 것처럼 프로타고라스의 현실세계는 대립과 투쟁이 상존하는 세계이기 때문에 진술상의 대립이나 모순의 근거를 현실세계에 돌리면 된다. 현실세계에 존재하는 것들에 대해 대립적인 술어를 매길 수 있는 건 대립적 이데아의 교차참여에 의해 가능하다고 하면 플라톤의 이데아론에 논리적 하자는 출현하지 않는다.

셋째, 이데아에 대립적인 술어를 매길 수 없는 건 이데아가 불변의 일의적 한정성(identity)을 갖고 있기 때문이다. 곧 이데아는 자체적(auto kath auto) 존재로 규정되기 때문에 상이한 술어를 매길 수 없게 된다. 자체적인 존재는 자신의 존재를 다른 것(타자)에 의존하지 않으며, 자신이 갖고 있는 성질을 다른 것에 의존해서 가지지도 않는다. 곧 타자연관성 없이 스스로 존재하며 독자적인 성질을 갖는다. 이데아들 각각은 다른 것에 의존하지 않기 때문에 각각의 이데아는 다른 이데아들과 분리되어 있다. 이데아의 세계에서 이데아들 각각은 서로 독립된 실재들이다. 이런 점에서 이데아의 세계에서 이데아들 각각은 서로 분리되어 있다.

이데아의 이런 특성 때문에 플라톤은 현실세계의 사물들이 대립적인 술어를 갖는 것은 놀랍지 않지만 이데아가 대립적인 술어를 허용하면 놀랄 것이라고 말한다. 그리고 이는 앞으로 보겠지만 이데아론에 심각한 난점을 초래한다.

소크라테스가 제논의 논증을 논파한 다음 파르메니데스는 '이데아들을 분리된 그 자체적인 것들로 보면 얼마나 큰 난점이 초래되는지 알겠나?'라고 되 물으며 대화의 전면에 등장한다. 파르메니데스는 다음처럼 플라톤 이데아론의 근본 전제를 확인한다.

> 나에게 말해보게, 자네는 자네가 말한 것처럼 이데아들이 있으며, 이데아들에 참여하는 다른 것들은 이데아 때문에 그들의 이름을 가질 수 있게 되지? 예를 들어 유사성 자체에 참여하는 것들은 유사하게 되고, 큼 자체에 참여하는 것들은 크게 되고, 마찬가지로 아름다움 자체에 참여하면 아름답게 되고, 정의 자체에 참여하면 정의롭게 되겠지?[15]

이데아론의 근본 전제는 1. 현실세계를 벗어나 이데아가 존재하며, 2. 이데아의 참여에 의해서 현실세계의 사물들이 그에 합당

15) Plato, *Parmenides* 130b.

한 술어를 매길 수 있게 된다. 1번 전제는 이데아가 현실세계로부터 독립(분리)되어 존재한다고 하기 때문에 분리 전제라고 하며, 2번 전제는 이데아의 참여에 의해 현실세계의 사물들이 속성을 가지게 되기 때문에 참여 전제라고 한다.

파르메니데스는 먼저 참여에 관해 문제를 제기한다.

■ 참여에 관한 문제제기 논증

· 이데아는 사물에 전체적으로 참여하든가 부분만이 참여한다.

- 전체로서 참여한다면 하나로서의 전체적인 이데아가 다수의 사물들 안에 있게 된다.
  하나로서의 전체적인 이데아가 자신으로부터 분리된다.(불합리)
- 부분으로서 참여한다면 이데아는 분할되면서도 여전히 하나가 된다.

· 낮의 비유에 관하여

낮이 하나이지만 동시에 여러 곳에 있는 것처럼 이데아도 자신으로부터 분리되지 않으면서 여러 곳에 동시에 있을 수 있다.

- 이 경우 돛이 여러 사람 위에 펼쳐져 있는 것과 같다는 것인데
  하나의 이데아는 부분들로 나누어지며, 그것들에 참여하는 것들은 부분에 참여하게 된다.
- 큼 자체의 부분은 작다고 할 수 있는데 큼보다 작은 것에 의해서 크게 된다.
- 같음 자체의 부분은 같음 자체보다 작기 때문에 같다고 말할 수 없는데 같지 않은 것에 의해서 같게 된다.
- 자금 자체는 작은 것인데 그것의 부분이 있다는 건 작음 자체가 그것보다 크다는 걸 함축하게 된다. 자금 자체의 부분이 사물에 참여해서 사물들이 작게 된다는 건 작음 자체를 큰 것으로 생각해야 한다는 문제가 있다.

⇒ 결국 이데아는 전체로서도 부분으로서도 사물에 참여할 수 없게 된다.

· 제3인간 논변

사물들을 크다고 할 수 있는 건 그 사물들이 큼 자체에 참여하기 때문이다. 사물들 a, b, c, … 들 모두에 대해 a가 크고, b가 크고, c가 크고 등등으로

진술할 때 거기에는 그것들 모두를 크다고 말할 수 있게 하는 하나이자 같은 것으로서의 큼 자체1(Largeness itself)이 있는 것이다.
그러면 큼 자체1도 크고, a, b, c, … 들 모두도 크다.
큼 자체1과 a, b, c, … 들 모두를 크게 만드는 또 다른 큼 자체2가 있어야 한다.
마찬가지로 큼 자체2, 큼 자체1, a, b, c, … 들 모두를 크게 만드는 또 다른 큼 자체2가 있어야 한다.
이 과정은 무한히 반복되어 큼 자체는 하나일 수 없고 무한히 많게 된다.

· 이데아가 사유라는 주장에 대해
이데아는 정신 안의 사유라고 할 수 있다.
사유한다는 것은 아무 것도 아닌 것(nothing)에 관한 것dl 아니라 존재하는 어떤 것(something)에 관한 것이다.
이 때 사유되는 있는 어떤 것은 모든 사물을 포괄하는 단일한 것으로서 이데아라고 할 수 있다.
그런데 그것을 사유라고 한다면 이데아에 참여하는 사물들은 사유로 구성되어서 사물들이 사유하는 것이 되거나 사유라고 한다면 (사물이기 때문에) 사유하면서도 하지 않는다고 해야 한다.

· 이데아가 범형(範型, paradeigma)이라는 주장에 대해
이데아는 원형이고 사물들은 그것의 모사품이다.
이데아가 원형이고 사물들이 그의 모사품이라면 원형과 모사품은 유사하다.
따라서 이데아와 모사품을 같은 부류로 서술할 수 있게 하는 또 다른 원형이 있어야 한다. 이는 제 3인간 논변과 마찬가지 귀결에 도달하게 된다.

이상의 논증에 따르면 분리전제와 참여 전제 중에서 참여 전제가 부정된다. 곧 이데아가존재한다고 하더라도 세상의 사물들이 어떤 속성을 갖는 것은 이데아와 연관해서 갖는 것은 아니게 된다.

■ 분리전제가 초래하는 결과

참여전제가 부정되면 이 세계와 이데아 세계는 전혀 별개의 것이

되고 만다. 이 세계에 존재하는 사물들은 이데아와 같은 이름을 지니기는 하지만 이데아와 연관해서 가지는 것은 아니고 다만 자신들과 연관해서만 갖는다. 이 세계의 사물들과 이데아들은 서로 독립적이다. 주인과 노예의 관계에서 이 세계에 존재하는 노예는 이 세계에 존재하는 주인의 노예이지 이데아의 세계에 존재하는 주인됨 자체의 노예는 아니다. 마찬가지로 주인됨 자체는 노예됨 자체의 주인이지 이 세계에 존재하는 주인이나 노예의 주인인 것은 아니다. 이런 방식으로 이데아들은 이데아 세계 안에서만 서로 관련을 맺을 뿐이지 이 세계에 존재하는 사물들과는 아무런 관련도 맺을 수 없게 된다.

또한 추상적이고 절대적인 지식은 추상적이고 절대적인 진리에 관한 지식이지 우리 가운데 존재하는 진리에 관한 것이 아니다. 이데아가 이렇게 초월적으로 세계와 분리된 채로 있게 되면 이데아들은 우리 가운데 있지도 않으며 우리가 그것을 가질 수도 없다. 우리는 절대적인 지식을 갖고 있지 못하기 때문에 어떠한 이데아도 우리에게 알려질 수 없다. 따라서 선 자체, 아름다움 자체, 정의로움 자체 와 같은 이데아들에 대해서도 우리는 알 수 없다. 즉 이데아는 우리에게 알려질 수 없게 되는 것이다. 절대적인 지식은 우리가 갖고 있는 지식보다 정확하고 명확한 것이다. 그런 지식은 인간에게는 열려 있지 않고 다만 신에게만 가능한 것이다. 신은 가장 정확한 지식을 갖고 있는 완전한 주인됨이다. 그런데 그런 주인됨은 이 세계에 존재하는 우리를 지배하지 않는다. 즉 (완전한 지식을 통한) 그의 지배권은 우리에게 영향을 미치지 못한다. 따라서 그는 이 세계의 어떠한 것에 대해서도 알지 못하게 된다. 우리가 우리의 지식을 통해서 신적인 것에 관해서 어떠한 것도 알지 못 하고 그들을 지배하지 못하는 것처럼 신들은 우리의 주인이 아니며 인간 적인 일에 대해 지식을 갖지 못한다.

이런 귀결들은 사람들로 하여금 이데아가 존재하지 않으며 설사 그것이 존재한다고 하더라도 인간에게 알려질 수 없게 만든다. 다시 말해 이데아론의 뿌리를 뒤흔드는 결과를 초래하게 된다는 것이다. 이데아가 이 세상에 참여하는 것이 불가능하다면 이데아는 이 세상과 분리되어 존재하게 되고, 이렇게 분리된 이데아를 인식하는 것이 불가능해 지며, 더 나아가 그것이 존재한다는 사실도 알 수 없게 된다.

여기까지 이르게 되면 이데아론의 참여전제 불가능성은 이데아가 현실세계와 아무런 상관도 없이 있게 된다는 완전 분리 결론에 도달하고 이렇게 되면 이데아를 인식할 수 없는 것은 물론 이데아가 존재한다는 전제도 확증할 수 없다. 곧 이데아도 존재할 수 없다는 결론에 도달하게 된다. 곧 이데아론 자체가 불가능해진다.

왜 이런 귀결에 이르게 된 것일까? 서론 부분에서 소크라테스가 제논의 논증을 반박하면서 사물들이 대립적 술어를 갖는 건 불가능하지 않으며 이데아론에 의해서도 그것은 충분히 설명할 수 있다고 말한 다음 만약 이데아 세계 안에서도 그런 대립적인 성질들이 혼합되고 결합될 수 있다고 한다면 참으로 놀라운 일이 될 것이라고 말하자 파르메니데스는 제논의 논의를 이어받아 대화에 참여한다.

파르메니데스는 대화에 참여하여 이데아론의 문제점을 지적하면서 이런 문제가 소크라테스의 성급한 정의 시도 때문에 생긴 것이라고 지적한다. 그리고 이런 성급함 때문에 소크라테스가 풀 수 없는 문제가 생기는데, 곧 이데아들의 결합에 관계된 문제이다. 이데아들이 서로 결합을 할 수 없을 뿐만 아니라 이 현실세계와도 무관하게 되어 스스로의 존립마저도 위협하는 건 소크라테스의 성급한 정의로부터 시작된다. 파르메니데스는 대화 곳곳에서 소크라테스에게 다음처럼 말한다.

> 우리가 이데아들을 자체적이고 독립적인(auta kath auta) 존재로 정의한다(dihorizetai)면 얼마나 커다란 어려움이 있는지 알겠나?(133a)

> 사물들의 이데아가 존재하며 이데아들 각각을 자체적인(auto) 어떤 것으로 정의한다면 … 이런 난점들과 그 이외의 많은 난점들이 이데아들로부터 떠나지 않을 것이네.(135a)

이데아가 대립적인 술어들을 허용하지 않는 것은 이데아를 자체적인 것으로 타자와 연관 없이 독립적으로 정의했기 때문이다. 자체적이라는 건 자신의 존립이나 정체성을 다른 것에 의존하지 않는다는 말이다. 이를테면 아름다움이 존재하기 위해서는 존재의 이데아와 참여관계가 성립해야 하는데 아름다움의 이데아가 자신의 존립을 다른 것에 의존하지 않는다고 하면 존재의 이데아와 상관없이 존재하게 된다. 마찬가지로 아름다움은 다른 것과의 연관 없이 스스로 아름답다. 이럴 경우 아름다움 자체에 대해서는 자신이 갖고 있는 속성만을 서술할 수 있을 뿐이다. 아름다움은 아름다울 뿐 그 이상이 아니다. 그러면 모든 이데아는 각기 독립적으로 있어서 서로 아무런 연관도 맺을 수 없다. 곧 아름다움 자체는 즐겁다거나, 좋다거나, 가치가 있다거나 하는 서술을 전혀 할 수 없게 된다.

이데아를 자체적으로 정의한다는 건 어떤 의미를 지닐까? 앞으로 전개될 논증 중 첫째 논증을 살펴보자.

> 1. 하나가 있다고 해보자.

1-1. 하나는 다수가 아니다.
(하나는 차이를 허용하지 않기 때문에 다수가 될 수 없다.)

하나가 있다(if one is)고 할 때 하나는 다수가 아닌 것으로 정의된다. 곧 하나는 자신과 대립되는 것을 배제함으로써 자신의 정체성을 갖게 된다. 곧 하나는 다수가 아니다. 이렇게 되면 하나에 관해서는 그 자체로 '하나'라고만 말할 수 있을 뿐이다. '하나는 하나이다'라고 서술할 수도 없다. 곧 p is p라는 동일률도 서술될 수 없다. 이런 서술이 가능하려면 하나는 좌변에 있는 하나와 우변에 있는 하나로 나누어서 둘이 되어야 한다. 그런데 하나는 하나일 뿐 절대로 둘이 될 수 없다. 곧 둘로 나누어질 수 없다. 둘이 안 되면 다수가 되는 것이 불가능하다. 이렇게 되면 다음과 같은 귀결이 필연적으로 따라 나온다.

1-2. 하나는 부분도 가지지 않으며 전체도 아니다.
1-3. 하나는 경계를 지니지 않는다.(하나는 무한정적(apeiron))이다.
1-4. 하나는 형태를 갖지 않는다.
1-5. 하나는 어디에도 없다.
1-6. 하나는 운동하지도 정지해 있지도 않다.
1-7. 하나는 다른 것이나 자신과 같을 수도 없고, 자신이나 다른 것 이외의 것(다른 것)일 수도 없다.,
1-8. 하나는 자신이나 다른 것과 유사하거나 상이하지 않다.
1-9. 하나는 자신이나 다른 것과 동일하거나 다르지 않다.
1-10. 하나는 시간 안에 있지 않다.
1-11. 하나는 아무 것도 아니고(존재에 참여하지도 않고), 이름을 지닐 수도, 기술할 수도, 인식할 수도, 생각되지도 않는다.

이와 같은 결론은 이데아론의 참여전제를 검토하면서 도달한 결론과 정확히 같다. 소크라테스가 이데아를 성급하게 자체적인 것으로 다른 것들과 독립적으로, 분리해서 자체적인 것으로 정의했기 때문에 이런 파국적인 결론에 도달한다. 이데아를 성급하게 자체적인 것으로 정의했다는 건 예를 들어 하나를 여럿이 아닌 것으로 정의했다는 걸 의미한다.

> 하나이거나 여럿이다.
> 하나는 여럿이 아닌 것으로 정의된다.
> (타자를 배제함으로써 자신을 정의함: 자체적 정의)

자체로 정의한다는 것은 타자를 전혀 고려의 대상으로 넣지 않고, 곧 타자를 배제함으로써 정의한다는 것이며 이렇게 정의할 경우 이데아의 존재 가능성과 인식 가능성까지 사라지고 만다. 타자와 무관하게, 곧 타자를 배제하는 방식으로 이데아를 정의하면 이데아는 다른 이데아와도 관련을 맺을 수 없다. 곧 다른 이데아와도 결합할 수 없기 때문에 그 이데아가 갖고 있는 정체성만을 서술할 수 있을 뿐 다른 어떤 서술도 불가능해진다. 이데아가 현실세계의 근거가 되기 위해서, 또 다른 이데아와의 연관관계를 확립하기 위해서는 이데아를 자체적이 아닌 방식으로 정의해야 한다.

파르메니데스는 소크라테스의 변증적 대화에 대한 열정을 높이 평가하지만 지금과 같은 난점에 빠지지 않기 위해서는 사람들이 그저 수다정도로 생각하는 쓸모없어 보이는 기술을 연마하고 스스로 그에 맞춰 훈련을 해야 할 것을 권한다.

이데아에 관한 관심은 버려서는 안 된다. 그런 관심은 진리에 대한 열정을 반영하고 있다. 다만 진리가 빠져 달아나지 않게 하려면 논증 연습을 해야 한다.

그 논증 연습은 어떤 가설이 참이라고 할 때 어떤 일들이 발생하는지를 검토할 뿐만 아니라 그 가설이 참이 아니라고 할 때 어떤 일들이 발생하는지도 검토해야 한다. 이 같은 지침이 하는 역할을 논증을 검토하면서 살펴보기로 하자.

2.『파르메니데스』편의 논증 구조

1. 여럿이 존재한다고 할 때
 1.1 여럿 자체에 어떤 일이 발생하는지
  1.1.1 여럿 자신과 관련해서 (여럿 자체에 어떤 일이 발생하는지)
  1.1.2 하나와 관련해서 (여럿 자체에 어떤 일이 발생하는지)

 1.2 하나에는 어떤 일이 발생하는지
  1.2.1 하나 자신과 관련해서는 (하나 자체에 어떤 일이 발생하는지)
  1.2.2 여럿과 연관해서는 (하나 자체에 어떤 일이 발생하는지)

2. 여럿이 존재하지 않는다고 할 때
 2..1 여럿 자체에 어떤 일이 발생하는지
  2.1.1 여럿 자신과 관련해서 (여럿 자체에 어떤 일이 발생하는지)
  2.1.2 하나와 관련해서 (여럿 자체에 어떤 일이 발생하는지)

 2.2 하나에는 어떤 일이 발생하는지
  2.2.1 하나 자신과 관련해서는 (하나 자체에 어떤 일이 발생하는지)
  2.2.2 여럿과 연관해서는 (하나 자체에 어떤 일이 발생하는지)

논증 연습을 펼칠 때 고려하는 요인(factor)은 세 가지가 있다. 첫째, '(어떤) 이데아가 있다'고 할 때만이 아니라 '이데아가 있지 않다'고 할 때 어떤 일이 생기는 지를 고려해야 한다. 둘째, 있다고 할 때 그 이데아에 어떤 일이 벌어지는지와 그 이데아와는 다른(대립되는) 이데아에는 어떤 일이 벌어지는 지도 알아봐야 한다. 셋째, 이데아에 벌어지는 일을 고려할 때에도 자신과 관련해서는 어떤 일이 벌어지는지, 타자와 연관해서는 어떤 일이 벌어지는 지도 봐야 한다. 이 세 요인을 고려해서 출현하는 논증 연습들의 전체적인 구조를 살펴보자.

1-a. 하나가 존재한다고 할 때 하나 자신과 관련해서 하나 자체에 어떤 일이 발생하는지
1-b. 하나가 존재한다고 할 때 여럿과 관련해서 하나 자체에 어떤 일이 발생하는지
1-c. 여럿이 존재한다고 할 때 하나 자신과 관련해서는 하나 자체에 어떤 일이 발생하는지
1-d. 여럿이 존재한다고 할 때 여럿과 연관해서는 하나 자체에 어떤 일이 발생하는지
2-a. 여럿이 존재하지 않는다고 할 때 여럿 자신과 관련해서 여럿 자체에 어떤 일이 발생하는지
2-b. 여럿이 존재하지 않는다고 할 때 하나와 관련해서 여럿 자체에 어떤 일이 발생하는지
2-c. 여럿이 존재하지 않는다고 할 때 하나 자신과 관련해서는 하나 자체에 어떤 일이 발생하는지
2-d. 여럿이 존재하지 않는다고 할 때 여럿과 연관해서는 하나 자체에 어떤 일이 발생하는지[16]

16) 논증의 구조를 영어로 기술해보면 다음과 같다.
1-a if many is what happens to many in relation to many
1-b if many is what happens to many in relation to one
1-c if many is what happens to one in relation to one
1-d if many is what happens to one in relation to many
2-a if many is not what happens to many in relation to many
2-b if many is not what happens to many in relation to one
2-c if many is not what happens to one in relation to one
2-d if many is not what happens to one in relation to many

이 구조를 도식화해보면 다음과 같다.

- X가 있다면
  - 자기: X에는
    - 자기관계: X와 관련해서 어떤 일이?
    - 타자관계: ~X와 관련해서 어떤 일이?
  - 타자: ~ X에는
    - 자기관계: ~X와 관련해서 어떤 일이?
    - 타자관계: X와 관련해서 어떤 일이?
- X가 있지 않다면
  - 자기: X에는
    - 자기관계: X와 관련해서 어떤 일이?
    - 타자관계: ~X와 관련해서 어떤 일이?
  - 타자: ~X에는
    - 자기관계: X와 관련해서 어떤 일이?
    - 타자관계: ~X와 관련해서 어떤 일이?

이를 자-타(自他)의 범주에 넣고 구조를 파악하면 다음과 같이 된다.

1-a if self is what happens to self in relation to self
1-b if self is what happens to self in relation to other
1-c if self is what happens to other in relation to other
1-d if self is what happens to other in relation to self
2-a if self is not what happens to self in relation to self
2-b if self is not what happens to self in relation to other
2-c if self is not what happens to other in relation to other
2-d if self is not what happens to other in relation to self

다시 이를 모든 이데아와 그에 대립되는 이데아에 적용해서 구조를 파악해보면 다음과 같다.

1-a if p is what happens to p in relation to p
1-b if p is what happens to p in relation to ~p

1-c if p is what happens to ~p in relation to ~p
1-d if p is what happens to ~p in relation to p
2-a if p is not what happens to p in relation to p
2-b if p is not what happens to p in relation to ~p
2-c if p is not what happens to ~p in relation to ~p
2-d if p is not what happens to ~p in relation to p

3. 『파르메니데스』 편의 연습논증

이제 이 여덟 가지 논증을 순차적으로 살펴보면서 각 요인이 논증의 결과에 어떤 영향을 미치는 지를 살펴보기로 하자.

1. 하나가 있다면 자체로 고려된(자기와의 관계 속에서 고려된) 하나에는 어떤 일이 벌어질까?

1. 하나가 있다고 해보자.

1-1. 하나는 다수가 아니다.[17]
(하나는 차이를 가지지 않기 때문에 분할될 수 없고, 그것은 다수가 될 수 없다.)

1-2. 하나는 부분도 가지지 않으며 전체도 아니다.
(부분은 전체의 부분이며, 전체는 부분 중 어느 것도 빠뜨리지 않은 것, 곧 부분 모두를 의미한다. 부분이 있다는 건 전체를 구성하는 다른 부분들도 있다는 것이기에 여럿을 전제로 한다. 전체는 부분의 총합(총화)이기 때문에 부분들을 전제로 한다. 곧 여럿을 전제로 한다. 하나는 다수가 아니기에 전

17) 하나를 여럿이 아닌 것으로 정의하는 건 타자인 여럿을 배제함으로써 하나를 정의하는 것이다. 곧 하나를 자체로(자기관계 속에서) 고려하는 요소가 고려된 것이다.

체가 될 수도 없고 부분도 가질 수 없다.)

1-3. 하나는 경계를 지니지 않는다.(하나는 무한정적(apeiron))이다.
(하나가 부분을 갖지 않으면 그것은 처음과 중간, 끝을 갖지 않는다. 처음과 중간, 끝은 부분들이기 때문이다. 그런데 처음과 끝은 모든 것의 경계이다. 처음과 끝을 갖지 않는 것은 특정의 경계 안에 한정되지 않는다.)

1-4. 하나는 형태를 갖지 않는다.
(형태를 갖는 것은 원형이거나 직선의 형태를 갖는다. 원형은 한 점에서 같은 거리에 무수히 많은 극점을 갖는다. 곧 경계선을 갖는다. 그런데 하나는 경계를 갖지 않기에 원형이 될 수 없다. 그리고 직선은 양극단의 점 한 가운데에 중점을 갖는다. 곧 직선은 처음과 끝, 그리고 중점이라는 부분을 갖는다. 그런데 하나는 부분을 가질 수 없고, 또 극점을 가질 수 없기 때문에 직선의 형태를 가질 수도 없다.)

1-5. 하나는 어디에도 없다.
(어디엔가 있기 위해서는 다른 어떤 것 안에 있거나 자기 자신 안에 있어야 한다. 그런데 다른 것 안에 있으려면 다른 것에 의해서 둘러싸여 있어야 하는데, 둘러싸여 있으려면 다른 것들과 많은 지점에서 접촉하고 있어야만 한다. 많은 지점에서 접촉하고 있으려면 부분을 갖고 있어야 하는데 하나가 부분을 갖는 건 불가능하다. 그리고 자신 안에 있으려면 다른 것아 아니라 자신에게만 둘러싸여 있어야 한다. 하나가 자신 안에만 있다면, 어떠한 것도 자신을 둘러싸고 있지 않은 것 안에 있는 것이 불가능하기 때문에, 하나는 자신을 둘러쌈과 동시에 둘러싸이게 된다. 전체로서의 하나가 동시에 같은 작용에서 능동적(둘러싸는)이면서 수동적(둘러싸이는)일 수 없기 때문에 그렇게 되려면 하나는 둘이 되어야 한다. 따라서 하나는 다른 것 안에 있을 수도 없고 자신 안에 있을 수도 없으며, 그에 따라서 하나는 어디에도 있을 수 없다.)

1-6. 하나는 운동하지도 정지해 있지도 않다.
(운동한다는 건 장소에서 움직이거나 변화한다는 것인데 자신과 다른 것으로 바뀐다는 건 더 이상 그것이 하나가 아니라는 걸 의미한다. 장소를 바꾸는 운동은 같은 지점에서 회전을 하거나 아니면 한 장소에서 다른 장소로

가야 한다.한 곳에서 회전한다는 것은 중심점을 기점으로 해서 나머지 것들이 그 주위를 돈다는 걸 의미한다. 그런데 부분이 없는 것이 중심과 나머지로 구성될 수 없다. 그런데 하나는 아무 곳에도 있을 수 없기 때문에 한 장소에 있다가 다른 장소에 있는 것 자체가 불가능하다. 설사 다른 장소로 들어온다고 해보자.(그 안에 있는 것이 아니라) 그러면 그것이 어딘가에 들어온다는 것은 그 어딘가에 아직 들어온 것이 아니며 또한 전적으로 그 어딘가의 밖에 있는 것은 아니다. 그러면 일부는 들어오고 일부는 안 들어왔다는 것인데 그건 부분을 가져야만 가능한 것이다. 부분을 갖지 않는 하나는 일부는 들어와 있고 일부는 들어와 있지 않다고 말하는 것이 불가능하다. 그것은 전체가 안에 있거나 전체가 밖에 있을 수밖에 없다.(그런데 이것도 불가능하다. 하나는 부분도 갖지 않지만 전체도 갖지 않기 때문이다.) 회전운동도 안 되고 어디론가 움직임으로써 운동하는 것도 안 되고, 변화하는 것도 안 된다. 따라서 운동하는 것이 불가능하다.

정지해 있다는 건 같은 장소에 머물러 있다는 것인데, 하나는 다른 것 안이나 자기 자신 안에 머물러 있을 수 없다. 곧 같은 장소 안에 있을 수 없다. 따라서 그것은 정지해 있을 수도 없다.)

1-7. 하나는 다른 것이나 자신과 같을 수도 없고, 자신이나 다른 것 이외의 것(다른 것)일 수도 없다.,

(하나가 자신 이외의 것이라면 그것은 하나가 아니게 된다.

하나가 다른 것과 같은 것이 된다면 그것은 그 다른 것이 될 것이며, 자신이 될 수가 없다. 곧 하나가 될 수 없다.

하나는 그것이 하나인 한에서는 다른 것 이외의 것(다른 것과 다른 것)일 수 없는데 무언가와 다르다는 규정은 하나에 귀속되는 것이 아니고 '다른 것 이외의 것'에 속한다. 하나는 자체로서는 하나일 뿐 거기에 '다른 것 이외의 것'이라는 속성을 귀속시킬 수 없다.

하나는 자신과 같은 것일 수도 없다. 하나의 본성은 같음의 본성과 같은 것일 수 없다. A가 어떤 것과 '같게' 되면 A는 하나가 되는 것이 아니다. 예를 들어 A가 다수(many)와 같은 것이 된다고 하면 A는 하나가 되는 것이 아니고 '다수'가 된다. 만약 하나와 같음이 같은 것이라면 A가 (~과) 같은 것이 되면 A는 언제나 하나가 된다. 따라서 하나가 자신과 '같은 것'이 된다면 그것은 자신으로서의 자신이 되지 않기 때문에 하나는 하나이면서 하나가 아니게 된다. 이는 불가능하다.)

1-8. 하나는 자신이나 다른 것과 유사하거나 상이하지 않다.
(유사한 것들은 같은 특성을 지닌다. 그런데 같음의 본성은 하나의 본성과 다르다.(같음은 하나임과 다르다) 만약 하나가 하나 이외의 특성을 갖고 있다면 하나가 되는 특성 이외의 것들 갖고 있다는 것이다.(하나가 유사하다면 하나는 같은 특성을 지닌다고 서술할 수 있다. 그러면 하나는 하나임 이외에 다른 특성(같음)을 갖게 된다.) 그런데 이는 가능하지 않다.(하나가 자신이나 다른 것과 유사하다는 건 하나가 다른 것이나 자신과 동일한 방식으로 영향을 주고 받는다는 걸 의미한다. 곧 하나는 동일한 방식으로 영향을 부고 받는다는 특성을 갖게 되는데, 동일함과 하나임은 다른 특성이다. 때라서 하나는 하나임과 하나 이상의 특성을 갖게 된다. 이는 불가능하다.
상이한 것들은 서로 다른 방식으로 영향을 주고 받는다. 하나가 자신이나 다른 것과 다르다고 하면 그건 하나가 자신이나 다른 것과 다르다는 걸 의미한다. .그런데 하나는 어떤 경우에도 다르다고 말할 수 없다. 따라서 하나는 자신이나 다른 것과 다르다고 말할 수 없다.)

1-9. 하나는 자신이나 다른 것과 동일하거나 다르지 않다.
(하나가 자신이나 다른 것과) 동일하다고 하는 건 하나가 비교해서 같다고 이야기되는 대상과 같은 척도(크기나 나이와 같은)를 가지며, 크거나 작다고 하면 많거나 적은 척도를 갖게 된다. 자신이나 다른 것과 같기 위해서는 자신이나 다른 것과 같은 척도를 가져야 하는데, 하나는 같음에 참여할 수 없다.(1-7) 따라서 비교되는 대상과 같은 척도를 가질 수 없기 때문에 자신이나 다른 것과 동일할 수 없다.
자신이나 다른 것과 크거나 작으려면 자신이나 다른 것과 적은 부분을 갖거나 많은 부분을 가져야 한다. 그러면 그것은 (부분을 갖지 않는) 하나일 수 없다.
하나는 하나의 척도에도 다수의 척도에도, 소수의 척도에도 참여할 수 없으며, 같은 척도에도 전혀 참여할 수 없으며, 그에 따라서 하나는 자신이나 다른 것들과 같을 수 없으며, 자신이나 다른 것들보다 크거나 작을 수 없게 된다.)

1-10. 하나는 시간 안에 있지 않다.

(하나는 유사성이나 동일성, 상이성, 비동일성 등에 참여하지 않는다.(하나는 유사하지도 않고 상이하지도 않으며 동일하지도 않고 상이하지도 않다.) 이런 특성을 가진 것은 무엇보다 젊거나 늙었다거나 같은 나이라고 말할 수 없게 된다. 따라서 하나는 자신이나 다른 것보다 젊거나 나이가 들었거나, 자신이나 다른 것과 같은 나이라고 말할 수 없다. 시간 안에 있는 것은 자신보다 늙어간다. 늙어가는 것은 보다 젊은 것에 비해서 늙어간다. 자신보다 늙어가는 것은 언제나 자신보다 젊어진다.(A가 B와 달라진다면 이미 달라진 B와 달라져 간다고 말할 수 없고, 이미 다른 B와 다르다고 말하는 것이다. 내가 늙어간다는 것은 늙어지기 전의 젊은 나에 비해 늙어가는 것이지 이미 늙어버린 나로부터 늙어간다고 말하는 것이 아니다. 그에 따라서 나보다 늙어간다는 것은 동시에 나보다 젊어진다는 것을 함축한다. 그런데 어떤 것도 자신보다 길거나 짧을 수 없다. 그것은 자신과 같은 시간에 있었고, 있으며, 있을 것이다. 시간 안에 있는 것은 자신과 같은 나이이고, 자신보다 늙어가며, 자신보다 젊어진다고 말하게 된다. 그런데 하나는 그와 같은 성향과 전혀 상관이 없다. 따라서 하나는 시간과 상관이 없으며, 그에 따라서 시간 안에 있을 수 없다.)

1-11. 하나는 아무 것도 아니고(존재에 참여하지도 않고), 이름을 지닐 수도, 기술할 수도, 인식할 수도, 생각되지도 않는다.
어떤 것이 존재하려면 그것은 과거에 있거나 현재에 있거나 미래에 있어야 한다. 하나는 시간 안에 있지 않기 때문에 그것은 과거에 있었거나, 과거로부터 있어 왔거나, 과거에 존재하지도 않았고, 현재에 있지도, 현재에 존재하게 되지도, 현재에 있는 중이지도 못하다. 마찬가지로 그것은 존새하게 되지도, 존재하는 중일 것이지도, 있을 것이지도 않다. 곧 하나는 과거-현재-미래에 있었으며,, 있으며, 있을 것이라고 말할 수 없다. 따라서 그것은 존재에 참여하지 않는다. 곧 존재할 수 없게 된다.(하나는 아무 것도 아니게 된다.) 하나가 존재하지 않는다면 그것은 하나라고 부를 수도 없게 된다. 그것이 하나라면(하나라고 정해진다면) 그것은 있어야 하기 때문이다. 하나는 있지도 않고 하나도 아니게 된다. 존재하지 않는 것에는 속하는 것도 없기 때문에 하나는 이름도 가질 수 없다. 또한 그것은 그에 속하는 것이 아무 것도 없기 때문에 그걸 기술할 수도 없고, 알 수도 없으며, 지각할 수도 없고, 그에 대해 의견을 가질 수도 없게 된다.

앞에서 살펴본 것처럼 자체로서 있는 하나를 자신과 연관해서 고려하면 파국적인 결말에 봉착한다. 타자를 배제한다는 건 타자와의 일체 관계를 배제한다는 말이 되어 자연히 다른 것들과 관계를 맺을 수 없다. 곧 서술을 일절 할 수 없다는 결론에 도달하게 된다. 하나일 뿐 다른 어떤 서술도 불가능한 파르메니데스의 존재에 해당되는 것이 이 첫째 논증이다.

2. 하나가 있다면 타자(여럿)와의 관계 속에서 고려된 하나에는 어떤 일이 벌어질까?

2. 하나가 있다고 해보자.

2-1. 하나는 존재하는 것이다.[18)]
(하나가 있다는 건 하나(one)가 하나(one is one)라는 것이 아니다. 그건 하나가 있다(one is)고 하는 것이다. 하나가 있다는 건 하나가 존재에 참여한다는 뜻이다.)

이 경우, 하나는 그와는 다른 존재와의 연관 속에서 정의된다. 곧 하나를 자체로서의 하나와 연관해서 정의하는 것이 아니라 타자와의 연관 속에서 정의하는 것이다.

2-2. 하나는 전체로서의 하나이며 부분도 갖는다. 하나이면서 여럿이 된다.
(존재가 하나에 서술된다는 건 그것이 존재성과 하나됨을 갖는다는 것이다. 하나가 있다고 말하는 건 하나가 하나임과 존재성을 갖고 있다는 말이다. 곧 부분으로 구성된 것이다. 부분은 언제나 전체와 연관해서 전체라고 할 수 있는 것이다. 따라서 부분을 갖는 건 전체일 수밖에 없다. 하나는 존재

18) 하나가 존재한다는 건 하나를 존재와 연관해서 언급한다는 걸 의미한다. 곧 하나를 하나 이외의 것, 타자와 연관해서 고려한다는 것이다.

성과 하나임을 부분으로 갖는 전체이다.)

2-3. 하나는 그 수효가 무한하며 한정되어 있기도 하다.
하나가 존재에 참여하면 하나됨과 존재는 통합되어 하나를 이룬다. 하나와 존재는 부분으로서 각기 하나라고 할 수 있다. 그것이 하나라면 그건 있는 것일 수밖에 없다. 부분들 각각이 언제나 하나됨과 존재성을 가지게 되고 이 과정은 무한히 반복된다. 그에 따라서 그것들의 수효는 무한하다. 그래서 하나는 무한하다. 그리고 존재하는 하나는 전체를 이루고 있으며 각 부분은 전체에 의해서 한정되어(limited) 있다. 그래서 하나는 숫적으로 무한하면서 한정되어 있다.)

2-4. 하나는 형태를 갖는다.
(부분을 갖는 건 처음과 중간 끝을 갖는다. 중간은 양 극점에서 같은 거리에 있는 것이다. 이런 특성을 갖는 건 경계선을 갖게 되고 그에 따라서 형태를 가질 수밖에 없다. 형태를 갖는 것은 원형이거나 직선의 형태를 갖는다.).

2-5. 하나는 자신과 타자 안에 있다.
(부분 각각은 전체 안에 있으며 어느 것도 전체 밖에 있을 수는 없다. 모든 부분은 전체 안에 포함되어 있다. 하나는 그것들 부분 전부로서 전부보다 작지도 크지도 않다. 전체는 하나이다. 모든 부분이 전체 안에 있으며 부분들 모두가 하나이며, 하나가 전체라면, 그리고 부분들 모두가 전체 안에 포함되어 있다면 하나는 하나 안에 포함되어야 한다. 따라서 하나는 하나 안에 있다. 그런데 전체는 부분들 전체나 일부 안에 있을 수 없다. 그것이 전부 안에 있다면 그것은 하나 안에 있어야 한다.(하나가 전체이기 때문에) 부분들 중 어느 하나에도 없다면 그것은 모두 안에 있을 수 없기 때문이다. 전체는 부분 안에 있을 수도 없다. 전체가 일부 부분에 있다면 큰 것이 작은 것보다 작은 것 안에 있게 되기 때문이다. 그것이 부분 전체나 일부 부분에 없다면 그것은 다른 어딘가에 있거나 아니면 어디에도 있지 않아야 한다. 그런데 하나는 없는 것(nothing)이 아니라 있는 것이다. 따라서 그것은 자신 안에 있지 않아서 다른 어떤 것 안에 있어야 한다. 따라서 하나는 자신 안에도 있고 다른 것 안에도 있다.)

2-6. 하나는 운동하고 정지해 있다.

하나가 자신 안에 있다면 정지해 있으며, 다른 것 안에 있기 때문에 같은 것 안에 있지 못하며 같은 것 안에 있지 않다는 것은 정지해 있지 않다는 것을 의미한다. 곧 움직이는 것이다.

2-7. 하나는 다른 것이나 자신과 같으며, 자신이나 다른 것 이외의 것(다른 것)이기도 하다.

1) 어떤 것은 같거나 다르거나, 같지도 다르지도 않다면 그것은 전체와 상관적인 부분이거나 또는 부분과 상관적인 전체이다. 하나는 자신의 부분이 아니기 때문에 그것은 자신의 부분으로서의 하나 자신과 상관된 전체가 아니 다. 또 하나는 하나와 다르지 않기 때문에 또한 하나는 전체나 부분으로서의 자신과 상관적이지도 않기 때문에 그것은 자신과 같아야 한다.

2) 같은 것 안에 머물면서 자신과 다른 어떤 것 안에 있는 것은 필연적으로 자신과 달라야 한다. 이런 방식으로 하나는 자신 안에 있으면서 다른 어떤 것 안에 있는 것처럼 보인다. 이런 면에서 하나는 하나와 달라야 한다.

3) A가 B와 다르다면 A는 A와 다른 것과 다르다. 많은 것들이 하나가 아니고 그것들 모두는 하나와 다르고 하나는 하나가 아닌 것과 다르다. 따라서 하나는 타자들과 다르다.

4) 같음과 다름은 서로 대립된다. 따라서 같은 것이 다른 것 안에 있을 수도 없고 또 다른 것이 같은 것 안에 있을 수도 없다. 차이가 같음 안에 있을 수 없다면 존재하는 것들 중에서 그 안에 차이를 가질 수 있는 것은 있을 수 없다. 차이라는 것이 어느 것 안에 잠시라도 있다면 그 시간 동안 차이가 같음 안에 있게 되기 때문에. 차이가 같은 것 안에 있을 수 없기 때문에 차이는 존재하는 것들 안에 있을 수 없다. 따라서 차이는 하나에도 하나가 아닌 것들 안에도 있지 않다. 따라서 하나가 하나가 아닌 것들과 다르게 되는 것은 차이 때문이 아니고 또한 하나가 하나가 아닌 것들과 다르게 되기 때문에 차이가 있는 것도 아니다. 또한 그것들(하나와 하나가 아닌 것들)이 차이에 참여하지 않는다면 그것들은 자신들 때문에 다르게 되지도 않는다. 그런데 그것들이 자신들 때문이나 차이 때문에 다르게 되지 않는다면 그것들이 서로 다르게 될 가능성은 사라진다.

2-8. 하나는 자신이나 다른 것과 유사하면서 상이하다.

1) 하나는 다른 것들과 다르기 때문에 다른 것들은 하나와 달라야 하고 다른 것들이 하나와 다른 것은 하나가 다른 것들과 다른 것보다 더하지도 덜하지도 않다. 더하지도 덜하지도 않다는 것은 마찬가지(유사한, homoios) 방식이라는 것이다. 하나가 다른 것들과 다른 방식으로 영향을 받는 것과 마찬가지로 다른 것들은 하나와 마찬가지로 다른 방식으로 영향을 받는다. 이런 점에서 하나는 다른 것들과 마찬가지로, 또 다른 것들은 하나와 마찬가지로 영향을 받는다. '다르다'는 것은 어떤 것의 이름이라고 할 수 있다. 그런데 하나 → 다른 것들에서나 다른 것들 → 하나에서나 '다르다'라는 공통의 이름을 사용하는 것을 보면 그 둘의 관계가 어떤 공통점이 있음을 말함. 곧 그 두 관계는 유사하다고 할 수 있다. 하나와 다른 것들은 그 둘이 마찬가지 방식으로 전적으로 다르기 때문에 유사하다고 할 수 있다.

2) 유사함과 유사하지 않음은 서로 반대되고 같음과 다름도 마찬가지이다. 하나는 다른 것들과 같다. '다른 것들과 같다'는 것은 '다른 것들과 다르다' 와 전적으로 반대된다. 그런데 하나가 다른 것과 다른 한, 하나는 다른 것과 유사하다는 것을 우리는 보았다. 따라서 하나는 다른 것과 같다면 그것은 다른 것들과 유사할 수 없다. 따라서 같음이 그 둘을 유사하지 않게 한다. 따라서 하나는 다른 것들과 유사하면서 유사하지 않다.

2-9. 하나는 자신이나 다른 것과 동일하면서 다르다.

하나가 작은 것은 작음 때문이고 작음이 하나 안에 있을 수 있는 방법이 없기 때문에 하나는 작을 수 없다. 마찬가지로 하나는 클 수도 없다. 따라서 그것은 (하니니 타자들보다) 크거나 작을 수 없다.(같다)

하나는 자신 안에 있기 때문에 그것은 자신보다 크면서 작다. 곧 자신과 같지 않다. 또 하나는 타자들 안에 있기 때문에 타자와 같지 않다.

2-10. 하나는 시간 안에 있다.

하나는 존재하기 때문에 시간과 더불어서 현재 존재한다는 것을 의미한다. (여 기서는 be의 현재형을 동원해서 하나의 존재성을 이끌어낸다.-One is.) 그리 고 was나 will be는 과거나 미래와 연관해서 존재를 가짐을 의미한다. 따라서 하나라면(One is) 그것은 시간 안에 있다.

* 시간이란 앞으로 진행해 가는 것이기 때문에 하나는 시간적으로 앞으로 진행해간다. 따라서 하나는 언제나 자신보다 늙어간다. 그리고 늙어가는 것

은 보다 젊은 것보다 늙게 된다. 따라서 자신보다 늙어가는 하나는 자신보다 젊다. 이런 의미에서 하나는 자신보다 젊어지면서 늙어간다.(becoming)
* 시간 속에서 하나는 과거와 미래 가운데 놓여 있는 현재에 있다. 하나가 과거에서 미래에로 나아가는 동안 하나는 결코 현재를 넘어서지 않는다. 따라서 그것이 현재의 순간과 일치되는 한 그것은 늙어가지 않고(not becoming) 그것은 이미 자신보다 늙어 있다.(is) 그리고 자신보다 늙어 있다는 것은 자신보다 젊다는 것을 의미한다. 따라서 하나는 자신보다 늙었으면서 젊다.
* 하나이거나 하나가 되어가는 데 있어서 그것은 자신보다 더 긴 시간을 차지하지 않는다. 그것은 같은 시간을 차지한다. 같은 시간을 차지한다는 것은 보다 늙거나 젊지 않고 같은 나이라는 것을 의미한다.
* 하나와 다른 것들은 하나 이상이다. 그것들은 복수적이다. 따라서 그것들은 하나보다 많은 수를 지니고 있다. 적은 부분들, 그 중에서도 가장 적은 하나는 많은 수들보다 먼저 생기고 나타난다. 따라서 모든 수들 중에서 하나가 가장 먼저 생긴다. 그리고 많은 수인 다른 것들은 나중에 생긴다. 따라서 하나가 다른 것들보다 늙었고 다른 것들이 하나보다 젊다. / 하나는 자신의 본성에 상응해서 생성된다. 하나는 처음, 중간, 끝의 부분을 지닌다. 처음은 다른 것들 보다 먼저 생긴다. 이 경우 나머지는 전체의 부분이거나 전체이어야 한다. 그런데 끝은 최후로 생성되는 것이다. 그리고 하나는 본성상 나머지 것들과 동시적으로 생겨야 한다. 따라서 하나는 본성상 마지막 것과 동시적으로 생겨야하기 때문에 하나는 다른 모든 것들(타자들을 포함하는)보다 젊다.(처음의 것과 동시적이어야 하기 때문에 가능한 논증도 있음) 하나는 다른 것들 보다 젊으면서 늙었다.
* 하나의 시작점이나 다른 어떤 부분이 부분들이 아니라 부분이라면 그것은 하나임에 틀림없다. 따라서 하나는 생성되는 처음의 것, 두 번째 것, 등등과 함께 생겨나서 마지막에 이르러 전체가 생성될 때까지 함께 생겨난다. 그것은 어느 한 곳에서도 결여되지 않는다. 따라서 하나는 다른 모든 것들과 같은 나이로서 다른 것들보다 먼저, 또는 나중에 생기지 않고 동시에 생겨난다. 따라서 하나는 다른 것들보다 젊지도 늙지도 않으며 다른 것들 또한 하나보다 젊지도 늙지도 않다.
* 일정한 나이 차로 젊거나 늙었다면 그 나이 차 이상으로 늙게 되거나 젊어지지 않는다. 즉 하나가 다른 것보다 실제로 늙었다면 더 늙게 되거나 젊게 되지 않는다.(not becoming)

* 20살 청년과 40살 장년을 비교한다면 두 배로 젊거나 늙었다고 할 수 있다. 그런데 5년이 지나 25살 청년과 45살 장년을 비교한다면 젊음이나 늙음의 비교 정도가 더 약화될 수 있다. 즉 25살 청년은 20살 청년의 40살 장년에 대한 젊음에 비교할 때 45살 장년보다 덜 젊었다고 말할 수 있다. 또 그 역도 마찬가지로 45살 장년이 25살 청년에 비해서 덜 늙었다고 말할 수 있다. 이런 방식으로 하나는 다른 것들에 비해서 보다 젊어지고 늙어진다(becoming)고 말할 수 있다.)

2-11. 하나는 인식할 수 있고, 생각할 수도 있으며, 지각할 수도 있다.
(하나는 시간 안에 있기 때문에 있으며, 있는 것에 대해서는 앞에서 드러난 이유로 인식도 가능하고, 생각할 수도 있고, 지각도 가능하다.)

3. 하나가 있다면 자체로 고려된(자기와 관계 속에서 고려된) 타자에는 어떤 일이 벌어질까?

3. 하나가 있다고 해보자.

3-1. 다른 것들은 하나가 아니다.[19]
(다른 것들은 하나 이외의 것이기 때문에)

3-2. 여럿은 부분을 가지며 전체이기도 하다. 하나 이외의 것은 하나이자 여럿이다.
(다른 것들은 하나가 아니기 때문에 부분들을 갖는다. 부분은 전체에 속하는 것이고, 전체는 여럿으로 구성된 하나여야 하고 이 하나에 대하여 부분들이 부분이 되는 것이다. 그리고 부분들은 여럿(하나 이외의 것)의 부분이 아니고 전체의 부분이다. 그러면 부분은 여럿이나 모두의 부분이 아니고 한 개념(전체)의 부분이다. 하나 이외의 것들은 부분을 갖는데 부분들 각자는 '각자'이기 때문에 하나이어야 한다. 하나 이외의 것은 하나에 참여하는 방

19) 다른 것들을 하나가 아닌 것으로 정의하는 건 다른 것들을 자체로 고려하는 것이다.

식으로 하나가 된다.(그렇지 않고 하나가 된다는 건 하나 이외의 것이 하나 자체가 되기 때문이다.) 하나 이외의 것이 참여에 의해서 하나가 된다는 건 하나 이외의 것이 하나가 아니라는 것이며, 하나가 아닌 것은 여럿이기 때문에 하나 이외의 것은 여럿이 된다.)

3-3. 하나 이외의 것은 무한히 많다. 그리고 하나 이외의 것들은 제한을 받으면서 제한을 받지 않는다.(limited and unlimited)

1) 부분으로서 하나에 참여하는 것과 전체로서 하나에 참여하는 것들은 하나 이상의 것이기 때문에 그 하나에 참여하는 것들은 수적으로 무한하다. 하나 이외의 것들이 하나에 참여하는 시점에는 그것들은 하나가 아니고 하나에 참여하고 있지 않다. 하나에 참여하고 있지 않기 때문에 그것은 다수일 수밖에 없다. 다수의 하나 이외의 것들로부터 가장 최소한의 양을 감한다면 그 감해지는 것은 아직 하나에 참여하고 있지 않기 때문에 다수일 수밖에 없다. 그리고 거기서 다시 최소한의 것을 감한다면 마찬가지 논리로 다수일 수밖에 없으며, 이 과정은 무한히 반복된다. 따라서 하나 이외의 것은 수적으로 무한하다.
2) 각각의 부분이 부분이라면 한 부분은 다른 부분, 그리고 전체와 연관해서, 그리고 전체는 부분과 연관해서 제한을 받는다(limited). 하나 이외의 것은 전체-부분과 연관해서 제한을 받지만 하나 이외의 것 자체로 있을 때는 제한을 받지 않는다.(unlimited)

3-4. 하나 이외의 것은 자신들이나 타자들과 연관하여 유사하면서 상이하다. (하나 이외의 것들이 그 자신의 본성 때문에 모두 무한정적이라면 그 점에서 그들은 같은 방식으로 영향을 받는다. 그리고 그들이 한계에 영향을 받는 한에서는 마찬가지로 같은 방식으로 영향을 받는다. 이렇게 그들이 제한되는 방식으로 그리고 제한되지 않는 방식으로 영향을 받는 것은 서로 대립되는 방식에 의해 영향을 받는다는 걸 의미한다. 대립들은 가장 유사하지 않은 것이다. 영향 받는 방식 각각에 따르면 그들은 유사하지만 그것들이 함께 섞여서 영향을 줄 경우에는 하나 이외의 것들은 전적으로 대립되며 상이하게 된다.)

3-5. 하나 이외의 것들은 서로 가 같으며 또 서로와 다르며, 운동하면서 정지해 있다.

4. 하나가 있다면 타자와의 관계 속에서 고려된 하나 이외의 것에는 어떤 일이 벌어질까?

4. 하나가 있다고 해보자.

4-1. 하나는 하나 이외의 것들과 분리되며, 하나 이외의 것들은 하나와 분리된다.[20)]
(하나와 하나 이외의 것들 말고는 아무 것도 없기 때문이다. 하나와 하나 이외의 것들이 전부이다.)

4-2. 하나 이외의 것은 부분도 갖지 않고 전체도 아니다. 하나 이외의 것은 하나도 아니고 여럿도 아니다.
(하나 자체는 부분을 갖지 않고 하나는 하나 이외의 것들과 분리되어 있다. 그러면 하나는 전체로 타자들(하나 이외의 것들)에 있을 수 없고 전체의 부분으로도 있지 않다.
그러면 하나 이외의 것(타자)들은 하나에 어떤 식으로든 참여할 수 없다. 곧 그것은 전체로서나 부분으로 하나에 참여할 수 없다. 그러면 그것은 결코 하나일 수 없고, 자체 안에 통일성을 가질 수 없다. 그것이 다수라고 한다면 다수의 것 각각은 전체의 부분이 될 것인데, 각각이라는 표현도 불가하고(각각은 하나임을 함축하기 때문이) 전체도 아니고 부분도 아니기 때문에(하나에 어떤 방식으로든 참여하고 있지 않기 때문에) 하나 이외의 것은 다수가 될 수 없다.)

4-3. 하나 이외의 것은 둘이나 셋도 될 수 없다.(하나 이외의 것은 수로 셀 수도 없다.
(하나 이외의 것은 하나임(통일성)을 결코 가질 수 없기 때문에, 둘, 셋 등은 하나를 전제로 성립하기 때문에.)

---

20) 다른 것들을 하나가 아닌 것으로 정의하는 건 다른 것들을 자체로 고려하는 것이다.

4-4. 하나 이외의 것은 하나와 유사하지도 상이하지도 않으며, 자신과도 유사하거나 상이하지 않다.
(그들이 유사하거나 상이하거나, 유사성이나 상이성을 그 안에 갖고 있다면 하나 이외의 것들은 그 안에 서로 대립되는 두 구성요소들을 갖게 된다. 하나일 수 없는 것이 둘이 될 수는 없다.)

4-5. 하나 이외의 것들은 서로 같지도 않고 다르지도 않으며, 운동하지도 정지해 있지도 않고, 생기지도 않고 소멸되지도 않고, 커지지도 작아지지도 같아지지도 않는다.

1-4까지의 결론은 다음과 같다.

하나가 있다면 하나는 자신과 관련해서나 다른 것들과 관련해서 아무 것도 아니며 모든 것이기도 하다./하나가 있다면 타자는 자신과 관련해서나 하나와 관련해서 아무 것도 아니며 모든 것이기도 하다.

5번부터는 '하나가 있지 않다면' 가설로부터 시작된다. 하나가 있을 경우와 하나가 있지 않을 경우에는 서술 양식이 달라진다. 있음의 길에서는 '~이다'나 '~이 아니다'라는 표현이 가능하지만 있지 않음의 길에서는 그와 같은 서술 양식을 취할 수 없다. '하나가 있다'면 가설에서 하나는 전제되어 있다. 곧 있는 하나가 전제되어 있는 것이다. 그에 따라서 타자가 부분을 갖는 전체로서 통일성(하나됨)을 가질 때에도 '다수는 전체(하나)이다'라고 말할 수 있다. 그런데 '하나가 있지 않다면' 가설에서는 하나가 아예 배제되어 있기 때문에, 다수가 있는 하나가 갖는 서술 양식, 곧 '~이다'라고 말할 수는 없게 된다. 타자는 하나가 아니기 때문에 하나가 있지 않다면 타자가 있게 된다. 있기는 있되 하나가 없기 때문에 명확히 ~으로서 있지 않고 무규정적 다수로서 있게 된다.

그에 따라서 그것이 명확히 통일된 전체라고 말할 수는 없다. 그럼에도 그것은 하나처럼 보이기는 한다. 있지 않음의 길에서 다수가 하나 될 가능성을 확보할 수 있지만 하나가 있지 않기 때문에 그것은 '하나이다'라고 말할 수는 없고 '하나처럼 보인다'라고 표현해야 한다. 곧 있음의 길에서는 '~이다'라고 서술하지만 있지 않음의 길에서는 '~처럼 보인다'의 서술양식을 띤다.

5. 하나가 있지 않다면 하나와의 관계 속에서 고려된 하나에는 어떤 일이 벌어질까?

5. 하나가 있지 않다

5-1. 하나는 부분들을 지니며 구체적으로 정의되지는 않지만 어떤 것(something)이며, 이것, 저것으로 특정할 수 있으며, 다수의 특징을 갖는다. (하나가 있지 않다는 것은 하나 아닌 것이 있지 않다는 것과는 다르다.[21]) 하나가 있지 않다는 것과 하나 아닌 것이 있지 않다는 것은 서로 대립된다. 존재하지 않는 것으로 거론된 하나와 하나 아닌 것은 다른 것이 된다.(큰 것이 존재하지 않는다는 것과 작은 것이 존재하지 않는다고 할 때, 큰 것과 작은 것이 구분되는 것처럼) 하나가 존재하지 않는다고 할 때, 존재하지 않는 것으로 거론된 하나는 다른 것들(the others)과 다르다는 걸 안다. 이럴 때는 I) 알려지는 무언가(sometning known)[22]를 말한 것이며, ii) 그가 하나라고 말할 때에는 다른 것들과 다른[23] 무언가를 말한 것이다. 있지 않다고 이야기되는 것은 분명히 알려지며 다른 것들과 다른 것으로 알려진다. 하나가 있지 않다고 할 때, 하나에 관한 지식이 있으며(그렇지 않으면 하나가 있지 않다는 말의 의미조차도 알 수 없기 때문에),

21) εἰ ἓν μὴ ἔστιν; ἆρά τι διαφέρει τῇσδε, εἰ μὴ ἓν μὴ ἔστιν;
22) γνωστόν τι
23) ἕτερον τῶν ἄλλων

다른 것들이 하나와 다르다고 하는 건 다른 것들이 다른 것과 다르다고 말하는 것이 아니다. 곧 다른 것들과 다르다는 것은 (다른 것들이 아니라) 하나에 서술된 것이다.(하나에 다름이 귀속된다.) 하나가 다른 것들과 다르다는 것도 알 수 있다. 그러면 하나에는 지식과 다름이 동시에 속하게 된다.
하나가 이것, 저것, '어떤', '이것이나 이런 것들과의 연관'과 같은 종류의 특징들을 갖지 않는다면 하나를 언급할 수도 없고, 하나를 하나 이외의 것으로 언급할 수도 없으며, 하나와 연관된 어떤 것이나 하나에 속한 것, 심지어는 어떤 것(something)으로 말할 수 없게 된다. 그런데 우리는 하나를 이것, 저것 등의 개념들을 동원하여 언급한다. 하나가 비록 존재하지 않는다고 하더라도 그것이 여러 특성들을 갖는 것은 명백함. 존재하지 않는 그것이 다른 것들이 아니라 바로 이 하나라고 언급하는 한 이와 같은 특징들을 지니는 건 당연하다.

5-2. 하나는 유사하면서 상이하다.
(하나 이외의 것들은 하나와 다른 것이고 그에 따라서 하나는 다른 것들과 관련해서 상이하다(유사하지 않다). 하나 이외의 것들이 하나와 상이하다면 하나는 그것들과 상이하다. 그러면 하나와 상이한 것과 연관해서 상이성을 갖는다. 하나 이외의 것은 하나와 연관해서 상이성을 갖는다. 하나가 다른 것들과 연관해서 상이성을 갖는다면 하나는 자신과 연관해서는 유사성을 갖는다. 하나가 자신과 연관해서 상이하다면 하나가 다른 것과 상이하다고 할 때 그 다른 것은 하나 이외의 것과 상이해야 하는데 이는 불가하다.(다른 것이 하나와 상이하다고 하면서 하나 이외의 것과 상이하다고 해야 하기 때문에)

5-3. 하나는 같으면서 같지 않고, 크면서 작다.
(만약 하나와 다른 것들이 같다면 하나는 동일성과 관련해서 존재하면서 다른 것들과 유사해야 한다. 그런데 하나는 존재하지 않는다. 하나는 다른 것들과 관련해서 같지 않고 다른 것들은 하나와 연관해서 같지 않다. 곧 하나는 자신과 같지 않는 타자들과 연관해서 비동일성에 참여한다.
동일하지 않은 건 크거나 작은 것이다. 그래서 하나는 큼과 작음을 갖는다. 큼과 작음은 항상 떨어져 있어야만 한다.(같이 붙어있지 않는다) 따라서 큼과 작음에는 사이가 있으며 그 사이에 있는 것은 크지도 작지도 않기 때문에 같은 것이다. 따라서 하나는 크면서 작고 같기도 하다.

5-4. 하나는 어떤 의미에서는 있다.

우리는 이제까지 하나에 여러 가지 특성들을 귀속시켰으며 하나는 그런 상태로 있음에 틀림없다. 그렇지 않다면 하나가 존재하지 않는다고 하고 우리가 참으로 생각하며 했던 이야기들을 할 수 없을 것이다. 우리가 참으로(사실로) 간주하고 이야기 해온 한 우리는 있는 어떤 것에 관해 이야기한 것이다.

존재하지 않는 하나는 존재한다. 존재하지 않는 하나(non-existent one)가 존재하지 않는다(is not)면(하나가 자신의 존재성을 존재하지 않는 것에 양보한다면)(하나가 존재하지 않는 것으로서 있지 않다면) 하나는 존재하게 된다. non-existent one is 에서 the one is not non-existent로 전환하는 건 비존재로서의 존재성(being)을 존재하지 않는 것에 넘기는 것인데(존재성 is를 is not으로 바꾼다는 것인데), 그러면 이제 is non-existent가 아니라 is not non-existent가 된다. 그러면 하나는 존재하게 된다.

하나가 존재하지 않는다면 그리하여 그것이 비존재로서 계속 있다면(continue to be) 하나는 비존재로서의 존재성을 강력한 굴레로 간직하게 된다. 이는 is not non-existent가 is가 되는 것과 마찬가지 이치다.

5-5. 하나는 운동하면서 정지한다.

(한 상태에 있는 것이 다른 상태에 있기 위해서는 변화가 있어야 한다. 하나는 특정의 조건 아래서 있으면서 있지 않은데 그것은 하나가 변화한다는 걸 의미한다. 변화는 운동이다. 존재하지 않는 것은 운동을 한다.(not existent는 existent가 아닌(not) 걸로 변화했기 때문이다.) 존재하지 않는 것이 존재하는 것들 사이에 위치할 곳이 없다면 그건 어디에도 없다. 그래서 그것은 장소 이동을 할 수 없게 된다. 그러면 하나의 운동은 장소 이동은 아니다. 그리고 그것은 같은 장소에서 움직일 수도 없다. 그건 어디에도 있을 수 없기 때문에. 그러면 존재하지 않는 하나는 자신 이외의 것으로 변화할 수 없다. 만약 그것이 자신 이외의 것으로 변화한다면 더 이상 하나에 관한 논의가 아니기 때문이다. 변화, 운동, 같은 장소에서의 회전 등을 할 수 없다면 그것은 정지해 있다.)

5-6. 하나는 생성하면서 소멸하고, 생성하지도 소멸하지도 않는다.
(운동하면 본성이 바뀐다. 하나는 어떤 면에서는 있고, 어떤 면에서는 있지 않다. 하나가 운동한다는 건 있음에서 있지 않음으로 있지 않음에서 있음으로 본성이 바뀐다는 것이다. 이런 변화는 생성과 소멸이다. 하나는 생성하고 소멸한다. 그런데 하나는 움직일 수 없기도 하다. 곧 변화하지 않는다. 변화하지 않는 건 있음에서 있지 않음으로, 있지 않음에서 있음으로 전환될 수 없다. 곧 생성되지도 소멸되지도 않는다.)

6. 하나가 있지 않다면 다른 것들과의 관계 속에서 고려된 하나에는 어떤 일이 벌어질까?

6. 하나가 존재하지 않는다.

6-1 하나는 어떤 방식으로든 존재한다고 말할 수 없다.
(있지 않음(is not)은 우리가 있지 않다고 말했기 때문에 존재의 결여라고 할 수 있다. 어떤 것이 있지 않다고 말하는 것은 존재하지 않는 것이 결코 형태를 가지거나 어떤 종류가 될 수 없다는 걸 의미한다. 곧 존재하지 않는 것은 있을 수 없고 어떤 방식으로든 존재에 참여할 수 없다는 걸 의미한다.

6-2. (존재하지 않는) 하나는 생성되지도 소멸되지도 않는다.
(생성되는 건 존재를 얻는 걸 의미하고 소멸한다는 건 존재를 잃는 것이다. 어떤 경우에도 존재에 참여할 수 없는 것은 그것을 얻거나 잃을 수 없다.

6-3. 하나는 운동하지도 정지해 있지도 않다.
(변화는 생성과 소멸을 포함한다. 그런데 생성과 소멸이 가능하지 않기 때문에 하나는 변화를 겪지 않는다. 변화를 겪지 않는 건 운동하지 않는다. 존재하지 않는 것은 어느 곳에도 있을 수 없다. 정지해 있다는 건 한 곳에 머물러 있다는 것인데 어느 곳에도 없는 건 어느 곳에 머물러 있다고 할 수 없다. 따라서 그것은 정지해 있지도 않다.

6-4. 하나는 큼, 작음, 같음을 가지고 있지 않고, 자신과 관련해서나 다른

것들과 관련해서 유사성과 차이성도 갖지 않다. 다른 것들도 하나와 관련하여 하나와 유사하지도 않고 상이하지도 않으며, 같지도 다르지도 않다. 그에는 저것의, 저것에 대해, 어떤, 이것, 이것에 관해, 또 다른 것에 관해, 다른 것에 대해와 같은 용어를 사용할 수 없다. 또한 과거, 미래, 현재, 지식, 의견, 지각, 정의, 이름과 같이 존재에 속하는 것을 그에 적용할 수 없다.

7. 하나가 있지 않다면 자체로 고려된 다른 것들에는 어떤 일이 벌어질까?

7. 하나가 존재하지 않는다.

7-1. 타자는 존재한다.
(타자가 존재하지조차 않는다면 타자들에 관해 이야기하는 것조차 불가능해진다.)

7-2. 타자는 다르다.
(타자라는 단어와 다르다는 단어는 동의어이다. 다른 것들은 다른 것들과 다르며, 타자는 타자들 이외의 것이다. 타자가 어떤 것의 타자라면 그 어떤 것은 하나일 수 없다.(하나가 존재하지 않기 때문에) 그러면 타자는 타자의 타자이기 때문에 타자들은 서로에 대해 타자이다. 각각의 타자는 서로에 대해 각각의 타자가 된다. 그런데 그들은 집단으로 서로 타자가 된다.(하나가 있지 않다면 그것들이 하나가 되는 건 불가하기 때문에.)

7-3. 타자는 수적으로 무한하며 크게도 보이고 작게도 보인다.
(타자 뭉치 각각은 수적으로 무한하다. 그 뭉치들 중 가장 작은 것처럼 보이는 것을 취한다고 하더라도 그것은 마치 꿈속에서처럼 하나로 보이는 것이 여럿으로 보이며, 아주 작게 보이는 대신에 그것의 아주 작은 파편에 비해서 아주 크게 보이게 된다.

7-4. 타자는 하나처럼 보이고 다수처럼 보인다..
(하나가 존재하지 않기 때문에 타자는 (하나의 타자가 아니라) 타자의 타자

가 된다. 그러면 많은 뭉치들이 있게 되는데 그것들 각각은 하나처럼 보이지만 하나가 아니다.(하나가 존재 하지 않기 때문에) 그래서 각각의 것이 하나로 보이지만 여럿이라면 그것들은 수를 지닌다(복수가 된다). 그것들은 때로는 홀수로 보이기도 하고 짝수로 보이기도 한다.(그것이 홀수이거나 짝수가 아닌 것은 하나가 존재하지 않기 때문에 확정적으로 말할 수 없기 때문이다.
그것들 중 가장 작은 것이 있는 것처럼 보이지만 그것은 여럿으로 밝혀지며 다수의 미세한 파편들 각자와 비교해서 다수로 드러난다.)

7-5. 다른 것들은 각각이나 모두가 수적으로 무한하고 제한되어 있는 것으로 보이며, 하나이면서 다수로 보인다. 그것들은 또한 자신과 다른 것들과 연관해서 유사하면서도 상이한 것으로 보이며, 같으면서 다른 것으로 보이고, 서로 접해 있으며 분리되어 있는 것으로 보이고, 모든 종류의 운동 가운데 있으며, 모든 종류의 정지 가운데 있는 것으로 보인다. 그리고 생성하고 소멸하는 것처럼 보이며, 생성하지도 않고 소멸하지도 않는 것으로 보인다.

8. 하나가 있지 않다면 다른 것들과의 연관 속에서 고려된 다른 것들에는 어떤 일이 벌어질까?

8. 하나가 존재하지 않는다면 (하나가 결여된) 타자는?

8-1. 타자는 하나도 아니고 다수도 아니다.
(타자는 하나가 아니다. 다수가 성립하려면 하나가 전제된다. 타자는 하나가 아니기 때문에 다수가 될 수 없다.)

8-2. 타자는 하나로도 타자로도 인식되지 않는다.(보이지 않는다)
(타자는 존재하지 않는 것들과 어떤 방식으로든 결합될 수 없다. 존재하지 않는 것들은 어떠한 것도 타자에 귀속될 수 없다.(존재하지 않는 것들은 부분을 가지지 않기 때문에.) 타자와 연관해서 존재하지 않는 것에 관한 외양이나 의견이 있을 수 없으며, 타자와 연관해서 존재하지 않는 것들에 관해 어떤 경우에도 인식할 수 없다.

8-3. 타자들은 하나로나 다수로 있지 않으며 하나나 다수로 인식될 수 없다. (하나 없이 다수를 인식할 수 없기 때문에)

8-4. 타자들은 유사하지도 상이하지도 않으며, 유사하게 보이지도 상이하게 보이지도 않는다. 같지도 다르지도 않으며, 같아보이지도 다르게 보이지도 않는다. 접촉해 있지도 않고 분리돼 있지도 않으며 접촉해 있는 것처럼 보이거나 분리돼 있는 것처럼 보이지도 않는다.

8-5. 하나가 존재하지 않는다면 아무 것도 존재하지 않는다.

총괄 결론: 하나가 있든 있지 않든 하나나 타자는 자신들과 관련해서나 다른 것들과 관련해서 모든 것이 모든 방식으로 있고 모든 것이 모든 방식으로 있지 않으며, 모든 것이 모든 방식으로 있는 것으로 보이고 모든 것이 모든 방식으로 있지 않는 것으로 보인다.

4. 논증 분석

이상의 논증이 8가지가 되는 것은 검토의 지침이 3가지이기 때문이다. 곧 $2^3 = 8$이다. 세 가지 지침은 다음과 같다.

첫째 지침: 이데아가 있다고 할 때, 있지 않다고 할 때를 다 검토한다.

둘째 지침: 그 자신만이 아니라 타자에 어떤 일이 발생하는지도 고려한다.

셋째 지침: 자신이나 타자를 자기와의 연관관계나 타자와의 연관관계에서 어떤 일이 발생하는지 고려한다.

이 세 지침은 왜 생긴 것일까를 먼저 생각해보자. 파르메니데스는 플라톤 이데아론의 존립 가능성에 대해 논리적으로 문제를 제기한 이후 이런 난점이 나타난 것은 너무 성급하게 이데아를 자체적인 것으로 정의했기 때문이라고 하면서 논증연습을 거쳐야 한다고 말한다. 이 때 '논증연습의 방식이 어떤 종류의 것입니까?'라는 소크라테스의 질문에 파르메니데스는 제논이 실행하고 있는 방식의 것이라고 답한다. 제논이 실행하고 있는 방식을 따라 하면서 나타나는 지침이 앞의 세 가지 지침이다. 곧 세 가지 지침은 제논이 사용하고 있는 논증방식을 확장 적용하면서 출현한다.

제논의 논증은 다음처럼 전개된다.

1. 하나이거나 여럿이다.
2. 여럿이라면 무한분할 이후의 최소단위가 크기를 갖거나 갖지 않는다.
3. 크기를 갖는다고 하면 무한히 크고, 크기를 갖지 않는다면 크기가 없다.
4. 따라서 여럿이라고 하면 동일한 것이 무한히 크면서 크기를 갖지 않게 된다.
5. 따라서 여럿일 수 없고 하나일 수밖에 없다.

이 논증을 형식화해보면 다음처럼 된다.

1. P(하나)이거나 ~P(다수)이다.
2. ~P라면 A이거나(크기를 갖거나) ~A이다(크기를 갖지 않는다).
3. A라고 하면 무한히 크고, ~A라고 하면 크기를 갖지 않는다.
4. 따라서 ~P라고 하면 무한히 크면서 크기를 갖지 않게 된다.(A ∧ ~A)
5. 따라서 ~P일 수 없고 P일 수밖에 없다.

제논이 실행에 옮기고 있는 논증의 주요한 특징은 앞에서 밝힌 바처럼 첫째, 2번의 주어진 가설에 대해 가능한 두 가지 대립 항 모두(A와 ~A)를 검토하고 있다는 점, 둘째, 가능한 두 가지를 모두 검토했을 때 양자 모두에 문제가 생긴다면 원래의 가설(~P)을 폐기하고 그에 대립하는 가설 p를 확립한다는 점에 있다(5번). 제논의 논증은 두 번째 특징 때문에 정당화(justification) 논리가 된다. 제논이 여럿을 검토할 때 서로 대립하는 두 가지 가능성을 모두 검토하는 걸 제논의 논증에 다시 적용하면 위의 세 가지 지침이 나타난다.

이를 알아보기 위해 제논의 논증을 파르메니데스의 두 길과 연관해서 결론부터 시작하여 전제로 진행되는 방식으로 재구성해보자.

1. A라고 해도 문제가 생기고 ~A라고 해도 문제가 생긴다.
2. A와 ~A는 ~P라고 할 때 생길 수 있는 두 가지 경우를 포괄한다.
3. A와 ~A 모두에 문제가 생기기 때문에 ~P를 받아들일 수 없다.
*. 그러면 p는? (제논의 가능한 두 경우의 수를 다 검토해야 한다는 지침에 따른 질문) 제논의 사례에서 여럿이 불가능하다는 결론이 도출되었다면 그의 대립은 하나이다. 그러면 이 사례에서는 여럿의 대립자(타자)인 하나의 경우도 검토해야 한다는 지침이 도출된다.
(숨겨진 전제: ~P이거나 P이다).
5. p라고 해보자. 이 경우에도 ~P에서처럼 문제가 생긴다.
6. p와 ~p 모두에서 문제가 생긴다.
7. p와 ~p는 모두 있음의 길에서 나타나는 대립자들이다.
* 그러면 있지 않음의 길은?(제논의 가능한 두 경우의 수를 다 검토해야 한다는 지침에 따른 질문) 이로부터 하나가 있다고 할 때만이 아니라 있지 않다고 할 때도 검토해야 한다는 첫 번째 지침이 도출된다.
8. 있음의 길과 있지 않음의 길 모두를 검토의 대상으로 삼아야 한다.

이상과 같이 제논의 논증을 확장해서 가능한 경우의 수를 논리적으로 다 검토할 때 A와 ~A, p와 ~p, 있음과 있지 않음의 관계는 배타적이다. 곧 타자를 배제하면 자신이 성립하는 방식으로 대립이 설정되어 있다. 이 경우가 이데아론에 문제를 야기시킨 자체적인 방식이다. 이에 따라서 자기와의 관계만이 아니라 타자와의 관계를 통해서도 주어진 가설을 검토해야 한다는 세 번째 지침이 도출된다.

이런 방식으로 서로 대립적인 것이 대치하고 있을 때 대립쌍 모두를 고려하면서 검토해봐야 한다는 제논 논증의 확장 지침은 대립쌍 중 하나의 문제를 지적하고 나머지 것을 확증하는 정당화의 논리를 가능한 경우의 수를 비판적으로 검토하는 방식으로 전환시킨다. 있지 않음의 길이 가능하지 않기 때문에 있음의 길만이 가능하다는 파르메니데스-제논의 논리는 있지 않음도 검토해야 하지만 있음의 길도 검토해봐야 한다든가, 있음의 길에서 어떤 일이 벌어지는 지만을 볼 것이 아니라 있지 않는다고 했을 때에 어떤 일이 일어나는 지도 검토해야 한다는 지침에 의해 수정되어야 한다. 자체적인 것만이 절대적으로 확실하게 있을 수 있음을 주장하는 플라톤의 중기 이데아론은 비판적으로 검토된다. 곧 타자와 연관성을 함께 고려하면 자체적인 규정이나 정의가 갖고 있는 문제의 심각성을 드러내줄 수 있다. 논의의 중심이 되고 있는 이데아만이 아니라 다른 이데아들에도 어떤 일이 발생하는 지를 검토하면 그 이데아와 다른 이데아들의 관계에 어떤 일이 일어나는 지를 함께 고려할 수 있게 된다.

양자택일의 논리가 아니라 양자 모두에서 나타날 수 있는 긍정-부정 귀결을 총체적으로 검토함으로써 하나를 선택해서 정당성을 입증하는 편벽된 논리를 벗어날 가능성이 확보된다. 이렇게 가능한 대립 쌍 모두를 검토하는 방식으로 확장된 논리는 정당화의 논리가 아니라 모든 입장을 비판적으로 검토하는 논리가 된다.

이제 세 지침에 따라 논증이 어떻게 구성되며 또 어떤 효과를 내고 있는 지를 살펴보자.

1) 첫째 지침: 있음의 길만이 아니라 있지 않음의 길도 검토해야 한다

이 지침은 있거나 있지 않다(is or is not)는 원리를 비판적으로 검토하게 한다. 앞에서 언급한 것처럼 이 원리는 있는 것과 있지 않은 것을 배타적으로 분리시키는 효과를 가져오기도 하지만 있는 것의 경계나 한계를 공고하게 만드는 기능을 한다. 희랍어에서의 있음(is, esti)은 존재하다, ~이다, 참이라는 의미를 다 갖고 있다. 곧 있는 것은 ~으로서 확실히(진정으로) 존재한다는 의미를 갖는다. 있음의 특징은 한정성(확정성, 경계, 규정성)이며 있지 않음은 ~으로 확정되지 않는다는 의미를 갖는다. 있다는 건 100% ~으로 확정된다는 걸 의미한다. 사람은 100% 사람으로 있는 것이지 사람인지 아닌지가 애매한 경우, 어느 정도 사람인 경우, 긴가민가하는 경우는 없다. 있음이 갖는 이와 같은 특징을 가장 잘 표현하고 있는 것이 있거나 있지 않다(is or is not)는 원리이다. 이 원리는 ~으로 규정하는 규정성은 100% 확실하게 정해지거나 그렇지 않으면 아예 정해지지 않은 것이라고 선언하고 있다. 무엇인가로 규정할 수 없는 상태로 있거나 어떤 것(something)으로 확정되지 않은 채(some)로 있는 것은 있을 수 없다. 경계선 상의 무언가로 있어서 한정(확정)할 수 없는 것은 있을 수 없다.

파르메니데스에게 있다는 것과 생각하는 건 밀착되어 있어서 뗄 수 없다. 있음이 그런 특성을 갖는 것과 마찬가지로 생각하는 것도 100% 확실하게 알거나(생각하거나) 아주 모르거나(생각할 수 없거나)이지 알쏭달쏭하다든가, 확실하게 확정할 수는 없지만 어렴풋하게 안다든가 하는 건 불가능하다. 더구나 있지 않은 무엇을 안다는 건 불가능하다. 있지 않다든가 불확정적이라든가, 미규정적이라든가, 비결정적이든가 하는 건 사유(인식) 가능성이 없다.

있음의 길만이 아니라 있지 않음의 길도 고려하게 되면 있지 않음에 대해서 언급하거나 생각하는 것이 가능하다는 걸 전제로 한다. 물론 있지 않은 걸 어떻게 해석하느냐에 따라서 100% 사유 불가능한 경우가 없는 건 아니지만 있지 않은 것에 대해서 다양한 규정을 할 수 있는 경우도 있다. 곧 있지 않은 것에로 사유의 영역이 확장될 수 있다. 100% 아니면 0% 원칙에서는 99%, 98%, 50%, 49%, 30%는 다 0%라서 생각할 수 없다. 존재가 순일(純一)한 것이라면 거기에 아주 조금의 잡스러움(차이)이라도 개입되면 그건 순수(동일)성을 잃어버리기 때문에 있지 않는 것이 된다. 곧 다양한 차이의 가능성이 송두리째 사라진다. 앞의 논증에서 살펴본 것처럼 각종 차이와 부정 개념이 있음의 길과 있지 않음의 길에서 가능해진다. 특히 있지 않음의 길에서는 ~으로 확정되지 않은, 곧 미규정적, 비결정적 어떤 것(indefinite something)도 가능하며, 이것, 저것, 어떤 것(anything)들이 존재의 영역 안에 포함되며, 더 나아가 이런 것들에로 사유의 영역이 확대된다. 있음의 길과 있지 않음의 길을 다 고려하면 있거나 있지 않다는 원리가 비판적으로 검토된다. 물로 이 원리가 완전히 포기되는 건 아니다. 어떤 요인을 고려하느냐에 따라 이 원리가 적용되는 경우도 있고 이 원리가 완화되어 적용되는 사례도 등장한다. 이런 점에서 있지 않음도 고려해야 한다는 지침은 파르메니데스의 사유방식에 대한 비판적 검토를 가능하게 한다.

있음만이 아니라 있지 않음의 길도 고려한다는 지침은 있지 않음만큼이나 있음의 길도 검토의 대상이 될 수 있다는 걸 함축한다. 곧 있지 않음의 길을 버림으로써 있음을 확정하는 것이 아니라 있지 않음의 길에서 선택하고 배제할 수 있는 것이 있는 것처럼 있음의 길도 그 자체로 진리가 확정되는 것이 아니라 택해야 할 점과 버려야 할 점이 다 출현한다. 곧 있음의 길에서도 모든 걸 다 버려야 하거나 다 포함하는 경우가 있으며 심지어는 하나가 있다고 할 경우 그것이 있지 않으며, 인식 불가능한 경우도 생긴다. 이런 점에서 있음의 절대성에 대한 비판적 검토가 있을 수 있게 된다. 있지 않음만이 아니라 있음도 검토의 대상일 수 있다는 발상이 고르기아스에서 유래함은 우리가 앞에서 살펴본 바 있다.

2) 둘째 지침: 주어진 주제(하나)만이 아니라 타자도 고려해야 한다는 지침

여기서 하나나 타자는 구체적인 기능을 하지는 않는다. 다만 있음-있지 않음, 자기관계-타자관계가 엮여서 산출해내는 다양한 기능이 적용되는 주제나 대상의 역할을 한다. 앞에서 살펴본 것처럼 이 지침은 논증의 성격을 변화시키고, 또 논증의 틀을 짜는 역할을 한다. 이 지침은 첫째, 정당화의 맥락에서 사용되는 논증을 반성적 검토의 역할을 할 수 있게끔 변화시켜주는 역할을 한다. 둘째로는 앞에서 살펴본 것처럼 가능한 논증의 경우의 수를 확장하는 역할을 한다. 곧 어떤 주장 P를 입증하기 위한 한 가지 논증의 경우를 그 와 대립되는 ~P도 입증하는 경우와, P와 ~P를 동시에 허용하는 경우 (both P and ~P), P와 ~P를 동시에 폐기하는 경우(neither P nor ~P)의 경우의 네 가지 가능한 경우로 확장하는 기능을 한다. 실제로 논증을 검토해보면 P나 ~P를 입증하는 경우는 연습논증에서 등장하지 않는다. 곧 두 가지 대립적인 서술이 모두 허용되는 경우와 대립적인 서술 모두를 배제하는 경우만이 등장한다. 이렇게 본다면 이 지침은 실제 논증에서 대립 모두를 허용하는 경우와 허용하지 않는 경우를 검토하기 위한 기반을 마련하는 기능을 한다. P와 ~P 모두를 검토할 경우, 생길 수 있는 가능성은 다음의 네 가지 가 된다.

1. P 입증, ~P 폐기
2. ~P 입증, P 폐기
3. P와 ~P 모두 입증
4. P와 ~P 모두 폐기

1번은 제논의 논증이 추구하는 바이다. 플라톤 이 다수(~P)만이 아니라 하나(P)도 검토해야 한다고 말하는 순간 제논논증의 성격이 바뀐다. 주어진 가설과 그 가설에 대립적인 가설이 결합했을 때 선택할 수 있는 가능성이 한 가지에서 네 가지로 확장되는 효과를 낳는다. 이와 같은 가능한 경우의 수는 다음처럼 도표화할 수 있다.

	P	~P	결과	논리
1	T	F	P	선택-배제(either~or)
2	F	T	~P	
3	T	T	P ∧ ~P	대립공존(both~and)
4	F	F	∿(P)∧∿(~P)	배중률 부정의 논리

이상과 같이 도표화하면 두 번째 지침을 따르는 논증이 거둘 효과는 비교적 명확하다. 위 도표에서 볼 수 있는 두 번째 지침의 최대 장점은 대립적인 두 입장이 있을 때 나타날 수 있는 논리적 조합의 가능성을 확장시키는데 있다. 다시 말해 대립-공존(both~and)의 가능성과 대립적인 두 입장 모두를 배제할 가능성

을 확보한다는 점에 있다. 1, 2번의 경우는 이데아론이 안고 있는 문제의 근원이라고 할 수 있는 부정이나 차이의 개념을 그대로 갖고 있다.

위 도표에는 세 가지의 부정 개념이 등장하고 있다. 서로 대립적인 두 항의 관계를 설정하는 1, 2번의 부정 개념은 타자를 배제하는 부정이다.

(부정1: 배타적 부정) 이런 부정 개념 아래서는 주어진 가설(P)을 취하면 대립하는 다른 가설(~P)은 자동적으로 배제되며, 그 역도 마찬가지이다. 3번의 부정개념은 1, 2번의 부정개념과 다르다. 곧 1, 2번과 달리 3번에 서의 부정개념은 대립자를 공존할 수 있게 만들어준다. 서로 다르며 대립적이긴 하지만 양자는 서로를 배척하지 않고 공존 가능하게 만들어 준다.(부정2: 양시(兩是) 부정) 다시 말해 주어진 가설(P)을 선택한다고 해도 대립되는 가설(~P)을 폐기하지 않아도 되며, 그 역도 마찬가지이다. 이 부정은 물론 1, 2번의 배타적 부정과 다르다. 1, 2번의 부정은 하나를 선택하면 나머지를 버려야하기 때문에 대립적 가설들의 공존을 애초부터 인정하지 않기 때문이다. 결국 3번 부정은 새로운 부정의 개념이라고 할 수 있다.

4번의 부정은 1, 2, 3번과 다른 부정이다. 서로 대립하는 두 가설 모두(P, ~P)를 버리는 부정이 4번 부정이다.(부정3: 양비(兩非) 부정) 양비부정(∿)은 두 가지 방식으로 해석할 수 있다. 첫째는 역설이나 딜레마에서처럼 대립적인 가설 모두를 버려 아무 것도 선택하지 않는 경우이고, 둘째는 서로 대립하는 두 가지 대립적 가설 이외의 제 3의 가능성을 인정하는 경우이다. 첫째는 가능한 서술 방식이 아무 것도 없다는 결론에 이르게 되고, 둘째는 양비 부정(∿) 자체가 두 가설을 버리고 제 3의 가능한 가설을 선택할 가능성을 열어놓게 된다.

주어진 가설 (이데아)과 아울러 다른 가설(타자)을 아울러 고려하면 두 경우 어떤 경우를 선택해도 같은 결론에 도달한다. 곧 주어진 가설에 대해 아무런 서술 가능성도 인정하지 않게 되거나 대립적인 서술 가능성 모두를 인정하게 된다. 개별 논증의 결론과 연관시켜보면 대립적 서술 가능성 부정은 P의 경우에도 나타나지만 ~P의 경우에도 나타난다. 마찬가지로 모든 대립적 서술 가능성 허용은 P와 ~P 모두에서 출현한다. 그렇다면 개별 연습논증에서 주어진 가설(이데아)과 아울러 타자에 대한 가설로부터의 논증은 3번의 양시부정과 4번의 양비부정 산출이라는 결과를 낳게 된다. 이는 연습논증이 1, 2번의 부정보다는 3, 4번 부정이 우선 고려의 대상이 됨을 알려준다. 곧 문제를 드러내고 있는 1, 2번의 배타적 부정과는 다른 부정의 가능성을 열어놓기 위해 두 번째 지침이 필요함을 알려준다.

그리고 연습 논증이 모든 술어를 다 허용하거나 어떠한 술어도 허용하지 않는다는 결론에 도달한다는 것은 4번 부정이 주어진 가설과 그에 대립 되는 가설 이외의 제 3 가설의 가능성을 열어놓지 않음을 의미한다. 곧 연습논증이 대립적 가설 이외의 제 3의 가설을 적극적으로 산출하는 기능을 갖지 않는다는 걸 알려준다.

3) 셋째 지침: 주어진 가설을 고려할 때는 그 가설을 자체적인 관점과 아울러 타자 연관적 관점에서도 고려해봐야 한다.

첫째와 둘째 지침이 고려해야 할 주제를 설정하고 있다면 이 지침은 고려해야 할 주제를 다루는 방식을 언급하고 있다. 곧 주어진 주제(제시된 주제와 그의 타자)를 다룰 때 자신과 관련해서

(자체적으로, with respect to itself), 그리고 타자와 연관해서(with respect to others) 함께 고려해봐야 한다는 점을 말하고 있다.

플라톤은『파르메니데스』편 I부에서 현실세계에 존재하는 것이 대립적인 서술 가능성을 갖는 건 얼마든지 가능하지만 이데아 세계에서 대립적인 술어 매김이 가능하다고 한다면 놀랄 수 있다고 말한다. 그런데 중기 이데아론에서처럼 이데아를 자체적인(auto kath auto) 것으로 정의하게 되면 이데아론의 존립근거가 위태롭게 된다. 이에 따라서 이데아에 대한 규정(정의, horismos) 방식을 재정립해야 할 필요가 있다. 이런 고려 때문에 플라톤은 주어진 주제(제시된 주제와 그의 타자)를 다룰 때 자신과 관련해서(with respect to itself), 그리고 타자와 연관해서(with respect to others) 함께 고려해야 한다는 지침을 제시한다. 그리고 이 지침은 플라톤이 주어진 주제 S를 P라고 규정(정의)할 때 준거틀(frame of reference)이 따로 필요하다는 점을 인식하고 있음을 보여준다. 이는 플라톤이 프로타고라스의 진술 준거틀 '~'과 연관해서(with respect to ~)'를 수용하고 있음을 알려준다. 그렇지만 준거틀에서 준거 역할을 하는 '~'에 프로타고라스처럼 현실상황을 대입하지 않고 이데아 자체(itself)와 다른 이데아(others)를 대입한다. 곧 플라톤의 진술은 'S is P(~P) with respect to self' 또는 'S is P(~P) with respect to others)'의 형식을 지닌다. 이데아는 자체적이기도 하지만 타자연관성을 지니는 존재로 인식되고 있다.

이데아 서술에 이렇게 준거틀을 도입하면 대립적인 서술 가능성을 확보할 수 있다. 프로타고라스에게 대립공존이 가능한 것은 현실상황에 의거해서 대립적인 서술을 가능하게 하기 때문이다.

파르메니데스편 도입부 소크라테스와 제논의 논증에서 소크라테스는 현실 세계에 존재하는 대상이 상호 대립적인 술어를 갖는 건 전혀 놀라운 일이 아니라고 말한다. 곧 현실세계에 존재하는 대상 S가 P의 이데아(P-itself)에 참여하면 'S는 P이다'라고 말할 수 있으며 ~P의 이데아 (~P itself)에 참여하면 'S는 ~P이다'라고 말하는 건 지극히 당연하다. 플라톤이 현실세계의 대상 S에 대해 진술할 때 염두에 두고 있는 진술의 형식은 'S is P with respect to P-itself'이다. 곧 현실세계에 존재하는 대상 S가 갖는 속성 P를 P 자체의 이데아와 연관시켜 진술하고 있는 것이다.

이에 비해 세 번째 지침에서 언급 대상은 현실세계에 존재하는 것이 아니라 이데아(ex. 하나 자체)이다. 즉 이데아가 규정(정의)의 대상이 되는 것이다. 이데아를 규정(정의)할 때는 자체와 연관해서 뿐만 아니라 타자와 연관해서도 어떤 결론이 도출되는지를 검토해봐야 한다는 것이 세 번째 지침에서 말하고 있는 바이다. 앞에서 밝힌 바처럼 '~과 연관해서' 라는 준거틀은 프로타고라스로부터 수용한 것이며, '~'에 자기와의 관계와 타자와의 관계를 대입한 것은 플라톤 자신이다. 이에 따라서 세 번째 지침에서 미루어 짐작할 수 있는 플라톤의 진술은 'S is P(~P) with respect to self' 또는 'S is P(~P) with respect to others'의 형식을 지닌다. 그리고 이 지침은 앞에서 본 것처럼 대립적 서술을 가능하게 한다. 이런 방식으로 플라톤은 프로타고라스의 대립공존의 논리를 수용한다.

5. 연습논증의 효과

■ 참여의 문제에 대해

이데아가 현실세계에 존재하는 것들에 참여한다는 것은 하나이자 전체인 이데아가 다수의 사물들 안에 있다는 것을 의미한다. 그런데 하나이면서 전체인 이데아 전체가 동시에 다수의 개별들 안에 있다고 하면 하나이면서 전체인 이데아가 다수로 나누어져 사물들 안에 있게 된다. 이는 그 이데아가 자체와 분리된다는 결말을 초래한다. 그런데 이는 불가능하다.

물론 이데아가 전체로서가 아니라 부분으로 이데아에 참여한다고 말할 수 있을 것이다. 돛이 여러 사람 위에 펼쳐져 있는 경우처럼. 그런데 이럴 경우, 큼 자체의 부분은 큼 자체보다 작다. 그러면 큼 자체보다 작은 것에 의해 사물들이 크게 되는 사례처럼 불합리한 결과를 낳는다. 따라서 이데아는 전체로서나 부분으로서 현실세계에 존재하는 것들에 참여할 수 없게 된다.

이데아를 자체적인 것으로 고려하면 이와 같은 주장은 일리가 있다. 자체적인 것으로 규정된 이데아에는 어떤 술어도 매길 수 없다. 곧 그것은 본성상 자기동일성만을 가지고 있다고 말할 수 있다. 거기에는 대립적인 술어 매김은 물론이고 어떠한 술어도 매길 수 없다. 곧 자체적인 것으로서의 이데아는 전체이거나 부분이어야 한다. 그렇지만 이데아에 대한 술어 매김이 특정의 준거점을 통해 가능하다고 하면 상황이 달라진다. 곧 하나는 '전체이자 부분이다'라고 하면 안 되지만 'A와 연관해서 보면 전체이고 B와 연관해서 보면 부분이다'라는 진술은 가능하다. 곧 특정의 준거점을 지니는 진술 형식에서는 동일한 대상에 전체와 부분이라는 대립적 술어를 매기는 일이 얼마든지 가능하다. 예를 들어 하나는 자신과 관련해서 보면 온전한 전체이지만 타자들과 연관해서 보면 부분들로 분할 될 수 있다. 타자와의 연관성을 통해서 다수와 관련을 맺는다고 해서 자체적인 하나로서의 전체성을 상실하는 것은 아니다.

또한 참여의 문제는 다음처럼 해결할 수 있다. 참여의 불가능성을 말하고 있는 위의 논증은 전체로서의 이데아가 (사물들처럼) 시간 안에 존재한다는 것을 함축한다. 다시 말해 사물들의 존재 방식과 이데아의 존재 방식을 동일시하고 있다. 이 같은 문제제기에 대해 II부 연습적 논증을 거친 플라톤은 이 세계 안의 사물들은 시간 안에 존재하지만 자체적인 이데아는 시간 안에 존재하지 않는다고 응답할 수 있다. 곧 양자의 존재 방식이 다르기 때문에 전체로서의 하나인 이데아가 다수의 사물들 안에 참여한다고 해도 자신으로부터 분리되지 않을 수 있다고 답할 수 있다.

파르메니데스의 제 3 인간 논변에 대해 플라톤은 다음과 같이 대응할 수 있다. 다수의 크게 보이는 사물들을 보고서 그것들에 하나이면서 같은 큼 자체가 있다고 생각하여 큼 자체를 하나라고 생각하는 경우도 논리적인 문제를 낳는다. 이 세계의 사물들 a, b, c, … 각각이 크다(a is large, b is large, c is large, …)고 할 때, 그것들 모두를 크게 해주는 큼 자체(large-itself)에 대해서도 "큼 자체가 크다(Large itself is large)라고 할 수 있다면, 이 세계의 사물들 a, b, c, …와 큼 자체 (large itself)를 모두 크게 해주는 또 다른 큼 자체1이 있어야 하고 이런 과정은 무한히 계속될 수 있다. 곧 이데아의 수효가 무한히 증식될 수 있다.

이에 대해서도 사물들에 부여되는 술어 '크다(large)'와 이데아에 부여 되는 술어를 구분하게 되면 무한퇴행이 발생하지 않는다. II부 연습 논증을 거친 플라톤은 이에 대해 다음처럼 대응할 것이

다: 시간 안에 존재하는 사물들에게 부여되는 술어들은 타자 연관적인 방식으로 매겨진 것이지만 이데아에 부여되는 술어들은 자체적인 방식으로 매겨진 것이기 때문에 양자를 동일시하여 제 3의 이데아를 상정하는 절차는 불필요하다. 예를 들어 이 세계의 사물 a에 대해서 'a is large'라고 하는 것은 사실은 'a is large with respect to other(large-itself)'이고 large-itself에 대해 'Large-itself is large'라고 하는 것은 'Largeness is large with respect to itself'이다. 따라서 이데아 Large-itself는 다른 것과 연관해서 크게 되는 것이 아니기 때문에 그것을 크게 하는 제 3의 이데아를 상정 할 필요가 없게 된다. 이럴 경우, 무한 퇴행의 문제는 사라진다.

이런 방식으로 이데아와 사물들 사이의 (질적인) 유사성을 통해서 참여를 해명하면서 생기는 문제는 양자 사이의 차이를 주장하게 되면 사라진다. 그러나 이럴 경우, 양자를 분리시키는 데서 생기는 문제를 떠안게 된다.

■ 분리의 문제점에 대해

참여의 문제점을 해소하기 위해 이데아와 이 세계의 사물들을 질적으로 다른 것으로 분리시켜 놓으면 궁극적으로는 이데아에 대한 인식이나 그것의 존재 가능성까지도 부인하는 결과를 낳고 만다. 따라서 참여의 문제를 해소하기 위해 분리된 이데아와 사물들을 연결시키는 문제가 남게 된다.

II부 연습적 논증을 거친 플라톤은 이에 대해 다음과 같은 대응할 수 있다: 시간 안의 존재인 하나에는 대립적인 술어가 매겨질 수 있다. 이렇게 대립적인 술어가 매겨질 수 있는 것은 하나를 타자 연관적인 방식으로 고려했기 때문이다. 다시 말해 하나에 부여되는 술어들은 타자 연관적인 술어이다. 예를 들어 유사성이나 상이함과 같은 술어와 연관해서 보면, 하나가 유사하면서 상이하다고 하는 것은 'The one is like with respect to itself and unlike with respect to others'라고 하는 것과 같다. 따라서 일견 모순되는 것처럼 여겨지는 대립적인 술어들은 사실은 모순되지 않는다.

그런데 시간 안에 존재하는 하나에 대한 대립적인 두 진술이 서로 모순되지 않기 위해서는 유사한 때(t1)의 하나가 유사하지 않은 때(t2)의 하나로 변화하는 과정(그 역도 성립)을 전제해야 한다. 시간 속에 존재하는 하나에 대해 대립적인 술어를 매길 수 있기 위해서는 동화(同化)나 이화 (異化)의 과정이 있어야 한다. 이런 변화는 하나가 유사하거나 상이할 때(곧 서로 인접하고 있는 t1이나 t2에서)는 일어나지 않는다. 따라서 이런 변화가 일어나는 순간(instant)이 있어야 한다. 그런데 이런 순간은 바로 인접하고 있는 t1과 t2 어디에도 속하지 않는다. 즉 그것은 시간 안에 있는 것이 아니다. 이렇게 변화가 일어나는 순간은 비시간적이고, 이런 점에서 순간은 시간 초월적이다.

순간에서의 하나는 유사하지도 않고 상이하지도 않다. 이 하나에는 시간 속에서만(타자 연관적인 방식으로만) 가능한 대립적인 서술이 허용되지 않는다. 즉 하나는 유사하지도 않고 상이하지도 않다. 이렇게 대립적인 서술 중 어느 것도 허용하지 않는 하나는 1번 논증에서의 하나이다. 즉 자체적으로 고려된 하나이다. 자체적으로 고려된 하나는 시간 속에서 타자 연관적으로 고려된 하나가 지니는 술어를 허용하지 않는다. 곧 자체적으로 고려된 하나는 타자 연관적으로 고려된 하나에 대해서 초월적이다.

이런 방식으로 자체적으로 고려된 하나와 타자 연관적으로 고려된 하나는 존재론적 지위를 달리한다. 그런데 시간 안에 존재하는 하나에 대립적인 술어를 매기기 위해서는 시간 안에 있지 않은 하나, 곧 자체적으로 고려된 하나가 전제되어야 한다.(시간 안에서 진행되는 변화의 과정에 비 시간적인 순간이 개입되어야 한다는 것은 이런 의미이다) 이는 시간적인 세계 안에서의 서술 가능성이 비시간적인 것을 요구한다는 것이다. 이는 (타자 연관적으로 고려된 하나와 자체적으로 고려된 하나, 이 세계의 사물과 이데아, 시간적인 존재와 비시간적인 존재의) 분리가 이 세계에 존재하는 것들에 대한 서술의 조건이 된다는 것을 의미한다. 이른바 이데아의 세계 초월성이 곧 이데아가 세계에 내재(참여)하기 위한 필수 조건이 된다는 것이다. 이런 분리의 개념은 이데아의 이 세계에 대한 전적인 독립성을 함의하지 않는다. 즉 분리와 참여는 서로 모순되지 않게 된다.[24)]

I 부에서의 소크라테스는 이데아가 자체적인(καθ' αὑτό) 존재가 되기 위해서는 그것이 우리 안에(ἐν ἡμίν) 있어서는 안 된다고 본다. 그러나 이제는 이 세계와 분리된 자체적인 것이 된다는 것이 우리 안에 있기 위한 조건이 된다. 물론 그렇다고 해서 자체적인 이데아가 사물들이 이 세계 안에 있는 것과 같은 방식으로 있다는 것을 의미하지는 않는다. 이런 방식으로 플라톤은 참여(내재)를 함축하는 분리의 개념을 통해서 분리와 참여를 서로 배제적인 것으로 봄으로써 생기는 I부에서의 문제에 답할 수 있게 된다.

24) 이에 관해서는 상당히 복잡하고 정교한 논의가 필요하다. 이 논의에 관해서는 부록 4번으로 첨부한다.

6. 동일성과 차이성의 조화로서의 새로운 부정

있지 않음 길에 대한 고려는 중기 플라톤의 인식과 존재관을 확장 변화시킨다. 파르메니데스나 중기의 플라톤에서 인식과 존재의 근본 여건은 한정성(규정성, definiteness)이다. 곧 ~으로서 존재하거나 ~으로 규정되어야 한다. 있지 않음 길에서 전개되는 5번 논증에서는 인식의 영역을 명확한 규정성을 지니지 않는 어떤 것(indefinite something)에까지 확장하며, 7번 논증에서는 명확하게 ~으로 규정되지 않을 뿐 아니라 어떤 것으로 특정할 수 없는 무엇(indefinite and unspecified some)에까지 확장한다. 그리고 인식이 가능하다는 건 존재한다는 것을 함축하기 때문에 명확히 한정할 수 없는 것, 미규정적이고 불특정한 무엇도 존재의 영역에 포함된다. 있지 않음 길에 대한 고려는 인식과 존재의 조건을 완화, 확장시킨다. 인식과 존재 조건 완화(확장)는 파르메니데스의 있거나 있지 않다는 원리를 그대로 수용하지 않는다는 것을 의미한다.

다시 제논의 첫째 방침에 따라서 하나 뿐 아니라 타자도 고려해야 한다는 지침은 가능한 논증의 경우를 늘려주는 역할을 한다. 제논의 논증은 존재하는 것들이 다수라는 주장을 반박함으로써 존재하는 것이 하나라는 주장을 입증하는 방식으로 진행된다. 곧 ~P를 폐기함으로써 P를 입증하기 위한 한 가지 의도 하에 진행된다.

~P 뿐 아니라 P도 검토해야 한다고 할 경우, 취할 수 있는 입장은 네 가지로 확장된다. 곧 1. P 입증--~P 폐기, 2. ~P 입증--P 폐기, 3. P 입 증--~P 입증, 4, P 폐기--~P 폐기라는 네 가지 가능한 논증의 방식이 생긴다. 네 가지 논증의 방식 가운데

1, 2는 파르메니데스-제논이 채택하고 있는 방식이다. 곧 자신의 주장을 입증하기 위해 상대 주장을 반박한다는 공통점을 갖는다. 이 경우 P와 ~P를 가르는 부정은 선택-배제(either~or) 의 원리를 따른다. 곧 상대의 주장이 제거되어야 나의 주장이 성립하며, 그 역도 마찬가지이기 때문에 둘 중의 하나만을 선택해야 한다.

II부 연습논증에서 플라톤이 주목하는 건 3, 4의 논증방식이다. 3의 논증방식은 서로 대립되는 주장의 공존 가능성을 확보하게 해준다. 예를 들어 존재하는 것이 하나라는 주장과 다수라는 주장 모두를 참이라고 주장 할 수 있게 해준다. 이데아에 대한 대립적 서술 가능성을 확보하고 있는 2번, 3번, 5번, 7번 논증은 모두 3번의 논증방식을 따르고 있다. 이 논증들은 하나가 전체이거나 부분(either~or)이 아니라 하나는 전체이면서 부분(both~and)이라는 결론을 이끌어낸다.

4의 논증방식은 두 가지로 해석될 수 있다. 첫째, 가능한 두 입장 모두를 폐기하는 경우(neither~nor), 둘째, 두 가지 가능한 입장이 아닌 제 3 의 입장(third stance that is neither P ~ nor ~P)을 설정하는 경우로 해석 가능하다. 이데아에 대한 서술 가능성을 원천적으로 봉쇄하는 1번, 4번, 6번, 8번 논증은 첫째 방식으로 진행된다. 이들 논증도 하나는 전체도 될 수 없고 부분도 될 수 없다(neither~nor)는 결론으로 이끌어 간다. 둘째 방식은 앞에서 이데아의 분리 문제를 논하면서 언급한 바 있다.

이데아론의 논리적 문제점 극복을 위해서는 이데아에 대립적 서술 가능성을 확보해야 하는데, 이는 프로타고라스의 상황논리에서의 준거틀을 빌려오면 해결된다. 그런데 이데아에 대립적 서술 가능성을 확보하려면 일단 대립이 공존 가능해야 한다. 곧 파르메니데스의 있음과 있지 않음처럼 상호 배타적이라서 상호 이행이나 공존이 불가능하다면 대립적 서술 가능성은 원천 봉쇄된다. 그에 따라서 파르메니데스의 있음과 있지 않음에서 성립하는 배타적 부정과는 다른 부정 개념을 산출해야 한다. 플라톤은 있음의 길과 있지 않음의 길에서 각기 새로운 부정의 개념을 산출한다.

파르메니데스편 II부 연습논증에서 서술 가능성을 확보하고 있는 논증은 2번, 3번, 5번, 7번 논증이며 각 논증은 각기 다른 부정의 개념을 산출한다. 2번 논증에서 도입되는 부정(차이)은 하나와 존재를 다르게 만들어준다. 즉 명확한 한정성(규정성)을 지닌 하나와 마찬가지로 명확한 규정성을 지닌 또 다른 이데아(존재) 사이에서 성립하는 차이가 등장한다. 이는 운동과 정지, 존재와 같음 등에서처럼 하나의 단위(unit)와 또 다른 단위 사이에서 성립하는 차이이다.(one to one)

3번 논증에서의 부정은 하나가 아닌 것으로서의 타자에 이질성(차이)을 심는 기능을 한다. 이 경우, 타자는 있음의 길에서 고려되고 있기 때문에 존재의 한정성(규정성)을 갖고 있어서 타자 안에 이질성을 도입하게 해주는 부정은 규정적인 이데아 안에서의 구분이나 분리를 가능하게 한다. 곧 통일된 유(類) 안에서 종(種)을 나누어주는 역할을 한다.(many in one)

이와 같은 부정은 소피스트편에서 타자의 이데아의 부분으로서의 하위부정을 산출하는 기능을 한다. 이데아, 특히 타자의 이데아가 다수적인 것과 관계를 맺기 위해서는 '~아님'으로서의 타자가 세부적인 부분으로 나누어질 수 있어야 한다. 타자의 이데아는 이데아들 모두를 서로 다르게 만들어주는 기능도 하지만 개별 이데아들에 대응되는 특정 이데아 아님도 가능하게 해야 한다. 예를 들어 아름다움의 이데아는 아름다움 아닌 것에 1:1로 대응된다. 곧 각각의 이데아에 1:1로 대응되는 그 이데아 아님도 산출할 수 있어야 한다. 이를 위해서는 타자의 이데아는 자체가 세부적인 하위 부분들로 나누어질 수 있어야 한다. 이런 하위의 분할을 가능하게 하는 것이 여기서의 부정이라고 할 수 있다.

5번 논증에서의 부정은 존재하지 않는 하나와 존재하지 않는 하나 아닌 것을 구분하는 기능을 갖는다. 하나가 존재하지 않는다는 진술은 하나 아닌 것이 존재하지 않는다는 진술과 의미가 다르다. 두 진술의 의미가 다르다는 걸 인식하는 건 둘이 하나와 하나 아닌 것이 서로 다르다는 걸 인식하고 있다는 걸 의미한다. 있지 않음 길에서의 하나는 규정성을 갖지 않지만 그걸 인식하고 있다는 점을 보면 그건 아무 것도 아닌 것(nothing)이 아니라 어떤 것(something)이다. 곧 무엇으로 규정할 수는 없지만 존재하는 어떤 것이다.

하나 아닌 것은 낱개로서의 하나가 아니라 여럿이다. 하나 아닌 것 안에는 하나를 제외한 많은 것들이 포함되기 때문이다. 그리고 하나 아닌 것도 하나가 있지 않다는 가설로부터 전개되는 논증이기 때문에 규정적인 다수가 아니라 미규정적인 다수가 된다. 이렇게 보면 하나와 하나 아닌 것을 구분하는 부정은 미규정적인 어떤 것과 미규정적인 다수를 다르게 하는 기능을 한다. 곧 미규정적인 하나(indefinite one)와 미규정적인 다수(indefinite multiple many)의 관계를 가능하게 하는 차이를 산출한다.

이런 차이 개념에서 중요한 것은 이 차이가 있지 않은 하나를 있게 만든다는 점이다. 있지 않은 하나와 있지 않은 하나가 아닌 것의 의미를 구분할 수 있는 한 있지 않은 하나는 있어야만 한다. 5번에서의 차이의 기능은 있음의 길에서만 존재와 사유의 가능성이 확보될 수 있다는 파르메니데스와 중기 이데아론의 존재 가능 조건을 수정하여 확장하는 기능을 한다.

7번 논증에서의 부정은 타자를 언제나 타자와 다르게 만들어주는 기능을 한다. 곧 이 부정은 타자를 언제나 다른 것과의 연관관계 가운데서만 존립할 수 있게 만들어준다. 곧 타자는 언제나 다른 것과 연관해서(pros alla) 다르다는 주장을 가능하게 해준다.

이 부정으로 산출되는 차이는 언제나 무제한적인 다수와 무제한적인 다수를 다르게 만든다. 곧 이 차이는 무제한적인 다수와 무제한적인 다수 사이에서 성립하는 관계를 의미한다. 이런 차이는 무엇으로 규정할 수 없지만 어떤 것으로 특정할 수 있는 것들, 어떤 것, 이것, 저것, 임의의 것 사이에서 성립하는 차이와 다르다. 7번 논증에서의 차이는 무엇으로 규정할 수 없을 뿐만 아니라 어떤 것으로도 특정할 수 없는 무엇 사이에서 성립한다. 이런 점에서 7번 논증의 차이는 5번 논증의 차이보다 인식의 영역과 존재의 영역을 보다 포괄적으로 확장한다. 이제 어떤 것으로 특정할 수 있는 것만이 아니라 어떤 것으로 특정할 수 없는 무엇도 인식 가능하고 존재 가능하게 된다. 7번 논증에서의 차이는 『소피스트』 편에서 타자의 이데아로 적용되어 비존재를 존재 가능한 것임과 동시에 이데아들을 분리 구분시켜주는 보편적 연산자의 작용을 하게 된다.

이상의 네 논증에서 도출되는 부정(타자, 차이)과 자체적으로 고려할 때 개입되는 부정을 합하면 『파르메니데스』 편에는 다섯 가지 부정이 있다. 자체적인 정의에서 적용되는 부정은 긍정적이고 구성적인 효과를 전혀 갖지 않는다. 모든 차이는 절대적인 부정을 함축하기 때문에 어떠한 말도 할 수 없으며, 생각되지도 않고 모든 것을 존재할 수 없게 한다. 이런 부정의 종착점은 파국적 결말이다.

나머지 부정들은 개별 이데아들을 있을 수 있게 하며 또 이데아들을 결합시키는 기능을 하며, 자체적으로 위계를 갖는다. 부정(차이)의 개념들 중 가장 보편적인 것은 7번에서 도출되는 부정의 개념이다. 여기서의 차이는 무제한적인 다수와 무제한적인 다수를 다르게 하는 부정적 연산자(operator)이다. 곧 규정할 수도 없고 어떤 것으로 특정할 수 없는 다수를 비교 가능하게 해주는 연산자이다. 이는 마치 연기나 물처럼 경계를 확정할 수 없는 불특정한 다수의 타자들을 비교하여 다르다고 말할 수 있게 해준다. 이 부정은 비교 항이 먼저 정립된 이후에 기능하지 않는다. 이 부정 개념에서는 다름의 기능이 먼저 작동한다. 마치 존재가 다른 모든 이데아를 통합(매개)하는 기능을 먼저 갖고 있는 것처럼 7번 논증에서의 부정은 비교 항이 무엇이 됐든 그것들을 분리하고 구분하는 기능을 먼저 구비하고 있다. 곧 이 부정이 기능하기 위하여 비교 항들이 어떤 조건을 갖춰야 한다는 제약이 필요하지 않다. 이런 점에서 7번 논증의 부정이 가장 보편적이다. 존재가 구체적인 것들을 있게 하면서 모든 것들을 긍정적으로 매개하는 포괄적 긍정 연산자의 역할을 한다면 7번 논증의 부정은 모든 구분이나 분리를 가능하게 하면서 그보다 하위의 모든 부정들의 근거 역할을 하는 가장 보편적인 부정 연산자라고 할 수 있다.

5번 논증의 부정은 7번 논증의 부정에 비해서 비교 항이 특정의 조건을 갖추고 있는 상황에서 작동한다. 여기서의 부정은 무엇으로 규정할 수는 없지만 어떤 것으로 특정할 수 있는 것들을 서로 다르게 만들어주는 기능을 한다. 5번 논증의 부정은 어떤 것으로 특정되는 것들 사이에서 성립한다. 이런 점에서 여기서의 부정은 7번 논증의 부정보다 특수하다고 할 수 있다. 삼각형 일반에 대한 원리가 두 변이 같다는 조건을 추가한 이등변 삼각형의 원리를 포괄하는 것처럼 7번 논증의 부정은 5번 논증의 부정을 포섭한다.

2번 논증의 부정은 규정된 한 이데아와 규정된 또 다른 한 이데아를 서로 다르게 만들어주는 기능을 한다. 운동과 정지, 존재와 같음과 같이 자체 적으로 ~으로 확정할 수 있는 본성을 지닌 것들을 비교하여 다르게 만들어주는 기능을 한다. 이런 부정의 개념이 작동하기 위해서는 비교 항은 어떤 것으로 특정될 수 있어야 할 뿐 아니라 ~으로 규정(한정)되어야 한 다. 7번 논증이나 5번 논증의 부정에 비해서 비교 항들이 ~으로 확정되어야 한다는 제한 조건이 첨가된다. 이런 점에서 2번 논증의 부정은 5번 논증의 부정에 비해 특수하다고 할 수 있다.

3번 논증에서의 부정은 하나의 이데아 안에서의 구분이나 분리를 가능하게 한다. 2번 논증의 부정이 이데아들을 동등 비교하여 다르게 만드는 기능을 한다면 3번 논증의 부정은 포괄적인 이데아와 이에 포섭되는 이데아들을 다르게 만들어주는 기능을 한다. 보편적인 유(類) 안에 보다 특수한 종(種)들의 차이를 만들어내는 부정이라고 할 수 있는 것이다.

3번 논증의 부정은 ~으로 한정된 이데아들 사이에서는 유(類) 안의 종(種) 차이를 가능하게 하지만 ~으로 규정되지 않은 타자의 영역 안에서는 3번 논증과 같은 보편적인 부정의 하위 부정을 가능하게 한다. 곧 아름다움의 이데아에 1:1로 대응된다고 할 수 있는 아름답지 않음을 가능하게 한다. 이 경우 아름답지 않음은 선하지 않음도 아니고 정의롭지 않음도 아니다. 그것은 단지 아름답지 않음일 뿐이다. 다시 말해 아름답지 않음은 아름다움과만 관계를 맺는 부정이다. 이런 점에서 아름다움과 같은 규정성을 갖고 있지는 않지만 아름다움에만 작동하는 부정이라는 점에서 아름다움의 규정성을 (부정적으로) 간직하고 있다고 말할 수 있다.

이런 부정은 2번 논증의 부정에 비해서 특수하다고 할 수 있다. 2번 논증의 부정이 개별 이데아들 사이에서 성립하는 모든 차이에 적용될 수 있지만 여기서의 부정은 다만 특정 이데아에 매여 있기 때문에 2의 부정에 비해 구체적이고 특수하다고 할 수 있다.

이런 방식으로 서술 가능성을 확보해주는 네 논증들의 부정은 보편 특수의 관계로 엮여 있다. 7번 논증 ⇒ 5번 논증 ⇒ 2번 논증 ⇒ 3번 논증의 순서대로 보편적 적용 가능성을 갖는다. 또한 보편적 부정은 하위 부정의 가능 근거가 된 다. 곧 가장 보편적인 7번 논증의 부정이 있어야 5번 논증의 부정이 성립되며, 또 5번 논증의 부정이 있어야 2번 논증의 부정이 성립할 수 있으며, 다시 2번 논증의 부정은 3번 논증 부정의 성립 근거가 된다. 이런 방식으로 존재의 영역이 가장 보편적 인 존재로부터 가장 하위의 이데아까지 유(類)-종(種)의 위계를 갖는 것처럼 타자(부정)의 영역도 보편-특수의 위계를 갖출 수 있게 된다.

플라톤이 II부 연습논증을 통해 얻어낸 이상의 성과는 다음처럼 정리 할 수 있다.

첫째, 이데아에 대한 정의(규정) 방식의 변화가 가능해진다. 곧 언제나 ~으로서 규정(한정)된 것만이 이데아일 수 있다는 자체적인 정의방식이 변화한다. ~으로 규정할 수 없지만 어떤 것으로 특정할 수 있는 것도 이데아가 될 수 있으며, 더 나아가 ~으로 규정할 수 없을 뿐만 아니라 어떤 것으로 특정할 수 없는 무엇도 이데아의 영역에 포함될 수 있다. 이와 같은 변화는 있지 않음의 길에 대한 고려로부터 가능해지며, 이는 파르메니데스의 제 1 원리(있거나 있지 않다)를 반성적으로 검토하는 효과를 갖는다.

둘째, 새로운 부정 개념을 산출함으로써 이데아에 대한 서술 가능성을 확보하게 해준다. 다시 말해 이데아들의 결합 가능성이 확보되며, 이에 대한 구체적인 적용 사례는 『소피스트』 편에서 찾아볼 수 있다.

셋째, 참여의 구체적인 논리를 마련함으로써 I부에서의 참여의 문제점을 극복한다. 곧 서술 가능성을 허용하는 논증들과 아무런 서술도 허용하지 않는 논증들을 종합하여 이데아의 현실세계 참여 논리를 확보한다.

넷째, I부에서의 과제, 곧 이데아에 대한 대립적인 서술 가능성을 확보한다. 프로타고라스의 진술 형식을 비판적으로 수용함으로써 이데아 세계 안에서 이데아에 대한 대립적 서술 가능성을 확보한다.

마지막으로 II부 연습논증을 통해 살펴볼 수 있는 가장 큰 변화는 인식과 존재에 대한 생각이 바뀌고 있다는 점이다. 중기 플라톤에서 존재 조건은 한정성, 곧 ~으로서 있어야 한다는 조건이었으며, 인식의 성립 여건은 명확한 정의(규정) 가능성, 곧 ~으로 확정할 수 있어야 한다는 조건이다. 그런데 연습논증을 거치게 되면 이와 같은 한정성이나 규정성을 갖춘 것은 물론이고 ~으로서 존재하지 않는 것도 존재 가능 영역 안에 포함된다. 곧 한정적이지 않은 어떤 것도 존재할 수 있으며, 한정적이지 않을 뿐만 아니라 어떤 것으로 특정할 수 없는 무엇도 존재의 영역 안에 포함될 수 있다. 인식의 영역에서도 100% 확실한 것도 인식이라 할 수 있지만 100% 확실하게 ~으로 규정할 수 없는 것도 인식의 영역 안에 포함되고 더 나아가 어떤 것으로 특정할 수 없는 것을 파악하는 인식도 인식의 영역 안에 포함된다.

이는 II부 연습논증을 거침으로써 중기 이데아론에서의 존재와 사유의 엄격한 요건이 완화되고 있음을 알려준다. 곧 중기 이데아론에서는 인식과 존재의 영역에 포함되지 않았던 대상이 존재 영역에 포함되며, 100% 인식이라고 할 수 없었던 인식도 인식 가능 영역에 포함된다. 예전에는 비존재였던 것이 존재 영역에, 지식도 아니고 무지도 아닌 인식의 가능성이 열리게 되는 것이다. 존재의 영역을 비존재에까지 확장하고 인식의 영역을 불확실한 영역에까지 확장한다는 건 있음과 있지 않음을 배타적으로 설정함으로써 초래된 파국을 조화롭게 조정 극복한다는 의미를 갖는다. 이런 점에서 플라톤은 고대 그리스 논리의 종합이라고 할 만한다.

아리스토텔레스는 플라톤이 마련한 여러 가지 부정의 개념 중 하나를 선택하여 그를 현실세계에 정착시킴으로써 파르메니데스로부터 비롯된 운동과 변화의 문제를 형이상학적, 논리적으로 해결한다.

V. 아리스토텔레스의 정당화 논리: 삼단논증

아리스토텔레스가 고대 그리스 논리를 최종적으로 정리하고 이후에 형식논리학이라고 부를 수 있는 이론을 정립하여 학문방법론으로 정착시킨 것은 명확하다. 아리스토텔레스 이후로 논리학은 그로부터 한 발자국도 나아가지 못했다는 칸트의 표현대로 그는 서양 논리학의 토대를 마련한 철학자이다. 사실 현대의 논리학은 아리스토텔레스가 제시한 사유방식을 그대로 답습하고 있다고 해도 과언이 아니다.

아리스토텔레스는 이전에 등장한 다양한 논리적 사유방식을 자신의 입장에서 재단하고 취사선택하여 자신만의 논리적 사유를 학문 방법론으로 정착시킨다. 그는 먼저 소피스트들과의 거리두기를 시도하고, 플라톤의 이상적인 세계관으로부터도 결별하고, 소크라테스의 탈세속적인 성향도 떨쳐버린다. 곧 그는 소크라테스의 탈 세속적인 논박이나, 플라톤의 이상주의적, 초월적 세계관을 지양하면서도 소피스트들의 현실 야합적인 논리와도 결별한다. 곧 그는 감각적 경험으로부터 출발하지만 소피스트들의 세속성에만 머물러 있지 않는 학문의 논리를 개척한다.

1. 아리스토텔레스의 소피스트 비판

아리스토텔레스 논리학의 핵심은 삼단논증(syllogism)이다. 삼단논증은 규정적으로 주어진 것들(p, q)에서 그것과 다른 (규정된) 어떤 것(r)이 필연적으로 따라 나오는 논의의 형식이다. 아리스토텔레스는 삼단논증을 엄격한 학문적 논증(apodeiksis)으로 간주한다. 학문적 지식으로 확정된 진술들의 내부 구조를 분석하여 용어(term)의 관계로 환원한 다음, 두 개의 전제들로부터 하나의 결론을 필연적으로 연역하는 논증을 삼단논증이라고 한다. 삼단논증이 되기 위해서는 먼저 학적 지식이 성립되어야 한다. 이 경우 학적 지식을 표현하는 진술은 단순 사실을 나열하거나 불명확하고 애매하면 안 된다. 이런 추론들은 논증처럼 보이기는 하지만 사실은 논증이 될 수 없다. 곧 이런 논증들은 논증처럼 보이지만 사실은 논증이 아닌 것으로서 허위 논증, 또는 오류논증이다.

이건 논박의 경우도 마찬가지인데 진정한 논박은 주어진 주장과 모순된 진술을 포함하는 추론이라고 할 수 있는데, 겉보기만의 논박은 이름의 애매성과 모호성을 이용하여 실제로는 모순이 아닌데 모순처럼 보이는 논박을 끌어내기도 하는데 이를 겉보기만의 논박이라고 하는데, 이를 소피스트적 기술(sophistike)이라고 부른다.

진정한 논증과 논박에 동원되는 진술을 애매하거나 모호해서는 안 되고 일의적으로 규정된 의미를 가져야 한다. 진술에 포함되는 용어도 마찬가지로 명확한 규정성을 가져야 한다. 그런 제한 조건은 애매성이나 모호성을 동원한 논증은 허용하지 않는다.

소피스트들이 사용하는 다음과 같은 논증들은 허위 논증이 된다.

아는 자가 배우는가 모르는 자가 배우는가

t: 현명한 자(지식을 갖고 있는 자)가 배운다는 주장에 대해
류트를 배우거나 글쓰기를 배우는 경우, 그 배우는 것에 대해서 배우고자 하는 사람은 그것을 알지 못한다. 그런 것들을 알지 못하는 사람은

현명하다고 말할 수 없다. 따라서 배우는 자는 현명하다기보다는 어리석은 사람이라고 할 수 있다.

a: 어리석은 자가 배운다는 주장에 대해

글쓰기 선생이 무엇인가를 구술할 경우, 암송한 구절을 배울 수 있는 사람은 어리석은 사람이라기보다는 지식을 갖고 있는 사람이 배울 수 있다. 따라서 어리석은 사람보다는 현명한 사람이 배운다.

t: 어리석은 자(현명하지 못한 자)가 배운다는 주장에 대해

누군가가 어떤 구절을 낭독할 때, 문자를 가지고 낭독한다. 그런데 그 구절을 배우기 위해서는 문자에 대한 이해가 있어야 한다. 따라서 무엇인가를 배우는 사람은 자신들이 알고 있는 것에 대해서 배운다.

a: 알고 있는 것을 배운다는 주장에 대해

배운다는 것은 지식을 획득하는 것이다. 안다는 것은 배우는 순간에 지식을 갖게 된다는 것이다. 알지 못한다는 것은 지식을 갖고 있지 않다는 것이다. 어떤 것을 받아들이는 사람은 그것을 가지지 못한 사람이다. 알지 못하는 사람은 지식을 갖고 있지 못하다. 배우는 사람은 지식을 받아들이는 사람이고 따라서 그는 지식을 갖지 못한 사람이다. 따라서 배우는 사람은 무엇인가를 아는 사람이 아니라 알지 못하는 사람이다.

소피스트들은 말이 두 가지 이상의 의미를 갖는다는 사실을 이용하여 위와 같은 상호 논박을 펼치는데 아리스토텔레스는 그들이 허위논박을 펼치고 있다고 비판한다. 위 논박은 같은 단어(배운다)가 어떨 때는 기존에 갖고 있던 지식을 이용해서 이해한다는 의미와 지식을 새로이 획득한다는 두 가지 의미를 혼용해서 쓰고 있기 때문에 실제로 모순적인 결과를 끌어낸 것이 아니다. 후대에 이는 이의어의 오류(fallacy of equivocation)로 명명된다.

마찬가지로 아리스토텔레스는 문법적으로 불확정적인 방식으로 문장을 구성해서도 안 된다고 본다. '내 책을 읽지 마'처럼 내가 쓴 책을 읽지 말라는 뜻인지, 내 소유의 책을 읽지 말라는 의미인

지를 정할 수 없는 방식으로 진술해서는 곤란하다고 본다. 이런 제한을 가하면 다음과 같은 논증은 다 허용되지 않는다.

> 현명하지 않은 자를 현명하게 되기 바라는 것은 그가 죽기를 바라는 것이다.
>
> 어떤 사람(클레이니아스)이 현명하게 되기(become wise)를 바라는 것은, 지금 그가 현명하지 않다(is not wise)는 것, 곧 그가 무지함을 함축한다. 그가 현재 무지한데 그가 현명하게 되기를 바라는 것은 그가 무지하지 않기(not to be ignorant)를 바라는 것이다. 이는 지금의 그인 상태(being now)가 더 이상 아니기(is not any more)를 바라는 것인데, 그것은 그를 있지 않은 사람이 되기를 바라는 것이다(that he is not = that he does not exist) … 현재의 그가 더 이상 아니기를 바라는 것은 그가 소멸하기(become not to be)를 바라는 것이다.(283c-d)

현명하게 되기 바라는 것과 ~이 아니게 되기는 다르고, 또 ~이 아니게 되기와 있지 않게 되기는 다 다른데, 문법적으로 같은 단어를 쓴다는 걸 이용해서 무지한 자가 현명한 자가 되기를 바라는 걸 현재와 다르게(현재 상태가 아니게) 되기 바라는 것으로 해석하는 건 언어를 의미 확정적으로 사용해야 한다는 원칙을 위배한 것이다. 마찬가지 논리로 다음 논증도 불가해진다.

> 반대를 말하는 것(모순된 이야기를 하는 것)은 불가능하다.
>
> 있는 것들 각각은 자신의 말을 지닌다. 각각의 것은 없는 것으로가 아니라 있는 것으로 이야기된다. 그런데 어느 누구도 있지(이지) 않음의 방식으로 말할 수 없다. 어느 누구도 있지 않은 것을 말할 수 없기 때문이다. 그런데 같은 것을 말하는 두 사람이 서로 반대 이야기를 할 수는 없다. 이 경우 우리는 같은 것을 말하는 것이다. 두 사람 모두가 어떤 것에 대해서 이야기하지 않는다면 그 두 사람은 서로 반대되는 이야기를 하지 않는 것이다. A가 어떤 것에 대해 이야기를 하고 B가 다른 것에 대해 이야기를 한다면 둘

은 모순적 이야기를 하는 것이 아니다. 또 A가 어떤 것을 이야기하고 B가 이야기를 하지 않고 있다면 그 둘은 또한 모순되지 않는다. 무엇인가를 이야기하는 사람과 이야기하지 않는 사람은 모순될 수 없기 때문이다.

모든 것이 대립적인 서술이 가능하다는 다음과 같은 소피스트들의 주장도 받아들일 수 없다.

선과 악에 대하여

· 선과 악은 같은 것이다(같은 것이 좋으면서 나쁘다.)

인간의 삶, 음식, 음료, 성적인 쾌락은 아픈 사람에게는 좋지 않지만 건강하고 그것을 필요로 하는 사람에게는 좋다. 이런 것들에 대해 무절제함은 절제 없는 사람에게는 좋지 않지만 그것들을 팔아 이득을 보는 사람에게는 좋다. 그래서 인간의 삶, 음식, 음료 성적인 쾌락은 좋으면서도 나쁘다. 곧 좋은 그것들이 곧 나쁜 것들이다.

좋은 것과 나쁜 것에 관하여

· 좋은 것과 나쁜 것은 서로 다른 것이다.

그것을 같다고 하는 사람A)에게 물어보자. B: 너의 부모에게 선행을 베풀었어? A: 그럼. 많은 선행을 베풀었지. B: 좋은 것과 나쁜 것이 같은 것이라면 너는 너의 부모에게 많은 악행을 저지른 것이네?

먹고, 마시고, 성적인 쾌락을 즐기는 건 아픈 사람에게는 좋지 않은 일인데 만약 선한 것과 악한 것이 같은 것이라면 그런 것들을 즐기는 것이 아픈 사람에게 좋은 것이 된다.

정의와 부정의에 관하여

· 정의로운 것과 정의롭지 못한 것은 같은 것이다.

거짓말을 하고 속이는 것은 정의로운 일이다. 나의 반대자들은 적을 속이고 그에게 거짓말을 하는 것은 옳고 정의롭지만 친구에게 그런 일들을 하는 건 부끄럽고 사악한 일이다. 그러나 적에게 그런 짓들을 하고 친한 친구에게는 그런 짓을 하지 않는 것이 어떻게 정의로울 수 있겠는가? 부모가 약을 먹어야 하는 데도 그걸 먹지 않으려 한다고 해보자. 귀리죽이나 음료에 약을 타서 주면서 약을 탄 게 아니라고 거짓말을 하는 것이 정의롭지 않을까? 이 경우 부모를 속이고 거짓말을 하는 건 정의로운 일이다.

· 정의로운 것과 정의롭지 못한 것은 다른 것이다.

A: 정의로운 것과 정의롭지 못한 것은 같은 것이다. B: 너는 너의 부모님들에게 정의로운 일을 했어? A: 아주 많이 했지. B: (정의로운 것과 정의롭지 못한 것이 같은 것이라면) 너는 부모님에게 정의롭지 못한 일을 아주 많이 한 거야.

'그는 국가에 정의롭지 못한 일을 저질렀기 때문에 사형에 처한다'는 판결문은 '너는 국가에 정의로운 일을 많이 했기 때문에 사형에 처한다'로 기록된다.

참과 거짓에 관하여

· 참과 거짓은 같은 것이다.(같은 것이 참이자 거짓이다.)

참인 진술은 거짓인 진술과 같은 것이다. 같은 진술인데 사실을 제대로 기술하고 있으면 참이고 사실과 다르게 진술하고 있으면 거짓이다. 곧 같은 진술이 참이면서 거짓이다. 곧 참인 진술과 거짓인 진술은 같은 것이다.

· 참인 진술과 거짓인 진술은 다른 것이다.

A: 같은 진술이 동시에 참이면서 거짓이다. B가 A에게: 당신이 지금 말하고 있는 건 참인가 거짓인가? A: 거짓이다. B: 그럼 참인 진술과 거짓인 진술은 다른 것이 된다. A: 참이다. B: 그럼 당신이 한 진술은 동시에 거짓이 된다. 누군가가 특정의 것이 참이라고 진술하거나 증언을 했다면 같은 진술은 동시에 거짓이 된다.(같은 진술이 동시에 참이면서 거짓이기 때문에)[25]

같은 사람이 앉아 있으면서 동시에 서 있고, 병들어 있으면서 동시에 건강하다고 말할 수 없다. 서 있는 사람은 서 있던 사람이

25) Sprague(1990) pp. 279-292.

고 지금은 앉아 있는 것이다. 곧 과거에는 서 있었지만 지금은 앉아 있고, 과거에 병 들었고 지금은 건강한 사람인 것이지, 동시에 서 있으면서 앉아 있고, 동시에 병들고 건강하다고 말할 수 없는 것이다. 어떤 시점, 어떤 환경에서 발설하느냐에 따라 대립적일 수 있는 것이지 동시에 대립적일 수는 없다.

아리스토텔레스는 고르기아스의 수사학에 대해서도 비판적인 입장을 견지한다.

> 우리가 이제까지 논의해 온 것(소피스트들에 대한 논박)은 이제 처음으로 행해진 것이다. 쟁론적 논의에 의해서 보수를 받고 그것을 가르쳤던 사람들의 교육방식은 고르기아스의 훈련방법과 유사한 것이었다. 그런 교육을 시키는 사람들은 일부는 수사학적 논의를 가르쳤고 또 일부는 문답형식의 논의를 외워서 공부해야 할 과제로 부여했기 때문이다.(자기처럼 논리적인 방식으로 훈련을 시키지 않았다는 말) … 그렇기 때문에 그들의 가르침은 신속한(손쉬운) 것이기는 하지만 체계적이지는 않았다. 그들은 지식(기술)이 아니라 지식에 의해서 얻어지는 효과를 줌으로써 사람들을 교육시킬 수 있다고 생각했기 때문에 (그런 교육을 시킨 것이다).[26]

그들은 사람들에게 돈을 받고 교육을 시키면서 발을 아프지 않게 해줄 기술을 가르쳐준다고 약속하고 구두를 만드는 기술을 가르쳐주지도 않고 발을 아프지 않게 할 다른 지식도 전수하지 않으면서 모든 가능한 종류의 구두 중에서 많은 종류의 것들이 갖는 효과만을 가르쳐 주는 것과 같아서 일종의 사기술이라고 본다. 아리스토텔레스가 고르기아스 등의 수사학 교육을 알맹이 없는 훈련이라고 본 것은 그것이 학적 인식에 도달하지 못했기 때문이

26) 김재홍(2007) 209-210쪽.

다. 그들의 훈련이 손쉽지만 체계적이지 않은 것은 제대로 된 학문이지 않다는 걸 의미한다. 곧 원인·이유에 의해 찾아지는 일반적인 원리에 따라 교육을 시켜야 하는데 일정한 틀도 없이 주먹구구식으로 가르친다는 것을 의미한다.

소피스트들의 논쟁술이나 수사학은 사람들이 건강하지 않음에도 화장을 통해서 건강한 것처럼 보이게 하는 것처럼 자신을 부풀리고 치장하여 실제로 추론을 하거나 논박을 하고 있지 않음에도 추론이나 논박을 하고 있는 것처럼 보이게 하는 기술이다. 실제로 금이나 은이 아님에도 도금을 해서 금이나 은처럼 보이게 하는 기술이 그들의 궤변술이다.

궤변술은 외견상으로는 지혜처럼 보이지만 실제로는 그렇지 않으며 소피스트들은 외견상으로는 지혜로워 보이지만 실제로는 그렇지 않은 지혜에 의해 돈을 버는 자들이다. 그들은 실제로 지혜로운 것보다 사람들에게 지혜로워 보이는 것이 훨씬 가치 있게 생각한다.

아리스토텔레스가 염두에 두고 있는 진정한 의미의 추론이나 논박은 학적 지식의 세계 안에서 전개되는 논증의 체계이다. 이런 입장에서 보면 소크라테스의 논박도 진정한 의미의 학문적 논증의 체계에 속할 수 없다. 아리스토텔레스의 『소피스트적 논박』에서는 소크라테스가 대화상대자에게 펼치는 논박을 소피스트적이라고 평가하는 경우가 많다.

아리스토텔레스는 상식에 호소하여 논박을 펼치는 것을 소피스트적(사이비)논박으로 평가한다. 이 중에서 상식적인 의견에 호소하여 상대 주장에서 역설을 도출하는 방식이 있는데, 이는 『고르기아스』 편에서 소크라테스가 전개하고 있는 논증이다. 아리스토텔레스는 다음처럼 분석한다.

> 『고르기아스』에서의 칼리클레스나 대부분의 나이든 사람들은 자연의 기준과 법적인(사회적) 기준에 의거하여 논증을 펼칠 경우, 자연 상태와 사회적인 상황이 서로 배치되기 때문에 거의 역설적인 상황에 봉착한다. 이를테면 법적인 기준을 따르는 사회 안에서는 정의가 권장할 만하지만 약육강식의 자연 상태에서는 이는 생존에 필수적인 기준이 아니다. 이렇게 서로 대립되는 상황을 염두에 두고 어느 한 상황을 설명하고 기준에 대해 동의를 구한 뒤 이걸 다른 상태에 적용하면 역설에 봉착하게 된다.[27]

위의 논변은 아리스토텔레스가 스스로 밝히고 있는 것처럼 『고르기아스』 편에서 소크라테스가 펼치고 있는 논변이다. 소크라테스가 전개하고 있는 논박도 아리스토텔레스의 진정한 논증이나 논박의 기준에 따르면 소피스트적이다.

더 나아가 소크라테스가 개인을 대상으로 펼치는 논박도 개인에 대한 호소라는 점에서 오류가 될 가능성이 크다. 『고르기아스』 편에서 고르기아스가 수사술은 정의와 무관한 가치중립적인 기술로서 사람의 마음을 움직이는 기술이라고 하면 논박당하지 않는다. 고르기아스는 이중적인 입장을 갖고 있다. 곧 한 편으로는 약육강식의 현실세계관을 갖고 그 안에서 살아가기 위해서는 강제력을 발동하는 설득을 통해서 다른 사람의 마음을 바꿔서 자신이 원하는 바를 관철하는 걸 당연하다고 생각한다. 그리고 설득이 그와 같은 강제력을 발휘할 수 있다고 믿는다. 그런데 다른 한편으로는 헬렌에 대한 찬사에서 볼 수 있는 것처럼 설득을 통해서 헬렌이 불륜을 저질렀다면 그건 헬렌이 잘못한 것이 아니라 설득을

27) 김재홍(2007) 115-116쪽.

한 사람이 잘못이라고 본다. 또한 파리스가 폭력으로 헬렌을 납치해갔다면 비난받을 사람은 헬렌이 아니라 파리스라고 한다. 약육강식, 강약부동의 세계에서 강자가 자신의 의지에 따라 약자를 통제하고 지배하는 건 지극히 당연하다고 할 수 있다. 곧 강자가 약자를 지배하고 통제하는 건 정당하고 정의롭다고 할 수 있다. 그럼에도 그는 그런 힘을 행사하는 자가 정의롭지 못하다고 본다. 이런 점에서 고르기아스는 이중적이다.

곧 고르기아스 자신은 약육강식의 정글세계의 질서를 믿고 있다. 그렇지만 사람들하고 어울려 살다보면 이전투구의 세계관을 피력할 수 없다. 곧 마음속으로 품고 있는 생각과 사람들에게 피력하는 생각이 다를 수밖에 없는 개인적인 처지에 있는데 이를 이용하여 상대를 곤경에 빠트리게 한 것이다. 이런 논박은 개인의 입장과 차이에 따라 좌우되기 때문에 인간에 대한 호소(ad hominem)로서 오류가 된다. 소크라테스의 논박은 개인적이다. 곧 그 사람에게만 효력을 발휘하는 논박을 구성해서 진행한다. 그리고 이런 맞춤형 논리(man to man logic) 때문에 소크라테스의 논박은 말만이 아니라 그 개인의 삶에 대한 검토 작업이 될 수 있다. 곧 세속적인 삶에 매몰되어 있는 개인의 삶을 검토하여 세속적인 것이 아니라 영혼을 돌보는 일에 종사하게 할 수 있는 방법이 된다. 그런데 진정한 추론이나 논박이 보편적인 학적 지식의 영역에서 전개되는 것이라고 하면 개인의 삶을 검토하기 위한 방법으로서의 소크라테스 논박의 실천성(performance)은 실종된다. 이런 점에서 아리스토텔레스의 논리학적 사유는 소크라테스의 탈세속적 논리와 결별하게 된다.

2. 아리스토텔레스의 플라톤 비판

아리스토텔레스는 플라톤주의자이면서도 플라톤의 이데아론을 철저하게 비판한다. 아리스토텔레스의 이데아론 비판은 플라톤 자신이 『파르메니데스』 편에서 펼친 이데아론 비판과 논리적으로는 대동소이하다. 아리스토텔레스의 이데아론 비판의 핵심은 이른바 제 3인간 논변이라고 알려진 『파르메니데스』의 이데아론 비판이다.

1) a, b, c가 F라는 속성을 지니면 a, b, c를 F되게 하는 F-ness가 있다. 그리고 a, b, c는 F-ness에 참여함으로써 F가 된다.
2) a, b, c와 F-ness가 F라면 a, b, c와 F-ness 모두를 F되게 하는 F-ness II가 있어야 한다. 그리고 a, b, c와 F-ness는 F-ness II에 참여함으로써 F가 된다.
3) a, b, c와 F-ness, F-ness II가 F라면 a, b, c와 F-ness, F-ness II 모두를 F되게 하는 F-ness III가 있어야 한다. 그리고 a, b, c와 F-ness, F-ness II는 F-ness III에 참여함으로써 F가 된다.
4) 이 과정은 무한히 반복되어 F-ness는 하나가 아니라 무한히 많게 된다.

이 논변에 대해서는 앞에서 알아본 것처럼 다음처럼 대응하면 된다. 사물들에 부여되는 술어 '크다(large)'를 예를 들어보자 이 경우 사물에 부여되는 술어 크다와 이데아에 부여 되는 술어를 구분하면 무한퇴행이 발생하지 않는다. 시간 안에 존재하는 사물들에게 부여되는 술어들은 타자 연관적인 방식으로 매겨진 것이지만 이데아에 부여되는 술어들은 자체적인 방식으로 매겨진 것이기 때문에 양자를 동일시하여 제 3의 이데아를 상정하는 절차는 불필요하다. 예를 들어 이 세계의 사물 a에 대해서 'a is large'라고 하는 것은 사실은 'a is large with respect to other(large-itself)'이고 large-itself에 대해 'Large-itself is large'라고 하는 것은 'Largeness is large with respect to itself'이다. 따라서 이데아 Large-itself는 다른 것과 연관해서 크게 되는 것이 아니기 때문에 그것을 크게 하는 제 3의 이데아를 상정 할 필요가 없게 된다. 이럴 경우, 무한 퇴행의 문제는 사라진다.

이런 방식으로 이데아와 사물들 사이의 (질적인) 유사성을 통해서 참여를 해명하면서 생기는 문제는 양자 사이의 차이를 주장하게 되면 사라진다. 그러나 이럴 경우, 양자를 분리시키는 데서 생기는 문제를 떠안게 된다. 분리의 문제도 앞에서(262-263) 알아본 것처럼 논리적으로 해결될 수 있다.

아리스토텔레스는 플라톤 이데아가 세상과 분리되어 존재한다고 하면 우리와 상관이 없기 때문에 인식할 수도 없고, 이 세상에 영향을 미칠 수도 없기 때문에 불필요한 존재가 된다고 비판한다. 이에 대한 플라톤의 방식으로 논리적 해결책을 제시한 걸 아리스토텔레스는 받아들이지 않는다. 곧 세상을 설명하기 위한 원인·이유(aitia)는 세상 밖에 초월적으로 있어서는 안 되고 세상 안에 있어야 한다고 본다.

아리스토텔레스는 진정한 논증, 논박이 되기 위해서는 근거를 제시하는 지식을 갖고 논증과 논박이 이루어져야 한다고 본다. 곧 학적인 지식의 세계에서 성립하는 걸 진정한 논증이나 논박이라고 본다. 학적인 지식은 백과사전식으로 나열되는 지식이거나 무질서한 지식이 아니다. 아리스토텔레스에게 학적 지식은 원인·이유(aitia) 탐구의 결과로 출현하는 지식이다. 플라톤도 진정한 인식은 원인·이유를 통해서 아는 것이다. 곧 이데아의 존재를 전제하고 그것을 통해서 세상의 질서를 파악하는 걸 참된 인식으로 본다. 이데아는 세상에 없기 때문에 이와 같은 원인·이유론

(aitiology)은 초월적이다.

아리스토텔레스는 초월적인 이데아를 이 세상의 근거로 제시하는 걸 반대한다. 그건 우리와 무관한 것이기 때문이다. 세상의 근거는 세상 안에 있어야 한다. 학문의 출발은 초월적인 이데아를 전제하는 데서 시작하는 것이 아니고 이 세상에 있는 개체로부터 시작된다. 곧 아리스토텔레스 철학의 출발은 세계 초월적인 이데아가 아니고 이 세상에 존재하는 개체(hypokeimenon)이다. 이런 점에서 아리스토텔레스의 철학은 세계 내재적이다.

참된 지식은 원인·이유를 통해서 해명된 지식이며 이것이 학적 인식을 구성한다. 그리고 원인·이유는 세상 밖에 있지 않고 개체 안에 있다. 따라서 세상 밖에 있는 원인·이유를 찾아가는 상기(분석의 방법)나 초월적인 최고의 원리를 찾아가는 변증술은 학문 방법론으로서의 권한을 갖지 못한다. 곧 초월적인 탈 세속의 방법은 더 이상 학문의 방법이 아니다. 이런 방식으로 아리스토텔레스는 탈세속의 방법을 버리고 내재적인 방법, 곧 연역 논리를 학문 방법론으로 정립한다.

3. 아리스토텔레스의 형식논리학

앞에서 틈틈이 언급한 것처럼 아리스토텔레스 학문방법론의 핵심은 삼단논증(syllogism)이다. 희랍어의 syllogismos는 논증, 또는 필증적 추론(apodeiksis)인데 전제 두 줄과 결론 한 줄로 구성되어 있기 때문에 세 단으로 이루어진 논증이라는 의미로 삼단논증으로 번역된 것으로 보인다. 논증은 전제와 결론으로 이루어진 진술들의 집합이다. 삼단논증은 두 개의 전제와 하나의 결론으로 구성된다. 전제에는 결론에 등장하는 주어(S)와 술어(P), 결론에는 나타나지 않고 전제에만 두 번 나타나는 중명사(M)를 합하여 세 용어가 등장한다. 결론의 주어와 술어, 중명사의 위치에 따라서 삼단논증의 격(figure)이 결정된다.

	1격	2격	3격	4격
전제1(대전제)	M--P	P--M	M--P	P--M
전제2(소전제)	S--M	S--M	M--S	M--S
결론	S--P	S--P	S--P	S--P

중명사의 위치에 따라서 격이 결정됨
결론의 술어(대명사)를 포함하고 있는 전제가 대전제로 위에
결론의 주어(소명사)를 포함하고 있는 전제가 소전제로 아래에

각 격에 세 명제가 포함되는데 한 명제에 들어갈 수 있는 명제는 네 가지 종류가 있다. 명제는 두 개의 용어(개념)가 결합함으로써 형성되는데, 이 두 용어가 결합하는 방식을 질(긍정-부정), 양(전체-부분)으로 구분하여 분석하면 다음의 네 가지 명제가 가능해진다.

양 \ 질	긍정	부정
전칭(전체)	전칭긍징(A)	선칭부정(E)
특징(부분)	특칭긍정(I)	특칭부정(O)

그러면 하나의 격에 세 단이 있고 각 단에 네 가지 명제가 기입될 수 있으니 하나의 격에서 도출되는 명제조합은 4 × 4 × 4 = 64가 된다. 그리고 4격이 있으니 삼단논증에서 도출되는 가능한 명제조합은 64 × 4 = 256가지의 형식(mood)으로 정리된다. 256가지의 형식 중 타당한 논증은 15가지가 있다.

1격	2격	3격	4격
AAA	EAE	IAI	AEE
EAE	AEE	AII	IAI
AII	EIO	OAO	EIO
EIO	AOO	EIO	

개별적인 삼단논증은 무한히 많지만 어떤 삼단논증이든 중명사의 위치에 따라서 네 개의 격으로 구분할 수 있고, 다시 격마다 64개의 식이 있어서 256개의 형식으로 총괄할 수 있다. 이렇게 개별 논증에서 형식만을 추려내어 그것의 타당성 여부를 검토할 수 있게 한다는 점에서 아리스토텔레스의 논리학을 형식 논리라고 한다. 형식논리학으로서의 삼단논증은 개별적 삼단논증의 타당성 여부를 검토하는 것이 아니라 그 논증이 갖고 있는 형식을 검토한다. 따라서 개별 삼단논증이 타당하다고 하더라도 형식이 부당하면 그 논증은 부당하며, 개별 삼단논증이 타당하다고 하면 같은 형식을 갖는 삼단논증은 모두 타당하다고 말할 수 있다.

삼단논증은 두 개의 전제 명제와 하나의 결론 명제로 구성되는데, 전제와 귀결의 연결 관계가 타당한지 하지 않은지는 명제를 구성하고 있는 용어들의 관계에 의해서 결정된다. 삼단논증은 결론을 구성하고 있는 두 용어(term) S(주어)와 P(술어)가 필연적인 관계로 연결되어 있으면 타당하고 그렇지 않으면 부당하다. 결론 명제의 주어와 술어를 연결시켜 주는 용어가 중간명사(M)라고 하는데 이는 매개념, 중명사(middle term)라고도 한다. 곧 전제에는 두 번 나오지만 결론에는 나오지 않는 중간명사를 통해서 서로 다른 개념 주어(S)와 술어(P)를 매개시켜 필연적인 관계로 전환시키고자 하는 것이 삼단논증이다. M은 한 번은 S와 관계하고 다른 한 번은 P와 관계를 맺음으로써 S와 P의 중간다리역할을 한다. 그럼으로써 S와 P의 관계를 필연적으로 연결시킨다. M이 S와 P를 필연적으로 매개시키는 조건을 충족하고 있다면 그 논증은 타당하며, 그런 조건을 충족시키지 못하고 있다면 부당하게 된다.

삼단논증의 타당성 검토는 다양한 방식으로 할 수 있으나 원칙은 단순하다. 곧 전제에 들어가 있는 정보에 포함되어 있는 것을 결론에서 이야기하고 있으면 타당하다고 할 수 있다. p를 전제라고 하고 q를 결론이라고 했을 때, p에서 q로의 과정이 필연적이면 되는데, 이 경우 필연적이라는 건 우연적이 아니라는 것이다. 우연적이라는 건 해당되는 결론(q)이 나올 수도 있고 나오지 않을 수도 있다는 걸 의미한다. 다시 말해 p로부터 q로의 이전이 성립할 수도 있고 성립하지 않을 수도 있다면 그 논증은 부당하다. 삼단논증은 명제들의 관계를 용어들의 관계로 환원시켜 검토하기 때문에 전제에서 맺고 있는 용어들의 관계가 결론에서의 용어들의 관계를 포함하고 있으면 타당하고 그렇지 않으면 부당하다.

그리고 이 용어들의 관계는 약간의 변형을 가하면 명제논리의 전제와 결론의 관계로 전환시킬 수 있다. 예를 들어 살펴보기로 하자.

모든 사람은 동물이다.
모든 동물은 죽는다.

모든 사람은 죽는다.

위의 논증은 사람(S), 동물(M), 죽는 것(P)이라는 세 집합으로 구성되어 있다. 위 논증을 집합관계로 표현하면 다음처럼 표현할 수 있다.

$$S \subset M$$
$$M \subset P$$
$$\overline{\qquad\qquad\qquad}$$
$$S \subset P$$

다시 이는 원소기호를 이용하여 표현하면 다음처럼 된다.

$$x \in S \rightarrow x \in M$$
$$x \in M \rightarrow x \in P$$
$$\overline{\qquad\qquad\qquad}$$
$$x \in S \rightarrow x \in P$$

다시 $x \in S$를 p, $x \in M$를 m, $x \in P$를 r로 표시하면 위의 논증은 $\{(p \rightarrow m) \wedge (m \rightarrow r)\} \rightarrow (p \rightarrow r)$라는 명제논리의 형식으로 전환할 수 있다.[28] 이럴 경우, 전제가 참인데 결론이 거짓인 경우가 아니면 이 논증은 타당하다고 할 수 있다.

	{(p	→	m)	∧	(m	→	r)}	→	(p	→	r)	
1st				T				F		F		부당가정
2nd		T				T			T		F	1로부터
3rd	T						F					p, r 진리치할당
4th			T		F							2,3 진리치할당
최종			m : T ∧ F									부당가정하면 모순

28) 삼단논증은 벤다이어그램을 이용하여 타당성검사를 할 수 있는데 전제에서 나타내고 있는 벤다이어그램이 결론에서 말하고 있는 벤다이어그램을 포함하고 있으면 타당하다고 할 수 있고, 그렇지 않으면 부당하다고 할 수 있다. 이 경우 벤다이어그램에서 표현하고 있는 내용은 모두 명제논리형식으로 전환할 수 있다.

위의 삼단논증은 부당성을 가정하여(전제 T, 결론 F 가정) 검토해보면 m에 T와 F가 동시에 할당되는 모순된 결론에 도달한다. 부당하면 모순이 도출되기 때문에 이 논증은 타당하다. 이 논증이 타당한 것은 위의 형식(AAA)에서도 확인되고, 벤다이어그램이나 규칙에 의해 검토를 해봐도 타당한 결론이 나온다. 이와 같이 삼단논증은 벤다이어그램을 이용하여 타당성 검토를 할 수 있는데, 이는 삼단논증의 용어들의 관계가 집합으로 표현될 수 있기 때문이다. 곧 삼단논증을 집합식으로 변형한 이후 약간의 제한을 가하면[29] 명제논리식으로 바꿀 수 있다. 곧 삼단논증은 집합론이나 명제논리와 마찬가지로 연역논리(하향-긍정추론)의 틀을 갖고 있기 때문에 상호 호환을 할 수 있다.

지금은 우리가 아리스토텔레스의 삼단논증을 명제논리식으로 전환하여 타당성 검토를 했기 때문에 명제논리식이 더 기초적인 것으로 생각할 수 있지만 사실은 그 역이다. 곧 아리스토텔레스의 삼단논증에 나타나는 사유양식을 편리하게 형식화한 것이 명제논리식이다. 명제논리식을 검토하면서 우리는 명제와 연산자에 진리치를 할당하였는데 그렇게 할 수 있었던 것은 명제논리식에서 사용하는 기호의 의미를 진리표로 해석하였기 때문이다. 형식논리에서의 기호를 진리표로 해석한다는 것은 아리스토텔레스의 사유방식을 받아들인다는 것을 의미하며 이는 그가 그 이전의 논리적 사유들에서 특정한 사유를 엄밀한 논리적 방식으로 체계화했기 때문에 가능하다.

29) 이 제한은 보편명제가 원소들의 존재를 담보할 수 있느냐의 문제 때문에 생긴다. 이는 양화논리를 아무런 제한 없이 명제논리의 자연연역체계로 전환할 수 있느냐는 문제인데, 현재 논의 전개상 큰 영향이 없기 때문에 가능하다고 보고 논의를 전개한다.

이를 구체적으로 알아보기 위해 연역논리(하향-긍정 추론)에서 전제에서 귀결로 넘어가는 과정에 대한 논리적(진리표) 해석을 살펴보기로 하자. 우리는 앞에서 논리를 한 생각(p)에서 다른 생각(q)으로 넘어가는 포괄적인 방식으로 규정한 바 있다. 한 생각에서 다른 생각으로 넘어가는 과정 곧 전제에서 결론으로 넘어가는 과정('p → q')에 대한 연구가 가장 많이 진행된 건 하향-긍정 추론이다. 하향 긍정추론에 대한 이론적 기초는 아리스토텔레스가 닦아 놓았다. 아리스토텔레스가 닦아 놓고 이후의 서양 논리학자들이 발전시킨 연역논리(하향-긍정추론)의 핵심은 실질적 함축(→ material implication)에 대한 진리표 해석에 담겨 있다.

형식논리학에서 '→'는 다음처럼 정의된다.

	p	p → q	q
1	T	T	T
2	T	F	F
3	F	T	T
4	F	T	F

형식논리학에서 연산자로서의 '→'는 전제(p)가 참(T)인데 결론(q)이 거짓(F)인 경우를 제외하고는 다 허용된다(T)는 의미를 갖는다. 전제가 참이고 결론이 참인 경우가 허용된다(1)는 건 이론의 여지없이 수용될 것으로 본다. 전제가 참인데 결론이 거짓이면 받아들일 수 없다는 것도 인정될 수 있다.(2) 그런데 전제(p)가 거짓(F)이면 결론이 참이든 거짓이든 상관없이 다 허용된다(3, 4). 이건 어떤 의미일까? 아무 이의 없이 받아들이기 쉽지 않다. 이 해석을 어떻게 받아들여야 할까? p → q는 명제논리에서 ~p v q

와 같은 의미(진리치)를 갖는다. ~p v q는 일상어로는 'p가 아니거나 q이다'로 해석된다.

	p	~p	~p v q	p ∧ ~q	~q	q
1	T	F	T	F	F	T
2	T	F	F	T	T	F
3	F	T	T	F	F	T
4	F	T	T	F	T	F

이를 부정하면 어떻게 될까? ~(~p v q) ≡ (p ∧ ~q). 이는 p가 성립함에도 q가 성립하지 않는 걸 의미한다. 위의 진리표에서 보면 (p ∧ ~q)가 성립될(참이 될) 가능성은 1, 2열에만 있다. ∧는 둘 다 참일 경우에만 성립하기 때문에 하나가 성립하지 않으면(참이 아니라면) 당연히 성립하지 않는다. 따라서 3열과 4열에서 p는 F이기 때문에 ∧가 참이 될 가능성은 원초적으로 막혀 있다. 이는 (~p ∨ q)를 부정하면(성립하지 않는다고 하면) 3, 4열은 항상 F가 되기 때문에 항상 성립할 수 없게 된다. 곧 부정의 부정이 참인 한, p가 F일 경우에는 그것이 무엇과 결합을 하든 항상 F이다. 따라서 그것의 부정이 p와 결합하는 한 그건 항상 F가 됨으로 p → q는 3, 4열에서도 참이 된다. 곧 p → q를 부정하면 p와 다른 것의 연접(∧)으로 결합되는데 3, 4열에서의 p는 항상 F가 된다. 이는 3, 4열에서는 p → q의 부정이 언제나 성립되지 않는다는 걸 나타내기 때문에 p가 F인 3, 4열에서 p → q는 언제나 성립하게 되는 것이다. p를 부정한 ~p가 F가 된다면 p는 언제나 참일 수밖에 없다. 곧 p이거나 ~p일 수밖에 없다는 원리 때문에 p → q가 가질 수 있는 논리적 가능성 중에서

p가 F가 되는 경우(3,4)가 항상 성립(T)되는 것이다. p와 ~p의 부정관계가 하향-긍정추론의 근본이 된다. 그리고 이런 부정은 아리스토텔레스의 잠재태와 현실태의 관계에서 확립된다.

4. 아리스토텔레스의 부정 개념

부정에 대한 형식논리학의 정의를 살펴보자.

p	~p
T	F
F	T

p의 부정은 ~p이며 p가 T일 경우 ~p는 F이다. 이 경우, p의 부정인 ~p는 ~q도 아니고 ~r도 아니며 ~s도 아니다. p를 부정하면 다른 것이 아니라 p의 부정이기 때문에 p와 ~p는 부정을 매개로 관련성을 맺는다. p와 ~p는 아무런 관계가 없는 것이 아니라 관계를 갖는다. 나의 실체가 속하지 않은 그림자라고 하더라도 그것은 나의 그림자라는 측면에서 나와 밀접한 관련을 맺고 있다. 그 그림자가 나의 머리색이나 피부색, 눈동자의 색과 같이 현실적인 모습을 그대로 나타내고 있지는 못하지만 누가 보더라도 다른 사람이 아니라 나의 그림자나 음영이라는 걸 알아볼 수 있을 정도로 그것은 나와 밀접한 연관을 맺고 있다.

p를 부정하면 나머지 모든 것(q, r, s, t, …)이 되는 것이 아니고 그걸 부정한다고 해서 아무 것도 아닌 것(∅,{ })이 되는 것도 아니다. p의 부정은 p의 규정을 어느 정도 갖고 있는 ~p가 된다. 그에 따라서 ~p를 부정하면 다시 p가 된다. 불특정 다수를

부정한다고 해서 p가 나타나는 것이 아니고 공집합이 아니라고 한다고 해서 p를 원소로 갖는 집합이 출현하는 것이 아니다. p를 부정한 ~p를 부정하면(~(~p)) p가 된다. 이런 점에서 p와 이의 부정인 ~p는 특수한 관계를 갖는다.

이 부정의 관계가 어떤 특수한 관계인지 알아보기 위해 이전의 논리적 사유에서 출현했던 부정들을 살펴보기로 하자. 우리가 이제까지 알아본 논리적 부정에는 여섯 가지가 있다.

i. 파르메니데스의 부정(절대적인 비결정)
파르메니데스의 부정은 있음을 부정하는 있지 않음이다. 있음이 한정적(definite)이라고 할 때 있지 않음은 미결정, 비규정(indefinite)의 상태를 나타낸다. 이는『파르메니데스』편에서의 자체적인 정의에서 사용되는 부정으로서 긍정적이고 구성적인 효과를 전혀 갖지 않는다. 이런 부정 개념 하에서는 모든 차이는 절대적인 부정을 함축한다. 이럴 경우, 어떠한 말도 할 수 없으며, 생각되지도 않고 아무 것도 존재할 수 없게 된다.(all to nothing)

ii. 무제한적 다수와 무제한적 다수를 다르게 하는 부정
규정할 수도 없고 어떤 것으로 특정할 수 없는 다수를 비교 가능하게 해주는 부정이다. 이 부정은 비교 항이 먼저 정립된 이후에 기능하지 않는다. 비교 항이 무엇이 됐든 그것들을 분리하고 구분하는 기능을 먼저 구비하고 있다. 곧 이 부정이 기능하기 위하여 비교 항들이 어떤 조건을 갖춰야 한다는 제약이 필요하지 않다. 모든 구분이나 분리를 가능하게 하면서 그보다 하위의 모든 부정들의 근거 역할을 하는 가장 보편적인 부정이다.[30)](indefinite some to indefinite some)

30) 무언가를 기억하려고 할 때 아직 기억나지 않아서 현실화되지 않았지만 누군가가 'A야?'라고 물어보면 그건 아니야라고 답하는 경우, 기억하려고 하는 건 무엇인지도 모르고 어떤 것으로 특정화할 수 없는 상태로 있다. 그러면서도 ~이 아닌 건 알고 있다.

iii. 미규정적인 어떤 것을 다르게 하는 부정

무엇으로 규정할 수는 없지만 어떤 것으로 특정할 수 있는 것들을 서로 다르게 만들어주는 기능을 하는 부정이다. 있지 않는 하나와 있지 않은 하나가 아닌 것을 구분하게 해주는 부정으로 미규정적인 하나와 미규정적인 다수를 다르게 하는 부정이다.(indefinite something to indefinite multiplicity)

iv. 규정적인 하나와 미규정적인 다수를 다르게 하는 부정

소크라테스가 아닌 철학자라고 할 때 플라톤, 아리스토텔레스, 고르기아스, 프로타고라스, 헤라클레이토스 등을 다 언급하는 것처럼 하나의 이데아를 제외한 나머지 것을 일컬을 때 개입하는 부정이다.(definite one to indefinite many)

v. 동등한 이데아들을 서로 다르게 만드는 부정

운동과 정지, 같음과 다름, 큼과 작음 같이 규정된 항과 규정된 항 사이에 성립하는 부정이다. ~으로 한정되어 존재하는 항들, 특히 대립 쌍 사이에서 성립하는 부정이다.(definite one to definite one)

vi. 한 항과 그것의 결여 사이에서 성립하는 부정

아름다움이라고 할 때 아름답지 않은 것은 아름다움을 제외한 나머지 모든 것을 나타낼 수도 있지만 다른 것이 아니라 아름다움이 아닌 것만을 나타내는 경우가 있다. 곧 아름다움과 같은 존재성이나 규정성을 갖고 있지는 않지만 다른 것에는 작동하지 않고 오로지 아름다움에만 작동하는 부정을 말한다. 곧 아름다움을 부정적으로 간직하고 있는 어떤 것을 나타낼 때 기능하는 부정이다.(definite one to its privation)

존재하는 것들의 위계에서 상위의 류(類)로 갈수록 제약이 없어진다. 존재는 살아 있어야 한다는 제약을 필요로 하지 않으며, 움직이든 안 움직이든 살아 있기만 하면 생물이 된다. 하위의 종(種)으로 갈수록 제한이 많이 가해지며 상위의 류(類)로 올라갈수록 제약이 줄어 단순해진다. 단순히 있기만 하면 최고류인 존재가

되고 살아 있기만 하면 생물이라는 류(類)가 된다.

부정의 경우에도 제약의 정도에 따라 위계가 정해진다. 이중 가장 제약이 없는 것은 파르메니데스의 절대적인 비결정으로서의 부정이다. 이 부정은 있지 않음이라는 제약만을 가질 뿐 그 안에 어떤 내용도 갖고 있지 않다. 이런 점에서 이는 가장 단순한 부정이다. 다음으로 단순한 부정은 무제한적인 다수 사이에 성립하는 부정이다. 이 부정은 작동하기 위해 비교 항이 어떤 조건을 갖출 것을 요구하지 않는다. 비교 항이 성립하지 않았더라도 분리하고 구분하는 기능을 하는 것이 이 부정이다. 하위 부정의 근거 역할을 하는 것이 이 부정이다. 다음으로 단순한 부정은 미규정적인 어떤 것(indefinite something)을 구분하고 다르게 만드는 부정이다. 규정성을 갖고 있지 않은 하나와 규정성을 갖고 있지 않은 다수를 서로 다르게 하는 부정이다. 그것이 서로 다르게 되기 위해서는 하나라는 규정성을 가질 필요가 없다. 곧 이 부정은 하나가 있지 않다는 걸 전제로 하는 부정이다.

네 번째 단순한 부정은 규정적인 하나와 미규정적인 다수를 다르게 하는 부정이다. 이는 a가 아니라고 할 때, b, c, d, e 등 a 아닌 것 모두와 a 사이에 성립하는 부정이다. 다섯 번째 부정은 규정적인 항과 규정적인 항을 비교하여 다르게 만드는 부정이다. 이를테면 운동과 정지, 큼과 작음, 같음과 다름 사이에 성립하는 부정이다. 이는 비교되는 각 항이 하나이면서 명확한 규정성을 갖고 있어야 한다는 제약이 있다. 마지막 여섯 번째 부정은 어떤 것과 그것의 결여 사이에 성립하는 부정이다. 나와 그림자를 놓고 보면 그림자는 내가 아니지만 다른 사람의 그림자도 아니다. 그 그림자는 나의 규정성을 갖고 있기 때문에 다른 것이 아니라 나와만 1:1로 대응이 된다. 곧 내가 갖고 있는 키, 형태 윤곽선과 같은 복잡한 규정성을 나누어 갖고 있기 때문에 가장 제약이 많은 부정관계이다.

이상은 우리가 앞에서 살펴본 논리적 사유에서 출현하는 부정들이다. 어떤 부정을 선택하느냐에 따라서 그에 상응하는 긍정과 결합하여 다양한 논리적 사유가 출현한다. 파르메니데스적 부정과 이데아의 실재성과 인식 가능성이 결합하면 중기의 이데아론이 출현하며, 부정을 다름으로 해석하여 하나 : 여럿의 관계로 해석하면 『소피스트』 편에서의 존재와 비존재의 관계가 성립한다. 상호대립적인 것의 등등성을 상정하는 부정 개념을 선택하면 프로타고라스의 논쟁술이 출현하며, 있음도 있지 않음 만큼 비결정의 상태가 될 수 있다고 하면 고르기아스의 논리가 출현한다.

아리스토텔레스는 3번 논증에서의 부정, 곧 규정적인 하나의 결여로서의 부정을 이용하여 현실태와 가능태의 논리를 창안하고 이것이 형식논리학적 부정의 기초가 된다. 아리스토텔레스의 학적 지식은 원인 · 이유를 물음으로써 습득되는 지식이다. 세상의 사물에 대해서는 네 가지 원인 · 이유를 밝혀야 완결적일 수 있다. 곧 형상인(formal cause), 질료인(material cause), 목적인(final cause), 작용인(efficient cause)을 밝혀야 사물에 대한 완결된 지식을 얻을 수 있다. 형상인과 작용인은 모두 형상인으로 환원되기 때문에 세계 해명에서 필수적인 원인은 형상과 질료이다. 세상의 개체는 형상과 질료로 구성되어 있다. 형상과 질료는 각기 현실태와 잠재태(가능태)에 해당한다.

가능태란 현실태가 되기 위한 전초단계를 의미한다. 가능태(잠재태)는 현실태가 아니다. 이런 점에서 잠재태는 현실태의 부정이다. 이 때 잠재태는 현실태가 아니기는 하지만 현실태의 규정성을 잠정적으로 간직하고 있다. 잠재태로서의 질료는 형상이 아니기는 하지만 질료는 형상의 잠재태이다.

원형 밀가루 떡으로 별떡을 만든다고 하자.

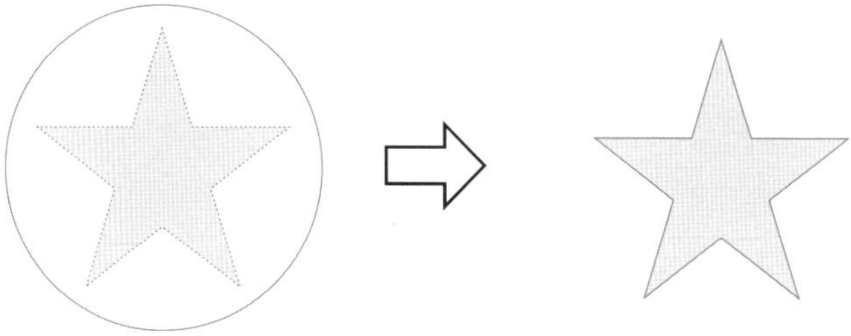

원형의 밀가루 떡에서 우측의 별 떡을 만들었다면 만들어진 별 모양의 떡은 현실태이고 왼쪽의 원형 떡은 잠재태이다. 원래 왼쪽의 원형에는 별 모습이 들어가 있지 않다. 다만 만들어 놓고 왜 다른 모양이 아니고 별 모양이 되었을까를 생각해보면, 다시 말해 어떤 필연성에 의해 왼쪽의 원형에서 우측의 별모양의 떡이 나왔을까를 생각해보면 그것이 필연적인 과정이 되기 위해서는 왼쪽의 원형에 이미 잠재적으로 점선 모양의 별이 있었을 것이라고 생각해볼 수 있다. 원형 → 별이 왜 그렇게 되었지? 어떤 필연성(何必)에 의해서 원형 넉이 별 떡이 되었을까? 이에 대해 아리스토텔레스는 별 떡이 되기 이전 상태, 곧 아직 별 떡이 아닌 상태 안에 이미 잠재적으로 별 모양이 들어가 있었기 때문에 그건 별 떡이 될 수밖에 없었다고 설명한다. 이 경우, 별 떡이 아닌 상태로부터 벗어나면(잠재적인 별 떡을 부정하면) 현실적인 별 떡이 된다. 그건 원형의 떡이나 하트 모양의 떡, 삼각형 모양의 떡이 되는 것이 아니라 그건 별 떡이 될 수밖에 없다. 아리스토텔레스의 잠재태와 현실태의 이런 관계는 정확히 어떤 항과 그것의 결여 사이에 성립하는 부정이며, 또 이런 부정은 형식논리학에서의 부정개념과 정확히 일치한다.

형식논리에서 통용되는 부정 개념은 앞에서 언급한 것처럼 주어진 진술 p와 1 : 1의 관계를 맺는다. 곧 p의 부정인 ~p는 다른 것의 부정이 아니라 p의 부정이고 ~p를 부정하면 다시 p가 나타난다는 점에서 p에 매여 있는 부정이다. 이는 앞의 여섯 번째, 규정적인 하나와 그의 결여 사이에서 성립하는 부정이다. 그리고 이는 부정 중 가장 구체적인 부정, 가장 제약이 많은 부정이며 보다 근본적인 부정을 전제로 해야 성립하는 부정이다. 이 부정은『파르메니데스』편의 3번 논증에서 도입되는 부정이다. 이 부정 개념은 아리스토텔레스의 현실태와 잠재태 사이에서 성립하는 부정이다. 현실태는 특정의 것으로 규정된 사하로서 존재하며 잠재태는 그 규정적인 하나의 결여이다.

이렇게 아리스토텔레스는 그 이전의 논리적 사유에서 출현하는 다양한 부정 가운데 하나를 선택하여 그것을 자기 논리체계를 구성하는 기초로 삼는다. 아울러 잠재태라는 부정 개념의 등장은 파르메니데스로부터 시작된 있음과 있지 않음을 분리함으로써 나타나는 현실세계구제라는 난문에 대한 구체적인 해답을 가능하게 한다. 파르메니데스에서 운동이나 변화는 있지 않은 것에서 있는 것, 있는 것에서 있지 않은 것으로 이행으로 정의한다. 그런데 있지 않음의 길이 불가능하기 때문에 있지 않는 것에 대해서는 사유, 언급할 수 없게 되고, 그리하여 있지 않는 것이 개입되어야 가능한 운동이나 변화는 불가능하게 된다. 아리스토텔레스는 운동이나 변화를 잠재태에서 현실태로의 이전으로 정의한다. 잠재태는 현실적으로 드러나 있지 않다는 점에서 현실적 존재는 아니지만 현실존재가 갖고 있는 규정성을 잠재적으로 구비하고 있기 때문에 생각도 할 수 있고 언급도 할 수 있다. 그에 따라서 ~이 아닌 상태에서 ~인 상태로의 이전이 가능해지기 때문에 세상에서의 운동과 변화는 가능해진다. 아리스토텔레스도 파르메니데스처럼 운동이나 변화가 가능하기 위해서는 긍정만이 아니라 부정도 필요하다고 본다. 그런데 부정이 긍정의 규정성을 갖고 있다면 부정이 원초적으로 아주 불가능한 것은 아니다. 곧 운동과 변화를 설명하기 위해 요구되는 부정을 가능한 상태로 전환함으로써 파르메니데스의 난문에 답한 것이다.

Ⅵ. 맺음말

아리스토텔레스는 소피스트들의 논리를 비판하고 그로부터 벗어난 학문세계에서의 불변의 질서를 추구한다. 고르기아스가 생각하는 약육강식, 강약부동의 정글의 질서 대신에 존재세계에 내재해 있는 로고스의 질서(논리적 질서)로 대치함으로써 고르기아스의 논리나 부정 개념을 추방한다. 아울러 프로타고라스의 논리적 사유를 사이비 추론이나 논박으로 치부하고 삼단논증의 추론방식을 진정한 논리적 사유로 제시함으로써 프로타고라스의 현실 정합적 논리, 상황논리, 투쟁의 논리를 추방한다.

또한 그는 소크라테스가 상대를 논박하기 위해 사용했던 다양한 논박의 논리를 논리적 오류로 치부함으로써 삶의 검토 논리로서의 논박의 가능성을 차단한다. 아리스토텔레스의 논리는 보편적인 논리이다. 곧 인간이 사유하는 한 따라야 할 보편적인 원리를 제시하고 그에 적합한 것은 참된 논리로 그에 위배되는 것은 사이비논리로 치부한다. 소크라테스의 논박처럼 각 개인에게만 고유하게 적용되는 맞춤형 논리(man to man logic)는 참된 논리로서 갖춰야 할 보편성을 갖추고 있지 못하기 때문에 사이비논리, 또는 오류로 치부된다.

아리스토텔레스의 논리는 형식논리(formal logic)이다. 곧 순수이론의 세계에서 적용되는 학문의 논리이지 구체적인 삶의 현장에서 통용되는 논리가 아니다. 그의 논리는 이론적이지(theoretical logic) 실천적이지 않다.(not performative logic).

아리스토텔레스는 플라톤의 탈 세속성, 초월성을 비판하고 현실 세계에 내재적으로 구현되어 있는 논리적 사유로 돌아가야 함을 역설하고 있다. 아리스토텔레스의 논리학은 학문을 탐구하기 위한 방법이나 도구의 기능을 한다. 그 중에서도 대표적인 삼단논증은 이후 학문의 방법론으로 정착된다. 우리가 앞에서 알아본 것처럼 아리스토텔레스의 삼단논증은 하향-긍정 추론으로서 다양한 논리적 사유 가운데 하나이다. 아리스토텔레스는 하향-긍정추론을 유일한 학문 방법론으로 정초함으로써 초월적인 세계로 나아가는 학문 방법론을 논리적 사유 영역에서 배제한다. 곧 플라톤의 상향-긍정 추론인 상기의 방법(=분석의 방법=가설의 방법)과 선의 이데아에 이르는 변증술을 탐구영역에서 배제한다. 아울러 그는 탈세속적 논리의 전형이라고 할 수 있는 소크라테스의 논박도 학문 방법론에서 배제한다. 이는 현세적인 삶을 정당화하고자 하는 세속화된 논리와 보조를 맞추게 되었다는 걸 의미한다.

우리가 앞에서 본 것처럼 플라톤에게는 다양한 사유방식이 공존할 가능성이 열려 있었다. 초월적인 세계를 향한 상향추론의 가능성도 열려 있었으며, 하향추론의 길에서도 다양한 논리적 부정의 개념을 산출해냄으로써 다양한 논리적 사유의 길을 열 수 있었다. 아리스토텔레스는 다양한 부정개념 가운데 하나를 특화시켜 유일의 참된 논리적 사유로 설정함으로써 다양한 논리적 사유의 발전 가능성을 제한하게 된다.

아리스토텔레스의 논리적 사유가 갖는 여러 가지 특징은 각기 일정한 업적이나 성취라고 할 수 있지만 달리 생각하면 약점이라고 할 수 있다.

아리스토텔레스는 세상 밖의 질서를 추방한다는 점에서 경험세계를 긍정하는 현실주의적인 면모를 드러낸다. 그가 구상한 논리는 내재적인 본질이 지배하는 세계의 질서를 규명하는 역할을 한다. 그런데 다른 한편으로 생각하면 그가 구상한 본질의 질서가 현실세계에 존재하지 않거나 현실 정합적이지 않다면 그의 논리는 관념성을 벗어날 수 없다. 이에 관한 우려는 본질주의의 폐해 비판으로 현실화된다.

아리스토텔레스는 보편성을 토대로 하는 논리적 질서를 구상한다. 곧 형식논리학을 표방한다. 개별적 논증, 개개인에게 유효한 논리는 학문적이지 않다. 모든 사람의 사유에 적용될 수 있는 논리적인 원칙이나 추론의 규칙을 제시하고 이를 사유의 규범과 같이 만들고자 한 것은 보편성, 객관성을 추구하는 학문의 영역에서는 있을 수 있다. 그것이 과연 얼마나 현실에 적합한 것일 수 있는지는 재검토해봐야 할 일이다. 형식논리학을 연구하면 연구할수록 점점 더 비논리적이 되어가는 이유도 생각해봐야 한다. 현실에 논리를 맞추는 것이 아니라 논리에 현실을 맞춰야 통용될 수 있는 아리스토텔레스의 논리적 사유는 현실정합적이지 못하다.

보편성을 추구하는 논리의 가장 큰 폐해는 개인에게 적합한 논리 구사를 사이비논리나 오류로 치부한다는데 있다. 보편적인 사유체계가 내재화 되어 있는 사람은 없다. 사람은 각기 자신만의 사유방식을 지니고 있다. 곧 사유의 폐해도 자신만의 방식으로 지니고 있다. 아리스토텔레스의 논리적 사유가 인간 사유가 잘못되어가는 걸 치유하는 효과도 노리고 있다면 보편적인 논리를 통해서 그걸 이룰 수 있는 방식은 없다. 각기 개인에게 고유한 방식으로 잘못된 사유의 폐해를 교정할 수 있다. 아리스토텔레스의 보편논리는 소크라테스의 논박이 갖고 있는 개인적인 특징을 발현할 수 없게 한다. 고대 그리스 논리사에서 아리스토텔레스의 보편논리의 부작용중에서 가장 큰 것은 소크라테스의 개인에 적합한 논리(man to man logic)로서의 논박의 가능성을 원천 차단했다는 데 있다.

아리스토텔레스 논리적 사유는 하향-긍정 추론으로서 새로운 지식을 발견하는데 쓸모가 없다. 플라톤의 상기나 변증술은 현재 주어진 것을 가능하게 하는 원리로서의 상위 원리를 찾아가는 상향추론이다. 아리스토텔레스는 플라톤의 초월적 세계관을 비판하면서 지식발견 방법으로서의 상기와 변증술도 학문의 방법으로 인정하지 않는다. 근대에 들어 베이컨이나 데카르트는 공히 아리스토텔레스의 논리적 사유가 새로운 지식 발견 방법으로 부적합하다고 비판하면서 새로운 지식발견 방법의 보고라고 할 수 있는 플라톤으로 돌아갈 것을 강조한다. 그럼으로써 아리스토텔레스가 배제한 플라톤의 상향추론이 새로운 학문방법론으로 각광을 받게 된다.

서론적 논의에서도 말한 것처럼 아리스토텔레스의 논리적 사유는 고대 그리스의 다양한 논리적 사유 발전의 결과물이다. 그리고 이 결과는 다양하게 전개되어온 여러 가지 논리적 사유들을 지극히 좁은 범위에 제한함으로써 출현한 논리이다. 아리스토텔레스 논리를 충실하게 뒤따르고 있는 형식논리학도 다양한 논리적 사유 가운데 지극히 제한된 영역에서만 통용되는 논리일 수밖에 없다.

우리는 이제까지 논리를 한 생각에서 다른 생각으로의 이행으로 이야기한 바 있다. 그리고 논리의 종류를 동일성 논리와 차이성 논리로 구분하고 양자 사이의 관계가 고대 그리스에서 어떻게 변화해 왔는지를 추적해보았다. 파르메니데스가 말한 바처럼 인간 사유에는 두 가지 가능한 길이 놓여 있다. 있음-동일성-긍정-통합-자(自)의 길과 있지 않음-차이성-부정-분산-타(他)의 두 길이 인간 사유가 갈 수 있는 길이다. 세상에 태어난 존재로서의 인간이 선택할 수 있는 두 가지 길이 두 가지 가능한 논리를 구성한다. 우리가 알아본 것처럼 그리스 논리사는 있음(동일성)의 논리 안에서 포용될 수 있는 있지 않음(차이성)을 구성하는 방향으로 진행된다.

이 길 이외에도 갈 수 있는 길은 있다. 있지 않음을 전제로 하고 있음을 부수적인 것으로 구성하는 방식도 있을 수 있고, 있음과 있지 않음을 배타적이지 않게 설정하는 방법도 있을 수 있다. 어떤 길을 선택하든 선택지는 둘이다. 곧 있음의 길을 가거나 있지 않음의 길을 가야한다. 물론 두 길 중 어느 것을 선택해도 상관은 없다. 꼭 있음의 길만을 선택하거나 있지 않음의 길만을 선택하라는 법은 없다. 여기서의 선택은 불가피한 것은 아니다. 있음의 길을 선택했다면 있지 않음의 길도 선택할 수도 있었지만 (어떤 이유에서든) 있음의 길을 선택한 것일 뿐이다. 두 길 중 하나를 선택하는 과정에는 우연성이 개입될 수밖에 없다는 말이다.

문제는 두 길 중 어느 것을 선택해도 파국에 도달하게 될 것이라는 데 있다. 곧 논리의 결말은 파국이다. 있음의 길을 선택하게 되면 생성, 소멸, 운동, 변화, 여럿이 인정되지 않는다. 생성이란 있지 않음 → 있음, 소멸은 있음 → 있지 않음으로 정의되는데 있지 않음이 언급할 수도 생각할 수도 없기 때문에 있지 않음이 개입되어야 가능한 생성 소멸을 가능하지 않게 된다. 마찬가지 논리로 운동이나 변화, 여럿이 불가능해진다. 이 같은 결론은 현실세계를 송두리째 부정하는 결과를 초래한다. 곧 논리의 두 가지 가능한 길 중 하나인 있음(is)의 길로 가는 건 현실세계의 절멸이라는 파국적 결말을 가져온다.

인간에게 놓여 있는 두 가지 길 중 하나인 있지 않음을 선택하면 어떻게 될까? 이럴 경우에는 조금 더 심각한 파국적 결말에 도달하게 된다. 이 길을 가는 사람은 앞에서도 언급한 것처럼 고르기아스인데, 그에 따르면 아무 것도 존재하지 않으며, 존재한다고 해도 알 수 없으며, 설사 안다고 해도 다른 사람들에게 전달할 수 없다. 어느 길로 가든 인간에게 열려 있는 두 가지 논리의 결말은 파국이다.

이런 파국적 결말을 피하기 위해 고대 그리스에서는 있음의 길을 선택하고 현실세계를 구제하기 위해 새로운 부정-차이-비존재의 개념을 창출함으로써 있음의 세계 안에서 가능한 현실세계를 구성하는데 성공하였다고 말할 수 있다. 이런 성공이 결국 파국적 결말에 봉착할 수밖에 없는 논리의 비극적 운명을 극복한 것인지는 알 수 없다.

부록 1.
파르메니데스 단편에 등장하는 네 가지 사유

파르메니데스는 서양 철학사에서 하나의 분기점이다. 어떤 분기점일까? 파르메니데스는 서양의 철학사에서 어떤 획을 그은 걸까? 이 글은 위 질문에 답하고자 한다. 단편에 나타나는 대표적인 주제 세 가지를 골라서 살펴봄으로써 위 질문에 답하고자 한다. 우리가 여기서 다루고자 하는 주제는 첫째가 사유(noein)이고, 둘째는 사유의 근본 원리이며(is or is not), 셋째는 방법(길, hodos)과 길 위에서 등장하는 주제(to on, to me on)이다.

1. 사유(noein)

파르메니데스의 단편에는 네 가지 종류의 사유가 있다. 첫째는 인간 사유에 두 가지 가능한 길들이 있다는 걸 말할 때 언급되는 사유이며(*εἰσι νοῆσαι*)[1], 둘째는 인간에게 가능한 두 가지 탐구의 길이 서로 배타적이라는 원리를 아는 사유이며[2], 셋째는 그런

---

1) 내가 당신에게 사유함에 있어 유일한 탐구의 길들에 관하여 말할 것이니 나에게 들은 이야기를 듣고 명심하라. 김인곤 외(2005) 277쪽.
Eἰ δ' ἄγ' ἐγὼν ἐρέω, κόμισαι δὲ σὺ μῦθον ἀκούσας, αἵπερ ὁδοὶ μοῦναι διζήσιός εἰσι νοῆσαι·
Come now, I will tell thee-and do thou hearken to my saying and carry it away-the only two ways of search that can be thought of. John Burnet (1957)p. 173.

2) 따라서 전적으로 있거나 전적으로 있지 않거나 해야 한다. 김인곤 외(2005) 281쪽.

원리를 알지 못하는 일상적 인간의 심하게 방황하는 사유하기이며[3], 넷째는 그런 원리를 인정하고 두 가지 가능한 길 가운데 있음(ἔστι)을 선택했을 때 출현하는 사유하기이다[4]. 첫째와 둘째는 사실상 같은 걸 언급하고 있다고 말할 수 있지만 파르메니데스가 정초한 원리(is or is not)를 명확히 나타내기 위해 둘로 나누어서 논의할 필요가 있다.

1-1. 두 가지 길을 언급하는 사유

두 가지 길을 언급하는 사유는 단편 2에서 출현한다.

> 자, 이제 내가 말할 터이니, 그대는 이야기(mythos)를 듣고 명심하라. 탐구의 어떤 길들만이 사유를 위해(noēsai) 있는지.
> 그 중 하나는 있다(esti)라는, 그리고 있지 않을 수 없다는 길로서, 페이토(설득)의 길이며(왜냐하면 진리를 따르기 때문에),

---

(김인곤 외의 역에서 ouk esti를 없거나로 해석했는데 본 논문의 해석상 희랍어에 충실하게 있지(이지) 않음으로 수정해서 참고하였음.)
οὕτως ἢ πάμπαν πελέναι χρεών ἐστιν ἢ οὐχί. DK B 8.11.
이것들에 관한 판가름(krisis)은 다음의 것에 달려 있다. 있거나 있지 않거나이다. 김인곤 외(2005) 282쪽.
ἡ δὲ κρίσις περὶ τούτων ἐν τῷδ' ἔστιν· ἔστιν ἢ οὐκ ἔστιν· DK B8.15-16.

3) 방황하는 사유(πλακτὸν νόον, the wandering thought) DK B6. 김인곤 외(2005)에서는 헤매는 누스로 번역하였는데, 큰 차이가 없어서 그냥 두었음.
심하게 방황하는 정신(πολυπλάγκτος νόος) DK B16.

4) 참고: 왜냐하면 같은 것이 사유함을 위해 또 있음을 위해 있기 때문에. 김인곤 외(2005) 276쪽.
... τὸ γὰρ αὐτὸ νοεῖν ἐστίν τε καὶ εἶναι. DK B3.
For it is the same thing that can be thought and that can be. John Burnet(1957) p. 173. n.2.
For the same thing is there for thinking and for being. Austin(1986) p.163
for the same thing is for thinking and for being.(Coxon)

다른 하나는 있지 않다라는, 그리고 있지 않을 수밖에 없는 길로서, 그 길은 전혀 배움이 없는 길이라고 나는 그대에게 지적하는 바이다.
왜냐하면 바로 이 있지 않는 것을 그대는 알게 될(gnoiēs) 수도 없으르 것이고(왜냐하면 실행 가능한 일이 아니니까) 지적할(phrasais) 수도 없을 것이기에.[5)]

파르메니데스는 존재의 철학자, 곧 있음(is)만이 가능하다고 생각한 철학자라고 할 수 있다. 위의 2.4, 2.6-7에서도 사유하거나 언급 가능한 길은 있음(is)의 길로 표현되고 있다. 단편 3에서 말하는 바(... *τὸ γὰρ αὐτὸ νοεῖν ἐστίν τε καὶ εἶναι*)와 같이 인간의 사유(noein)는 존재(einai)와 딱 달라붙어 있어서 분리

---

5) 김인곤 외(2005) 275쪽.
Εἰ δ' ἄγ' ἐγὼν ἐρέω, κόμισαι δὲ σὺ μῦθον ἀκούσας,
αἵπερ ὁδοὶ μοῦναι διζήσιός εἰσι νοῆσαι·
ἡ μὲν ὅπως ἔστιν τε καὶ ὡς οὐκ ἔστι μὴ εἶναι,
Πειθοῦς ἐστι κέλευθος - Ἀληθείῃ γὰρ ὀπηδεῖ -,
ἡ δ' ὡς οὐκ ἔστιν τε καὶ ὡς χρεών ἐστι μὴ εἶναι,
τὴν δή τοι φράζω παναπευθέα ἔμμεν ἀταρπόν·
οὔτε γὰρ ἂν γνοίης τό γε μὴ ἐὸν - οὐ γὰρ ἀνυστόν -
οὔτε φράσαις· DK B2.
다음은 영역으로서 참고삼아 언급한다.
Come now, I will tell thee - and do thou hearken to my saying and carry it away - the only two ways of search that can be thought of. Burnet(1957), p. 174
Come now, I will tell you (and do you preserve my story, when you have heard it), about those ways of inquiry which are alone conceivable. Coxon (1986) p. 52
Come now, and I shall tell you, and you take charge of the story once you have heard it, which are the only routes of inquiry for thinking. Austin (1986) p. 159.

The first, namely, that It is, and that it is impossible for anything not to be, is the way of conviction, for truth is its companion. The other, namely, that It is not, and that something must needs not be, - that, I tell thee, is a wholly untrustworthy path. For you cannot know what is not - that is impossible - nor utter it; Burnet(1957), p. 174.

될 수 없다. 그런데 위의 2행에서 출현하는 탐구의 길들(ὁδοὶ)은 복수형이다. 곧 있음(is)의 길과 있지 않음(is not)의 두 가지 길이다. 어떻게 사유에 대해서 가능한 탐구의 길이 복수적일 수 있으며, 또한 사유의 영역 안에 포섭될 수 없는 있지 않음(is not, οὐκ ἔστι)이 사유될 수 있는 길 중의 하나일까? 이와 유사한 의문이 6.5[6], 16.1-2[7]와 관련해서도 제기된다. 곧 사유가 있음(is)과 분리될 수 없다면 인간들의 방황하는 사유가 어떻게 가능한가라는 의문이 제기된다.

있지 않음(is not)이 어떻게 사유 가능한 길일까? 이 의문에 대해 다양한 답이 있지만[8], 그 중에서 가장 참고할 만한 건 길로서

---

6) 머리가 둘인 채로 헤매는(왜냐하면 그들의 가슴 속에서 무기력함이 헤매는 누스를 지배하고 있기에. 김인곤 외(2005) 278쪽.
πλάττονται, δίκρανοι· ἀμηχανίη γὰρ ἐν αὐτῶν στήθεσιν ἰθύνει πλακτὸν νόον· DK B6.5-7.

7) 왜냐하면 많이 헤매는 지체들의 혼합이 배면 어떤 상태에 처하느냐에 따라 그렇게 누스가 인간들에게 다가오기 때문에. 김인곤 외(2005)291쪽.
Ὡς γὰρ ἕκαστος ἔχει κρᾶσιν μελέων πολυπλάγκτων, τὼς νόος ἀνθρώποισι παρίσταται· DK 16.1-2.

8) 앞에서 제기한 것과 같은 난점을 피하기 위해 무렐라토스는 νοήσαι를 '사유함을 위해서'와 같이 목적적으로 해석한다. 무렐라토스에 따르면 파르메니데스의 길은 곧 사유한다는 것과 같기 때문에 길 자체가 사유의 대상일 수는 없다. 길은 사유의 대상이라기보다는 사유함을 나타낸다.
무렐라토스는 '사유하다'(νοεἰν)라는 동사 일반을 언제나 실재(ἀλήθεια)를 향한 탐구(διζησις)와 관련된 것으로 해석한다. 그에서 사유하기란 언제나 ἔστι와 연관된 것으로 여겨지고 있는 것이다. 그러면 어째서 사유에 대해서 가능한 탐구의 길이 하나가 아니라 복수인지, οὐκ ἔστι가 사유에 대해서 가능한 탐구의 길인지, 더 나아가 조각글 16에서 말하고 있는 바와 같이 사유가 심하게 방황할 수 있는지에 대해서 답할 수 없게 된다. Mourelatos (1970), pp. 15-16., n. 26., 베르데니우스는 사유하기를 두 가지로 구분한다. 그는 파르메니데스의 사유에서 가장 일반적인 '알다'(knowing)라는 의미와 '통찰하다', 또는 '추론적으로 알기'와 같은 전문적인 의미로 구분한다. 그에 따르면 조각글 2.1에서의 νοήσαι와 조각글 16. 2에서의 사유(νόος)는 가장 일반적인 용법으로서의 알다로 해석될 수 있고, 조각글 3에서의 νοεἰν은 '통찰하다', '추론적으로 알다'의 의미로 해석될 수 있다. 파르메니데스에서 사유하기는 일차적으로는

의 있지 않음(is not)을 언급하는(refer) 사유와 있지 않음(is not)의 길을 따라 진행되는 사유를 구분하는 방안이다[9]. 곧 어떤 어휘

우리가 일상적으로 행하는 모든 정신 작용을 나타내고 이차적으로는 그런 정신 작용 가운데 하나이면서 전체인 실재를 파악하거나 그와 연관해서 진행되는 정신의 작용을 나타낸다는 것이다. 그리고 그에 대한 논거로서 그는 파르메니데스가 정신 작용을 지각의 기능을 포함하는 일반적인 것으로 사유하고 있었다는 사례를 들고 있다. 즉 파르메니데스에서는 지각의 작용과 그것과 구분되는 순수 사유의 작용이 아직 분화되지 않았기 때문에 사유하기에는 감각 지각과 같은 기능이 아울러 포함될 수 있다는 것이다. W. J. Verdenius(1964), pp. 9-13., 이와 같은 견해는 프릿쯔의 경우에도 마찬가지이다. 그에 따르면 파르메니데스에서 사유(νόος)는 전체적으로 하나인 진리를 인식하는 기능이기도 하지만 다른 한편에서 사유(νόος)는 오류를 범하기도 한다. 사유 주체인 정신(νόος)은 불가피하게 하나로서의 실재인 존재(ἔον)와 결부되어 있지만 때에 따라서는 둔화되기도 하고 특정 방식으로 속임을 당하기도 한다는 것이다. 그에 따르면 파르메니데스에서 사유가 이렇게 속임을 당할 수 있는 것은 파르메니데스가 감각 지각과 사유(phronein, noein)를 구분하지 않기 때문이다. 파르메니데스의 사유는 소리를 듣거나 색을 보는 기능이기도 하고 감각으로 지각되지 않는 어떤 것을 파악하는 기능이기도 하기 때문에 같은 사유하기가 감각 기능을 수행할 경우에는 오류를 범하기도 하지만 감각적인 것을 벗어나 있는 것을 파악할 때, 특히 하나로서의 전체적인 실재를 파악할 경우에는 진리를 인식할 수 있게 된다는 것이다. 프릿쯔의 이런 견해는 조각글 3과 6. 1, 8. 34 등에 출현하는 사유하기와 조각글 16에서의 사유하기와의 관계를 해명하는 데는 설득력을 지닐 수도 있지만 조각글 2. 1에서의 νοῆσαι와의 관계를 해명하는 데는 부적합하다. Kurt von. Fritz(1974), pp. 50-51

9) 콕슨에 따르면 'οὐκ ἔστι'가 사유 가능한 길들 중의 하나라는 주장과 그것이 사유될 수 없으며 언급할 수도 없다는 이후의 구절은 서로 일관적일 수 있다. 그의 이런 주장은 파르메니데스가 'οὐκ ἔστι'라는 길을 언급하는 사유하기와 'οὐκ ἔστι'의 길을 따라서 진행되는 사유하기를 구분하고 있다고 보기 때문에 가능하다.(Coxon, p. 177. 2. 6의 해석 서론.) 콕슨은 어떤 어휘를 사용할 때와 그 어휘를 지칭해서 언급하는 경우를 구분함으로써 위에서 제기되는 난점이 해소될 수 있다고 보는 것이다. 이 경우, νοῆσαι는 가능한 길에 대한 언급을 한다는 점에서 일종의 메타적인 사유하기라고 할 수 있고 3행이나 조각글 3에서 ἔστι와 밀착되어 있는 사유하기는 ἔστι 영역 안에서 구체적으로 진행되는 사유라고 할 수 있다. 메타적인 차원에서의 οὐκ ἔστι에 대한 언급은 가능하지만 οὐκ ἔστι 길에서의 주제라고 할 수 있는 비존재에 관해서는 언급하거나 사유하는 것이 불가능하다는 것이다. 콕슨의 견해에 따르면 2. 1에서의 νοῆσαι는 두 가지 가능한 탐구의 길 안에서 진행되는 사유가 아니라 두 길에 대한 사유하기, 또는 두 길 사이의 관계를 나타내는 원리에 대한 사유하기가 된다. 이렇게 2. 2행에서의 νοῆσαι가 파르메니데스 존재론이나 논리가 따라야 하는 원리에 대한 사유하기라면 조각글 3이나 8. 34에서의 사유하기(νοεῖν)는 그런

를 사용할 때와 그 어휘를 언급할 때를 구분해서 문제를 해결하는 방식이다. 이 경우, 2.2에서의 사유하기(νοήσαι)는 가능한 길에 대한 언급을 한다는 점에서 일종의 메타적인 사유하기이며 2.3이나 조각글 3에서 있음(is)과 밀착되어 있는 사유하기는 있음(is)의 길 안에서 구체적으로 진행되는 사유라고 할 수 있다. 메타적인 차원에서의 있지 않음(is not)에 대한 언급은 가능하지만 있지 않음(is not)의 길을 따라갈 수는 없으며 있지 않음(is not) 길에서의 주제라고 할 수 있는 있지 않은 것(what is not, to me on)에 관해서는 언급하거나 사유하는 것이 불가능하다는 것이다.

이렇게 문제를 풀면 파르메니데스의 단편에서 가장 먼저 출현하면서 최우선적인 사유는 길(hodos)에 대한 사유이다. 곧 길을 따라서 진행되는 사유가 아니라 길에 대해 언급하는 방법론적(meta + hodos)인 사유인 것이다. 파르메니데스에 따르면 인간 사유에 두 가지 방법적 사유가 있다. 곧 인간 사유에는 근본적으로 있음(is)과 있지 않음(is not)이라는 두 방법적 사유 내지는 사유의 틀(frame of thought, operator)이 있게 된다. 길로서의 있음(is)과 있지 않음(is not)은 인간이 구비하고 있는 두 가지 사유의 틀이나 연산자를 나타내는데, 긍정(affirmation)/부정(negation), 통합(unify)/분화(differentiate), 동일성(identity)/차이싱(difference) 등으로 표현되기도 한다. 철학사에서는 대체적으로 is의 길은 동일성의 논리로 있지 않음(is not)의 길은 차이성의 논리로 규정된다.

원리를 받아들였을 때 전개될 수 있는 존재론이나 논리에서 사용되는 사유하기라고 할 수 있다. 그리고 더 나아가 조각글 16에서의 심하게 방황하는 정신(πολυπλάγκτος νόος)의 사유는 그런 원리를 수용하지 않기 때문에 출현하는 사유하기라고 할 수 있다. 따라서 사유하기의 측면에서 방황하는 인간들의 사유함의 방식으로부터 벗어나기 위해서 먼저 선행이 되어야 할 것은 2. 2행에서의 νοήσαι의 기능이고 3, 6.1, 8.34 등에서 출현하는 νοεῖν은 그런 원리를 수용했을 때 전개되는 사유하기가 된다. A. H. Coxon(1986), p. 3.

1-2. 두 길 사이의 관계를 정초하는 사유

인간 사유에 두 가지 길이 열려 있다고 할 때 두 길 사이의 관계는 어떨까? 두 길 사이의 관계는 배타적(either~or)이다. 곧 ~이거나 이지 않거나(is or is not)이다.[10] '이거나 이지 않다'는 원리는 진리의 길 안에서 존재하는 것이 지니는 여러 가지 특징들, 곧 존재하는 것들을 불생, 불멸, 불변, 부동, 순일(純一)하게끔 만들어주는 최종적인 근거가 된다. 인간 사유에는 is와 있지 않음(is not)의 두 길이 열려 있으며, 두 길이 서로 배타적이라는 파르메니데스의 주장은 이후에 전개되는 철학사의 방향과 한계를 결정짓는다. 특히 'is or is not'의 원리는 진리의 길에서 드러나는 징표들이 나타나기 위해 전제되어야 하는 원리이다. 따라서 이런 원리에 대한 사유는 단편 3에서 있음(임, is)에 밀착되어 있는 사유에 선행하는 사유라고 할 수 있다.

1-3. 가사자(mortal)들의 방황하는 사유

있음(is)과 있지 않음(is not)이 서로 배타적임을 알지 못하는 사유는 일상적인 인간들이 하는 사유로서 둘(is와 is not)을 뒤섞거나 함께 놓음으로써 정신을 혼란스럽게 만든다.[11] 인간들은 흔

---

10) 따라서 전적으로 있거나 아니면 전적으로 없거나 해야 한다. 김인곤 외(2005) 281쪽.
οὕτως ἢ πάμπαν πελέναι χρεών ἐστιν ἢ οὐχί. DK 8.11.
이것들에 관한 판가름(krisis)은 다음의 것에 달려 있다. 있거나 있지 않거나이다. 김인곤 외(2005)
ἡ δὲ κρίσις περὶ τούτων ἐν τῷδ᾽ ἔστιν· ἔστιν ἢ οὐκ ἔστιν·(8. 15-16)

11) 가사자들은 이름 붙이기 위해 두 형태(morphai)를 마음에(gnōmai) 놓았는데, 그것들 가운데 어느 하나도 그래서는 안 된다. 바로 그 점에서 그들은 헤맸던 것이다. 김인곤 외(2005)286-7.
Μορφὰς γὰρ κατέθεντο δύο γνώμας ὀνομάζειν· τῶν μίαν οὐ χρεών ἐστιν - ἐν ᾧ πεπλανημένοι εἰσίν -·DK 8.50-54.

들리지 않는 진리의 길에 대한 이야기도 사유해야 하지만 인간들의 혼란스러운 사유도 검토해야 한다.12) 무분별한 사람(대중)들은 is와 있지 않음(is not)이 서로 같다고도 하고 같지 않다고도 하는데13) 있지 않은 것이 있다는 것은 결코 증명된 바 없다.

1-4. is의 길을 따랐을 때 출현하는 사유

인간에게는 두 가지 길이 놓여 있다. 있음(is)과 있지 않음(is not)의 길. 있지 않음(is not)은 전혀 신뢰할 수 없는 길이다. 있지 않음(is not)의 길은 왜 전혀 신뢰할 수 없을까? 있지 않은 것(what is not, me eon)은 알 수도 없고-가능하지도 않고- 언급할 수도 없기 때문이다.14) 그것은 왜 생각(언급)할 수 없을까? 생각할 수 있는 것과 있을 수 있는 것은 같은 것이기 때문이다.(사유는 있는 것과 뗄 수 없이 밀착되어 있기 때문이다.)15)

---

12) 자, 그대는 모든 것들을 배워야(pythesthai) 한다. 설득력 있는(eupeitheos) 진리의 흔들리지 않는 심장과 가사자들의 의견들(doxai)을, 그 속에는 참된 확신이 없다. 그렇지만 그대는 이것들도 배우게 될 것이다. ...라고 여겨지는 것들이 내내 전부 있는 것들로서 받아들여질 만하게 있어야 했던가를. 김인곤 외(2005) 274쪽.
Χρεὼ δέ σε πάντα πυθέσθαι ἠμέν Ἀληθείης εὐκυκλέος ἀτρεμὲς ἦτορ ἠδὲ βροτῶν δόξας, ταῖς οὐκ ἔνι πίστις ἀληθής. Ἀλλ᾽ ἔμπη ς καὶ ταῦτα μαθήσεαι, ὡς τὰ δοκοῦντα χρῆν δοκίμως εἶναι διὰ παντὸς πάντα περῶντα. DK B1.28-33.

13) 판가름 못하는 무리로서, 이끌려 다니고 있는데, 그들에게는 있음과 있지 않음이 같은 것으로 또 같지 않은 것으로 통용되어 왔다. 김인곤 외(2005) 279쪽.
οἷς τὸ πέλειν τε καὶ οὐκ εἶναι ταὐτὸν νενόμισται κοὐ ταὐτόν, πάντων δὲ παλίντροπός ἐστι κέλευθος. DK B 6.8-9.

14) 왜냐하면 바로 이 있지 않는 것을 그대는 알게 될(gnoiēs) 수도 없을 것이고 (왜냐하면 실행 가능한 일이 아니니까) 지적할(phrasais) 수도 없을 것이기에. 김인곤 외(2005) 275쪽.
οὔτε γὰρ ἂν γνοίης τό γε μὴ ἐὸν - οὐ γὰρ ἀνυστόν -οὔτε φράσ αις· DK B2.6-8.

이상의 논증에서 존재와 밀착되어서 그로부터 떨어질 수 없는 사유(noein)가 네 번째 사유이다. 이런 사유로는 인간에게 가능한 탐구의 길이 두 가지가 있다는 것도 알 수 없으며, 가능한 두 가지 길이 서로 배타적이라는 원리도 파악할 수 없다. 이런 사유는 다만 존재하는 것에 달라붙어서 그 안에 어떤 차별도 받아들이지 않는 방식으로 진행될 뿐이다.

있거나 있지 않다(is or is not) 있지 않음(is not)은 언급이 불가능하다. 생긴다는 것은 있지 않은 것(me on)이 있게 되는(on) 것이다. 곧 생겨나는 것이 가능하기 위해서는 있지 않음(is not 길에서의 있지 않은 것)을 언급해야 한다. 따라서 생겨나는 것은 불가능하다. 소멸, 변화, 운동, 여럿도 마찬가지 논리로 불가능하다. 그에 따라서 is 길을 따르면 불생, 불멸, 불변, 부동, 순일(純一)한 사유만이 가능하다. 네 번째 사유는 그래서 그 안에 어떠한 차이도 받아들이지 않는 사유, 곧 동일성만을 허용하는 사유가 된다.

파르메니데스가 최종적으로 선택하는 사유는 네 번째 사유, 곧 동일성을 기반으로 하는 사유이다. 존재와 밀착되어 있는 네 번째 사유는 is의 길을 따를 수밖에 없다. 그런데 인간에게는 또 다른

---

15) 왜냐하면 같은 것이 사유함을 위해 또 있음을 위해 있기 때문에. 김인곤 외(2005) 276쪽.
τὸ γὰρ αὐτὸ νοεῖν ἐστίν τε καὶ εἶναι DK B3.
말해지고 사유되기 위한 것은 있어야 한다. 김인곤 외(2005) 277쪽.
Χρὴ τὸ λέγειν τε νοεῖν τ᾽ ἐὸν ἔμμεναι· DK B6.1.
같은 것이 사유되기 위해 있고 또 그것에 의해 사유가 있다. 김인곤 외(2005) 284쪽.
Ταὐτὸν δ᾽ ἐστὶ νοεῖν τε καὶ οὕνεκεν ἔστι νόημα. DK B8.33-34.
어떤 번역이 됐든 사유와 존재가 서로 밀착되어 있어서 떼려야 뗄 수 없다는 의미를 함축하고 있으면 큰 문제가 없을 걸로 본다. 있음의 길에서만 사유가 작동한다는 건 사유가 있음의 길을 떠날 수 없다는 것이다. 사유가 존재와 붙어 있어서 떨어질 수 없다면 당연히 있지 않음은 생각할 수 없게 된다.

선택지, 곧 있지 않음(is not)을 선택할 가능성도 있다. 네 번째 사유로는 is not을 언급조차 할 수 없지만 인간에게 열려 있는 가능한 사유의 길(방법)을 고민하는 사유(2.2)에는 is not이 하나의 선택지로 놓일 수 있다. 곧 첫 번째 사유에는 가능한 방법(길)으로서의 is not이 열려 있다. 그렇게 해서 나타난 두 가지 길, is와 is not의 길(방법) 사이의 관계는 배타적이다. 곧 'is or is not'이다. 두 가지 길을 동시에 선택하거나 두 가지 길을 교차적으로 선택할 수도 없다. 그 두 가지 길은 전적으로 배타적이기 때문에 하나만을 골라야 한다. 곧 인간 사유에 허용되어야 하는 원리는 'is or is not'(either or)이다. 그걸 따르지 않는 사유는 혼란스러운 사유이며 이제까지의 인간(mortal)들은 이 원리에 대해 고민하지도 않았고 그걸 수용하지도 않았기 때문에 혼란 속에서 살았다. 이 혼란스러운 사유가 세 번째 사유이다.

이상의 논의는 다음처럼 정리할 수 있다.

첫 번째 사유 기능을 통해 인간에게 열려 있는 길은 is와 있지 않음(is not)임이 알려진다.

두 번째 사유 기능을 통해 is와 있지 않음(is not)이 배타적임을 알 수 있다.

세 번째 사유는 두 번째 사유가 결여되어 있어서 혼란스러운 사유이다.

네 번째 사유는 두 번째 사유 기능을 통해 알려진 원리를 전제로 하고, is와 있지 않음(is not) 중에서 is의 길을 선택할 때 등장한다.

논리적 우선순위를 따져보면 첫 번째 사유 ⇒ 두 번째 사유 ⇒

네 번째 사유 순이며 세 번째 사유는 이 논리적 위계관계 밖의 사유이다. 파르메니데스가 어떤 사유를 통해서 철학사에 공헌했다고 보느냐에 따라 파르메니데스의 철학사에 대한 영향력은 달라진다. 가장 먼저 선행이 되어야 하는 건 두 길을 서로 뒤섞어 놓는 일상인의 사유로부터 벗어나야 한다. 세 번째 사유로부터 벗어나야 한다고 주장하는 파르메니데스는 논리적 논증의 의미로 로고스를 사용한 최초의 인물, 최초의 논리주의자, 인간의 일상적 사유에 대한 첨예한 비판의 칼날을 들이댄 인물이라고 할 수 있다.

파르메니데스가 철학사에서 존재론을 처음으로 시작한 인물이기 때문에 그의 사유가 철학사에서 하나의 분수령을 이룬다는 평가는 네 번째 사유를 중심기능으로 봤을 때 내릴 수 있다.[16] 네 번째 사유, 곧 존재에 밀착되어 흔들림이 없는 사유가 가능하기 위해서는 먼저 첫 번째 사유하기--인간에게 가능한 탐구의 길이 두 가지가 있다—와 두 번째 사유하기--두 길이 서로 배타적(is or is not)--가 선행되어야 한다. 파르메니데스가 보기에 이전의 철학자들은 가능한 탐구의 길을 둘로 나누지 않았고, 그 두 길이 서로 배타적임을 알지도 못했기 때문에 그들의 사유는 심하게 방황을 한다. 파르메니데스는 혼란스러운 인간의 사유 습관을 타파하기 위해서 인간에게 가능한 두 가지 탐구의 길을 설정하고 양자가 서로 배타적이라는 원리를 파악하는(사유하는) 일이 선행되어야 한다고 본 것이다. 따라서 파르메니데스의 사유하기에서 가장 중요한 것은 2. 2 행에 출현하는 사유하기라고 할 수 있다. 그는 인간에게 가능한 탐구의 길이 두 가지이며 둘 사이의 관계가 절대적으로

16) 플라톤의 선의 이데아나 아리스토텔레스의 순수형상이 파르메니데스의 순일(純一)한 존재를 나타낸다고 하면 파르메니데스가 이후의 철학에 끼친 영향이 네 번째 사유를 중심으로 이루어지고 있다는 건 사실일 수 있다.

배타적임을 밝혀냄으로써 철학사에서 하나의 획을 긋고 있는 것이다. 이런 원리에 대한 사유하기가 선행된 이후 두 길 중 하나, 곧 is(ἔστι)의 길을 선택함으로써 파르메니데스의 존재론이 성립할 수 있는 것이다. 따라서 단편에서 나타나는 사유하기와 연관해서 파르메니데스 철학의 의의는 존재론을 창시했다는 점보다 혼란스러운 사유 습관을 타파할 수 있는 원리, 곧 인간에게 가능한 탐구의 길이 두 가지가 있으며 그 두 길이 서로 배타적이라는 원리를 처음으로 제시했다는 점에서 찾아져야 할 것이다.

2. 사유의 근본 원리(is or is not)

파르메니데스는 is의 길을 따랐을 때 나타나는 여러 가지 징표들을 언급하면서 사유가 따라야 할 근본 원리를 천명한다.

> 따라서 전적으로 있거나 있지 않다고 해야 한다.17)
> 이런 것들에 관한 판가름(krisis)은 다음의 것에 달려 있다. 있거나 있지 않다.18)

~있거나 있지 않다(is or is not)는 진리의 길에서의 존재하는 것(to on, ἐόν)이 갖는 여러 가지 징표들을 지닐 수 있게 하는 최종적인 근거가 되는 원리이다. 이 원리가 의미하는 바는 무엇일까? 이 원리는 있음(is)과 있지 않음(is not)이 배타적이라는 걸 말하고 있다. 하나를 선택하면 나머지 하나는 배제되어야 한다는 뜻

17) 김인곤 외(2005) 281쪽. 김인곤 외 번역의 '없다'보다는 있지 않다고 번역하는 것이 적합하다고 봐서 있지 않다로 수정하였다.
οὕτως ἢ πάμπαν πελέναι χρεών ἐστιν ἢ οὐχί. DK B8.11

18) 김인곤 외(2005) 282쪽. ἡ δὲ κρίσις περὶ τούτων ἐν τῷδ' ἔστιν· ἔστιν ἢ οὐκ ἔστιν· DK 8. 15-16.

이다. 이 경우, '하나'는 무엇이고 다른 하나는 무엇일까? 이 의문에 답하기 위해서 단편 8에서 존재하는 것(eon)이 갖는 특징들을 살펴보자. 존재하는 것은 그 안에 어떤 구분도 허용하지 않는 순일(純一)한 것이다. 그것은 생성되지도 않고 소멸되지도 않는다.(ἀ γένητον ἐὸν καὶ ἀνώλεθρον ἐστιν)' 그것은 과거에도 있지 않았으며 미래에도 있지 않을 것이며(οὐδ'ε ποτ' ἦν οὐδ' ἔσ ται), 말할 수도 사유할 수도 없다(οὐ γὰρ φατὸν οὐδ'ε νοητ ὸν ἔστιν). 파르메니데스의 존재가 순일(homogeneous)하다면 위와 같은 부정적인 술어는 사용할 수 없다. 부정적인 표현은 사실상 있지 않음(is not)의 길에 뿌리를 두고 있으며, 있지 않음(is not)을 언급하는 건 불가능하기 때문이다. 파르메니데스는 자가당착을 범하지 않기 위해서는 부정적인 표현을 사용할 수 없다.[19)]

단편 8에서의 부정적인 표현은 실제로 있지 않음(is not)(οὐκ ἔστι)이 원래처럼 언급불가능하고 사유 불가능한 의미로 쓰일 때를 제외하고는 모두 is(ἔστι) 표현으로 환원될 수 있다.[20)] 단편 8에서의 부정적인 표현은 'S is not(οὐκ ἔστι) P'라는 표현이라

---

19) 많은 학자들이 이 문제를 거론하고 있다. 이 문제에 대해서는 몇 가지 유형의 답이 가능하다. 첫째, οὐκ ἔστι의 언급 불가능성을 피력하고 있는 단편 2에서는 ἔστι가 존재론적으로 사용되고 있다면 부정적인 표현을 사용하고 있는 단편 8의 논의에서의 οὐκ ἔστι는 술어적인 용법으로 이용되고 있다고 보는 것이다. 존재론적으로는 οὐκ ἔστι가 불가능하지만 서술적으로 사용하는 데는 문제가 없다는 것이다. 이런 견해는 플라톤의 『소피스테스』 이후에서야 가능하다. 둘째, 단편 8의 언급을 비트겐슈타인의 사다리 역할을 하는 것으로 보는 견해이다. 그것은 존재에 이르기 위해 수단적으로 사용되는 것이고 거기에 이르면 버려져야 할 어떤 것으로 생각하는 것이다. 그것은 순수히 변증적인 게임정도로 이용되고 있다는 것이다. 참고: G. E. L. Owen(1975), pp. 55-61. F. M. Conford(1951), pp. 31-32. A. P. D. Mourelatos(1970), pp. 74-93. Scott Austin(1986), pp. 22-40.

20) 참고: ἀνώλεθρον ἐστιν, 8.3. ἔστι γὰρ οὐλομελές τε καὶ ἀτρεμὲς ἠδ' ἀτέλεστον·,8.4 οὐδ'ε νοητὸν ἔστιν, Οὐδὲ διαιρετόν ἐστιν, 8.23. ἔστιν ἄναρχον ἄπαυστον, 8.27.

기보다는 'S is(ἔστι) non-P'의 꼴로 환원될 수 있다.[21] 그것들은 '~이 아니다'(οὐκ ἔστι)라는 형식이 아니라 '(~이 아님)이다(ἔστι)'라는 형식을 지닌 표현인 것이다. 따라서 단편 8에서의 주장은 있지 않음(is not)을 이용한 표현이 아니기 때문에 있지 않음(is not)이 언급이 불가능하고 사유도 불가능하다는 단편 2에서의 주장을 어기고 있지 않다.[22]

그렇다면 모든 부정적인 표현이 있지 않음(is not)의 형식으로 환원되는 것은 아니며 있음(is)의 형식 안에서도 부정적인 표현이 가능하다. 있음(is) 길 안에서의 부정적인 표현은 p 아님이다(is non-p)의 형식을 지닌다. 이로부터 두 가지 대립이 가능함을 알 수 있다. 그 하나는 있음(is)과 있지 않음(is not) 사이에 성립하는 대립이며, 다른 하나는 있음(is) 형식 안의 p임과 p 아님임(It is P and non-P)과 같은 대립이다. 후자의 대립 곧 'It is P and non-P'가 성립하기 위해서는 있음(is)의 길이 전제되어야 한다. 있음(is)이 전제되지 않는다면 is P, is non-P와 같은 문장이 가능하지 않다. 곧 있음(is)은 언설, 사유, 판단 등이 성립하기 위한 조건이 된다.[23]

원리 있거나 있지 않다(is or is not)는 있음(is)으로부터 있지 않음(is not)을 배제하거나, 양자가 공존할 수 없음을 말하고 있는데, 이는 사유나 언설, 판단의 성립 조건을 밝히고 있는 것이다. 파르메니데스는 있음(is)과 있지 않음(is not) 사이의 대립이 절대적이라는 원리를 처음으로 설정함으로써 인간의 사유나 언설,

21) 이를테면 ἀγένετον ἐὸν καὶ ἀνώλεθρον ἐστίν은 'is ungenerable and unperishing'으로 οὐδὲ διαιρεόν ἐστιν은 is indivisible 등으로 표현되는 것이다.

22) S. Austin(1986) pp. 22-25.

23) M. Furth(1974) pp. 243-244.

판단 등이 성립하기 위한 조건을 마련하고 있는 것이다. 있음(is)과 있지 않음(is not) 사이에서 생기는 대립은 서로 아무런 연관도 지닐 수 없다. 그것은 전적으로 이거나 전적으로 아닐 수밖에 없다.(πάμπαν πελ'εναι χρεώων ἔστιν ἢ οὐχί. 8. 11, ἔστιν ἢ οὐκ ἔστιν. 8. 16) 있음(is)을 부정한다고 해서 있지 않음(is not)이 '나타나거나 생기는' 것이 아니며 또 있지 않음(is not)을 부정한다고 해서 다시 있음(is)이 나타날 수 없다. 따라서 양자 사이의 대립은 매개가 불가능하다.

또 한 가지 염두에 두어야 할 것은 파르메니데스는 비존재(μὴ ἐ'ον)를 있음(is) 길에서 출현하는 존재(ἐ'ον)에 대비되는 하나의 항으로서 정립하고 있지 않다는 점이다. 그는 비존재를 어떤 경우에도 말하거나 사유하거나 언급하는 것이 불가능한 것으로 여긴다. 그것은 하나의 항으로 정립될 수 있는 것이 아니라 하나의 항으로 성립하는 것 자체가 불가능한 것으로 여겨지고 있다. 따라서 8. 11이나 8. 16에서 나타나는 원리는 어떤 것(한정성을 지닌 것)과 아닌 것(한정성을 지니지 않은 것)으로 나누는 원리이다. 이 원리는 어떤 영역을 두 영역으로 구분하는 것이라기보다는 하나의 항을 확정함으로써 확정된 것과 그렇지 않은 것을 구분하는 기능을 한다고 할 수 있다. 우리가 백지에 하나의 원을 그릴 때, 그 원의 내부를 확정된 영역이라고 한다며 외부는 다른 하나의 확정된 영역이라고 말하기는 어렵다. 단지 그 영역은 확정되지 않은 영역(원에 포섭되지 않은 영역)일 뿐이다. 이런 방식으로 하나의 영역을 확정함으로써 확정된 것과 그렇지 않은 것을 구분시켜 주는 기능을 이 원리가 담당하고 있는 것이다.[24]

---

24) 이런 원리는 일반적으로 알려져 있는 모순 금지규정이나 배중율이 아니다. 배

따라서 논리적인 측면에서 파르메니데스가 철학사에서 분수령이 될 수 있는 것은 이후의 모든 논리적 사유가 따라야 할 원리로서 정립한 모순 금지 규정이나 배중율을 정립했다는데 있지 않다. 있거나 있지 않다(is or is not)는 존재, 사유의 근원적인 조건, 곧 한정성을 절대화(명확화)하는 원리라고 할 수 있다.

3. 방법(길)(is, is not)과 방법적 사유의 대상(to on, to me on)

다시 단편 2로 돌아가자.

> 자, 이제 내가 말할 터이니, 그대는 이야기(mythos)를 듣고 명심하라. 탐구의 어떤 길들만이 사유를 위해(noēsai) 있는지.
> 그 중 하나는 있다(esti)라는, 그리고 있지 않을 수 없다는 길로서, 페이토(설득)의 길이며(왜냐하면 진리를 따르기 때문에),
> 다른 하나는 있지 않다라는, 그리고 있지 않을 수밖에 없는 길로서, 그 길은 전혀 배움이 없는 길이라고 나는 그대에게 지적하는 바이다.
> 왜냐하면 바로 이 있지 않는 것을 그대는 알게 될(gnoiēs) 수도 없을 것이고(왜냐하면 실행 가능한 일이 아니니까) 지적할(phrasais) 수도 없을 것이기에.[25]

is와 있지 않음(is not)은 (사유에 대해 유일하게 가능한) 탐구의 길들(ὁδοὶ μοῦναι διζήσιός εἰσι νοῆσαι·)이다. 두 길은

중율(principle of excluded middle)이란 확정된 것으로서의 두 항, 이를테면 p와 ~p 사이에 중간 값이 없다는 것을 말한다. 이럴 경우 p와 ~p는 각기 하나의 규정된 항으로서 서로 대립된다. p가 하나의 규정된 항이 되기 위해서, 곧 p가 그것으로서 확정되기 위해서는 파르메니데스의 원리가 선행되어야 한다. 그것은 ~p의 경우에도 마찬가지이다. 따라서 두 규정된 항 p와 ~p 사이에 중간 값이 없음을 나타내고 있는 배중률은 파르메니데스의 원리를 전제했을 때 성립하는 2차적인 원리라고 할 수 있다. 이는 모순금지 규정의 경우에도 마찬가지라고 할 수 있다. 참고 김남두(2001) 6-7쪽.

25) 김인곤 외(2005) 275쪽.

인간의 사유가 방법적으로 따라야 하는 길들, 곧 사유방법으로 등장한다.

2.3(ἡ μὲν ὅπως ἔστιν)과 2.5(ἡ δ' ὡς οὐκ ἔστιν)에 등장하는 문구는 문법적으로 주어와 술어가 구비되어 있는 완전한 문장이 아니다. 이에 대한 해석은 크게 둘로 구분되는데, 그 하나는 문장을 완전한 형태로 만들기 위하여 주어를 보충해서 해석하는 입장[26]과 주어를 보충하지 않고 해석하는 방식이 있다.[27] 여기서

---

26) 이 구절에 관한 해석에는 여러 가지 입장이 있을 수 있지만 크게 나누어 두 가지 입장으로 요약할 수 있다. 즉 ἔστι를 포함하는 문장을 완전한 문장으로 재구성하여 해석하는 입장과 텍스트를 충실히 따라서 주어나 술어를 보충하지 않고 그것의 의미를 추구하는 입장으로 나누어 볼 수 있다.
국내의 연구에서는 주어가 보충되어야 하는 것이 당연하며 어떤 주어가 되어야 할 지를 결정하는 논의가 주를 이룬다. 김남두(2001).
파르메니데스에 관한 수많은 글들 중에서 아마도 과반수는 이 두 문장의 주어가 무엇인지, 그리고 'esti'가 어떤 의미로 사용되었는지에 대한 논의를 담고 있을 것이다. 그만큼 여신의 길에 대한 규정은 오늘날의 연구자들에게 당혹스러운 것이었다. 연구자들은 이 당혹스러운 문제에 대한 답을 구하기 위해서 대개 진리편의 나머지 부분들, 특히 단편 8에서 to eon7)이 어떻게 이야기되는지를 고려해서, 단편 2에서 'esti'의 주어는 무엇이며 그것의 의미는 어떤 것인지를 파악하려고 해 왔다. 사실, 이렇게 하는 것은 너무나 당연한 일이어서 많은 연구자들이 그렇게 해 왔다는 것을 지적하는 것이 무슨 의미가 있을지가 분명해 보이지 않을 수도 있다. 강성훈(2015) 103-104쪽.
먼저 문장으로 만들어서 해석하는 경우에는 단지 가주어를 보충하여 'it is' 또는 'it is not'으로 해석하거나 아니면 구체적으로 특정의 주어를 미루어 짐작해서 보충하는 입장이 있을 수 있다. 단순히 가주어를 보충해서 문장 형태를 구성하는 입장으로는 버넷(John Burnet(1957), p. 173. It is, and that it is impossible for it not to be / that It is not, and that it must needs not be. 버넷은 그러나 이 문장이 어떻게 이렇게 해석될 수 있는지에 대한 이유는 설명하고 있지 않다. 다만 문법적으로 그것은 완전한 문장이어야 한다는 생각 때문에 그렇게 한 것으로 보인다.), 거드리(거드리의 해석은 버넷의 것과 거의 같다), Jonathan Barnes(1979), p. 157: that it is and that it is not for not being / that it is not and that it is necessary for it not to be. 반즈는 앞의 버넷이나 거드리와 다른 표현을 사용하고는 있지만 그들과 마찬가지로 원형 동사 εἶναι를 가능성을 나타내는 것으로 본다. D. Gallop(1984), p. 55: that [it] is, and that [it] cannot not be / that [it] is not and that [it] needs must not be.) 등이 있다. 구체적으로 특정의 주어를 보충해서 해석하는 입장으로는 존재하는 것을 주어로 보는 입장과 사유하거나 말할

수 있는 것을 주어로 간주하는 입장이 있다. 다음은 존재하는 것을 주어로 보충한다. Conford(1951) pp. 30-31. that 〈That which is〉 is, and it is impossible for it not to be / that It is not, and must needs not be.), Diels & Kranz(1974) s. 231. 딜스는 Ist와 Nichtsein Ist를 주어로 생각하고 뒤에 나오는 원형 동사 εἶναι를 술어 동사로 보고 해석한다. daβ Ist ist und daβ Nichtsein nicht ist / daβ Nicht Ist ist und daβ Nichtsein erforderlich ist. 딜스의 해석은 버넷이 지적한 것처럼 어떻게 해서 daβ Ist가 주어로 등장할 수 있는지가 불분명하다. 말할 수 있거나 사유할 수 있는 것을 주어로 보충하는 대표적인 학자로는 오웬은 직접적으로 2. 3과 2. 4를 해석하지는 않는다. 그에 따르면 ἔστι 동사의 주어는 명시적으로 표현되고 있지는 않지만 바로 뒤에 출현하는 ἔον과 연계되어 있는 생각하고 말할 수 있는 것으로 본다. 그에 따르면 파르메니데스의 토막글 2에서의 ἔστι의 주어는 밝혀져야 할 것이기 때문에 미리 드러내놓고 표현되지 않는다. 그것은 토막글 8에서의 변증적(연역적이지 않은) 추론을 통해서 추후로 드러나게 된다.)이 있다. 그 외에도 실재, 진리, 일자, 길 등이 주어로 등장하기도 한다. 이들의 해석은 조각글 곳곳에서나 전체적인 내용에 비춰볼 때, 나름대로의 근거를 갖추고 있다. Owen(1975) pp. 59-61.
조각글 2는 ἔστι의 길에 들어서서 그 안에서 전개되는 사유 방식의 특성을 규명하기보다는 인간에게 가능한 두 가지 길로서의 ἔστι와 οὐκ ἔστι를 소개하는 구절이라고 할 때, 그것 자체가 하나의 언급 대상이 되지 말아야 할 이유는 없다.

27) 파르메니데스의 표현을 주어나 술어를 보충하지 않고, 불완전한 문장으로 놔둔채 해석하는 경우에는 ἔστι를 'There is____'의 형태로 보는 입장(타란, Furth 등)과 주어와 술어 모두를 비워 놓은 '___ is ___'의 꼴로 보는 입장(무렐라토스, 오스틴, 또는 콕슨 등)이 있다.
A. P. D. Mourelatos(1970) 2. 3과 2. 5에서 ἔστι를 주어와 술어가 생략된 형태로 해석하는 입장 중에 대표적인 사람은 무렐라토스이다. 그는 이런 공허한 ἔστι가 파르메니데스 토막글의 의미를 가장 잘 살려낼 수 있다고 본다. 그는 파르메니데스의 ἔστι를 '사변적 술어매김(speculative predication)' 기능을 하는 것으로 본다. 칼로게로는 파르메니데스의 두 가지 길을 긍정적인 논리의 길과 부정적인 논리의 길로 해석한다고 한다. ἔστι는 긍정적인 판단의 형식을 나타낸다면 οὐκ ἔστι는 부정적인 판단 형식을 나타내는 일종의 메타 언어적인 operator로 간주된다고 한다. 참고: Mourelatos, op. cit., pp. 31-32.
Scott Austin(1986), pp. 36-37. 오스틴의 견해는 주어와 술어를 보충하지 않고 사변적 술어매김의 가능성을 찾아보려는 무렐라토스의 견해를 직접적으로 따르고 있지는 않다. 그러나 그는 파르메니데스의 ἔστι가 존재론 뿐 아니라 논리학에도 직접적으로 연관되는 문장 형식을 다루고 있다고 생각하는 점에서 무렐라토스의 견해와 크게 다르지 않다.
A. H. Coxon(1986), p. 52, 콕슨은 토막글 2. 3과 2. 5를 해석할 경우에는 주어로서 어떤 사물(a thing)을 보충하지만(2.3: that a thing is, and that it is not for not being, 2.5: a thing is not and that it must needs not be), 8. 11에서는 단지 가주어만을 보충하고(thus it must be entirely or

는 완전한 문장으로 만들어서 해석하기보다는 무렐라토스와 오스틴의 입장을 따라 is와 있지 않음(is not)이 길 자체를 언급하고 있다고 보고, 일종의 사유의 틀로 해석하고자 한다.[28] is나 있지 않음(is not)을 완전한 문장으로 만들어 해석하는 입장은 대체적으로 있음(is)을 존재나 긍정적 서술, 있지 않음(is not)을 존재하지 않음이나 부정적 서술로 보게 된다. 이런 해석들은 있음(is)과 있지 않음(is not)을 길(방법, 사유의 틀)로서 언급하고 있는 파르메니데스 단편의 입장을 도외시한다는 비판을 면하기 어려우며, 파르메니데스의 영향력을 특정 분야(존재론)에만 제한하는 한계를 갖게 된다. 이에 본고에서는 무렐라토스와 오스틴의 입장을 따라 있음(is)과 있지 않음(is not)을 방법론적 관점에서 일종의 사유의 틀(frame of thought)로 해석하고자 한다.

---

not be at all), 8. 16에서는 주어를 보충하지 않고 있거나 있지 않다(is or is not)로 해석한다.

28) 무렐라토스는 희랍어의 ἔστι 동사를 사변적 술어매김으로 해석하면서 그것을 일종의 설명 방식이나 해석의 방식을 제시하고 있는 것으로 간주한다. 사변적 술어매김의 방식은 계사로서의 is가 지니고 있는 형용사적 서술(예: Socrates is white), 분류적 서술(Socrates is a man), 동일적 서술(Morning star is evening star)과 구분되면서도 그것들 모두의 기능을 아우를 수 있는 해석이나 설명의 방식을 의미한다. 그것은 동일성 문장의 경우처럼 두 항 사이의 구별을 상쇄하고 단순화하는 기능을 수행하면서도, 서술적 is처럼 비대칭적 관계를 나타낸다고 한다. 이 경우, X is Y라고 할 경우 그것이 반드시 Y is X를 함축하지는 않는다는 것이다. 이 점에서 그것은 분류적 서술 기능을 하는 is와 유사하다. 즉 그것은 술어가 본질적으로 주어에 속하거나 또는 술어가 주어의 조건이 된다는 특성을 표현하고 있다. 이런 술어매김의 방식을 통해서 무렐라토스가 염두에 두고 있는 것은 'What is it?'이라는 질문에 대한 답이 될 수 있는 규정이다. 이 경우, 이 질문은 정의를 구하는 질문도 아니고, 또 주어진 주제를 류(類)와 같은 것에 귀속시키기 위한 질문도 아니다. 그것은 주어진 대상에 대해서 그 이상의 질문이 필요하지 않을 정도로 그것의 정체를 완전히 드러낼 것을 요구하는 질문이다. 즉 해명을 시도하는(identifying) 질문이라는 것이다. 이런 질문에 대한 답이 지니는 형식으로서의 ἔστι는 '실재로', '참으로', '궁극적으로', '본질적으로', '본성상', '자체로', '절대적으로' ~이다로 해석될 수 있다. 이 질문에 대해 X ἔστι Y라고 할 경우, 그것은 곧 X is really Y를 함축하게 된다.

이런 입장에 따라보면 단편 2는 다음과 같이 해석된다.

> 2.3: the one, that __is__ and that it is not possible that __be not__
> (하나는 ―임(있음)--(길)로서 이지 않을 수 없는 길이고,)
>
> 2.5: the other, that __is not__ and that it is right that __be not__
> (다른 하나는 ―아님(있지 않음)--의 길로서 일 수 없는 길이다.

여기서 __is__, __is not__은 자체로 사유(첫 번째 메타적 사유)의 대상일 수 있는 하나의 탐구형식, 판단의 틀을 나타내고 있다.[29)]

단편 2에서의 있음(is)과 있지 않음(is not)을 방법, 사유의 틀로 해석하고, 그런 사유의 방법들을 따를 때 나타나는 주제들은 존재하는 것(eon)과 존재하지 않는 것(mē eon)이 된다. 다음의 구절들은 단편 8에서 있는 것(eon)과 있지 않은 것(mē eon)이 각각 있음(is)의 길과 있지 않음(is not)의 길을 선택했을 때 주제로 등장한다는 걸 보여주고 있다.

- 나는 그대가 있지 않은 것으로부터라고 말하는 것도 사유하는 것도 허용하지 않을 것이다. 왜냐 하면 있지 않다라는 것은 말할 수도 없고 사유할 수도 없기 때문이다.[30)]
- 왜냐하면 그것은 있는 것을 있는 것에 붙어 있음으로부터 떼어내지 않을 테니까?[31)]

---

29) 이는 인간 사유를 지배하고 있는 두 가지 작동원리(operator)로서 있음(is)은 존재(有), ~임, 긍정(affirmation), 통합(unify), 동일성(identity) 등을 나타내며, 있지 않음(is not)은 존재하지 않음(無), ~아님, 부정(negation), 분화(divide, dissemination), 차이(difference) 등을 나타낸다, 일반적으로 동일성은 빛의 세계를 차이성(있지 않음)은 어둠의 세계를 나타낸다. 강철웅(2004) 18-20쪽.

30) 김인곤 외(2005) 280-281쪽. *οὔτ᾽ ἐκ μὴ ἐόντος ἐάσσωφάσθαι σ᾽ οὐδὲ νοεῖν· οὐ γὰρ φατὸν οὐδὲ νοητόν ἔστιν ὅπως οὐκ ἔστι.* DK B8.7-9.

- 존재하는 것(ἐόν)을 말하거나 생각하는 것은 당연한 일이다. 그것은 ἔσ τι에 대해 있을 수 있지만 존재하지 않는 것(μηδεν)은 있지(~이지) 않기(οὐκ ἔστι) 때문이다.[32)]
- 그 이유는 이렇다. 이것, 즉 있지 않은 것들이 있다는 것이 결코 강제되지 않도록 하라.[33)]

이 외에도 8.1-3,[34)], 8.7-9[35)]에서 볼 수 있는 것처럼 길로서의 있음(is), 있지 않음(is not)과 길 안에서의 주제인 있는 것(eon)과

---

31) 김인곤 외(2005), 277쪽.
οὐ γὰρ ἀποτμήξει τὸ ἐὸν τοῦ ἐόντος ἔχεσθαι DK B4.2

32) *χρὴ τὸ λέγειν τε νοεῖν τ' ἐὸν ἔμμεναι· ἔστι γὰρ εἶναι, μηδὲ ν δ' οὐκ ἔστιν·*. DK B6.1.
김인곤 외(2005)에서 위 구절은 '말해지고 사유되기 위한 것은 있어야만 한다. 왜냐하면 그것은 있을 수 있지만 아무 것도 아닌 것은 그렇지 않으니까(있을 수 없으니까)'로 번역한다. 김인곤 외(2005) 277-278.
필자는 원문이 있는 것과 있지 않은 것이 각기 있음(is)의 길과 있지 않음(is not)의 길에서 등장하는 주제라는 점을 대칭적으로 강조하고 있다는 점에서 김인곤 외(2005)의 번역을 따르지 않았다. 김인곤 외(2005)도 각주에서 이런 번역이 가능한 번역 중 하나임을 밝히고 있다.

33) 김인곤 외(2005) 279쪽. *Οὐ γὰρ μήποτε τοῦτο δαμῇ εἶναι μὴ ἐόντα·* DK B7.1.

34) 길에 관한 이야기(mythos)가 아직 하나 더 남아 있다. 있다라는. 이 길에 아주 많은 표지들(sēmata)이 있다. 있는 것은 생성되지 않고 소멸되지 않으며. 김인곤 외(2005) 280쪽.
위의 번역은 앞의 논의의 연장선상에서 이제 언급할 수 있는 길이 하나일 수밖에 없음을 강조하는 의미를 드러내지 못하고 있다. 따라서 아래의 버넷 번역을 참고로 제시한다.
참고: One path only is left for us to speak of, namely, that It is. In it are very many tokens that what is is, is uncreated and indestructible
Μόνος δ' ἔτι μῦθος ὁδοῖο λείπεται ὡς ἔστιν· ταύτῃ δ' ἐπὶ σήματ' ἔασι πολλὰ μάλ', ὡς ἀγένητον ἐὸν καὶ ἀνώλεθρόν ἐστιν. DK B8.1-3.

35) 김인곤 외(2005) 280-281쪽.
ἐκ μὴ ἐόντος DK B8.12. *ἐστιν ἐόντος*. DK B8.24. *ἐὸν γὰρ ἐόντι πελάζει* DK B8.25.. *τὸ ἐὸν θέμις εἶναι·* DK B8.32. *Οὐ γὰρ ἄνευ τοῦ ἐόντος*. DK B8.35. *τοῦ ἐόντος* DK B8.37.. 8.46: *Οὔτε γὰρ οὐκ ἐὸν ἔστι* DK B8.46.. 8.47: *οὔτ' ἐὸν ἔστιν ὅπως εἴη κεν ἐόντος*. DK B8.47.

있지 않은 것(me eon)은 명확하게 구분된다. 또한 이상의 구절들에서 존재(ἔον)나 비존재(μὴ ἔον)가 가능한 두 가지 (탐구의) 길을 따랐을 때 두 길 각각에서 주제로 등장한다는 걸 알 수 있다. 가능한 두 길 중에서 있음(is, ἔστι)의 길을 따랐을 때 존재(ἐόν)가 탐구의 대상으로 등장하게 된다. 존재는 모든 탐구가 벗어날 수 없는 장(場)이나 전제라기보다는 특정의 탐구 방식을 택해서 사유를 진행함으로써 출현하는 대상이라고 할 수 있는 것이다.[36] 마찬가지로 존재를 존재로서 탐구하는 존재론은 가능한 두 가지 탐구 방식 중 하나를 선택했을 때 출현하는 분야인 것이다. 파르메니데스가 존재론을 창시한 것은 맞지만 철학사에서의 그의 공헌을 존재론 창시에서만 찾는 것은 그의 단편에 드러나는 여러 가지 가능성들을 지나치게 제한하게 된다.

36) 김남두의 단편 구조에 대한 아래의 분석은 정확하다. 필자가 여기서 언급하고자 하는 것은 그런 구도로 짜인 이유가 방법(길)과 원리, 주제를 구분해보면 비교적 명확하게 밝혀질 수 있다는 점이다.
2에서 두 개의 길이 제시되며, 두 길 가운데 두 번째 길이 알 수 없고, 말할 수 없는 길이라 이야기된다. 단편 6과 7에서는 또 다른 길로 가사자들의 길이 멀리해야 할 길로 이야기된 후, 단편 8의 서두에서 이제 오직 하나의 길의 이야기만 남아 있다고 이야기되면서 8.49까지 '있다'의 길, 존재의 길이 논의된다. 전체적으로 세 길이 제시되고서 두 길이 따를 수 없고, 따르지 말아야 할 길로 제거되고 하나의 길이 남는 논의 구조를 보인다. 따라서 진리 부분은 단편에서 7까지 진리의 길에 이르는 논의 과정과 단편 8에서 이야기되는 진리의 길의 두 부분이 구분될 수 있다. 김남두(2001) 4쪽, 18-19쪽.

5. 맺음말

파르메니데스는 서양의 철학사에서 어떤 획을 그은 걸까? 파르메니데스가 존재론을 창시한 철학자라는 건 맞는 말이다. 명백히 있음(is)의 길을 선택하여 존재하는 것(to on)을 유일의 주제로 설정했으며 이후의 철학에서 최종적인 목표가 되는 순수존재의 개념을 설정한 인물이 파르메니데스이기 때문이다.[37] 그렇지만 우리가 앞에서 살펴본 것처럼 파르메니데스의 존재론이 성립하기 위해서는 몇 가지 선행하는 사유가 있어야 한다. 곧 인간에게 가용한 탐구방식이나 사유의 틀로서의 있음(임)(is)과 있지(이지) 않음(is not)이라는 두 가지 길에 대한 사유, 두 길 사이의 관계가 배타적이라는 원리(is or is not)에 대한 사유가 먼저 있어야 한다. 존재론이 성립하기 위해서는 상위의 원리에 대한 사유하기가 있어야 함을 밝히고 있다는 점에서 파르메니데스를 단순히 존재론자라고만 규정하기 어렵다. 오히려 인간이 일반적으로 따라야 할 두 가지 길을 도입했고, 그 두 가지 길이 상호 배타적임을 밝혔다는 점이 파르메니데스의 공헌이라고 보는 것이 보다 포괄적인 평가라고 할 수 있다.

파르메니데스에는 네 가지 사유가 등장한다. 논리적 순서상 방법에 대한 (메타적) 사유하기 ⇒ 두 가지 방법(길) 사이의 관계를 밝히는 원리에 대한 사유하기 ⇒ 있음(is)의 길을 따랐을 때 등장하는 존재에 밀착된 사유하기가 있으며, 네 번째는 일상적 인간들의 사유로서 위 세 가지 사유하기에 진입하지 못한 혼란스럽고 방황하는 사유이다.

37) 플라톤의 선의 이데아, 아리스토텔레스의 순수형상, 헤겔의 순수존재의 원형은 파르메니데스의 존재와 논리적으로 같은 개념이라고 말할 수 있다.

첫 번째 사유에 의해 인간에게 열려 있는 길이 있음(is)과 있지 않음(is not)이라고 하는 건 어떤 의미가 있을까? 있음(is)과 있지 않음(is not)을 인간 사유에 열려 있는 길(방법)이라고 보면, 있음(is)을 존재, 현존이나 ~임(규정, 서술)으로 있지 않음(is not)을 비존재, 무나 이지 않음으로 한정하는 걸 넘어선다. 곧 (세상을 해명하기 위해) 인간 사유 안에서 작동하는 사유의 틀이나 연산자(operator)로 볼 수 있게 된다. 인간의 생각 속에는 긍정과 부정, 동일성과 차이성, 있음과 있지 않음, 통합(unify)과 분화(분리, differentiate)와 같은 상반된 작용이 있다. 이 중에서 있음(is)은 긍정(~임)-동일성-있음-통합을 대변하고 있지 않음(is not)은 부정(~이 아님)-차이-있지 않음-분화 작용을 나타내는 사유 연산자(operator)가 된다.[38] 두 가지 사유의 틀이 서구의 철학사에서 플라톤 철학을 필두로 다양한 방식으로 결합하여 등장하고 있는 것은 불문가지의 사실이다.[39] 이렇게 본다면 파르메니데스는 단순한 존재론자를 넘어서 서구의 철학이 품고 가야할 두 가지 사유의 패러다임을 명쾌하게 제시하고 양자 사이의 관계를 최초로

---

38) 통상적으로 있음(is)은 빛으로 대변되는 밝음을 있지 않음(is not)은 어둠을 상징한다. 헤라클레이토스는 파르메니데스와 상반되는 철학을 피력하는데 그를 어둠, 은둔의 기질을 가진 철학자로 평가하는 것도 이유가 있다. 마찬가지로 파르메니데스 단편의 서시가 빛과 정의, 옳음의 여정으로 서술되고 있는 것도 이유가 있다. 강철웅(2004) 19-20쪽. 강철움은 빛과 어둠의 경험적인 세계를 파르메니데스가 초월적으로 넘어서야 함을 말하고 있다고 본다. 단편에 나타나는 네 가지 사유의 관계에 비춰보면 사유에 제시되는 두 가지 길을 명확히 구분하고 둘 중에 하나(빛)만 선택해야 한다(어둠의 세계는 알수도 없고 생각할 수도 없기 때문에)는 것이 파르메니데스의 입장이라면 일상인들의 사유는 두 세계(빛과 어둠)를 뒤섞어서 생각하기 때문에 혼란스러워진다.

39) 사실 두 가지 사유의 틀은 동서양의 문명 모두에 출현한다. 동양에서의 음과 양, 유(有), 무(無)도 세계와 인간 사유를 해명하는 두 개의 연산자(operator)라고 할 수 있으며, 불가(佛家)의 非一非異에서의 같음과 다름(一, 異)도 사유 안에서 작동하는 두 개의 operator라고 할 수 있다.

설정한 철학자가 된다.[40)]

있음(is)과 있지 않음(is not)을 배타적으로 사유한다는 건 어떤 의미가 있을까? 원리 '있거나 있지 않다(is or is not)'는 앞에서 언급한 것처럼[41)] 있음(is)으로부터 있지 않음(is not)을 배제하거나, 양자가 공존할 수 없음을 말하고 있다. 이는 있음(is)과 있지 않음(is not) 사이의 매개가 불가능하다는 걸 말하고 있다. 있음(is)을 부정한다고 해서 있지 않음(is not)이 '나타나거나 생기는' 것이 아니며 또 있지 않음(is not)을 부정한다고 해서 다시 있음(is)이 나타나지 않는다는 걸 말하고 있다. 이 원리에 따르면 있음(is)은 한 항으로 정립하기 위한 조건(한정성)이며 있지 않음(is not)은 그런 조건을 갖추고 있지 못하다는 걸 말하고 있다. 다시 말해 인간의 사유나 언설이 성립하기 위한 조건(한정성), 더 나아가 세상에 존재하는 것들이 이 세상에 있기 위한 조건(한정성)을 밝히고 있는 것이다. 있거나 있지 않다(is or is not)는 원리는 있음과 있지 않음이 공존불가능하다는 걸 말하고 있다. 곧 절대적으로 있거나(이거나) 있지 않다(이지 않다)이지 있으면서 있지 않거나 있지도 않고 있지 않음도 아닐 수 없다는 걸 말하고 있다.

논리적인 측면에서 파르메니데스가 철학사에서 분수령이 될 수 있는 것은 이후의 모든 논리적 사유가 따라야 할 원리로서 정립한 모순 금지 규정이나 배중율을 정립했다는데 있지 않다. 모순 금지 규정이나 배중률은 이미 정립된 두 항 사이의 관계를 언급

---

40) 이 두 가지 길을 반드시 가야하는 걸까? 두 가지 길 중 하나를 선택해야 된다면 어느 길을 선택하든 결말은 파국이다. 파르메니데스처럼 있음(is)의 길을 선택하면 현실세계는 허구가 되어 삶을 유지하는 것 자체가 불가능해진다. is not의 길을 선택하면 고르기아스가 말하고 있는 것처럼 아무 것도 존재하지 않으며, 존재한다고 해도 알 수 없으며, 안다고 해도 전달할 수 없게 되어 아무 것도 긍정할 수 없게 되어버린다.

41) 앞의 6쪽~ 2. 사유의 근본 원리

하고 있다. 곧 모순금지 규정은 (p ∧ ~p)가 불가능함을 말하고 있는데 이를 말하기 위해서는 p와 ~p가 각기 하나의 항으로 정립되어야 한다. 그것들이 하나의 항으로 정립되기 위해서는 먼저 지켜야 할 원리가 있는데, 그것이 있거나 있지 않다(is or is not)이다. 이는 두 항 사이에 중간 값이 없다는 배중률(principle of excluded middle)의 경우도 마찬가지이다. 있거나 있지 않다(is or is not)가 언설이 성립하기 위한 조건으로서의 1차 원리라고 하면 배중률과 모순 금지규정은 그걸 전제로 성립하는 2차 원리라고 할 수 있다. 파르메니데스가 로고스(logos)를 최초로 논증이라는 의미로 사용함으로써 최초의 논리주의자가 된 건 맞지만 그는 후대의 논리학에서 사용하는 '논리'라는 용어보다는 훨씬 근원적인 의미에서의 논리주의자이다.

파르메니데스가 인간 사유에 열어놓은 있음과 있음(is)과 있지 않음(is not)의 두 길 중 어느 길을 선택해도 결말은 파국이다. 파르메니데스를 따라 있음(is)을 선택하면 생멸변이를 특징으로 하는 현실세계는 성립하기 어렵다. 고르기아스처럼 있지 않음(is not)을 선택하면 어떻게 될까? 익히 알고 있는 것처럼 아무것도 존재할 수 없고, 존재한다고 해도 알 수 없고, 안다고 해도 타인에게 전달하는 것이 불가능해진다.[42)]이 결말도 파국이다. 이후의 철학사에서 주류 철학은 파르메니데스의 있음(is)을 선택하고 있지 않음(is not)의 기능을 하는 수정된 부정이나 변형된 비존재의 개념을 창안하는 방향으로 나아간다. 곧 파르메니데스가 제시한 있음의 길을 선택하면서도 현실세계를 구제할 수 있는 방법을 모색함으로써 파르메니데스의 후예가 된다.

---

42) Diels & Kran(1974) s.279-283.

부록 2.
고르기아스의 "비존재 또는 자연에 관하여" 분석*1)

김귀룡 (충북대 철학과)

이 글에서는 고르기아스의 토막글인 "비존재 또는 자연에 관하여"에서 전개되고 있는 논증을 분석함으로써 고르기아스의 로고스 개념을 해명해보고자 한다. 이 토막글은 아리스토텔레스와 섹스투스 엠피리쿠스의 버전이 있는데 두 텍스트 중에서 어느 것이 고르기아스의 생각을 충실히 반영하고 있느냐에 대해 논쟁이 있어왔다. 본고에서는 이 같은 논쟁에 참여하기보다는 섹스투스 엠피리쿠스의 텍스트에 기초해서 거기에 드러난 고르기아스의 생각을 읽어보고자 한다. 아리스토텔레스의 보고는 고르기아스에 대한 비판적인 시각을 지나치게 많이 드러내고 있고 그 저작이 아리스토텔레스 자신의 것인지도 명확하지 않기 때문이다.1)

---

* 이 논문은 2007년도 충북대학교 학술연구지원사업의 연구비 지원에 의하여 연구되었음(This work was supported by Chungbuk National University Grant in 2007).

1) 본고와 정확하게 반대되는 입장은 양태범(2007) 참조. 참조: Aristotle, On Melissus, on Xenophanes, on Gorgias 979a-980b. Sextus Empiricus, Against Logicians, I. 65-86. 참고: M. Untersteiner, The Sophists trans. by K. Freeman (Oxford: Basil Blackwell, 1954), pp. 142-163. W. K. C. Guthrie, The Sophists (Cambridge: Cambridge Uni. Press, 1979), pp. 196-199. J. H. M. M. Loenen, Parmenides, Melissus, Gorgias (Assen: Royal VanGorcum LTD, 1959), pp. 177-203. Jaap Mansfeld, "Historical and Philosophical Aspects of Gorgias' 'on What is not'", "De Mellisso Xenophane Gorgia", Studies in the Historiography of Greek Philosophy, (Van Gorcum, Assen: Maastricht,

1. 논증 분석

이 토막글에서 고르기아스는 1. 아무것도 존재하지 않는다(οὐδὲν ἔστιν), 2. 존재한다고 해도 알 수 없다, 3. 알려진다고 해도 다른 사람에게 전달할 수 없다는 것을 논증한다.

1-1. 아무것도 존재하지 않는다.

어떤 것이 존재한다면 그것은 ii) 존재하는 것(τὸ ὄν)이거나(ἔστι) i) 존재하지 않는 것(τὸ μὴ ὄν)이거나(ἔστι), 또는 iii) 존재하면서 존재하지 않는 것(καὶ τὸ ὂν ἔστι καὶ τὸ μὴ ὄν)일 것이다.

i)-1 존재하지 않는 것은 존재하지 않는다.(καὶ δὴ τὸ μὴ ὂν οὐκ ἔστιν) 존재하지 않는 것이 존재한다면(εἰ γὰρ τὸ μὴ ὂν ἔστιν) 그것은 존재하면서 존재하지 않을 것이기 때문이다. 그것이 존재하지 않는 것으로 인정된다면(ᾗ μὲν γὰρ οὐκ ὂν νοεῖται) 그것은 존재하지 않을 것이며(οὐκ ἔσται) 또 존재하지 않는 것'이라면'(ᾗ δὲ ἔστι τὸ μὴ ὄν) 또한 존재할 것이기(ἔσται) 때문에. 그런데 어떤 것이 존재하면서 존재하지 않는다는 것은 전적으로 불합리한 일이다.[2]

1990),. Christian Marie Jan Sicking “Gorgias und die Philosophen”, C. J. Classen ed., Sophistik (Darmstadt: Wissenschaftliche Buchgesellschaft, 1976), pp. 384-407.

2) 아리스토텔레스의 *On Melissus, on Xenophanes, on Gorgias*에서 이 부분에 관한 논의는 섹스투스의 서술과는 다른 구조로 파악된다. 여기서의 논증은 다음과 같은 방식으로 진행된다.(979a25-29) 참조: 양태범(2006)

비존재가 존재하지 않는다고 할 때(εἰ μὲν γὰρ τὸ μὴ εἶναι ἔστι μὴ εἶναι, 비존재가 존재가 아님이라고 할 때-여기서 문장은 주-술 동일적인 구조를 있지 않은 것(τὸ μὴ ὄν)이 있다면(ἔστι) ① 이 문장은 어떤 것이 있다(τι ἔστι, Something is)의 구조를 지니기 때문에 그것(τὸ μὴ ὄν)은 존재하며(ἔστι), ② 또 있지 않은 것(τὸ μὴ ὄν)은 있지 않음(οὐκ ὄν)으로 생각되어지기(νοεῖται) 때문에, 곧 존재하지 않기 때문에 존재하지 않는다(οὐκ ἔστι). 그런데 있다(ἔστι)와 있지 않다(οὐκ ἔστι)가 동시에 성립할 수는 없다.

이 논증에서는 있지 않은 것(τὸ μὴ ὄν)에서 양면적인 특성을 끌어내는 작업이 중심을 이룬다. 그것은 한편으로는 어떤 것(τι), 곧 규정성을 지닌 특정의 것으로 여겨지고(그래서 그것은 ἔστι문장의 주어가 된다), 다른 한편으로는 있지 않은(οὐκ ὄν), 곧 '(존재하지) 않는'이라는 부정적인 기능을 수행한다(그래서 그것은 οὐκ ἔστι문장을 가능하게 만드는 부정적인 연산자의 역할을 한다). 있지 않은 것(τὸ μὴ ὄν)은 한편에서는 있다(ἔστι)와 다른 한편에서는 있지 않다(οὐκ ἔστι)와 연관을 맺는데 고르기아스는 여기서 있다(ἔστι) 문장 형식 안의 있지 않은 것(τὸ μὴ ὄν)이 있지 않다(οὐκ ἔστι)의 문장 형식으로 전환될 수 있다고 생각한다. 그 이유는 있지 않은 것(τὸ μὴ ὄν)이 앞의 정관사(τὸ)를 떼어낸 형태인 있지 않은(οὐκ ὄν)으로 바뀔 수 있기 때문이다. 고르기아스

지닌 것으로 나타난다.) 존재하지 않는 것도 존재하는 것만큼이나 존재하게(이게) 된다.(οὐδὲν ἂν ἧττον τὸ μὴ ὂν τοῦ ὄντος εἴη.) 존재하지 않는 것이 존재하지 않는 것이고 존재하는 것이 존재하는 것이라면 사물들은 존재하는 것만큼이나 존재하지 않게 된다.(τό τε γὰρ μὴ ὂν ἔστι μὴ ὄν, καὶ τὸ ὂν (ἔστι) ὄν, ὥστε οὐδὲν μᾶλλον εἶναι ἢ οὐκ εἶναι τὰ πράγματα.)

이 논증은 모든 문장을 주술 동일성의 구조를 지닌 문장으로 구성한다. 아리스토텔레스에게서는 오로지 ἔστι 형식의 문장만이 가능하고 또 그런 문장은 주술 동일적인 구조를 지닌 것으로 여겨진다. 따라서 여기서 비존재가 존재할 수 없는 것은 비존재와 존재가 동일하다고 여겨지기 때문이다. 그리고 동일한 주어에 서로 대립적인 술어가 매겨지기 때문에 모순을 범하는 것으로 여겨진다.

에게서 있지 않은 것(τὸ μὴ ὄν)이 있지 않은(οὐκ ὄν)으로 바뀔 수 있는 이유는 명확하지 않다. 우리는 다만 존재하지 않는 것(τὸ μὴ ὄν)이 존재할 수도 있고 존재하지 않을 수도 있는 가능성을 지니고 있는데 그 중에서 파르메니데스가 존재한다는 것을 선택한 것과 마찬가지 이유로 고르기아스도 존재하지 않는다는 쪽을 선택할 수 있는 가능성은 열려있다고 말할 수밖에 없다. 고르기아스는 다만 있다(ἔστι)가 가능하다면 그와 대립되는 있지 않다(οὐκ ἔστι)도 마찬가지로 가능할 수 있다는 소피스트들의 일반적인 입장에서 약한 논증을 강하게 만들고 있다고 할 수 있는 것이다.

소피스트들이 일반적으로 약한 논증을 강하게 만든다는 점에서 고르기아스와 프로타고라스는 같은 전략을 구사한다고 말할 수 있을 것이다. 그렇지만 프로타고라스와 고르기아스가 약하다고 생각하고 있는 것은 서로 같지 않다는 점을 짚고 넘어갈 필요가 있다. 주어진 주제에 대해 서로 대립적인 진술이나 논증이 항상 가능하다고 생각하는 프로타고라스가 염두에 두고 있는 대립과 고르기아스가 염두에 두고 있는 대립의 성격은 같지 않다. 우리는 앞에서 프로타고라스에서의 대립은 있다(또는 이다)(ἔστι) 문장 형식 안에서의 ~임과 (~아님)임의 대립이라고 할 수 있다.[3] 그런데 위의 논증에서 나타나는 고르기아스의 대립이란 있음(또는 ~임)(ἔστι)과 있지 않음(또는 ~이 아님)(οὐκ ἔστι)의 대립임을 알 수 있다.[4]

---

3) 김귀룡(2007)

4) 따라서 고르기아스의 비합리주의는 프로타고라스적인 상대주의로 해석될 수 없다. Mansfeld는 아리스토텔레스의 On Melissus, on Xenophanes, on Gorgias를 주 텍스트로 삼아서 고르기아스의 논증이 프로타고라스의 상대주의적인 입장으로 해석한다. 그러나 이런 해석은 논증의 구조상 받아들이기 어렵다. J. Mansfeld, "Gorgias 'On What is not'"

프로타고라스의 상대주의에 따르자면 있지 않은 것이 있다(τὸ μὴ ὂν ἔστιν)는 문장은 있는 것이 있다(τὸ ὂν ἔστιν)와 마찬가지로 있다(이다, ἔστι) 형식의 문장이라고 할 수 있다. 따라서 있지 않은 것이 있다(τὸ μὴ ὂν ἔστιν)는 있는 것이 있다(τὸ ὂν ἔστιν) 만큼이나 참이라고 할 수 있다. 그런데 고르기아스에 따르면 있는 것이 있다(τὸ μὴ ὂν ἔστιν)는 있지 않다(이지 않다, οὐκ ἔστι) 형식의 문장으로 여겨지고 그에 따라서 그것은 불가능한 것으로 여겨지는 것이다. 우리는 여기서 있다(이다, ἔστι) 안에서의 부정인 있지 않은 것(τὸ μὴ ὂν)은 있다(이다, ἔστι)를 부정한 있지 않다(이지 않다, οὐκ ἔστι)로 여겨질 수 있다는 고르기아스의 생각을 엿볼 수 있다. 양자가 염두에 두고 있는 대립의 성격이 이와 같이 다르기 때문에 두 사람 모두에게 통용될 수 있는 평가를 찾기는 쉽지 않을 것이다. 이를테면 고르기아스를 프로타고라스와 마찬가지로 상대주의자로 볼 수 있을 지에 대해서는 진지한 논의가 있어야 할 것으로 본다.

i)-2 또 존재하지 않는 것이 존재한다면 존재하는 것은 존재하지 않게 될 것이다.(εἰ τὸ μὴ ὂν ἔστι, τὸ ὂν οὐκ ἔσται) 그것들은 서로 대립되기 때문이며 존재하는 것이 비존재에 부수적으로 따라 나오는 것이면 존재하지 않는 것이 존재하는 것에 부수적으로 따라 나오기 때문이다. 그런데 존재하는 것이 존재하지 않을 수는 없으며 그에 따라서 존재하지 않는 것이 존재할 수는 없을 것이다.

있는 것(τὸ ὂν)이 있지 않을 수(οὐκ ἔστι)는 없다. 그런데 있지 않는 것(τὸ μὴ ὂν)이 있다(ἔστι)면 있는 것은 있지 않게 된다.(τὸ ὂν οὐκ ἔστι) 따라서 있지 않는 것이 있을 수는 없다. 우리는 여기서도 i)-1과 마찬가지의 논리를 볼 수 있다. 아닌 것(something that is not, τὸ μὴ ὂν)이 있다는(또는 이라는, ἔστι) 것은 인 것(τὸ ὂν)이 아니라는(또는 존재하지 않는다는, οὐκ ἔστι) 의미로 해석되는 것이다.

다음으로 고르기아스는 존재하는 것이 존재하지 않는다는 것을 논증한다. 이 논증은 시간적이고 공간적인 측면에서 존재를 분석한다. 시간적인 측면에서는 존재가 시초를 지니는지 지니지 않는지, 또 공간적인 측면에서는 존재가 하나인지 여럿인지를 문제 삼는다. 고르기아스는 파르메니데스와 마찬가지로 존재와 비존재는 공존할 수 없다고 생각한다. 그에게서 비존재에서 존재가 나타나거나 존재가 비존재가 되는 논리는 나타나지 않는다. 곧 그는 모순을 이용하는 논리를 전개한다. 그는 이런 논리를 제논에게서 차용하여 역으로 파르메니데스적 존재에 적용한다.

ii) 존재하는 것도 존재하지 않는다.(οὐδὲ τὸ ὂν ἔστιν.)

ii)-1 존재하는 것이 존재한다면 그것은 영원하거나 창조된 것이거나 또는 동시에 창조된 것이자 영원한 것이다. 그런데 그것은 영원하지도 또 창조되지도 않는다. 따라서 존재하는 것도 존재하지 않는다.

ⓐ 존재하는 것이 영원하다면 그것은 시초를 지니지 않을 것이다. 그것은 시초를 지니지 않기 때문에 무한정적이다(ἄπειρον ἐστιν). 그것이 무한정적이라면 그것은 어디에도 있을 수 없다(οὐδαμού ἐστίν). 그것이 어딘가에 있다면 그것을 둘러싸고 있는 것과 그것은 다를 것이며, 따라서 존재하는 것은 어떤 다른 것에 의해서 둘러싸여져서 더 이상 무한정적이지 않게 된다. 둘러싸는

것은 둘러싸이는 것보다 큰데, 무한정적인 것보다 큰 것은 없기 때문이다. 따라서 무한정적인 것은 어디에도 있지 않다. 또한 그것은 자신에게 둘러싸일 수도 없다. 그 경우, 그것을 둘러싸고 있는 것은 둘러싸인 것과 같을 것이며, 또 존재하는 것은 장소와 물체의 둘이 될 것이다. 그러나 그것은 어처구니없는 일이다. 따라서 존재하는 것은 자신 안에 있지도 않을 것이다. 따라서 존재하는 것이 영원하다면 그것은 무한정적이며 또 무한정적이라면 그것은 어디에도 있지 않고 그러면 그것은 존재하지 않는다. 결국 그것이 영원하다면 그것은 애초부터 존재하는 것일 수 없게 된다.

이 논증은 파르메니데스나 헤라클레이토스에게서 드러나는 존재 또는 로고스의 영원성에 대한 간접적인 비판이라고 할 수 있다. 그들에게서 영원하다는 것은 로고스나 존재 외의 다른 것을 요구하지 않는다는 것이다. 그런데 여기서 고르기아스는 영원하다는 것이 시초를 지니지 않는 것이고 시초를 지니지 않는 것은 한정적이지 않다는 것을 찾아낸다. 그것은 영원성은 한정성이 아니라 무한정성에 개방되어 있다는 것이다. 따라서 존재가 영원하다면 그것은 무한정적이다. 그런데 무한정적인 것은 특정의 장소를 점유하고 있을 수 없다. 특정의 장소를 점유한다는 것은 곧 한정적이라는 것을 의미하기 때문이다. 설사 그것이 어딘가에 있을 수 있다고 하더라도 자기모순을 범하게 된다. 어딘가에 있다는 것은 다른 어떤 것에 의해서 둘러싸여 있다는 것인데 무한정적인 것보다 더 큰 것은 없기 때문에 이는 불합리하다. 다른 것에 둘러싸이지 않고 자신에게 둘러싸여 있다고 하더라도 모순이 발생한다. 그럴 경우, 둘러싸인 것과 싼 것이 같은 것이 될 것이고 또 장소와 물체가 같다는 결과를 초래할 것이기 때문이다.

우리는 여기서 소피스트들의 전형적인 논증 방식을 찾아 볼 수 있다. 자신이 가능하지 않다고 해서 배제한 것을 가능하다고 생각하고 거기서 다시 불합리한 점을 찾아내어 가능하지 않다는 점을 밝혀내고 있는 것이다. 이 과정은 사실 계속 진행될 수 있다. 우리는 이렇게 계속되는 논증의 전형적인 사례를 '팔라메데스 변호'에서 찾아 볼 수 있다. 이런 논증의 방식은 소피스트들의 논의의 영역에서 배제한 것도 논의의 영역에 들어와 있는 것만큼 고려할 가치가 있다는 원칙 때문에 나타나는 특이한 형식의 논증이라고 할 수 있다. 약한 논증은 강하게 될 수 있는 것이다.

> ⓑ 존재하는 것은 창조될 수도 없다. 그것이 창조되었다면 그것은 존재하는 것으로부터 창조되었거나 존재하지 않는 것으로부터 창조되었을 것이다. 그것은 존재하는 것으로부터 창조되지 않는다. 그렇다면 그것은 창조된 것이 아니라 이미 존재한 것이기 때문이다. 그것은 존재하지 않는 것으로부터 창조되지도 않는다. 존재하지 않는 것은 무엇인가를 창조할 수 없기 때문이다. 무엇인가를 창조케 하는 것은 필연적으로 있는 어떤 것에 참여해야 하기 때문이다. 따라서 존재하는 것은 창조될 수 없다.
> ⓒ 마찬가지로 그것은 영원하면서 창조된 것일 수 없다. 영원성과 창조라는 것은 서로 파괴적이어서 존재하는 것이 영원하다면 창조되지 않고 창조된다면 영원하지 않다.

창조란 창조 이전과 이후가 유사한 면도 있어야 하고 또 다른 면도 있어야 가능하다. 그런데 존재의 창조에는 그런 양면성이 존재할 수 없다. 존재하는 것은 존재하지 않는 것과 양립 불가능하기 때문이다. 존재와 비존재는 전적으로 배타적인 것이다. 따라서 존재가 창조된다면 그것은 존재, 또는 비존재로부터 창조되어야 하는데 존재로부터 창조된다는 것은 창조 이전과 이후가 전적으로 같게 된다는 것을 함축하고 비존재로부터 창조된다는 것은 창조 이전과 이후가 전적으로 다르다는 것을 함축하기 때문에 존재의 창조라는 것 자체가 불가능하게 된다.

따라서 존재하는 것이 영원하지도 창조되지도 않고 또 둘 다도 아니라면 존재하는 것이 존재할 수는 없다. 즉 시간적인 측면에서 그것은 존재한다고 할 수 없는 것이다. 다음으로 고르기아스는 공간적인 측면에서도 존재하는 것이 존재할 수 없다는 것을 논증해 낸다.

> ii)-2 존재하는 것이 존재한다면 그것은 하나이거나 여럿일 것이다. 그러나 하나도 아니고 여럿도 아니다. 따라서 존재하는 것은 존재하지 않는다.
> ⓐ 그것이 하나라면 분리될 수 있는 양이거나 연속체이거나 크기를 지닌 것이거나, 물체일 것이다. 그것이 분리될 수 있는 양이라면 그것은 나눠질 것이며 그것이 연속체라면 그것은 부분들로 갈라질 수 있다. 또한 그것이 크기를 지닌 것이라면 그것은 분할 불가한 것이 아니며 또 그것이 물체라면 그것은 세 가지 특성을 지닐 것이다. 그것은 길이, 폭, 깊이를 지니기 때문이다. 존재하는 것들이 그것들 중의 어느 것이 아니라고 하는 것은 어리석은 일이다. 따라서 존재하는 것은 하나일 수 없다.
> ⓑ 그것은 또한 여럿일 수도 없다. 여럿이라는 것은 하나들의 결합이라고 할 수 있는데, 하나가 불가능하다면 여럿도 마찬가지로 불가능한 것으로 여겨지기 때문이다.

하나라는 것은 그 이상 분할될 수 없다는 것이다. 그런데 어떤 것이 존재한다는 것은 언제나 어딘가에 있다는 것이고 어딘가에 있다는 것은 분할 가능하다는 것이다. 따라서 존재하는 것은 하나로서 존재할 수 없다. 다수라는 것은 하나의 복합체인데 하나라는 것이 불가능하기 때문에 다수도 있을 수 없다. 이로써 존재하는 것도 존재하지 않는다.

iii) 그리고 그것들이 동시에 존재할 수도 없다. 존재하는 것이 존재하고 존재하지 않는 것이 존재한다면 존재함과 관련해서 존재하지 않는 것은 존재하는 것과 같은 것이 되기 때문에, 존재하는 것과 존재하지 않는 것이 존재할 수 없다. 또 존재하지 않는 것이 존재하지 않음에 따라서 존재하는 것도 마찬가지 입장에 처하게 된다. 따라서 존재하는 것도 존재할 수 없다.
더 나아가 존재하는 것이 존재하지 않는 것과 동일하다면 그들 둘은 존재할 수 없다. 그것들이 동시에 모두 존재한다면 그것들은 같지 않으며 같다면 둘 다 존재할 수 없기 때문이다.

존재하는 것과 존재하지 않는 것이 둘이라면 그 둘은 전적으로 다르다고 할 수 있다. 곧, 그 둘은 동일한 보편 아래 포섭될 수 없는 것이다. 따라서 존재함과 관련해서 그 둘이 같다는 명제는 받아들여질 수 없는 것이다.

이로부터 아무것도 존재하지 않는다는 결론이 도출된다. 존재하는 것, 존재하지 않는 것, 그리고 그 둘 모두가 존재하지 않는다고 하면 그것들 이외의 다른 대안은 없기 때문이다.

1-2. 존재한다고 해도 인식할 수 없다.

고르기아스는 이와 같이 어떤 것도 존재할 수 없다는 것을 논증하고 다시 어떤 것이 존재한다는 주장을 가정하고서 그것이 인식될 수 있는지를 검토한다. 이 논증은 간략하게 다음과 같이 정리될 수 있다.

① 사유하는 것이 모두 존재한다면 존재는 사유될 수 있다. 그런데 사유되는 것 중에서 존재하지 않는 것이 있다. 이를테면 바다 위를 나는 사람이나 전차는 사유될 수는 있지만 존재하지는 않는다.
② 존재하지 않는 것이 모두 사유될 수 없다면 존재와 사유는 같을 것이며

따라서 존재하는 것은 사유될 수 있다. 그런데 우리는 스킬라나 키메라와 같이 존재하지 않는 것을 사유할 수 있다.[5] 따라서 존재한다는 것과 사유한다는 것은 같지 않으며 따라서 우리는 존재하는 것을 사유할 수 없다.

③ 자신의 논증의 반론에 대한 재반론

반론: 스킬라나 키메라, 바다 위를 나는 사람이나 전차와 같은 것을 감각적으로 확인할 수 없다고 해서 존재하지 않는다고 할 수 없다. 각각의 감각 기관에 상응하는 고유의 대상이 있는 것처럼 사유에도 고유의 대상이 있을 수 있고 따라서 그것은 존재한다고 할 수 있다.

재반론: 사람이 바다 위를 나는 전차나 사람이 있다는 것을 생각할 수 있다고 해서 그로부터 그것이 존재한다는 것을 믿는 것은 어리석은 일이다.[6]

이 논증은 '사유되는 것과 존재하는 것은 같다'(τὸ αὐτὸ νοεῖν ἐστίν τε καὶ εἶναι)는 파르메니데스의 명제(Fr. 3)에 대한 반박으로 읽힐 수 있다. 고르기아스는 사유한다는 것과 존재한다는 것이 같지 않다는 것을 논증한다. 사유와 존재가 동일한 것이라면 생각할 수 있는 것은 모두 존재해야 하고 비존재는 존재하지 않기 때문에 사유될 수 없어야 한다. 그러나 사유될 수 있는

---

5) 여기서 반례로 등장하는 스킬라와 키메라는 바다 위를 나는 전차나 사람의 사례와 성격을 달리한다고 한다. 전자의 그룹은 추상적 사유의 산물이라면 후자는 시적 상상력의 산물이라고 한다. M. Untersteiner, op. cit., p. 172. n. 76.

6) MXG의 논증은 다음과 같이 진행된다: 존재하는 것이 우리에게 알려질 수 있는 것이라면 모든 사유의 대상은 존재해야 하고 비존재는 존재하지 않기 때문에 생각되어질 수 없다. 그럴 경우 어느 누구도 거짓을 말할 수 없다. 그가 바다 위를 날으는 전차가 있다고 말한다고 하더라도 그것은 거짓일 수 없다. 모든 것은 같은 것이 될 것이기 때문이다. 따라서 보여지거나 들려지는 것은 그것이 사유의 대상이기 때문에 존재하게 될 것이다. 그렇지 않다면, 곧 우리가 보고 듣는 것이 우리가 보고 듣기 때문에 존재하지 않는다면 우리가 생각하는 것이 우리가 생각하기 때문에 존재하지는 않을 것이다. 우리가 생각하는 것이 존재하게 될지는 명확하지 않다. 어떤 종류의 것이 존재하게 될는지 명확하지 않다.(980a8-19)

것 중에서 존재하지 않는 것이 있고, 또 존재하지 않는 것 중에도 사유 가능한 것이 있다. 우리의 사유는 존재하지 않는 것(이는 존재하지 않는다는 논증에서 본 것처럼 존재의 규정성을 지니고 있으면서 다른 한편에서는 존재하지 않음이라는 비규정성에로 열려 있다)에로 열려 있는 것이다. 따라서 사유는 규정하는 행위로서 규정성을 지니는 존재와 같은 측면도 있지만 다른 한편에서는 존재하지 않음, 곧 비규정성으로도 열려 있다고 할 수 있다. 사유는 규정적이기도 하지만 비규정적이기도 한 것이다. 이런 의미에서 사유는 양면적이다. 그것은 규정적인가 하면 비규정적이기도 한 것이다. 따라서 존재(규정성) = 사유라는 등식은 성립하지 않는다.

1-3. 안다고 해도 전달할 수 없다.

외부에 존재하는 것들에 대한 우리의 이해는 로고스를 통해서 다른 사람에게 전달된다. 그런데 로고스는 존재하는 것(ὄν)도 아니고 배후에 존속하는 基體(ὑποκειμένον)도 아니다. 따라서 로고스는 그런 것들이 아니기 때문에 다른 사람들에게 드러내 보여줄 수 없다.(존재하는 것만이 사람들에게 드러나는 데, 로고스는 존재하는 것이 아니기 때문에 로고스를 통해서 자신이 이해하는 바를 드러낼 수는 없다.)
로고스는 외부에서 우리에게 들어오는 외부적인 대상들로부터(ἀπὸ τών ἔξοθεν προσπιπτόντων ἡμίν πραγμάτων) 야기되는 인상, 곧 감각으로부터 형성된다. 냄새가 나면 냄새와 관련되어서 발설되는 말이 생겨나며 색이 나타나면 색에 관련된 말이 생긴다. 그렇다면 외부의 대상을 드러나게 하는 것은 말이라고 할 수 없으며 오히려 말을 설명 해주는 것이 외부적인 대상이라고 할 수 있다.(말에 의해서 외부 대상들이 나타나게 되는 것이 아니라 외부 대상들을 통해서 말이 설명된다.)
로고스가 그에 상응하는 배후에 존속하는 基體를 가진다고 해도 그것은 다른 모든 감각 기관에 상응하는 기체들과 다른 것이다. 대표적으로 시각은 말과는 다른 것이다. 보이는 것은 시각에 의해서 파악되고 로고스는 다른 것에 의해서 파악되는 것이다. 따라서 로고스는 다양한 기체들을 드러내주지 못한다. 존재하는 것은 다양한 감각 기관에 의해서 파악되는 다양한 모습들을 지니고 있는데 그런 다양한 모습을 지니는 존재는 로고스에 의해서 전달될 수 없다. 로고스와 감각 기관들은 서로 다른 존재의 모습을 보고하기 때문이다.)

로고스가 외부적인 대상들을 존속하게 하는 것이 아니라 외부적인 대상들을 통해서 로고스가 가능하다. 우리는 외부적인 대상들을 감각 기관들을 통해서 지각하지 로고스를 통해서 지각하지 않는다. 로고스는 외부 대상들을 파악하는 통로인 감각 기관과는 다른 것이고 따라서 로고스는 외부 대상과는 다른 것으로 여겨진다. (그것은 가시적인 것, 이를테면 색을 들을 수 없고 가청적인 것, 소리를 볼 수 없는 것과 마찬가지로 소리나 색을 말할 수 없기 때문이다.) 따라서 어떤 사람이 존재하는 것들을 알았다고 해도 그것을 다른 사람에게 전달할 수 있는 통로는 막혀 있는 것이다.

이 논증에서 고르기아스는 자신이 지니고 있는 몇 가지 전제를 드러내 보여준다. 첫째, 존재하는 것, 곧 외부적인 대상은 로고스에 의해서 규정되는 것이 아니라 로고스가 외부 대상에 의존하고 있다. 이로부터 로고스가 독자적인 대상을 지니지 않는다는 결론을 끌어낼 수 있다. 둘째, 외부 대상에의 유일한 통로는 감각이라고 할 수 있다. 이는 첫째 전제와 더불어서 로고스가 외부 대상과 직접적인 연관을 지니지 않는다는 결론을 가능하게 한다. 셋째, 감각 기관들 사이, 또 감각 기관과 로고스 사이에는 공통점이 존재하지 않는다. 감각 기관 사이에 공통점이 없는 것처럼 로고스와 감각 기관 사이에 공통점이 없기 때문에, 로고스는 외부 대상과 다르다고 할 수 있다. 따라서 우리는 외부 대상을 감각을 통해서 지각하고 감각은 다른 사람에게 자신이 지닌 정보를 전달하는 수단인 로고스와 다른 것이기 때문에 우리가 외부에 존재하는 대상을 인식했다고 해도 그것을 다른 사람에게 전달할 가능성이 생기지 않는다는 것이다.

대상($\pi\rho\acute{\alpha}\gamma\mu\alpha$)에 이르는 유일의 통로는 감각 기관이고 감각 기관들은 서로 공약수를 지니지 않는다. 귀는 대상들의 소리만을 눈은 대상들의 모습이나 색채만을 제공하기 때문에 우리는 대상들에 대한 통일적인 인식을 지닐 수 없다. 우리는 이런 고르기아스의 주장에서 인간의 외부 세계에 대한 인식이 단편적일 수밖에 없다는 주장을 끌어낼 수 있다. 소피스트들 이전의 자연 철학자들이 잡다한 현상의 배후에서 그것들을 통일시켜주는 원리를 파악하는 데 심혈을 기울이고 있다고 한다면 고르기아스의 이 주장은 자연 철학자들의 그런 시도가 무망한 일이라는 것을 보여주고 있는 것이다. 또 로고스가 외부 대상들과 직접적인 연관을 지니지 않고 더 나아가 로고스가 자신의 독자적인 대상을 지니지 않는다는 명제는 현상들의 배후에 존재하는 실재와 같은 것이 존립할 수 없음을 보여준다. 순수 사유나 인식만이 도달할 수 있는 대상의 참모습과 같은 것은 존재하지 않는다는 것이다. 또 감각 기관들이 서로 공약수를 지니지 않는 것처럼 로고스와 감각 기관이 서로 공통점을 지닐 수 없다는 명제는 감각 기관의 차이성을 로고스에도 연장해서 적용함으로써 나타난다고 할 수 있다. 즉 그는 기본적으로 차별성을 전제로 해서 성립하는 우리의 감각을 외부 세계에 이르는 유일의 통로로 생각함으로써 로고스의 세계 안에도 차별성이 개입될 수밖에 없음을 보여주고 있는 것이다. 이는 사실은 우리의 사유가 비존재에도 개방되어 있다는 두 번째 논증과 같은 맥락에 속하는 주장이라고 할 수 있다.

2. 논증 정리

이 논증은 존재론, 인식론, 논리의 세 측면에서 정리될 수 있다. 존재론적인 측면에서 고르기아스는 존재함(ἔστι)에 대해서 존재하지 않음(οὐκ ἔστι)을 선택한다. 그는 소피스트들의 기본 입장에 충실하게 두 가지 가능성 중에서 버려진 것도 채택된 것과 마찬가지의 권리를 지닐 수 있기 때문에 파르메니데스가 버렸던 가능성을 선택한다. 따라서 일반적으로 존재하지 않는 것이 존재를 향한 열망만큼이나 비존재를 향한 열망도 가지게 된다. 존재 대신에 비존재를 선택하는 고르기아스의 시각은 그리스의 사유 발전 과정에서는 이단적으로 여겨질 수 있다. 우리는 그리스인들의 사상 발전 과정을 합리적인 사유를 완성시켜가는 과정으로 간주할 수 있다. 그것은 합리적인 사유를 대변하는 로고스에 위협이 되는 요소를 제거하는 방식으로 진행되는 과정이라고 할 수 있다. 파르메니데스식으로 표현하면 인간의 일의적인 사유로 담기지 않는 비존재(οὐκ ἔστι)를 제거하는 방식으로 진행된다고 할 수 있는 것이다.

이와 같은 그리스의 합리적 사유의 발전 과정에서 인간의 사유로 담을 수 없는 자연이나 신과 같은 타자의 세계를 배제하는 프로타고라스적인 회의주의가 나타나는 것은 어쩌면 당연한 귀결이라고 할 수 있다. 프로타고라스적인 회의주의는 신화적이고 시적인 전통에서 인간의 뇌리에 남아 있던, 인간의 의식으로 어찌할 수 없는 냉혹한 필연이나 운명의 질서를 상징하는 비결정성의 세계를 인간의 사유로부터 논리적으로 추방하는 역할을 한다. 그런데 우리는 고르기아스에게서 이런 합리적 사유의 진행 방향을 거스르는 면을 발견한다. 그는 전적인 비결정성을 규정함으로써 나타나는 존재하지 않는 것(τὸ μὴ ὄν)이 한 편에서는 규정적인 면을 지니지만 다른 한편에서는 전적으로 비결정적인 있지(이지) 않다(οὐκ ἔστι)로 전이될 가능성을 살려내고 있는 것이다. 그는 합리적 사유로 대변되는 그리스인의 사유 방식에 대비되는 비합리적인 사유의 가능성을 생각하고 있는 것이다.

인식론적인 측면에서 고르기아스가 비판의 대상으로 삼는 것은 파르메니데스적인 사유와 존재의 동일성 주장이라고 할 수 있다. 사유는 스킬라나 키메라와 같이 존재하지 않는 것을 사유할 수 있기 때문에, 곧 사유는 비존재에로 개방되어 있기 때문에 사유 = 존재라는 등식은 성립되지 않는다. 고르기아스는 사유 안에서 비존재와 연관되는 측면을 찾아냄으로써 그것이 존재와 같아질 수 없음을 논리적으로 밝혀내고 있는 것이다. 우리는 여기서 사유가 존재 이외의 것에 개방되어 있다는 생각을 엿볼 수 있다. 인간의 사유는 존재 이외의 것에 개방되어 있기 때문에 자체성을 잃고 자신과 다른 상태로 변형될 가능성을 지닌다. 사유는 자신의 본모습, 곧 한정성에 절대적으로 매여 있지 않은 것이다. 우리는 외부적인 것의 매개 수단인 로고스에 의해서 사유가 변형되는 과정, 곧 스스로의 본래성을 잃고 제 정신이 아닌 상태에서 자신의 의사와 상관없는 판단을 내리는 경우의 예를 헬렌에 관한 옹호에서 찾아볼 수 있다.

논리적인 면에서 고르기아스는 이중적인 면을 드러낸다. 한편으로 그는 파르메니데스적인 귀류법적 논증을 이용한다. 주어진 주장에서 모순 또는 불합리한 점을 이끌어냄으로써 그는 주어진 주장을 반박하는 방식을 택하고 있는 것이다. 이런 면에서 그의 개별적인 논증은 제논의 논증 방식과 정확히 같다고 할 수 있다.[7] 그에게서 주어진 개념을 분석하여 가능한 경우를 나열하고 그로부터 모순을 이끌어낸다는 점에서 위의 논증은 제논의 것과 같다고 할 수 있는 것이다.[8] 이 논증은 모순을 배제해야지만 성립할 수 있고 따라서 그는 존재와 비존재의 공존을 허용하지 않는다고 할 수 있다. 이 점에서 그는 엘레아 학파의 모순 배제의 논리를 수용하고 있다. 그는 파르메니데스와 마찬가지로 존재가 비존재가 된다거나 비존재가 존재가 될 가능성은 인정하지 않는다. 따라서 그는 모순금지규칙을 수용할 수밖에 없고 그 경우 상대의 입장을 논박하는 방식은 상대의 주장에서 모순점을 찾아내는 방식으로 진행될 수밖에 없는 것이다. 따라서 논리적인 면에서 고르기아스와 파르메니데스는 다를 것이 없다. 그는 논리를 쇄신한 사람은 아닌 것이다.

그러나 다른 한편에서는 제논의 논증이 주어진 주장에 反하는 주장(존재는 하나이다)을 확증하기 위해서 주어진 주장(존재는 여럿이다)에서 모순을 이끌어내는 데 비해서 소피스트들, 특히 위의 고르기아스의 논증에서는 주어진 주장에서 뿐만 아니라 그와 反하는 주장에서도 모순을 이끌어내는 방식으로 진행된다는 점에서 어떤 주장을 확증하는 방식으로 진행되지 않는다. 모순 논증을 正에 뿐 아니라 反의 경우에도 적용함으로써 가능한 경우 모두에서

7) 제논의 논증은 다음처럼 진행된다. 다수가 존재한다면 그것은 분할 가능한 것이다. 최소 단위까지 분할할 경우 그 최소 단위는 크기를 지니거나 지니지 않는다. 그런데 크기를 지니는 경우, 최소 단위는 무한 분할한 결과이기 때문에 다시 합치면 그것은 무한한 크기를 지니게 된다. 그런데 이는 불가능하다. 또 크기를 지니지 않는다면 그것을 아무리 많이 합친다고 해도 원래의 크기를 가질 수 없다. 따라서 여럿이 존재한다는 가정 하의 가능한 모든 경우에서 모순이 도출되기 때문에 여럿은 존재하지 않는다.

8) 그래서 제논은 소피스트와 같은 부류로 여겨지기도 한다. G. B. Keferd, “Dialectic, Antilogic and Eristic”, The Sophistic Movement, (Cambridge: Cambridge Uni. Press, 1984), pp. 59-63.

모순을 끌어내는 것이다. 그에 따라서 위의 논증들에서는 존재한다, 인식한다, 전달한다라는 사태는 어떤 경우든지 모순에 노출되어 있음이 밝혀진다.[9] 이 논증은 어떤 주장을 옹호하기 위해서 그와 반대되는 주장을 반박하는 방식이 아니라 부정적인 방식으로만 사용되고 있는 것이다. 그는 주어진 주제가 ~이다라는 것을 주장하기 위해 이런 논증을 사용하지는 않는다. 다만 주어진 가능한 경우에서 존재한다라고 말할 수 없다는 것을 논증하고 있는 것이다. 이런 점에서 주어진 주장과 반대되는 주장을 확증하기 위한 제논의 논증 방식과는 다르다고 할 수 있다.[10]

고르기아스의 논증은 이렇게 이중적인 특성을 지닌다. 그는 한편에서는 엘레아 학파의 논증을 받아들이면서도 다른 한편으로는 그 논증을 엘레아 학파의 주장에도 적용함으로써 그들의 주장을 논박하고 있다. 그는 상대의 논리를 거꾸로 상대에게 적용함으로써 존재하는 것만이 존재한다는 논증을 논박하고 있는 것이다. 따라서 논증의 방식으로 볼 때는 고르기아스는 파르메니데스적인 논리를 극복할 수 있는 논리를 갖추고 있다고 할 수는 없다. 파르메니데스의 논리를 극복할 수 있는 논리를 갖추지 못했기 때문에 그는 '진지함은 비웃음이나 가벼움으로 또 가벼움은 진지함으로 파괴한다'[11]나 기껏 전통에 반하는 논리를 펼치고서도 자신이 펼

9) 고르기아스가 팔라메데스 옹호, 헬렌에 관한 찬사, 비존재에 관하여에서 가능한 모든 경우를 나열해서 그에 反하는 논증을 펼치는 방법은 열거의 방식(apagogic)으로 불리우고 이는 후에 주어진 주제를 부분들로 쪼개는 플라톤의 분할의 방법의 선구 역할을 한다. Michael Gagarin, "Probability and Persuation: Plato and early Greek Rhetoric", Ian Worthington ed., Persuation: Greek Rhetoric in Action, (New York: Routledge, 1994), pp. 62-63.

10) 이런 논증은 듣는 사람들에게 일종의 최면 효과를 산출하는 효과를 지닌다고 한다. Susan C. Jarratt, Rereading the Sophists: Classical Rhetoric Refigured, (Carbondale and Edwardsville: Southern Illinois Uni. Press, 1991). p. 21.

친 논리가 유희나 게임에 불과한 것[12]이라고 규정하게 된다. 그는 자신이 펼친 논리로 다시 자신이 논박당하는 경우를 방지하기 위한 방패막이 발언을 하고 있는 것이다.

3. 맺음말: 고르기아스의 로고스와 자연

이상의 논의에서 우리는 고르기아스가 취하고 있는 미묘한 입장을 확인할 수 있다. 기본적으로 고르기아스는 존재가 비존재가 된다거나 또는 그 역의 가능성을 차단한다는 점에서 파르메니데스와 마찬가지 입장을 지니고 있다고 할 수 있다. 그러나 그는 소피스트로서 존재가 가능한 만큼 비존재도 가능하다는 주장을 한다는 점에서 파르메니데스와 전적으로 다른 길로 나아간다. 자신과 대립되는 것도 자신 만큼이나 가능할 수 있다는 것을 인정한다는 점에서 고르기아스는 주어진 주제에 대해 양면 논증이 가능하다고 보는 프로타고라스와 같은 진영에 속한다고 할 수 있다. 그러나 프로타고라스는 서로 대립되는 것의 공존 가능성을 생각한다는 점에서 파르메니데스나 고르기아스와 서로 구분된다. 그러나 프로타고라스는 비존재의 가능성을 염두에 두고 있지 않기 때문에 파르메니데스와 같은 입장에 서고 고르기아스와는 결별한다.

고르기아스는 그 기본에 있어서는 파르메니데스적인 사유 방식을 효과적으로 극복한 인물은 아니다. 그러나 우리는 그에게서 파르메니데스의 존재대신에 비존재를 선택한 인물답게 일의적이고 필연적인 추론만을 허용하는 로고스 개념과는 다른 로고스 개념

11) DK 82 B12.

12) DK 82 B10.20

을 찾아 볼 수 있다. 그는 비록 심리적이고 수사학적이긴 하지만 신이나 폭력과 같은 힘을 지니고 있는 로고스에 의해서 인간의 의사가 변형되는 과정을 기술한다. 그에게서 로고스는 주체로서의 인간의 자발적인 기능이라기보다는 오히려 인간의 자발적인 판단 기능을 변형시키는 작용을 하는 것으로 여겨진다. 우리는 기만이나 속임수로 파악되는 고르기아스적 로고스의 개념에서 파르메니데스적 존재나 헤라클레이토스의 로고스 개념에 反하는 작용을 찾을 수 있으며 이는 고르기아스의 '헬렌에 대한 변호'에서 찾아 볼 수 있다[13].

13) 김남두, "고르기아스의 『헬레네 찬사』와 말의 힘", 『西洋古典學硏究』 한국서양고전학회, 2005, 24집 241-264쪽

부록 3.
고르기아스의 헬렌 찬사

고르기아스는 헬렌이 남편인 메넬라오스를 버리고 파리스를 따라가게 한 원인을 네 가지 중의 하나일 수밖에 없다고 보고 네 가지 상황 각각에서 헬렌이 책임을 지지 않아도 된다는 것을 논증한다. 고르기아스는 헬렌이 그런 비행을 저지른 것은 (1) 운명과 신의 의지, 또는 필연성에 따랐거나 (2) 폭력에 굴복해서 그렇게 했거나 (3) 로고스에 의해서 설득 당했거나(*λ΄ογοις πεισθεί σα*) (4) 사랑의 감정에 굴복했거나이기 때문이다. 우선 (1), (2), (4)를 먼저 간략히 살펴보고 마지막으로 (3)에 대해서 생각해 보기로 하자.

> (1) 만약 그녀의 행동이 자신의 의사와 상관없는 신적인 운명에 의한 것이라면 헬렌이 아니라 비난하는 사람이 비난받아야 한다. 어느 누구의 통찰도 신의 의사를 방해할 수는 없기 때문이다. 강자는 약자에게 방해받을 수 없으며 신은 원래(*π΄εφυκε*) 힘(폭력), 지혜, 다른 모든 면에서 인간보다 강하다.(*θε`ος δ᾽ ἀνθρώπου κρείσσον καὶ βιαι καὶ σοφιαι καὶ τοίς ἄλλοις*) 강자는 약자에게 지배받으며 끌려갈(*ἄγεσθαι*) 수밖에 없다. 이 경우 헬렌의 행위의 원인(*αἰτ΄ια*)은 운명에 있다고 할 수 있다. 그러면 헬렌은 자신의 행위 때문에 비난받아서는 안 된다.

사람들이 헬렌을 도덕적으로 비난하는 것은 그녀의 행위가 자발적이라고 생각하고 있기 때문이다. 고르기아스는 그녀의 행위가 자발적인 것이 아님, 곧 자신에게서 그 연유를 찾을 수 없다는 것을 보임으로써 사람들의 도덕적 비난이 근거 없는 것일 수 있음을 논증한다. 이 경우 인간 행위의 근거가 인간 자신에게서 찾아지지 않고 외부적인 것에서 찾아질 수 있다는 주제는 합리적 사유가 자리 잡기 이전의 시대에서는 흔히 발견된다. 이를테면 호메로스의 『일리야드』에서의 아가멤논은 아킬레스와 자신이 싸우게 된 원인은 자신이 아니라 제우스와 어두움 속에서 활동하는 운명과 분노의 여신에게 있다고 말한다. 그들이 자신에게 맹목적인 폭력성(ἄτη)을 자신에게 불어넣어 아킬레스의 전리품을 가로채도록 했기 때문에 아가멤논 자신이 할 수 있는 일은 아무 것도 없다고 말한다.[1] 이런 방식으로 자신의 문제 행위에 대한 책임을 면하려는 시도는 신화적인 사유에서는 흔한 일이지만 기원전 5 세기 중반의 아테네에서 이런 변명은 무책임한 것으로 여겨진다.[2] 우리는 여기서 고르기아스가 주체적인 행위자로서의 인간이라는 개념을 비판하고 외부적인 힘의 대리 수행자로서의 수동적이고 의존적인 인간상을 되살리고 있음을 볼 수 있다.

이 경우 인간적 행위의 원인으로 등장하는 신이나 운명 등은 강제력이나 폭력의 형태로[3] 인간에게 다가오며 그런 힘 앞에서

1) Illiad, 19.85ff. 인간이 자기 행위의 원인이 아니라는 것은 이 뿐만 아니라 『일리야드』, 『오딧세이』 아이스퀼로스의 『아가멤논』 등에서도 찾을 수 있다. 그러나 아이스퀼로스에서는 행위의 주체로서의 인간과 외부적인 힘의 대리인으로서의 인간 사이의 갈등이 보여진다. 클뤼타임네스트라는 복수의 정신을 대표하는 알라스토르가 자신의 정신을 빼앗아서 아가멤논을 살해하게 되었다고 변명하지만 결국에는 그녀가 부군 살해 행위의 주체로서 여겨진다.

2) Arthur W. Adkins, "Form and Content in Gorgias' Helen and Palamedes: Rhetoric, Philosophy, Inconsistency and Invalid Argument in Some Greek Thinkers" J. P. Anton and Anthony Preus ed. *op. cit.*, p. 121.

3) 폭력과 힘을 결합한 신성이라는 개념은 헤시오도스와 아이스퀼로스에게서도 찾아볼 수 있다. 『신통기』 520-529에서 신성의 대표격인 제우스는 프로메테우스의 행위에 대해서 끊임없는 고통을 부여하는 존재로 여겨지고 『결박된 프로메테우스』에서의 제우스는 부당한 폭력을 행사하는 존재로 간주된다.

주체의 자발성을 근거로 하는 도덕적 책임이나 비난은 무의미한 것으로 여겨진다. 그 외부적인 힘은 폭력이나 지혜 등, 모든 재능의 특성을 지니는 신성한 것으로 여겨진다. 그리고 그것은 인간의 가치 체계나 사유의 체계로서 담을 수 없는 무자비하고 냉혹한 세계나 자연의 영역으로서 그 앞에서 인간은 전적으로 무기력한 존재로 여겨진다. 이런 힘 앞에 노출될 경우 인간의 자발성이나 주체성 등은 그 기능을 발휘할 수 없게 된다. 이런 힘 때문에 헬렌이 불륜을 저질렀다면 행위의 동기나 이유, 원인을 헬렌 자신에게서 찾는 일은 무망하며 주체적인 동기나 이유 때문에 가해질 수 있는 도덕적인 비난은 무근거한 것이 된다. 따라서 무고한 인간이 그에 시달릴 경우, 비난이나 증오보다는 동정과 공감을 유발하게 되는 것이다.

> (2) 헬렌이 강제로 납치를 당하고(ἡρπάσθη) 무도하게 폭행을 당하고(ἐβιάσθη) 수모를 겪어야(ὑβρίσθη) 했다면, 비난받아야 할 것은 당한 헬렌이 아니라 그런 무도한 행위를 저지른 자라고 할 수 있다. 야만인인 그(파리스)는 야만적인 행동을 했을 것이며, 따라서 비난과 불명예를 감수해야 하고 또 처벌받아야 한다. 자신의 조국과 친구들을 빼앗긴 그녀는 비난을 받아야 할 것이 아니라 동정을 받아야 한다.

여기서도 헬렌은 야만적 폭력을 행사하는 파리스의 희생자로 드러난다. 파리스가 주체적으로 행위하고 있다면 헬렌은 수동적으로 그런 행위를 겪는 것이다. 여전히 행위의 원인은 헬렌에게서가 아니라 헬렌의 밖에서 찾아진다. 고르기아스에서 인간의 도덕적인 판단력은 그런 외부적인 강제력에 의해서 무기력해질 수 있다고 생각하고 있는 것이다.

논의의 순서를 바꿔서 네 번째 논증부터 살펴보기로 하자.

(4) 사랑은 자신에게 보이는 것에 의해 이끌리는 행위라고 할 수 있는데, 눈에 보이는 것은 우리에 의해서 선택되는 것이 아니라 각자 자기의 본성을 지닌다. 그리고 우리의 영혼은 시각을 통해서 인상을 받는다. 시각은 우리에게 공포를 일으키기도 하고-이를테면 전쟁터에서 적을 봄으로써 생기는 공포는 우리가 일상적으로 명예롭게 생각하는 것, 또는 승리로부터 얻을 수 있는 이득과 같은 것을 망각하게 만들기도 하고-, 놀라운 장면의 목격은 우리의 혼을 빼앗기도 하며, 예술가들이 우리의 시각에 제공하는 것들은 신적인 것으로 여겨지기도 한다. 이처럼 헬렌은 파리스의 용모를 보고서 열정에 빠져서 제정신이 아니었을 것이다. 약한 인간이 신적인 힘에 저항하는 것이 불가능하기 때문에 헬렌은 어쩔 수 없이 그렇게 했을 것이다. 영혼의 무지 상태에서 야기되는 행위는 죄로서 비난받아야 할 것이 아니라 불운으로 동정을 받아야 할 것이다. 그것은 자유의사에 의한 것이 아니라 운명의 굴레 때문에 생긴 것이기 때문이다.

대표적인 자발적인 감정으로 여겨지는 사랑도 그 근거를 추적해 보면 자신에게서 연유하지 않는다. 아름다운 용모에 반한다는 것은 자신이 그것을 봄으로써 느낌을 갖는 자발적인 체험이 아니다. 그것은 외부적인 대상에 의해서 따라가게 될 수밖에 없는 수동적인 겪음이다. 그것은 가시적인 대상 → 시각 → 영혼에서의 정서 → 행위로 이어지는 인과적인 고리라고 할 수 있는 것이다. 거기에서 주체의 건전한 판단력은 마비된다. 외부적인 대상에 의한 자기 상실의 경험이 사랑이라는 경험인 것이다. 두려운 장면의 목격은 전쟁터에서 도망쳐서는 안 된다는 규율과 도망치지 않고 싸웠을 때 생기는 이득을 계산하는 능력을 앗아간다. 외부에서 다가오는 인상은 기존의 관습이나 규범 등을 송두리째 망각하거나 부정하는 기능을 할 수 있는 것이다. 고르기아스는 외부적인 대상에 대한 경험이 우리의 주체적인 인식이나 사유를 형성하는 것이 아니라 역으로 그런 주체성을 마비시키는 계기일 수 있다고 보고 있는 것이다.

이상의 논증들은 공통적으로 인간의 주체성에 기초한 인식이나 판단들이 외부적인 힘들에서 연유한 것일 수 있다는 메시지를 담고 있다. 자발적이고 주체적인 인간은 언제나 의존적이고 수동적인 존재가 될 수 있다. 고르기아스는 인간의 주체성이 형성되어 가는 거대한 흐름의 와중에서 인간의 주체성에 기초한 도덕적 판단이나 인식이라는 것이 허구적일 수 있다는 논증을 펼치고 있는 것이다.

고르기아스는 세 번째 논증에 많은 공간을 할애한다. 그는 로고스를 인간의 마음을 변화시키는 외부적인 힘을 인간의 마음에 끌어들이는 매개 역할을 하는 것으로 파악한다.

> (4) ① 그녀를 설득하고 영혼을 속인 것이 로고스일 경우에도(*εἰ δε λόγος ὁ πέισας καὶ τὴν ψυχὴν ἀπατήσας*) 그녀에 대한 옹호나 (행위의) 동기의 순수성을 보이는 일은 어렵지 않다. 로고스는 강한 힘(*δυνάστης*)으로서[4], 최소한의 (눈에 보이는) 것만으로도(*σμικροτάτῳ σώματι*) 눈에 보이지 않는 신적인 업적(*θειότατα ἔργα*)을 성취할 수 있다. 그것은 공포를 그치게 할 수 있고 고통을 멈추게 할 수도 있으며 기쁨을 불러일으킬(*ἐνεργάζεσθαι*) 수도 있으며 동정심을 불러일으킬 수도 있다. 나는 이를 보이고자 한다.

4) 로고스는 여기서 아테네 민주정에 대비되는 군주정치를 대변하는 권력과 유사한 면을 지니기는 하지만 그것이 곧 권력을 잡은 사람들을 옹호하는 논리로 발전된다고는 할 수 없다. 오히려 관습이라는 이름 아래 옹호되던 일반적인 사람들의 도덕적인 가치관을 비판하기 위한 도구로 등장하는 것이다. 로고스는 명백히 개인의 의식에 대해 폭력적인 힘으로서 다가오는 면이 있다. 그러나 고르기아스에서 로고스는 개인의 의식을 무조건적으로 압제하지는 않는다. 그것은 앞으로 보겠지만 개인의 의식을 변화시켜서 로고스에 의해서 전달되는 것을 자발적인 것으로 여겨서 스스로 행위하게 하는 기능을 지닌다. 참고: John Poulakos, *op. cit.*, pp. 140-141.

여기서 강력한 지배자로서의 로고스는 두 번째 논증에서의 폭력과 연관을 지니고 있음을 알 수 있다. 이는 다음에 나타나는 강제력(ἀναγκάζειν)과도 연관을 지닌다. 로고스는 신적인 업적을 성취할 수 있는 신적인 것으로도 여겨진다. 그것은 앞의 논증 (1)에서 신이 하는 역할을 대리할 수 있는 것으로 등장한다. 문장 구성적인 측면에서 보면 로고스는 (헬렌에게) 고통을 멈추게 하고, 기쁨을 발생시키고, 동정을 유발시킬 수도 있는(δύναται) 것으로 여겨진다. 즉 로고스는 그것을 듣는 이에게 어떤 심정을 불러일으켜서 특정 행위를 하게 하는 능동적인 작인(作因)으로 등장하는 것이다. 우리는 여기서 로고스가 신적인 힘을 인간에게 전달하는 매개자의 역할을 한다는 것을 알 수 있다. 로고스는 주체적인 인간이 세계를 매개해서 자기화 하는 도구가 아니라 오히려 신적인 힘이나 작용을 인간의 외부에서 인간에게 도입해서 인간의 의사를 좌우하는 역할을 수행하는 것이다.[5] 이 경우 로고스가 하는 기능은 설득과 기만이라고 할 수 있다. 로고스를 통한 사유가 지혜를 상징한다고 할 때 인간이 지혜롭다는 것은 로고스의 기능을 따른다는 것이고 그것은 자신이 다른 사람을 속이는 방식이 아니라 다른 사람에 의해 자신이 속임을 당하는 방식이 된다.[6]

② 나는 모든 시를 중간적(매개의 역할을 하는)[7] 로고스로 생각하고 그렇게

5) 로고스에 관한 이런 견해는 '비존재에 관하여'에서도 나타난다. 로고스는 외부에서 우리에게 들어오는 외부적인 대상들로부터(ἀπὸ τῶν ἔξοθεν προσπιπτόντων ἡμίν πραγμάτων) 야기되는 인상들에 기인한다.(DK 82 B3-85)

6) 그래서 고르기아스는 속고 속임을 당하는 관계에 있어서는 속이는 사람은 가장 정의로운 사람이고 속는 사람은 가장 현명한 사람이라고 말한다. DK 82 B23.

7) 여기서 μέτρον은 척도, 기준을 의미하지만 그렇게 해석할 경우 문맥이 통하지 않는다. 다음 문장들의 의미와 관련시켜 볼 때 이는 매개 역할을 하는 중간자 정도의 의미로 해석하는 것이 적당하다.

> 부른다. 그것을 듣는 자는 두려움에 떨고 연민에 눈물을 흘리며, 슬픈 열망을 동정한다. 영혼은 다른(낯선) 사람의 행위나 삶의 행복과 불행에 의해서 일어나는 정서를 로고스를 통해서 마치 자신의 느낌(πάθημα)처럼 느낀다(받아들인다, 경험한다, πάσχειν).

①에서 로고스는 그것을 듣는 자에게 어떤 것을 불러일으키는 작인으로 등장한다. 그런데 여기서 로고스는 다른 사람들의 행·불행에 관한 느낌을 그것을 듣는 사람에게 전달하는 기능을 수행한다.[8] 다른 사람과 헬렌을 매개하는 기능을 수행하는 것이다. 이 경우 로고스에 의한 매개는 자기(헬렌)로부터 시작해서 다른 사람에게 무엇인가를 전달하는 방식이 아니다. 오히려 역으로 다른 사람들의 사건들(πράγματα)이나 몸을 수동적으로 받아들여서(πάσχειν) 느낌(πάθημα)을 갖게 되는 방식의 매개가 이루어진다. 그러나 그런 수동적인 방식의 매개 수단으로서의 로고스는 그것을 받아들이는 사람에게 혐오스럽거나 회피해야 할 것으로 다가오지 않는다. 그것은 외부로부터 오는 느낌을 자신의 것처럼 느끼게 하는 방식으로 다가온다. 로고스에 의한 외부적인 사물이나 행위에 대한 정서가 자신의 것처럼 속이는 기능을 수행한다. 이런 면에서 로고스에 의한 설득은 설득 당하는 사람이 자발적으로 그런 느낌을 가지게 된 것처럼 속이는 기능을 수행하는 것이다. 사실 우리는 강제적으로 어떤 것을 해야 할 경우, 그에 대해서는 저

8) (8)에서의 로고스는 그것을 듣는 이들에게 어떤 작용을 일으키는 능동적인 작인의 의미를 가지지만 (9) 이후부터는 그런 주체적인 것이 아니라 어떤 것을 전하는 전달자로서의 기능만을 수행하는 것으로 등장한다. 문장 구성상 주어로 등장하지 않고 단지 전치사구에 포함되어서 표현된다. 참고: Arthur W. Adkins, "Form and Content in Gorgias' Helen and Palamedes: Rhetoric, Philosophy, Inconsistency and Invalid Argument in Some Greek Thinkers" J. P. Anton and Anthony Preus ed. *op. cit.*, p. 110.

항하고 거부하지만 설득을 통해서 동기 부여를 할 경우 자신이 자발적으로 하게 된 것처럼 신바람이 나서 일을 하는 경우가 많다. 고르기아스에 따르면 로고스의 본질적 기능은 자신이 다른 사람들을 자기 의사에 따르게 하는데 있는 것이 아니라 역으로 다른 사람들에게 설득 당하게 하는데 있는 것이다. 로고스의 본질적 기능은 속임이라는 것이다.

> ③ 로고스를 통해(*δὶα λόγων*) 노래불리는 신적인 마력들(*ἔνθεοι ἐπῳδάι*)은 쾌락을 불러일으킬 수도 있고 고통을 사라지게 할 수도 있다. 마력의 힘(*ἡ δύναμις τής ἐπῳδής*)은 영혼의 생각과 결합되어서 자신의 마력으로(*γοητέιᾳ*) 영혼을 홀리고(*θέλγειν*) 설득하고(*πέιθειν*) 변화시킨다(*μεθιστάναι*). 속임수와 마력은 두 가지 것을 결과케 하는데 그것은 영혼의 오류(*ψυχής ἁμαρτήματα*)와 기만당한 생각(*δόξης ἀπατήματα*)이다.

우리는 여기서 다른 것이 로고스의 매개를 통해서 그것을 듣는 이에게 일으키는 효과와 그 과정을 볼 수 있다. 로고스는 일종의 신적인 마력을 듣는 이에게 전달하는데 그것은 인간에게 희노애락의 감정을 일으키기도 하고 사라지게 하기도 한다. 그것은 듣는 이의 영혼의 생각과 결합함으로써 그런 효과를 일으킨다. 영혼의 생각과 결합된 신적인 마력은 영혼을 홀리고 설득함으로써 그런 변화를 일으키는 것이다. 그런 변화는 곧 영혼이 오류(죄)를 범하고 생각이 속임을 당했다는 것을 의미한다. 로고스는 신적인 마력을 듣는 이에게 전달하고 그 신적인 마력은 영혼의 상태를 변화시킨다. 그런데 그런 변화는 듣는 이의 생각을 속이고 영혼으로 하여금 오류나 죄를 범하게 한다는 것이다. 우리는 여기서 로고스가 영혼을 설득하여 오류를 범하게 하고 생각을 속이는 기능을

한다는 것을 알 수 있다.[9)]

헬렌이 건전한 생각과 영혼을 지니고 있었음에도 불륜을 범하는 과정은 이렇게 설명될 수 있다. 그녀는 상대의 달콤한 말에 혹(惑)해서 설득을 당하고 그에 따라서 자신의 기존의 생각을 바꾸어서 그런 죄를 범하게 된다. 그것은 헬렌이 자발적으로 한 행위라기보다는 로고스가 전달하는 신적인 마력에 의한 행위인 것이다. 우리는 여기서 신적인 마력이 로고스의 매개를 통해서 인간으로 하여금 생각을 바꾸고 오류를 범하게 하는 기능을 지니고 있음을 알 수 있다. 인간을 홀리게 만드는 것이 로고스의 기능이다. 정신을 차리고 의식을 깨어 있게 만드는 것이 아니라 최면 상태로 이끌어 가는 것이 로고스의 기능인 것이다.

파르메니데스나 플라톤 아리스토텔레스에서 로고스는 부화뇌동하거나 심하게 방황하는 인간 정신에게는 파악되지 않는 진리의 영역이라고 할 수 있다. 로고스는 무엇에 홀리거나 미혹된 정신 기능으로는 파악되지 않는다. 그것은 어떠한 조건에도 굴하지 않고 생생하게 깨어있는 정신에게만 파악된다. 인간은 생생하게 깨어있는 정신을 통해서 로고스를 파악하고 그렇게 해서 파악된 로고스를 통해 자연에 숨어있는 질서를 찾아낼 수 있다.

이에 비해 고르기아스의 로고스는 정신을 깨어 있게 하고 그렇게 깨어 있는 정신에게 자연의 진리나 질서를 알려주는 기능을 하지 않는다. 오히려 그것은 정신에게 로고스 밖에 있는 신적인

---

9) 우리는 여기서 로고스가 사물과의 연관성을 지니지 못하기 때문에 로고스의 신뢰성이 상실된다는 함축은 찾을 수 없다. 실체에 닿아 있지 못하기 때문에 말이 기만적일 수 있다는 의견은 이 글에서는 찾을 수 없다. 오히려 로고스가 실체와는 상반되는 신적인 마력에 사로잡혀 있을 수밖에 없다는 함축이 강하다고 할 수 있는 것이다. George Walsh, *The Varieties of Enchantment*, (Columbia, SC: South Carolina Uni. Press, 1988), pp. 81-84.

마력이나 자연의 파괴적인 힘을 전달하여 그런 정신을 홀리고 미혹하게 만드는 것이다.

> ⑤ … 따라서 헬렌이 이미 행해진 것에 동의하거나 이야기된 것에 동의하도록 로고스가 설득했다면 로고스에 의한 설득은 (힘에 의한 유괴와 마찬가지로) 강제적으로 헬렌으로 하여금 그렇게 행위하게 한 것이라고 할 수 있다. 따라서 잘못을 저질러서 비난을 받아야 할 사람은 헬렌이 아니라 설득한 사람이다.

이 구절의 서두는 유실되었다고 한다. 그래서 이전의 구절과 어떤 연관성을 지니는지를 알아내기 어렵다. 여기서는 설득의 강제성이 드러난다. 그리고 그런 강제적인 설득은 다시 설득 당하는 자의 내부에 설득 내용을 믿고 복종하게 만든다. 즉 외부에서 로고스를 통해서 강제적으로 유입된 꼬임이 자신의 의견이나 소망이 되는 과정을 그리고 있는 것이다. 로고스가 영혼을 설득할(πε ́ιθειν) 경우, 영혼은 설득 당한다.(πε ́ιθεται) 우리는 여기서 교묘한 수사적인 술수를 찾아낼 수 있다. 설득 당하다(πε ́ιθεσθαι)는 설득하다(πε ́ιθειν)의 수동태로서 설득 당함, 곧 강제력에 의해서 어쩔 수 없이 따른다는 의미를 지닌다. 그런데 그것을 3격과 같이 쓰일 경우, 그것은 복종하다, 믿는다는 의미를 지니게 된다. 즉 강제적으로 당하는 사태에서 자발적으로 원하는 사태로 전환이 이루어지는 것이다. 다음에서는 이것이 구체적인 사례와의 유비를 통해서 해명된다.

> ⑥ 로고스를 동반한 설득이 영혼을 스스로가 원하는 대로 조작할(τυπούσθαι) 수 있다는 점을 보일 수 있다. 첫째로 천문학자들의 로고스를 알아볼 필요가 있다. 그들은 한 의견을 제거하고 다른 의견을 믿게 하는데(ἐνεργάζεσθαι) 잘 믿어지지도 않고 명확하지도 않은 의견을 명확하게 만든다. 둘째로 법적인 논쟁에서의 로고스를 배울 필요가 있는데, 거기에서 로

고스는 그것의 진리에 의해서가 아니라 말재주를 통해서 다수의 군중들을 설득하고 지배한다. 셋째로 철학적인 논증에서는 사유의 기민성이 믿을 만한 의견을 쉽게 변화시킨다.(εὐμετάβολον)

여기서 예로 들어지는 사례는 사람들이 로고스를 통해서 자신의 기존 의견과는 다른 의견을 가지는 경우들이다. 여기서는 기술자, 법률가, 철학자들의 로고스가 모두 마찬가지 기능을 하는 것으로 파악된다. 이 경우 로고스에 의해서 조작 당하는 영혼은 스스로가 기존의 입장과는 다른 견해를 갖게 된다. 영혼은 적극적으로 자신의 의사대로 로고스를 부리는 것이 아니라 오히려 로고스의 기능에 의해서 조작 당하는 수동적인 것으로 드러난다.

⑦ 영혼의 상태에 대한 로고스의 영향력은 육체의 상태에 대해서 약(φάρμακον)이 미치는 작용과 유사하다. 약이 몸으로부터 다른 액을 끌어내어서 질병이나 삶을 끝마치게 하는 것처럼 로고스도 한편으로는 고통스럽게 하고 다른 한편으로는 즐거움과 고통을 주며, 해로운 종류의 설득을 통해서 영혼을 제정신이 아니게 만들기도 하고 깨어나게도 한다.
이상과 같은 이유에서 헬렌이 로고스에 의해서 설득을 당했다면 헬렌은 잘못을 저지른 것이 아니라 운이 없었다고 할 수 있는 것이다. 그는 그런 범죄적인 행위를 능동적으로 한 것이 아니라 수동적으로 당한 것이다.

여기서 설득은 인과적인 측면에서 설명된다. 약의 효과는 환자의 선택에 의거하지 않는다. 치료나 죽음은 환자의 선택과 상관없는 것이다. 그것은 인간의 사유나 자발적인 의사와 상관없이 들어와서 몸에 특정의 변화를 일으킴으로써 특정의 상태를 일으키는 것이다. 여기서 약(φάρμακον)은 인간의 정신을 깨어나게도 하고 정신을 잃게 할 수도 있는 이중적인 작용을 하는 것으로 드러난다. 이와 마찬가지로 로고스는 영혼의 자발적인 의사와 상관없이 영혼에게 다가와 영혼의 상태를 성성하게도 하고 때로는 최면에 걸린 것과 같은 상태로 만드는 기능을 하는 것이다. 로고스는 인간에 대해 자의적인 지배력을 행사할 수 있는 것으로 여겨지는 것이다.[10)]

이상과 같은 네 가지 이유 때문에 헬렌은 도덕적으로 비난받을 수 없다는 결론을 내리고 고르기아스는 자신의 이런 논증은 유희 삼아서(παίγνιον) 한 일이라고 말함으로써 끝맺는다.

인간이 자신의 의사를 바꿀 수 있는 궁극적인 근거는 신, 운명과 같은 인간 외부에 존재하는 강제력이나 폭력과 같은 데서 찾아진다. 인간은 그들에 저항할 힘을 갖지 못한다. 그런 것들이 다가올 경우 인간이 자신의 의사를 그대로 관철하기는 어렵고 기왕에 갖고 있던 지식이나 의사도 변화된다. 로고스는 그런 외부적인 힘을 인간에게 전달하는 기능을 한다. 로고스는 그런 외부적인 힘과 인간을 매개시켜주는 중간자의 역할을 하는 것이다. 로고스는 신적인 마력을 인간에게 전달함으로써 인간의 영혼이나 의사를 변화시키는 기능을 수행한다. 인간이 지니고 있는 일반적인 통념은 신적인 마력을 지닌 로고스에 의해서 변화되고 파괴된다. 로고스가 인간의 영혼이나 생각을 변화시키는 방식은 기만이나 설득의 형태를 띤다. 그런 설득이나 기만의 결과로 영혼은 오류(죄)를 범하게 되고 생각은 기만당하게 된다. 그러나 인간은 그런 기만이나 설득을 통해서 스스로 파괴당하고 있다거나 변질되고 있다고 생각하기보다는 자신이 원해서 그런 생각을 지니게 된 것처럼 생각하게 된다. 외부의 영향력에 의해서 형성된 생각을 자발적으로 원해서 가지게 된 것처럼 생각하는 것이다.

이런 과정을 거꾸로 추적해 보면 인간의 자발적인 의사, 자존적인 영혼, 그것들에서 연유한다고 하는 생각은 이미 기만이나 설득의 결과로 생긴 것이다. 그런 것들은 자발적이고 자존적이

10) John Poulakos, *op. cit.*, p. 139. 로고스는 속이고 뿌리를 잃게 하며 파괴하고 또 왜곡 변질시키는 기능을 수행할 수 있는 것이다.

며 주체적인 것이라기보다는 기만이나 설득과 같은 허구적인 것 위에 기초하고 있는 것이다. 따라서 어떤 면에서 인간의 자유의사나 주체성과 같은 것은 붕괴의 위험을 간직하고 있는 불안정한 것이다. 그런 주체성이나 자발성의 배후를 들여다보면 그 안에 외부적인 신이나 운명과 같은 것들의 마력을 지니고 있는 로고스가 기능하고 있음을 알 수 있다. 그리고 그런 로고스는 궁극적으로는 인간 외부에서 작용하고 있는 힘이나 작용에서 연유하는 것이다.

로고스를 통한 설득이란 인간 사유가 자체 지속적인 것이 되지 못하고 다른 것으로 전환되는 과정의 논리를 말한다. 설득은 파르메니데스가 그토록 배제하고자 했던 변화나 전환, 인간 사유가 그 자체성을 잃는 구조를 지닌다. 그리스에서 '설득하다'를 의미하는 단어에는 능동태 동사(πειθώ)와 중간태 동사(πέιθομαι)가 있다. 능동태 동사로서의 πειθώ는 자신의 영향력을 다른 사람에게 행사해서 그 사람으로 하여금 자신의 의사에 따르게 하는 주체의 능력을 나타내는 개념이라고 할 수 있다. 반면에 중간태 동사로서의 설득하다(πέιθομαι)는 '믿다', '복종하다'를 뜻한다. 그것은 자신이 어떤 것에 의해서 설득 당함으로써 그것을 따르고 거기에 복종한다는 의미를 지니는 것이다. 그런데 시기적으로나 의미상으로 능동태 동사 믿다(πειθώ)는 중간태 동사(πέιθομαι)보다 시기적으로 늦게 나타난다. 뿐만 아니라 능동적으로 믿는 작용(πειθώ)은 스스로에게 믿음을 부여하는 작용(πέιθομαι)에 기초해야만 그 의미가 살아난다.[11] 그래서 설득하다(πειθώ)라는 능동태

11) Michael Naas, *Turning: From Persuasion to Philosophy*, (New York: Humanities Press, 1996), pp. 19-20.

동사에는 무엇인가에 의해서 설득 당함으로써 무엇인가를 믿는 상황이 전제된다. 그에 따라서 '설득하다'라는 능동적인 행위에는 무엇인가에 의해서 '설득되다'라는 강제됨의 의미가 깔려 있게 된다. 설득이라는 단어는 자발적인 복종을 유발하는 방식으로 나타나지만 그 이면에는 폭력을 기반으로 하는 강제력이 자리하고 있는 것이다. 우리는 이와 같은 설득의 의미를 고르기아스에서 찾아볼 수 있다. 그에서 설득이란 일종의 강제력을 기초로 해서 기능한다.

설득은 자신의 의사를 외부에 대해서 관철하는 방식이 아니라 로고스의 작용 앞에 노출되어 있는 개인의 영혼이나 일반적인 통념에 대해서 강력한 강제력의 방식으로 작용한다. 로고스를 통한 설득은 인간들의 영혼이나 의사를 변하게 할 수밖에 없는 힘을 간직하고 있기 때문에 강력한 힘을 지닌다고 할 수 있다. 설득의 강제력은 궁극적으로는 신이나 운명과 같은 인간 외부에 존재하는 힘이나 작용에서 유래한다. 이런 설득은 인간 자신이 아니라 오히려 인간 외부적인 것에서 연유하는 방식이라고 할 수 있다. 즉 인간이 자기를 중심으로 해서 자연이나 세계를 매개하는 도구라기보다는 오히려 자연이나 세계에서 인간에게로 다가와서 인간을 매개하는 기능을 수행하는 것이다. 그 결과, 그것은 언제나 인간의 기존의 영혼이나 생각을 다른 것으로 전환시킨다. 이런 의미에서 로고스를 통한 설득은 긍정적인 매개 방식이 아니라 부정적인 매개 방식이라고 할 수 있다.

설득은 인간의 영혼이나 의사를 관철시키는 것이 아니라 그것들을 부정하는 기능을 수행하는 것이다. 이런 의미에서 고르기아스의 로고스를 통한 설득은 인간의 영혼이나 의사에 대한 부정적인 매개 방식이라고 할 수 있다. 최종적으로 로고스를 통한 설득은 인간으로 하여금 자발적으로 거기에 따르는 착각을 불러일으킨다. 영혼은 끝까지 거기에 저항하다가 어쩔 수 없이 굴복하는 것이 아니다. 설득 당한 영혼은 스스로 선택한 것처럼 자발적으로 거기에 따른다. 이런 점에서 로고스를 통한 설득은 최종적으로는 자발성을 띠는 것이다. 이는 영혼이 오류를 범한 것이며 기만당한 것이다.

부록#4

플라톤 『파르메니데스』 편 155e-157b에서 '때로는(pote)'의 기능과 역할

플라톤은 『파르메니데스』 편 I부에서 자신의 이데아론이 갖는 문제점을 파르메니데스의 입을 빌어 비판한다. 곧 이데아계와 이 세계의 분리, 이데아의 이 세계에의 참여가 모두 심각한 논리적 난점을 갖고 있어서 이데아론의 존립이 어렵다는 점을 지적한다.

사실 이데아론의 논리적 난점은 이데아의 분리와 참여가 서로 모순되기 때문에 출현한다. 이데아가 현실세계에 대해 초월적이라고 하는 건 이데아의 세계와 현실세계가 근본적으로 같지 않다(상이성)는 걸 의미한다. 반면에 이데아에 의해서 현실세계의 사물들에 대한 서술 가능성이 확보된다는 참여 주장은 이데아의 세계와 현실세계가 서로 유사한 측면이 있다(유사성)는 걸 전제로 하고 있다.[1] 현실세계에 대해 초월적으로 정립된(상이한) 이데아의 세계를 다시 연관시키려(유사하게 만들려) 하기 때문에 문제가 발생하는 것이다.

큼 자체가 사물들에 참여하여 사물들을 크게 만든다고 할 때 큼 자체가 사물에 전체로 참여할 수는 없다. 큼 자체가 사물에 전체로 참여한다고 하면 다른 사물들에는 참여하는 것이 가능하지 않고 여러 사물들을 크게 할 수 없기 때문이다. 그렇다면 큰 사물이 크게 되는 건 큼 자체가 부분적으로 사물들에 참여하기 때문

1) 블라스토스는 이렇게 서로 모순된 전제를 자기 서술 가능성의 원리와 비동일성의 원리로 표현하고 있다. Vlastos(1954), 232-241.

이라고 봐야 한다. 이데아가 부분적으로 사물들에 참여하여 사물들의 특성을 갖게 하는 것이라고 하면 심각한 문제가 발생한다. 큼 자체의 부분은 큼 자체보다 작은데, 작은 것에 의해서 사물이 크게 된다는 것은 말이 되지 않는다. 동일성 자체가 부분적으로 참여하여 사물들을 같게 만든다고 하는 것도 가능하지 않다. 동일성 자체의 부분은 동일성 자체와 같지 않은데 같지 않은 것에 의해서 같게 된다는 게 말이 되지 않기 때문이다.[2)]

참여가능성 차단은 사물들의 세계와 이데아의 세계를 완전히 분리시켜 서로 아무런 상관이 없게 만든다. 곧 이데아가 존재한다고 해도 그것이 인간들이나 존재하는 것들과 관련을 갖는 것이 불가능해진다. 추상적이고 절대적인 지식은 추상적이고 절대적인 진리에 관한 지식이지 우리 가운데 존재하는 진리에 관한 것이 아니다. 그런데 참여가 불가능하다면 이데아들은 우리 가운데 있지도 않으며 우리가 그것을 가질 수도 없다.

우리가 절대적인 지식을 갖고 있지 않다면 어떠한 이데아도 우리에게 알려질 수 없다. 곧 선 자체, 아름다움 자체, 정의로움 자체와 같은 이데아들을 인식할 수 없게 된다. 절대적인 지식은 우리가 갖고 있는 지식보다 정확하고 명확한 것인데, 인간은 그런 지식을 가질 수 있는 역량이 없다. 그런 절대적인 지식은 신에게만 허용된 것인데 신은 가장 정확한 지식을 갖고 있는 완전한 주인됨이다. 그런 주인됨은 이 세상에 존재하는 우리를 지배하지 않는다. 곧 완전한 지식을 통한 그의 지배권은 우리에게 영향을 미치지 못한다. 따라서 그는 이 세계의 어떠한 것에 대해서도 알지

---

2) 이후 파르메니데스는 이데아 사유론, 제삼인간 논변, 이데아 범형론 등이 갖고 있는 문제점을 지적함으로써 이데아의 현실 세계 참여 가능성을 원천적으로 봉쇄한다. 김귀룡(2012), 93-102.

못하게 된다. 우리가 우리의 지식을 통해서 신적인 것에 관해 어떠한 것도 알지 못하고 그들을 지배하지 못하는 것처럼 신들은 우리의 주인이 아니며 인간적인 일에 대해 지식을 갖지 못한다.

여기에까지 이르면 이데아가 존재한다고 말할 수 없고, 이데아가 존재한다고 해도 그것이 인간에게 알려지는 길은 원천적으로 봉쇄되고 만다. 다시 말해 이데아론의 뿌리가 송두리째 뽑히고 만다. 곧 이데아의 참여 불가능성은 이데아와 이 세계의 완전한 분리를 가져오게 하고 그러면 그걸 인식하는 것이 불가능해지며 그럴 경우, 이데아가 존재한다는 사실도 알 수 없게 된다.[3)]

플라톤이 제시하는 이데아론의 논리적 난점은 이데아를 성급하게 정의했기 때문에 발생한다.

> 아닐세 소크라테스, 그것은 자네가 충분히 훈련되기 이전에 아름다움 자체, 정의(正義) 자체, 선함 자체와 다른 모든 이데아들을 너무 성급하게 정의하려고(분리하려고, horizesthai) 했기 때문일세[4)]

이데아를 성급하게 정의했다는 건 이데아를 자체적인 것으로 규정했다는 걸 의미한다.

> 우리가 이데아들을 자체적이고 독립적인(auta kath auta) 존재로 정의한다(분리한다, dihorizetai)면 얼마나 커다란 어려움이 있는지 알겠나?[5)]
> 사물들의 이데아가 존재하며 이데아들 각각을 자체적인(auto) 어떤 것으로 정의한다면… 이런 난점들과 그 이외의 많은 난점들이 이데아들로부터 떠나지 않을 것이네.[6)]

---

3) *Parmenides* 134b-135a.
4) *Parmenides* 135c.
5) *Parmenides* 133a.
6) *Parmenides* 135a.

이데아를 자체적으로 정의하게 되면 이데아는 현실세계의 사물들은 물론이고 다른 이데아들과도 관계를 맺을 수 없다. 자체적이고 독립적인(auto kath auto) 이데아는 스스로의 존립 조건을 자체 내에 갖추고 있다. 곧 그것의 존립이나 정체성을 보존하기 위해 다른 이데아를 요구하지 않는다. 아름다움의 이데아는 선함이나 정의로움 자체의 이데아를 필요로 하지 않으며 그에 따라 아름다움 자체는 선하다고 할 필요도 없고 정의롭다고 할 필요도 없다. 다만 아름다움 자체는 아름답다고 말할 수 있을 뿐이다. 자체적으로 정의된 이데아는 모든 관계 가능성을 차단한 채 스스로의 정체성만을 갖고 홀로 존립하는 성질만을 갖는다. 상황이 이렇다면 선함 자체가 정의롭다거나 용기 자체는 아름답다는 등의 서술을 전혀 할 수 없게 된다.

뿐만 아니라 이데아는 이 세계의 존립이나 인식의 근거 역할을 할 수도 없다. 세상에 존재하는 사물들은 서로 복잡하게 뒤섞여 있다. 정의로운 사람들은 착하다고 할 수 있으며, 나쁜 사람들은 정의롭다고 할 수 없지만 아름다운(잘 생긴) 사람일 수는 있다. 이런 방식으로 현실세계에 존재하는 사물들의 특성이 이데아에 의해서 가능하다고 하려면, 다시 말해 현실세계의 존재근거가 이데아에 있다고 하려면 이데아 세계 안에서도 정의로움 자체는 선하고 악하지 않다고 할 수 있어야 한다. 곧 이데아들이 선별적으로 결합될 수 있어야만 각종 특성들이 다양하게 뒤얽혀 있는 현실세계의 존립이나 서술 근거가 될 수 있다. 그런데 이데아가 자체적이고도 독립적인 방식으로 정의된다면 이데아의 결합 가능성이 원초적으로 봉쇄되며 그에 따라서 이데아와 현실세계는 아무런 연관성도 가질 수 없게 되는 것이다.

파르메니데스는 앞의 말에 뒤이어 쓸모없이 보이거나 다른 사람들이 말장난 정도로 여기는 기술을 연습하고 훈련해야만 진리가 도망가지 않을 수 있다고 말한다. 앞으로 전개될 II부 연습논증이 이데아를 성급하게 정의하는 데서 생기는 문제점들을 치유하게 해주고 그리하여 이데아론에 대한 소크라테스(플라톤)의 열망을 온전히 보존하게 해준다고 말하고 있는 것이다. 이후로 파르메니데스는 길고도 지리한 논증을 전개한다.

익히 알려진 것처럼 II부 연습 논증은 문제 해결을 위한 적극적인 방식은 아니다. 연습논증은 어디까지나 연습이다. 이런 연습은 중기 이데아론의 문제점 해결을 위한 사전 사유훈련 정도의 역할을 할 뿐 이를 통해 I부에서 제기되고 있는 이데아론의 문제점들을 극복할 수 있는 실제적인 방안을 제시하고 있는 것은 아니다. 그렇지만 통상 제 2 논증의 부록 정도로 간주되고 있는 155e-157b 논증은 엄밀하게 분석해볼 필요가 있다. 이 논증은 서술을 전면 허용하거나 전혀 허용하지 않는 논증들과 다른 방식으로 전개되고 있으며 해석 여하에 따라서 중기 이데아론이 안고 있는 문제를 해결할 수 있는 입지를 마련하고 있기 때문이다.

필자는 155e-157b의 논증에서 I부에서 제기되고 있는 논리적 난점에 대해 어떤 방식으로 응대하고 있는 지를 살펴보고자 한다. 그 중에서도 특히 이 논증에 등장하는 '때로는(pote)'의 기능과 역할에 초점을 맞춰보고자 한다. 즉 '155e-157b의 논증에서는 이데아를 자체적으로 정의함으로써 생겨나는 이데아의 참여와 분리 문제에 어떻게 답하고 있는가?'를 살펴보고자 한다.

이 글에서는 다음 순서로 논의를 진행하고자 한다. 첫째, II부 연습 논증의 1, 2 논증이 갖는 의미, 둘째, 155e-157b 논증의 위상과 역할, 셋째, 이 논증에서 때로는(pote)과 순간(eksaiphnes)의 논리적 구조와 역할, 마지막으로 이 논증이 I부에서의 문제제기에 대해 어떻게 답하고 있는 지를 알아보고자 한다.

1. II부 연습논증에서 제 1, 제 2 논증이 갖는 의미

연습논증에 들어가기 전 파르메니데스는 이와 같은 연습을 거쳐야 이데아에 대한 성급한 규정(정의)을 방지할 수 있으며 이를 통해 이데아론의 진리성을 확보함은 물론이고 적용 영역을 확장할 수 있다는 충고를 한다[7]. 『파르메니데스』편 II부 연습논증의 대부분은 모든 술어를 허용하거나 허용하지 않는다는 중립적인 결말만을 도출하고 있다. 이에 논증들을 어떻게 수용하고 이용할 것인가를 파악하기가 쉽지 않다.

필자는 앞에서 말한 바처럼 155e-157b 논증에서 이데아론의 난점을 해결할 수 있는 방안, 적어도 힌트 정도를 찾을 수 있다고 본다. 따라서 이 논증을 면밀히 검토할 필요가 있는데 이 논증의 기능과 역할을 살펴보기 위해서는 1, 2 논증을 먼저 검토할 필요가 있다.[8]

두 논증은 모두 있음의 길에서 진행된다. 1 논증의 가설도 하나가 있다면(ei hen esti)이고, 2 논증의 가설도 마찬가지이다. 같은 가설에서 출발하는데 1 논증은 하나에 어떠한 술어도 매길 수 없다는 결론에 도달하고, 2 논증은 모든 술어를 다 허용한다

---

7) *Parmenides* 135d.

8) 155e. 플라톤은 I-1과 I-2 논증을 끝낸 후 다른 논증들과는 달리 앞의 두 논증의 결말을 출발점으로 삼아 논증을 시작한다. 곧 앞 논증의 결말을 이용하고 있는 것이다. 플라톤이 앞 논증의 결론을 이용하고 있다는 점은 많은 시사점을 갖는다. 곧 이는 앞 논증에 대해 간접적 평가를 하고 있음을 암시하며, 또한 모든 술어를 허용하는 논증과 아무 술어도 허용하지 않는 논증을 절충 종합하는 제 3의 길을 암시하고 있음을 보여준다.

는 결론에 도달한다. 어째서 이런 차이가 나타나는 것일까? 두 논증의 차이는 논증의 첫째 단계에서 전건, '하나가 있다면'으로부터 후건으로 진행되는 과정에서 나타나기 시작한다.

1-i 하나가 있다면 그 하나는 여럿일 수 없다.

2-i 하나가 있다면 그 하나가 있으면서 존재(실재, ousia)에 참여하지 않을 수는 없다.

1 논증은 하나를 자체적으로 고려한다. 1 논증의 첫째 주장은 하나가 '다수가 아니다'이다. 곧 여기서 하나는 다수 아님으로 정의되고 있다. 이런 정의는 자신(하나)과 대립되는 것(다수)을 배제한다. 곧 하나는 타자들로부터 분리된 것이고 타자들은 하나와 분리된 것이다.[9] 하나는 타자인 다수와 절대적 배제의 관계를 맺는다. 곧 하나라면 다수가 추방되고 다수라면 하나가 추방된다. 곧 하나이거나 다수(either one or many)이다. 이럴 경우 하나는 절대적으로 다수가 아니다. 곧 하나를 자체적으로 고려(정의)한다는 건 '절대적으로 다수가 아니다'라고 정의하는 것이고 이는 자기(하나)와 타자(다수)가 배타적인 부정의 관계를 맺는다는 걸 의미한다.

하나를 자체적으로 고려하면, 곧 하나가 타자인 다수와 배타적인 부정의 관계를 맺게 되면 이데아에 대한 모든 서술 가능성이 배제된다. 1 논증의 이후 논의는 하나에 어떠한 술어도 매길 수 없다는 걸 보이는 방향으로 진행된다.[10] 그에 따라 1 논증에서는

9) *Parmenides* 159b-c.

10) 하나는 부분을 가지지도 않고 전체도 아니며, 경계를 지니지도 않고, 형태를 갖지도 않으며, 어느 곳에도 있지 않으며, 운동하지도 않고 정지하지도 않으며, 다른 것이나 자신과 같을 수도 없고 그것들 이외의 것일 수도 없으며, 자신이

다음처럼 결론을 내린다.

하나는 아무 것도 아니고 (존재에 참여하지 않고) 이름을 지닐 수도, 기술할 수도 인식할 수도, 생각되지도, 지각할 수도 없다.[11]

제 1 논증은 하나에는 어떠한 술어도 매길 수 없다는 결론으로 끝을 맺는다. 이런 결론은 서론에서 살펴본 것처럼 I 부에서 이데아론에 대해 문제를 제기하면서 도달한 결론과 정확히 일치한다. 이런 파괴적인 결론에 이르는 것은 하나를 자체적인 것으로, 곧 다른 것(다수)을 배타적으로 배제하는 방식으로 정의했기 때문이다.

제 2 논증에서의 첫째 주장은 '하나는 존재하는 것이다'로부터 시작한다. 즉 여기서는 하나를 존재하는 하나로 규정한다. 곧 하나를 존재와 연관해서 규정한다. 하나를 존재와 연관해서 규정하게 되면 하나는 존재에 참여할 수 있게 된다. 하나가 다른 것(존재)과 참여의 관계를 맺을 수 있게 되는 것이다.[12] '하나가 있다면'이라는 전건으로부터 '하나는 존재한다(하나는 존재에 참여한다)'라는 귀결에 이르는 과정은 하나를 그와는 다른, 존재와 연관해서 규정한다는 것을 의미한다. 곧 하나를 다른 것(allo)과 연관해서 규정한다는 것이다. 다시 말해 최초 주장의 전건에서 후건으로 넘어가

나 다른 것과 유사하거나 상이하지도 않고, 자신이나 다른 것과 동일하거나 다르지 않으며, 시간 안에 있지도 않다.

11) *Parmenides* 142a.

12) 이후 논증에서는 하나는 (하나의) 존재와 같지 않다고 말한다. 존재가 하나와 같다면 존재는 하나의 존재가 되지 않을 것이며 하나도 존재에 참여하지 않는다. 이럴 경우, '하나라면(if one is)'라는 진술은 '하나는 하나이다'와 같은 진술이 된다. 그런데 제 2 논증에서의 '하나라면'이라는 가설은 '하나가 하나라면'이 아니라 '하나가 있다면'으로 해석되고 있다. 의미상으로 하나와 다른 존재와 연관시켜 하나를 풀고 있는 것이다.

는 과정에 이미 타자들과의 연관을 고려하고 있는 것이다.

하나를 (자체적으로가 아니라) 타자와 연관해서 정의하게 되면 하나에는 모든 술어를 다 매길 수 있게 된다.[13] 그리하여 하나는 인식되고, 생각할 수도 있으며, 지각할 수도 있다.[14] 이런 방식으로 하나를 타자와 연관해서 규정하게 되면 모든 술어를 다 매길 수 있게 된다.

제 1 논증과 제 2 논증에서 끌어낸 결론은 정확하게 대립된다. 제 1 논증이 어떤 술어도 허용하지 않는 반면, 제 2 논증은 모든 술어를 허용한다. 1논증은 너무 적게 허용하고 2논증은 너무 많이 허용하고 있는 것이다. 이런 차이는 앞에서도 말한 바처럼 제 1 논증이 하나를 자체적으로 고려하고 있으며, 제 2 논증이 타자와 연관해서 고려하고 있기 때문에 나타난다. 자체적으로 고려하면 왜 아무런 술어도 허용하지 않고 타자와 연관해서 고려하면 왜 모든 술어를 허용하게 되는 것일까?

이런 의문에 답하기 위해 개별 논증을 살펴볼 필요가 있다. 대표적으로 1-viii, 2-viii의 유사성과 상이성에 대한 논증을 살펴보기로 하자.

1-viii
ㄱ) 유사한 것들은 서로 같은(공통의) 특성을 가진다. '같음'은 '하나임'과 본성상 다르다.
하나가 하나임과 구분되는 별도의 특성(같음과 공유하는 공통의 특성)을 가

13) 하나는 전체로서 하나이며 부분을 갖고, 하나는 경계를 가지며 수적으로 무한하며, 하나는 형태를 가지며, 하나는 자신 안에도 다른 것 안에도 있고, 하나는 운동하면서 정지해 있으며, 하나는 자신이나 다른 것과 유사하면서 상이하며, 하나는 자신이나 다른 것들과 유사하면서 동일하고, 하나는 시간 안에 있다.

14) *Parmenides* 155d.

지려면 하나 이상의 것이 되어야 하는데, 이는 불가능하다. 곧 하나는 하나일 뿐 다른 어떤 특성도 가질 수 없다.('하나!'라고만 말할 수 있을 뿐 하나 = 하나라고 말하는 것도 불가능하다.)
따라서 하나가 (자신이나 타자와) 자신 안에 자신이나 다른 것들과 공통의 특성을 갖는 건 불가능하다.
따라서 하나는 (자신이나 타자들과) 유사하지 않다.

ㄴ) 유사한 것이 같은(공통의) 특성을 지닌다고 한다면 상이하다(유사하지 않다)는 것은 서로 다른 특성을 지닌다는 것을 의미한다.
하나는 어떤 면에서도 다를 수 없다.(다른 특성을 가질 수 없다. 하나는 다름에 참여할 수 없다.)
따라서 하나는 어떠한 면에서도 (자신이나 타자와) 상이할 수 없다.[15)]

ㄱ)과 ㄴ)에 의해서 하나는 자신이나 타자와 연관해서 유사하거나 상이할 수 없다.

2-viii
ㄱ) 하나는 타자들과 다르고, 타자들은 하나와 다르다.
(이는 타자들이 하나와 다른 것이 되는 방식으로 하나가 타자들과 다르다는 것을 의미한다. 즉 하나가 타자와 다른 방식은 타자가 하나와 다르게 되는 방식보다 더하거나 덜하지 않다는 것을 의미한다.[16)])
하나가 타자와 다르고 타자가 하나와 다르다고 하는 건, 그 둘이 다르게 되는 방식이 같다는 걸 의미한다. 이런 점에서 하나와 타자(하나)는 같은(다르게 되는 방식이 같다는) 특성을 갖는다.(같은 상태에 있다.)
같은 특성을 갖는 것은 유사하다. 따라서 하나와 타자(하나)는 유사하다.

---

15) *Parmenides* 139e-140b.

16) 같은 어휘를 한 번 이상 사용할 때에도 같은 의미로 사용한다. 이를테면 '다르다'라는 어휘를 사용할 경우, 그것을 한 번 발설하건 여러 번 발설하건 그것은 같은 것을 의미한다. 따라서 하나가 타자와 다르다고 할 때나 타자가 하나와 다르다고 할 때 하나와 타자는 같은 상태에 있게 되는 것이다.

ㄴ) 하나는 타자 이외의 것이다.
따라서 개별 이데아들은 나머지 다른 이데아들(타자) 이외의 것이다.
하나와 타자는 '다른 것들 이외의 것'이라는 공통점을 지닌다. 이런 점에서 하나는 타자와 같다(유사하다).
하나가 타자와 같게 되는 건 타자(와의 비교)에 의해서이다. 따라서 하나는 자신을 (타자와) 같게 만들어준 타자의 속성을 갖게 된다, 곧 하나는 타자성을 갖는다.
하나가 타자성을 갖는다는 건 하나가 자신이나 타자와 상이하다는 특성을 갖는다는 걸 의미한다.
이런 점에서 하나는 자신이나 타자와 유사하지 않다.[17]

결론적으로 하나가 타자 이외의 것이라는(하나와 타자가 다르다는) 점에서는 하나는 타자와 유사하고 하나가 타자와 같다는 점에서는 하나는 자신이나 타자와 상이하다. ㄱ)과 ㄴ)에 의해서 하나는 유사하면서 유사하지 않다.

1-viii과 2-viii 논증은 공통적으로 '유사하다는 것은 같은 특성을 지닌다'와 '상이한 것(유사하지 않은 것)은 다른 특성을 지닌다'는 원칙을 고수한다. 따라서 하나가 (자신이나 타자들과) 유사하기 위해서는 같은 특성을 지녀야 하고, 상이하기 위해서는 서로 다른 특성을 지녀야 한다. 그런데 1-viii에서는 '하나가 (자신이나 타자들과) 같을(다를) 수 없음'을 전제하고 2-viii에서는 '하나가 (자신이나 타자들과) 같다(다르다)'고 전제한다. 따라서 1-viii에서는 하나가 (자신이나 타자들과) 유사할 수 없다(상이할 수 없다)는 결론이 도출되고, 2-viii에서는 하나가 (자신이나 타자들과) 유사하다(상이하다)는 결론이 도출된다. 결국 1-viii과 2-viii 사이의 궁극적인 차이는 하나에 '같다'(또는 다르다)라는 술어를 매길 수

17) *Parmenides* 147c-148d.

있느냐 없느냐에 있다.

1-viii 논증에서는 하나에 '같다(다르다)'는 술어를 매길 수 없다.

> 하나가 다수와 같아진다면 그것은 필연적으로 하나가 아니라 다수가 되고, 하나와 같음이 어떤 방식으로도 구분되지 않는다면 어떤 것이든 같은 것이 되는 것은 하나가 될 것이고 하나가 되는 것은 같음이 된다.[18]

하나가 (자신과) 같다는 것은 하나와 같음이 절대적으로 구분되지 않는다는 걸 의미하며 이럴 경우 하나는 같음이 된다. 그런데 하나와 같음은 서로 다르다. 이에 따라서 '하나가 (자신과) 같다'라고 하게 되면 하나는 같음과 절대적으로 같다는 주장과 같음과 하나가 절대적으로 다르다는 주장을 동시에 하게 된다. 그에 따라서 하나는 (자신과) 같다고 말할 수 없게 된다.

이 같은 서술 불가능성이 성립하기 위해서는 'S is P'라고 진술할 경우, S와 P는 절대적으로 같으며 S와 P가 개념적으로라도 구분되면-하나와 같음처럼- 서로 완전히 다르다는 두 가지 원리가 전제되어야 한다. 이 경우, 주어와 술어 사이의 관계를 나타내는 '이다(is)'는 '절대적으로 동일하다'는 의미를 지니고, 하나와 같음이 다르다고 할 때 같음은 하나가 아닌 것으로 규정된다. viii 논증의 첫 번째는 위의 두 가지 원리에 따라서 전개된다. 이 같은 원리는 I부에서 파르메니데스가 참여의 문제를 지적할 때 염두에 두고 있던 원리와 일맥상통한다. 같은 것은 절대적으로 같고 다른 것은 최소한의 다름도 절대적으로 다르기 때문에, 이데아와 사물들 사이의 분리는 어떤 면에서도 양자 사이의 유사성을 함축할

18) *Parmenides* 139d.

수 없어서 참여는 불가능하다. 이와 마찬가지로 하나와 같음은 다른 것이기 때문에 양자 사이의 절대적인 동일성을 표현하고 있는 '하나는 (자신과) 같다'는 서술이 불가능하게 된다.

이와 같이 1-viii의 첫째 논증에서는 같음과 다름 사이의 절대적인 배제의 관계가 전제되고 있다. 이후 전개되는 둘째 논증, 곧 하나에는 다름이라는 술어도 매길 수 없다도 마찬가지로 하나와 다름 사이의 절대적 다름과 서술 가능성은 주어와 술어 사이의 절대적 동일성을 함축한다는 원리를 전제하여 전개된다.

2-viii 논증에서는 하나에 같다(다르다)라는 술어를 매길 수 있다.

앞에서 본 것처럼 ㄱ)에서는 하나는 유사하고 ㄴ)에서는 하나는 상이하다는 결론에 이르는 것이다. 이 논증에서의 하나는 1-8 논증의 하나와 달리 (서로 대립적인) 술어가 매겨 질 수 있다. 앞에서도 본 것처럼 서술 가능성은 하나를 자체적으로가 아니라 타자와 연관해서 고려(정의)함으로써 확보된다. 하나와 존재는 서로 다르다고 말할 수 있음으로써 서술 가능성이 확보되는 것이다. 자체적으로 고려할 경우에는 하나가 존재한다는 진술은 하나와 존재 사이의 절대적 동일성이 전제되지만 타자와 연관해서 정의할 경우에는 하나와 존재의 연관성을 확보해줄 수 있는 둘 사이의 다름이 가능해지는 것이다. 약간의 다름은 완벽한 다름이라는 자체적인 정의 방식과 다른 규정 방식이 가능한 것이다.

ㄱ)과 ㄴ)을 비교해보면 주어진 주제 S에 대해 대립적 술어 P와 ~P를 매기는 과정은 반대되는 준거점이 개입되고 있다. 곧 타자를 하나를 중심으로 규정하는 방식(ㄱ))과 타자를 중심으로 하나를 규정하는 방식(ㄴ))을 준거점으로 하여 유사성과 상이성이라

는 대립적인 술어를 매기고 있다. '하나 ⇒ 타자'의 준거점에서는 하나를 유사하다고 말할 수 있으며 '타자 ⇒ 하나'의 준거점에서는 하나가 상이하다고 말할 수 있게 된다. '유사하다'와 '상이하다'만을 놓고 보면 두 술어는 명확히 대립된다. 그렇지만 '하나는 하나 ⇒ 타자의 관점에서 보면 유사하고, 타자 ⇒ 하나의 관점에서 고려하면 상이하다'고 하면 양자는 되지 않는다. 풍년이 좋으면서 나쁘다고 하면 문제가 될 수 있지만 풍년이 농부에게는 좋지 않지만 소비자에게는 좋다고 하면 문제가 되지 않는 것과 마찬가지 이다. 이런 방식으로 플라톤은 대립적 술어 매김의 가능성을 서로 다른 준거점을 제시함으로써 확보하고 있다.

제 2 논증에서의 대립적 서술 가능성 확보는 특정의 준거점을 도입함으로써 가능하다. 예를 들어 하나는 (하나가 부분들로 이루어져 있다는 점에서는) 부분들의 총합으로서의 전체이며 하나가 (부분들과는 다른 전체라는 점에서는) 부분들과 무관한 전체라고 말할 수 있다.[19] S에 P와 ~P라는 대립적 서술이 가능하기 위해서 플라톤은 특정의 준거점을 갖춘 진술 형식을 제시한다. 곧 'S is P with respect to A', 'S is ~P with respect to B'라는 진술 형식을 제시한다. 곧 A라는 준거점에서 보면 S는 P가 되고 B라는 준거점에서 보면 ~P가 된다고 말 할 수 있게 된다. 이는 서로 대립되는 술어 P와 ~P의 차이(부정)가 준거 점 A와 B의 차이로 환원된다는 것을 의미한다.

이런 준거점의 차이는 반드시 서로에 대한 부정적 배제를 의미하지는 않는다. 특정의 준거점 A에 기초한 진술 'S is P with respect to A'가 성립한다고 해서 그것과 대립되는 것으로 보이

---

19) *Parmenides* 142d-143a.

는 'S is ~P with respect to B'가 배제되는 것은 아니다. 진술 'S is P'는 A에게는(A와 연관해서 는) 참이고 진술 'S is ~P'는 B에게는(B와 연관해서는) 참이 된다. 이런 점에서 준거점의 차이는 서로 대립되는 두 항에 동등한 진리 권리를 부여하는 기능을 한다. 모든 진술에 동등한 진리 권리를 부여하는 것이다. 곧 한 주제에 대해 항상 대립적인 서술을 허용할 수 있게 되는 것이다.

1 논증과 2 논증에서 가장 차이가 나는 건 결론이다. 곧 1이 하나에 아무런 술어도 매길 수 없을 뿐 아니라 하나의 존재 가능성과 인식 가능성도 확보할 수 없다는 결론에 도달한다면, 2 논증은 대립적인 술어를 포함하여 논증에 출현하는 각종 술어를 다 허용한다는 결론에 도달한다. 곧 1에서는 하나가 아무 것도 아니라(nothing)는 결론에 도달하고 2에서는 하나에 논증에 출현하는 모든 술어가 다 부여될 수 있다는 결론에 이른다.

『파르메니데스』 편 I부에서 이데아론의 문제는 이데아에 어떠한 술어도 매길 수 없을 뿐만 아니라 이데아의 인식 가능성과 존재 가능성이 박탈된다는 데 있었다. 이런 점에서 보면 이와 같은 결론에 도달하는 1 논증의 방식을 플라톤이 수용할 수 없는 건 명확해 보인다. 그렇다고 하나의 이데아가 모든 이데아와 관계를 맺을 수 있다는 2의 결론을 무조건적으로 수용하기도 어렵다. 이데아의 결합가능성을 허용한다는 점에서 제 2논증은 제 1 논증에 비해서 살려야 하는 건 맞지만 너무 많은 술어를 허용한다는 점은 용납하기 어렵다. 플라톤의 입장에서는 두 논증 중에 어느 하나를 선택하고 나머지를 버리는 방식은 취하기가 어렵다.

그럼에도 아무런 술어도 허용하지 않고 존재성과 인식 가능성까지 박탈하는 1의 논증 방식에 비해서 서술 가능성을 확보하고 있으며, 주어진 이데아에 대립적인 술어가 매겨질 수 있는 2 논증을 선호하게 된다는 건 당연한 것처럼 여겨진다. 플라톤이 I부에서 현실에 존재하는 것들이 아니라 이데아에 서로 대립적인 서술이 가능하다는 것을 보인다면 놀라울 만한 일이라고 했던 점을 상기하면 2에서 이와 같이 놀라운 일이 벌어졌다는 평가를 할 수 있을 것이다. 그런데 2 논증에서의 문제는 하나의 이데아에 너무 많은 술어를 허용한다는데 있다. 하나의 이데아가 모든 것(everything)이라고 한다면 모든 것이 모든 것과 관계를 맺어야 한다는 결론이 도출되기 때문이다.

1, 2 논증을 검토한 결과 우리가 선택할 수 있는 가능한 경우의 수는 네 가지로 정리할 수 있다.

가. 1 논증을 택하고 2 논증을 버린다.(either P or ~P, P를 선택)
나. 1 논증을 버리고 2 논증을 택한다.(either P or ~P, ~P를 선택)
다. 1, 2 논증을 모두 택한다. (both P and ~P)
라. 1, 2 논증을 모두 버린다. (neither P nor ~P)

이상의 네 가지 선택지 중에서 어느 것을 선택해야 할까? '가'와 '나'를 선택할 수는 없다. 가는 I부에서 문제를 제기한 것처럼 이데아의 존립 자체를 불가능하게 만들기 때문이다. '나'를 선택할 수도 없다. '나'는 모든 것이 모든 것과 결합되어 혼란을 야기시키기 때문이다. 예를 들어 '정의는 좋기도 하고 나쁘기도 하다'나 '선함은 악하기도 하다'와 같은 결론을 가능하게 하기 때문이다. '라'의 두 가지 가능성 모두를 버리는 경우도 생각해볼 수 있다. '가', '나' 두 가지 모두가 아니기 때문이다. 두 가지를 다 버린다는 것 또한 논의 가능성 자체를 봉쇄하게 된다. 역설이나 딜레마의 두 뿔을 다 버리면 생산적인 논의를 진전시키는 것이 불가능해지기 때문이다. 그렇다고 '다'의 경우도 선택하기 어렵다. 선택 불가능한 두 개를 섞어놓는다고 해서 선택 가능한 대안이 나타나는 건 아니기 때문이다.

이럴 경우 우리는 어떤 길을 가야할까? 이 질문에 대해서는 플라톤이 취하고 있는 근본 입장과 II부 연습 논증을 통해서 그가 이루고자 하는 것이 무엇인지를 고려해서 답해야 한다. I부에서와 중기의 대화편, 후기의 대화편에서 알 수 있는 것처럼 플라톤은 결코 이데아론을 포기하지 않는다. 곧 플라톤은 이데아론의 진리성을 확신하고 있어서 현실세계의 가능근거로서의 이데아의 근본 성격과 기능을 결코 포기하지 않는다. 이데아의 근본 특성은 자체성(auto kath auto)이다. 곧 '자체로 ~으로서 존재한다'는 것이 이데아의 본성이다. 그런데 이데아를 제 1 논증에서처럼 자체적인 것으로 정의(규정)할 경우 이데아에 대한 진술 가능성이나 이데아들의 결합 가능성이 확보되지 않는다는 문제가 발생한다.

제 2 논증은 이데아의 결합가능성, 진술 가능성을 확보해준다. 제 2 논증에서 이데아에 대한 서술 가능성은 자체적인 정의가 아니라 타자(존재, 실재)와의 관계를 고려하는 가운데에서 출현하는 타자성(차이, 다름, 부정)을 통해서 서술 가능성을 확보한다. 이렇게 고려해보면 플라톤의 관심은 이데아의 자체성을 포기하지 않으면서도 그에 대한 서술 가능성을 확보하는 데 있다고 할 수 있다. 곧 플라톤은 1, 2 논증의 논증 방식이나 귀결 모두를 '적합한 방식으로' 취해야 한다. 적합한 방식으로라는 단서를 단다면 위의 둘 다를 선택하는 '다'의 경우도 부분적으로 수용해야 한다.

1, 2 논증 모두를 버리는 '라'의 경우도 주의 깊게 생각할 필요가 있다. 양자 모두가 아니라고 하고 있기 때문에 둘 다를 버리기는 해야 하지만 무조건적으로 다 버리면 논의 가능성 자체가 원

천적으로 차단이 되기 때문에 적합한 방식으로 버려야 할 것으로 본다. 결국 가능한 경우의 수 중에서 '다'와 '라'의 경우를 결합하여 '적합한 방식으로 취사선택해야만' 이데아론의 논리적 난점을 해결하면서도 그의 진리성을 유지할 수 있게 된다고 할 수 있다.

필자는 이 같은 상황에서 일반적으로 제 2 논증의 부록, 또는 제 3 논증으로 알려진 155e-157b 논증에 주목하고자 한다.

2. 155e-157b 논증의 위상과 역할

155e-157b의 논증의 지위에 대해 여러 주석가들의 의견이 있다. 이 논증을 다른 여덟 개의 논증과 같은 지위를 지니는 별개의 논증으로 볼 것인지[20], 제 2 논증의 부록으로 간주할 것인지[21], 다른 여덟 개의 논증과 같은 지위를 지니는 별개의 논증은 아니면서도 제 2 논증의 부록으로만 보기 어렵다고 할 것인지[22]에 대해서 여러 의견들이 있다. 필자는 여기서 이 논증이 제 1 논증과 제 2 논증의 결론을 함께 고려하면서도 두 논증의 문제점을 보완할 수 있는 실마리를 제공하고 있다는 가설을 세워보고자 한다.[23]

---

20) Robert Sternfeld & Harold Zyskind(1987) II부 연습 논증의 수를 아홉으로 보는 견해는 연습 논증 지침의 수가 셋이어서 8개의 논증이 될 수밖에 없다는 원칙에 어긋난다.

21) 대부분의 주석가들이 이런 입장에 동조한다. Conford(1939), Allen(1983), Sayer(1983), Ryle(1939), Runciman(1959), Robinson(1953) 등은 이 논증을 제 2 논증의 부록 정도로 여겨서 별개 논증으로 간주하지 않는다. 이런 해석은 연습 논증의 구조를 보존하면서 이 논증의 특성을 규명한다는 점에서 아홉 개의 논증 이론보다 더 낫다고 할 수 있다. 그러나 이 논증의 서두가 '하나가 존재하기 때문에 때로는 존재에 참여하고 하나가 존재하지 않기 때문에 때로는 존재에 참여하지 않는다'는 구절로 시작되는 것을 보면 그것이 반드시 제 2 논증에 귀속되는 것으로만 보기 어렵다.

22) 이런 입장 중 대표적인 것은 Meinwald(1991)의 것이다.

파르메니데스는 논증의 서두에서 다음처럼 말한다.

> 하나가 우리가 기술한 것과 같다면, 곧 하나가 동시에 하나이자 여럿이며, 하나도 아니고 여럿도 아니며, 시간에 참여한다면(metechon chronou), 하나가 있기 때문에 때로는(pote) 존재에 참여하고, 하나는 있지 않기 때문에 때로는(pote) 존재에 참여하지 않는다고 해야만 하지 않을까? 그렇습니다.[24)]

여기서 하나는 하나이자 여럿이며, 하나도 아니고 여럿도 아닌 것으로 언급되고 있다. '하나가 하나이자 여럿이다'는 제 2 논증의 귀결이고 '하나가 하나도 아니고 여럿도 아니다'는 제 1 논증의 귀결이다. 마찬가지로 '하나가 존재한다'는 2 논증의 귀결들 중 하나이며, '하나가 존재하지 않는다'는 1 논증의 귀결이다. 이렇게 본다면 하나에 대한 세 번째 고려로서의 이 논증은 두 논증의 결과들을 아울러 고려하고 있다고 봐야 한다.[25)]

이 논증이 제 1 논증과 제 2 논증에서 주제로 선택된 하나에 대한 결론을 종합적으로 고려하고 있다면, 여기서 파르메니데스가 이야기하고자 하는 바는 무엇일까?

위의 인용에서 '하나가 동시에 하나이면서 여럿이라'는 구절은

---

23) 이 같은 가설에 동조하는 대표적인 인물은 Miller(1986)다. 참고: Miller(1986) 111-121.

24) *Parmenides* 155e.

25) '시간에 참여한다'는 구절은 2 논증에만 나타나지만 그렇다고 해서 이 논증이 전적으로 2 논증에 귀속되는 것만으로 보기는 어렵다. 하나(이데아)의 인식, 언급, 사유 가능성을 확보해주는 조건으로서 그는 2 논증의 일부 귀결을 수용하고 있는 것이다.(참고: Meinwald(1991) 118-119, 128-129.) 뿐만 아니라 이 논증의 전개 과정에서 보면 파르메니데스가 시간을 넘어서 있는 것을 전적으로 거부하고 있는 것만은 아니다. 이후로 보겠지만 시간 안에서 벌어지고 있는 변화를 해명하기 위해서는 초시간적인 것, 곧 하나도 아니고 여럿도 아니며, 유사하지도 상이하지도 않은 경우가 인정된다.

명백히 제 2 논증의 결론을 말하고 있으며, '하나가 동시에 하나도 아니고 여럿도 아니라'는 구절은 제 1 논증의 결론이다. 문장의 구조로 미루어 볼 때, 두 구절 중 어느 하나를 취사선택하기보다는 두 구절 모두를 함께 취하고 있다는 건 분명하다. 그리고 이어지는 다음 구절은 '하나가 시간에 참여한다면'이다. 1의 결론과 2의 결론, 그리고 하나의 시간 참여에 관한 구절은 모두 연접(conjunction)의 관계로 이루어져 있다. 곧 하나가, 하나이자 여럿이며, 하나도 아니고 여럿도 아니며, 또 시간에 참여한다고 말하고 있다.

그 다음 문장과 연결되는 방식은 만약에 ~이라면(if)과 같은 가정이다. 곧 이상의 세 구절은 만약에 ~이라면 ~이다(if ~, then ~)에서 전건의 역할을 한다. 당연히 다음 구절은 후건의 기능을 한다. 여기서 후건으로 등장하는 구절은 '하나가 있기 때문에 때로는 존재에 참여하고, 하나는 있지 않기 때문에 때로는 존재에 참여하지 않는다'이다. 이 구절은 하나가 존재에 참여할 때에는(때로는) 하나는 있다고 할 수 있고, 하나가 존재에 참여하지 않을 때에는(때로는) 있지 않다고 말하고 있다. 하나가 동시에 존재에 참여하고 참여하지 않는 건 서로 모순되기 때문에 양자가 동시에 성립한다고 볼 수는 없다. 그에 따라서 플라톤은 '때로는 존재에 참여하고 때로는 비존재에 참여한다'고 함으로써 양자가 동시에 성립할 가능성을 배제한다. 곧 하나가 시간적 간격에 따라서 때로는 존재에, 또 때로는 비존재에 참여한다고 함으로써 양자를 함께 수용할 가능성을 열고 있다.

우리는 앞에서 두 가지 가능한 경우를 다 받아들이기('다의 경우': 제 1, 제 2 논증을 다 수용하는 경우) 위해서는 '적합한 방식으로'라는 단서가 필요하다는 걸 언급한 적이 있다. 곧 두 가지

가능한 경우를 다 받아들이려면(both~and) 적합한 방식이 마련되어야 한다. 이 적합한 방식이 여기서는 '때로는(pote)'으로 표현되고 있다. 곧 '때로는(pote)'이라는 기제를 통해서 대립적 결론 모두를 수용하는 (both~and) 논리를 마련하고 있는 것이다.

전건의 세 구절(하나가 하나이자 여럿, 하나가 하나도 아니고 여럿도 아니며, 하나가 시간에 참여한다.)과 전건과 후건은 조건절(if~then~)로 연결이 되어 있다. 이는 제 1, 제 2 논증의 귀결을 동시에 고려하면서 하나가 시간에 참여한다면, 가능한 참여의 방식은 하나가 같은 이데아(예를 들어 존재)에 때로는 참여하고 때로는 참여하지 않는 방식 이외에는 없다는 것을 말하고 있다. 동시에 참여한다고 할 경우에는 모순된 결론을 수용하게 되기 때문이다. 위의 인용은 앞의 두 논증의 귀결을 동시에 고려하면서도 어떻게 이데아가 다른 이데아에 참여할 수 있는 지에 대해 말하고 있다. 이데아의 참여 가능성이 주제가 되고 있는 것이다. 곧 하나가 제 1 논증과 제 2 논증의 귀결과 같은 모순된 특성을 지닌다고 할 때, 두 논증의 귀결을 동시에 고려하면서 하나가 모순되지 않게 시간에 참여할 수 있는 방식을 모색하고 있는 것이다.[26] 모순된 특성을 지닌 하나가 시간에 참여할 수 있는 건 '때

---

26) 프로타고라스는 주어진 주제에 대한 진술이나 논증이 시간에 따라 달라질 수 있다고 본다. 오늘은 비가 오는 것이 좋을 수 있지만 내일은 나쁠 수 있다고 본다. 곧 그는 주어진 시간 t1에 주어진 주제 S에 대해 P(좋다)라고 할 수 있으며, 다른 시점 t2에는 ~P(나쁘다)라고 말할 수 있다.(S is P at t1, S is ~P at t2) 곧 현실적인 상황(시점)에 따라서 주어진 주제에 대립적인 진술(논증)이 가능하다고 보고 있는 것이다. 프로타고라스는 주어진 주제에 대한 진술의 근거가 현실상황에 매여 있다고 보기 때문에 이와 같은 방식으로 말할 수 있다. Schiappa(1991), 126-130.
그렇지만 플라톤이 이와 같은 해법을 받아들일 수는 없다. 곧 그는 현실세계에 존재하는 것들에 대한 진술의 가능 근거를 현실상황에 따라서 달라질 수 있다는 주장을 받아들일 수 없다. 플라톤의 이데아론에서는 언제나 주어진 대상이 특

로는(pote)'이라는 기제가 작동하고 있기 때문이다.

따라서 이데아의 현실세계 참여를 통해 현실세계에 존재하는 것들에 대한 진술의 가능성을 확보하고자 하는 플라톤에게는 '때로는(pote)'의 의미를 규명하는 일이 무엇보다 중요하다. 파르메니데스편 I부에서 제기된 이데아의 현실 참여 문제가 '때로는(pote)'의 작동 메카니즘 규명을 통해 해결될 수 있기 때문이다.

3. '때로는(pote)'과 순간(eksaiphnes)의 논리적 구조와 역할

155e-157b 논증에는 I-1 논증과 I-2 논증에는 없던 개념들이 새로이 등장하고 있다. 생성과 소멸, 결합과 분리, 동화(同化)와 이화(異化), 증가와 감소, 동질화 등이 그것이다. 이런 것들은 서로 대립되는 특성으로의 전화(轉化) 과정을 보여주는 개념들이다. 생성은 존재하지 않다가 존재하게 되는 것이고, 소멸은 존재하다가 존재하지 않게 되는 과정을 나타내는 개념이다. 결합과 분리는 각기 여럿 → 하나, 하나 → 여럿의 과정을 나타낸다.

이런 개념들은 서로 구분되는 대립적 이데아들을 뒤섞이게 만드는 기능을 수행한다. 존재나 비존재는 서로 대립되지만 비존재에서 존재로의 전이로 해석되는 생성, 존재에서 비존재로 전이되는 소멸에서 둘은 뒤섞여서 언급된다. 플라톤은 I부에서 다음과 같이 말한다. "유사성과 상이성, 다수성과 하나임, 정지와 운동과 같은 자체적인 것들(이데아들)을 구분하고 다음으로 그것들이 서로

정의 속성(P)을 가질 수 있는 것은 그 대상이 그 속성의 이데아(P-itself)에 참여하기 때문으로 본다.(이데아론의 참여전제) 따라서 플라톤이 참여 전제를 고수하는 한 그는 프로타고라스와는 다른 해법을 논리적으로 제시해야만 한다.

분리되고 뒤섞일 수 있음을 보였다면 나는 정말로 놀랄 수밖에 없을 것입니다."(129e) 생성-소멸, 동화-이화, 결합- 분리와 같은 개념들은 위와 같은 Ⅰ부의 문제제기에 답하기 위해 등장하는 개념들이다. 곧 생성이나 소멸, 이화나 동화를 가능하게 하는 메커니즘이 규명된다면 Ⅰ부의 문제가 해결될 수 있음을 의미한다.

이런 개념들은 시간 안에 존재하는 하나의 개념에만 국한된 것으로 등장한다. 다시 말해 Ⅰ-2 논증의 귀결들을 중심으로 해서 출현할 수 있는 개념들이다. 이런 전화의 과정을 나타내는 개념들에는 하나도 아니고 여럿도 아니며, 유사하지도 상이하지 않다는 Ⅰ-1 논증에서의 귀결들에 대한 언급이 없다. 이렇게 보면 이 논증은 Ⅰ-2 논증에만 연관된 것으로 여겨진다.

그런데 변화를 해명하기 시작하는 156c1부터 논증은 새로운 국면으로 접어든다. 전화(轉化)란 예를 들어 이전에 운동(move) 상태에 있던 것이 이후에 정지(rest) 상태에 있거나 정지 상태에 있던 것이 운동 상태에 있게 된다는 것을 의미한다. 특정 시간 t1에서 M의 상태에 있다가 특정 시간 t2에서 R의 상태로 된다는 것을 의미한다. 그런데 M at t1이 R at t2이기 위해서는 중간에 변화(metaballein)의 절차가 개입되어야 한다. 시간 안에 있는 대상은 언제나 정지 상태에 있거나 운동 상태에 있다. 정지하고 있는 것이 운동 상태에 있을 수 없으며, 운동 상태에 있는 것이 정지 상태에 있을 수는 없기 때문이다.

그렇다면 이 대상은 어떻게 변화의 과정에 드는 것일까? 이 변화의 과정은 어떤 메커니즘으로 설명될 수 있는 것일까? 이런 변화의 과정은 시간 안에서 일어나지 않는다. 시간 안에서는 운동 상태에 있거나 정지 상태에 있기 때문이다. 이런 변화가 일어나는 지점은 순간(to eksaiphnes, instant)이다. 이 순간에 대상은 운동 상태에 있지도 않고 정지 상태에 있지도 않다. 대상이 운동 상태에 있거나 정지 상태에 있을 때는 변화가 일어나지 않기 때문이다. 순간은 그로부터 특정 방향으로의 변화가 일어나는 지점이다. 순간 안으로 또 그 순간으로부터 운동 상태에 있는 것이 정지 상태로, 정지 상태에 있는 것이 운동 상태로 변화하게 되는 것이다.(t1(Motion) → (순간) → t2(R)/t1(Rest) → (순간) → t2(Motion)) 다시 말해 순간의 개입이 없다면 변화의 과정은 가능하지 않다. 이는 '때로는(pote)'의 작동이 순간을 통해서 가능해짐을 함축한다.

이런 결론을 하나에 적용할 경우, 하나는 정지 상태에 있거나 운동 상태에 있다. 그것이 운동하면서 정지하거나 정지해 있으면서 변화할 수는 없다. 그런데 일정 시간 동안 운동 상태에 있다가 어느 시점에 정지할 경우나 일정 시간 동안 정지해 있다가 어느 시점에서 변화하는 경우는 가능하다. 곧 하나에는 운동과 정지라는 술어가 매겨질 수 있다. 그런데 이와 같이 대립적인 술어가 가능하기 위해서는 특정 시점에 상태 변화가 있어야 한다. 곧 상태 변화의 시점, 곧 순간이 있어야 한다. 이와 같은 순간이 개입되지 않는다면 하나에 운동과 정지라는 대립적인 술어를 매기는 것은 가능하지 않다. 그런데 변화과정이라고 할 수 있는 순간은 정지 상태에 있지도 않고 운동 상태에 있지도 않다. 이는 하나에 운동과 정지라는 대립적인 술어가 매겨지기 위해서는 하나가 운동 상태에 있지도 않고 정지 상태에 있지도 않은 경우가 전제되어야 함을 함축한다.

이는 다른 변화의 과정에서도 마찬가지이다. 생성과 소멸의 경우 존재하지 않다가 존재하거나 존재하다가 존재하지 않게 되는데, 그 중간의 변화 과정에서는 존재하지도 않고 존재하지 않는 것도 아닌 중간 단계를 거치게 되며 그 순간은 생성하지도 소멸하지도 않는다. 순간에서 하나는 대립적인 술어 중 어느 것도 허용하지 않는다.

주어진 주제에 대립적인 술어를 매기기(both~and) 위해서는 대립적인 술어 중 어느 것도 허용하지 않는(neither~nor) 순간이 있어야만 한다. 시간 안에 있는 것이 한 상태에서 그와 대립적인 다른 상태로 변화하기 위해서는 시간 안에 존재하지 않으면서 대립적인 상태에 있지 않은 순간이 개입되어야 한다.

시간 안에 존재하는 하나는 대립적인 특성을 지니는데, 그것이 대립적인 특성을 동시에 지니기 위해서는, 예를 들어 운동→정지, 정지→운동과 같은 변화를 겪어야 한다. 곧 하나가 대립적인 특성을 가지면서 그것이 모순되지 않기 위해서는 t1에서는 운동(정지), t2에서는 정지(운동) 하는 방식이어야 한다. 그런데 이런 변화가 가능하기 위해서는 시간적이지도 않으면서 대립적인 특성들 모두를 지니지 않는 순간(to eksaiphnes) 을 상정해야 한다. 이로부터 하나가 대립적인 특성들 중 어느 하나도 지니고 있지 않은 경우(neither~nor)를 상정해야 대립적인 특성들 모두를 지닐 수 있으며(both~and), 또한 시간 속에 있지 않아야 시간 안에 존재 할 수 있다는 결론을 끌어낼 수 있다.[27] 다시 말해 '때로는(pote)'은 대립자 모두를 허용하지 않는 경우를 상정함으로써 대립자 모두를 허용하는 방식으로 작동한다. 곧 '때로는(pote)'은 (neither~nor) ∧ (both~and) 의 논리 구조를 가지고 있다.[28]

---

27) Miller(1986), p. 115.

28) neither~nor는 both~and에 대한 부정으로 해석될 수 있다. 곧 대립적인 술어 모두를 취하지 않는 입장으로 해석될 수 있다. 그렇지만 neither~nor는 both~and의 논리에 대한 전면적 부정은 아니며, 오히려 both~and의 가능 근거가 된다. 곧 neither~nor와 both~and는 결합 가능하다. 곧 155e-157b

4. 155e-157b 논증은 I부의 문제제기에 어떻게 답하고 있는가?

이렇게 볼 때 '때로는(pote)'의 의미는 시간 속에 있지 않고 대립적인 특성들 중 어느 하나에도 속하지 않으면서 모든 변화의 과정에 개재되어 있는 순간(to eksaiphnes)을 통해 해명된다. 이와 같은 순간을 상정하여 이데아에 대립적인 술어 매김의 가능성을 확보한다는 것은 다음과 같은 의미를 지닌다.

첫째, 순간은 제 2 논증에서의 하나가 대립적인 특성들을 가질 수 있게 하는 계기가 된다. 하나가 유사하면서 상이하다는 것을 모순되지 않게 풀어내기 위해서는 때로는 유사하고 때로는 상이하다고 해야 하는데, 이는 유사하게 되는 동화(同化)의 과정과 유사하지 않게 되는 이화(異化)의 과정이 있어야 한다. 동화와 이화라는 변화의 과정은 하나가 지니는 대립적인 특성들, 유사성과 상이함을 모순되지 않게 해준다. 그런데 이런 변화의 과정이 있기 위한 전제가 순간이다. 따라서 순간을 상정한다는 것은 하나가 지니는 대립적 특성을 모순적이지 않게 해주는 조건을 제시한다는 것을 의미한다.

둘째, 시간적인 변화 과정의 전제 조건으로 순간을 상정한다는 것은 제 1 논증과 제 2 논증을 매개시켜준다. 시간 속에 있지 않고 대립적인 특성들 중 어느 하나도 지니지 않는다(neither ~ nor)는 것은 제 1 논증에서의 (자체적인) 하나가 지니는 특성이

에서의 순간은 neither~nor and both~and가 될 수 있다. 이런 방식으로 neither~nor는 both~and를 배제하면서도 포함한다. 또한 neither~nor는 either~or를 전제한다. 술어가능성을 확보할 수 없는 모든 논증에서 술어의 불가능성은 either~or의 원리를 전제하고 있기 때문이다. neither~nor는 이렇게 한편으로는 both~and의 원리를 부정하면서 포함하고 또 either~or의 원리를 배제하면서도 수용한다.

다. 하나가 운동 중에 있다가 정지 상태로 접어들기 위해서는, 곧 (타자 관계를 통해 고려된 제 2 논증에서의) 하나에 모순적이지 않은 방식으로 대립적인 술어를 매기기 위해서는 자체적 하나가 전제되어야 한다.[29] 제 2 논증에서의 대립적인 술어 매김의 가능성이 제 1 논증에 의해서 확보된다는 것을 의미한다.[30]

셋째, 변화 과정에 순간이 개재된다는 것은 하나가 대립적인 술어를 허용하면서도 양자 모두를 허용하지 않는 경우의 공존 가능성을 확보해 준다. 타자 연관적인 면에서 고려된 하나는 대립적인 술어를 허용하고 자체적으로 고려된 하나는 대립적인 술어 모두를 거부하게 된다. 평면적으로 놓고만 본다면 하나에는 양시(兩是) 원리((both~and)와 양비(兩非) 원리(neither~nor)의 논리가 모두 적용되고 있는 것이다. 이런 점에서 최소한 하나에는 선택-배제 (either~or)의 논리만이 적용되거나 대립-공존(both~and)의 논리만이 적용되는 것이 아님을 알 수 있다.

넷째, 변화의 과정에 순간을 상정한다는 것은 시간적인 존재와 시간 안에 있지 않은 존재의 공존 가능성을 확보하게 해준다. 시간 안의 변화 과정에 비시간적인 순간이 개재되어 있다는 것은 비시간적인 하나가 어떤 의미에서는 시간으로부터 벗어난 하나이어야 한다는 것을 의미한다. 이는 이 세계의 사물이 이데아에 본질적으로 의존적임을 알려준다. 사물은 사물로서의 자신의 존재성을 이데아에 의존하고 있음을 알려주는 것 이다.

순간에서의 하나는 시간 안에 있지 않으며 시간 안에 있는 하나에 부여되는 대립적인 술어를 허용하지 않는다. 이에 비해 시간

29) Miller(1986) 115-116.

30) 이는 자체로 서로 구분되면서 가시적인 사물들처럼 서로 결합되고 뒤섞일 수 있다는 것을 보이면 놀랄 것(130a)이라는 소크라테스의 요구를 충족시키게 된다.

안에 있는 하나는 하나와 여럿, 유사성과 상이함, 운동과 정지 같은 대립적인 술어를 허용한다. 순간에서의 하나가 시간 안에 있지 않으며 시간 안에 있는 하나에 부여되는 대립적인 술어를 허용하지 않는다는 것은 순간에서의 하나가 시간 안에 있는 하나에 부여되는 술어를 허용하지 않는다는 것을 의미한다.[31] 곧 순간에서의 하나는 시간 안에서의 하나와 분리(구분)된 존재라는 것을 의미한다.

이 구분은 비시간적인 것과 시간적인 것(이는 변화하지 않음과 변화함을 함축한다)을 나누어 놓는다. 다시 말해 순간에서의 하나와 시간 안에 서의 하나가 '다르다'(순간에서의 하나는 시간 안에서의 하나가 아니다)는 것은 시간적(temporal) 특성의 유무로 요약할 수 있다. 이런 점에서 제 1 논증에서의 하나와 제 2 논증에서의 하나는 서로 분리된다.

이런 분리나 구분은 상호 배제를 의미하지 않는다. 시간 안에서의 변화가 가능하기 위해서는 시간적이지 않은 순간의 개입이 필수적이다. 이는 제 2 논증에서의 하나가 인정된다고 해서 바로 제 1 논증에서의 하나가 배제되는 것이 아니며, 제 2 논증에서의 하나가 시간 안에서 변화를 겪으면서 대립적인 술어를 허용하기 위해서는 제 1 논증에서의 하나의 개념이 요구된다는 것을 의미한다. 제 2 논증에서의 하나가 유사하면서 상이하기 위해서는 유사하지도 않고 상이하지도 않은 (순간에서의) 하나가 요구되는 것이다. 곧 'S is both P and ~P'가 성립하기 위해서는 'S is neither P nor ~P'가 요구되는 것이다.[32] 하나가 비시간적이고

31) 이는 제 3 인간 논변에서 이데아와 사물들 사이에 동일한 종류의 서술이 가능하다는 자기 서술의 전제가 통용되지 않는다는 것을 의미한다.

32) 플라톤의 이와 같은 방식의 답변은 플라톤의 세계 인식이 변하고 있음을 보여

(시간 안의 하나에 부여되는) 대립적 술어를 허용하지 않는다는 것(분리)이 비시간적인 하나가 시간 안의 하나에 참여할 수 있는 가능성을 확보케 하는 것이다. 분리는 참여의 가능성을 배제하는 것이 아니라 오히려 조건이 되는 것이다. 이런 방식으로 여기서의 분리는 참여의 조건이 된다.[33)]

준다. 『파에돈』이나 『폴리테이아』에서 개진되고 있는 이데아론에서 이 세계 사물들은 서로 대립적인 술어를 허용하는 모순적이고 혼란스러운 세계이다. 이 세계 사물 S에 대해 'S is P and ~P'가 성립한다. 이런 모순된 세계에는 진리 가능성이 없다. 따라서 중기에서는 both and를 either 'S is P' or 'S is ~P'로 분리시킨다. 즉 S가 P이면서 ~P일 가능성을 없애기 위해 S is P일 때는 P-ness를 참여시키고 S is ~P일 때는 ~P-ness를 참여시킴으로써 모순을 해소한다. 어떠한 경우에도 그는 both P and ~P를 수용하지 않는다. 그런데 여기서는 both P and ~P를 인정하고 그것을 해명하기 위해 노력한다. 이는 플라톤의 현실 세계에 대한 인식이 바뀌고 있음을 보여준다. 중기의 플라톤에게 이데아가 존재한다는 가설은 사유를 혼란스럽게 만들지 않기 위해서 절대적으로 필수적인 진리이다. 그의 일차적인 관심은 현실 세계에 있지 않다. 이데아를 중심으로 해서 이 세계를 어떻게 혼란스럽지 않게 해명할 것인가가 중기의 문제인 것이다. 그런데 이 논증에서 이데아가 먼저 존재한다는 주장은 없다. 다만 시간 안에서의 존재를 해명하기 위해 불가피하게 요구되는 것이 이데아라는 발상을 읽어볼 수 있다. 이데아가 존재한다는 가설로부터 출발 하는 것이 아니라 이 세계의 사물들이 지니는 특성들을 해명하는 가운데 비시간적인 이데아를 요구하는 방식으로 논의가 진행되는 것이다. 중기의 일차적인 관심이 자체적인 이데아였다면 여기서는 현실세계에 대한 관심이 증대되고 있음을 볼 수 있다.

33) 155e-157b에서의 순간이 지니는 논리적 특성으로서의 양비(兩非)-양시(兩是)(neither~nor and both~and)는 여러 가지 효과를 갖는다. both~and의 부정이면서 both~and의 가능성을 확보하게 해주는 neither~nor에서 (부분적이나마) either~or의 가능성이 확보된다는 것은 이데아와 이 세계 사물을 대하는 플라톤의 태도가 변화되었음을 보여준다. 자체적인 이데아에 우선적인 관심을 갖고 이 세계와 무관한 방식으로 그것을 규정하던 중기의 이데아론과는 다른 태도를 엿볼 수 있는 것이다. 155e-157b 논증에서 자체적인 이데아는 이 세계를 지배하는 both~and의 논리와 무관하게(분리된 것으로) 상정되지 않는다. 그것은 어디까지나 이 세계의 가능 근거로서 등장하는 것이다. 중기의 플라톤이 천상의 이데아를 통해 이 세계를 통제하고자 한 이상주의자라면 여기서의 플라톤은 지상 세계와의 연관성을 통해 이데아를 도입하고자 한다는 점에서 현실주의자라고 말할 수 있다. 물론 그렇다고 해서 플라톤이 현실세계가 이데아의 존립근거가 된다고 말하고 있는 것은 아니다. 다시 말해 이데아의 존재성(실재성)이 현실세계에 의존하고 있다는 주장을 하는 것은 아

Ⅰ부에서 이데아론의 문제는 이데아의 이 세계에 대한 분리(초월)와 참여가 서로 모순되기 때문에 발생한다. 이데아가 (현실세계에) 초월적이라는 것은 이데아가 이 세계와 완전히 다르다(분리)는 걸 의미하고, 이데아가 현실세계의 사물에 참여한다는 것은 이데아와 이 세계가 유사하다는 걸 의미하는데, 분리와 유사함이 양립할 수는 없기 때문이다. 그런데 이제까지 우리가 살펴본 것처럼 분리는 참여의 가능성을 배제하는 것이 아니라 오히려 조건이 된다. 오히려 이데아가 현실 세계와 달리 시간 안에 존재하지 않음으로써 시간 안에 존재하는 사물들이 갖는 속성을 가능하게 할 뿐만 아니라, 이 세계 사물들의 변화를 설명해주는 근거 역할을 할 수도 있게 되는 것이다. 이런 방식으로 155e-157b 논증은 Ⅰ부에서 제기되고 있는 이데아론의 난점에 답하고 있다.

니다. 어디까지나 이데아는 현실세계의 가능근거이다. 또한 이데아와 현실세계가 전적으로 같은 논리의 지배를 받는 것도 아니다. 이데아와 현실세계의 간격(거리)은 여전히 유지되고 있다. 플라톤은 155e-157b 논증에서의 순간의 논리를 통해서 이데아가 현실세계에 대해 지니는 우위성이나 통제 가능성을 유지하면서도 이 세계와 밀접한 연관성을 유지하며 존재할 수 있게 한다.

참고문헌

1. 국내 연구 서적

기종석(1993). "*Dissoi Logoi*에 관한 연구", 서양고전학연구, 7, 459-464

김귀룡(2012), 『플라톤의 《파르메니데스》편 연구』, 청주, 충북대 출판부.

_____(2002), 『고대와 현대의 철학적 대화』 , 서울, 동과서

_____(2008), "고르기아스의 비존재 또는 자연에 관하여 분석" 동서철학연구, 47, 137-153.

_____(2002), "『테아이테토스』편에서의 허위판단", 인문학지, 25, 169-201.

_____(2002), "『파르메니데스』편 II부 연습논증 해명을 위한 예비적 논의", 인문학지, 23, 51-100.

_____(2000), "프로타고라스의 인본주의적 회의주의", 인문학지, 20, 205-232.

_____(1999), "『에우티데모스』편에서의 소피스트와 소크라테스의 논전(論戰)", 서양고전학연구, 13, 73-103.

_____(2007), "프로타고라스의 논쟁술과 소크라테스의 논박법에 나타나는 교육관의 차이", 서양고전학연구, 27, 187-219.

김남두(1995), 『좋음의 이데아와 앎의 성격』, 서울, 서광사.

_____(2005), "고르기아스의 『헬레네 찬사』와 말의 힘", 서양고전학연구, 24, 241-264.

_____(2007), "『고르기아스』에서 플라톤의 수사술 비판", 서양고전학연구, 27, 43-63.

김재홍(2007), 『소피스트적 논박』 서울, 한길사.

남경희(1983), "Plato's Conception of Knowledge in the *Theatetus* and *Sophist*", 철학, 19, 117-138.

_____(1994), 『종교에서 철학으로』, 서울, 이화여대 출판부.

박동환(1987), 『서양의 논리 동양의 마음』, 서울, 까치

박종현(1985), 『희랍 사상의 이해』, 서울, 종로서적.

송영진(1995), 『파르메니데스의 존재론에 관하여』, 서울, 서광사.

조우현(1993), 『국가』, 서울, 삼성 세계 사상.

조우현 외(1994), 『희랍 철학의 문제들』, 서울, 현암사.

주광순(2014), "동일성 철학과 레비나스와 나가르주나에 있어서 동일성과 차이", 철학, 121, 197-129

양태범(2007), "고르기아스의 세 명제와 에피데익티케 논증". 철학, 91, 77-106.

2. 원전

Aristoteles, *Physics*

_________, *De Interpretatione*

_________, On Melissus, o*n Xenophanes, on Gorgias*

_________, *Sophistical Refutation*

Plato, *Gorgias*

_________, *Parmenides*

_________, *Phaedo*

_________, *Protagoras*

_________, *Sophist*

_________, *Theaetetus*

Empiricus Sextus, *Against Logicians.*

3. 국외 연구 서적 및 논문

Adkins Arthur W, 1977, "*Form and Content in Gorgias' Helen and Palamedes: Rhetoric, Philosophy, Inconsistency and Invalid Argument in Some Greek Thinkers*", The society for Ancient Greek Philosophy Newsletter, 73

Alexander Nehamas, 1990, *Dialectic, Antilogic and Eristic*, Illinois: University of Illinois Press

Austin Scott, 1986, *Parmenides: Being, Bounds, and Logic*, New Haven: Yale University Press.

Barnes Jonathan, 1979, *The Presocratic Philosophers vol. 1*, London: Routledge & Kegan Paul.

Bohenski I. M., 1956, *A History of Formal Logic*, trans. by Ivo Thomas, New York: Philosophy Education Society Inc.

Burnet John, 1957, *Early Greek Philosophy*, New York: Meridian Books.

Classen C. J. ed., 1976, *Sophistik*, Darmstadt: Wissenschaftliche Buchgesellschaft.

Conford, F. M., 1951, *Plato and Parmenides*, London: Routledgc & Kegan Paul LTD.

__________, 1979, *Plato's Theory of Knowledge*, London: Routledge & Kegan Paul.

Diels Hermann & Kranz Walter, 1975, *Die Fragmente der Vorsokratiker*, Weidmann.

Fritz Kurt von, 1994, '*Nous, Noein, and their Derivatives*', in Mourelatos ed., 1994, *The Pre-Socratics: A Collection of Critical Essays,* Princeton: Princeton University Press.

Furth M., 1968, '*Elements of Eleatic Ontology*', A. P. D. Mourelatos ed., 1994, *The Pre-Socratics: A Collection of Critical Essays,* Princeton: Princeton University Press.

A. E. L. Owen, 1975, '*Eleatic Questions*', David J. Furley & R. E. Allen ed., 1975 *Presocratic Philosophy vol II,* Atlantic Highlands: Humanities Press.

Gallop D., 1984, *Parmenides of Elea,* Toronto: University of Toronto Press.

Jaap Mansfeld, 1990, "*Historical and Philosophical Aspects of Gorgias 'on What is not*'", "*De Mellisso Xenophane Gorgia*", Jaap Mansfeld ed., 1990, *Studies in the Historiography of Greek Philosophy,* Van Gorcum, Assen: Maastricht.

Jarratt Susan C., 1991, *Rereading the Sophists: Classical Rhetoric Refigured,* Carbondale and Edwardsville: Southern Illinois University Press.

Jordan Nehemiah, 1981, *The Wisdom of Plato I,* New York: University Press of America.

Keferd G. B., 1984, '*Dialectic, Antilogic and Eristic*', Keferd G. B. ed., 1981, *The Sophistic Movement,* Cambridge: Cambridge University Press.

Klein J., 1980, *Plato's Trilogy,* Chicago: The University of Chicago Press.

Loenen J. H. M., 1959, *Parmenides, Melissus, Gorgias* Assen: Royal VanGorcum LTD.

Mansfeld J., 1964, *Die Offenbarung des Parmenides und die Menschliche Welt,* Assen.

Meinwald C. C., 1991, *Plato's Parmenides,* New York: Oxford University Press.

J. Mejer, 1972, The alleged new fragment of Protagoras, Stuttgart: Franz Steiner Verlag.

Miller, M. H., 1986, *Plato's Parmenides: The Conversion of the Soul,* Pennsylvania: Pennsylvania State University Press.

Mourelatos A. P. D., 1970, *The Route of Parmenides,* New Haven: Yale University Press.

_________, 1983, "*'Nothing' as 'Not-Being': Some Literary Contexts that Bear on Plato and on Parmenides*", J. P. Anton and Anthony Preus ed., 1991, *Essays in Ancient Greek Philosophy,* Albany: SUNY Press.

_________, 1974, *The Pre-Socratics,* Garden City, New York: Anchor Press.

Owen, G. E. L., 1966, '*Plato and Parmenides on the Timeless Present*', Mourelatos A. P. D., 1994, *The Pre-Socratics,* Princeton: Princeton University Press

_________, 1960, *Eleatic Questions,* Cambridge: Cambridge University Press.

_________, "Studies in Parmenides", *SPP.*

Rankin H. D., '*ouk estin antilegein*', Keferd G. B. ed., 1981, *The Sophists and their Lcgacy.* Frank Steiner Verlag: Wiesbaden

________, 1986, *Antisthenes Sokratikos,* Amsterdam : Hakkert.

Robinson R., 1953, *Plato's Earlier Dialectic,* Oxford: Clarendon Press.

Ronbinson T. M., 1979, *Contrasting Arguments: An Edition of the Dissoi Logoi,* New York: Arno Press.

Ryle Gilbert, 1979, '*Dialectic in the Academy*', Renford Bambrough ed., 2012, *New Essays on Plato and Aristotle,*

New York: Humanities Press.

________, 1966, *Plato's Progress*, Cambridge: Cambridge University Press.

Santas Gerasimos Xenophon, 1979, *Socrates: Philosophy in Plato's early Dialogues*, London: RKP.

Schiappa Edward, 1994, *Protagoras and Logos*, Columbia, SC: South Carolina University Press.

Sicking Christian Marie Jan, 1964, '*Gorgias und die Philosophen*', Classen C . J. ed., 1976, *Sophistik*, Darmstadt: Wissenschaftliche Buchgesellschaft.

Sprague Rosamond Kent, 1990, *The Older Sophists*, Columbia, SC: South Carolina Press.

Untersteiner Mario, 1954, *The Sophists*, trans. by Kathleen Freeman, Oxford: Basil Blackwell.

Vlastos G., 1954, "The Third Man Argument in Plato's *Parmenides*", *Philosophical Review* 63.

Woodruff P., 1986, "*The Skeptical Side of Plato's Method*", *RiP*, 40.

그리스 논리사

저　　자 : 김 귀 룡
발 행 처 : 충북대학교 출판부
발 행 인 : 김 수 갑
주　　소 : 28644 충북 청주시 서원구 충대로 1
전　　화 : (043) 261-2952, 3014
팩　　스 : (043) 274-1256
이 메 일 : presscbu@chungbuk.ac.kr
등　　록 : 제1983-2001-7호
초 판 1 쇄 : 2020.09.30
인 쇄 처 : 삼성디자인기획 042)221-3111

ISBN 978-89-7295-514-6 93170

값 20,000원

* 이 저서는 2020학년도 충북대학교 국립대학육성사업에 의하여 발간되었음.